Seguridad de los sistemas informáticos y de comunicación. IFCT100PO

Antonio Luis Cardador Cabello

ic editorial

Seguridad de los sistemas informáticos y de comunicación. IFCT100PO

1ª Edición

Editado por: IC Editorial
c/ Cueva de Viera, 2, Local 3
Centro Negocios CADI
29200 Antequera (Málaga)
Teléfono: 952 70 60 04
Fax: 952 84 55 03
Correo electrónico: iceditorial@iceditorial.com
Internet: www.iceditorial.com

ISBN: 978-84-1184-932-6
Depósito Legal: MA 1053-2025

Impresión: PODiPrint
Impreso en Andalucía – España

Nota de la editorial: IC Editorial pertenece a Innovación y Cualificación S. L.

Especialidad formativa

Se entiende por especialidad formativa la agrupación de contenidos, competencias profesionales y especificaciones técnicas que responde a un conjunto de actividades de trabajo enmarcadas en una fase del proceso de producción y con funciones afines.

Las especialidades formativas de Uso General, Formación Complementaria, Formación Modular y las especialidades formativas dirigidas a la obtención de certificados de profesionalidad se incluyen en el Fichero de Especialidades del Servicio Público de Empleo Estatal para su gestión en todo el territorio nacional por cualquier Administración competente.

Las especialidades complementarias, pertenecen todas a la Familia profesional de Formación Complementaria (FCO) y tienen la consideración de formación transversal en áreas que se consideran prioritarias tanto en el marco de la Estrategia Europea para el Empleo y del Sistema Nacional de Empleo como en las directrices establecidas por la Unión Europea. Se consideran áreas prioritarias las relativas a tecnologías de la información y la comunicación, la prevención de riesgos laborales, la sensibilización en medio ambiente, la promoción de la igualdad, la orientación profesional y aquellas otras que se establezcan por la Administración competente.

Las especialidades de Certificado de profesionalidad tienen una duración especificada en su normativa reguladora.

En el resultado de la búsqueda, se muestran las unidades de competencia, todos los módulos formativos con su duración y las unidades formativas del certificado correspondiente, con su duración. Las horas del certificado, exclusivo de las especialidades de certificado de profesionalidad, con alta igual o superior a 2008, son las horas totales más las horas del módulo de Prácticas Profesionales no Laborales.

- **Si la especialidad tiene unidades formativas,** las horas totales, presencial, distancia, teleformación serán igual a la suma de esas horas de las unidades formativas de los distintos módulos, sin que se repita ninguna Unidad formativa.

- **Si la especialidad no tiene unidades formativas,** las horas totales, presencial, distancia, teleformación serán igual a las sumas de esas horas de los módulos formativos, eliminando las horas de los módulos repetidos.

https://sede.sepe.gob.es/especialidadesformativas/RXBuscadorEFRED/BusquedaEspecialidades.do

(Fuente: Servicio Público de Empleo Estatal)

Índice

Unidad de aprendizaje 8
Seguridad web

Unidad de aprendizaje 9
Seguridad en redes inalámbricas

Unidad de aprendizaje 10
Seguridad en continua actualización

OBJETIVOS GENERALES

Los objetivos generales del **IFCT100PO, Seguridad de los sistemas informáticos y de comunicación,** son:

- Gestionar la seguridad de las redes de comunicación.
- Conocer la seguridad informática, así como los principales problemas asociados a esta.
- Identificar los problemas de seguridad informática.
- Saber cuáles son los aspectos vitales del RGPD y la LOPDGDD.
- Solucionar los problemas de seguridad informática.
- Identificar y clasificar el *malware* actual.
- Aplicar la seguridad física y del entorno que rodea a los dispositivos informáticos.
- Identificar la seguridad informática de la empresa.
- Gestionar la seguridad web.
- Clasificar los principales problemas de seguridad en redes wifi.
- Conocer los principales motivos de actualización para mejorar la seguridad.

Unidad de aprendizaje 1

Introducción a la seguridad

Contenido

1. Introducción
2. La seguridad informática actual
3. ¿Qué es la seguridad informática?
4. Objetivos de la seguridad informática
5. Amenazas
6. Servicios de seguridad
7. Criptografía
8. Seguridad física versus seguridad lógica
9. Clasificación de la seguridad en función de las medidas oportunas
10. Resumen

Objetivos

El objetivo general de esta Unidad de Aprendizaje es:

→ Conocer la seguridad informática, así como los principales problemas asociados a esta.

Los objetivos específicos de esta Unidad de Aprendizaje son:

→ Configurar un *firewall* por *software.*

→ Identificar los objetivos y amenazas de la seguridad informática.

→ Reconocer el uso de la criptografía en la seguridad informática.

1. Introducción

La seguridad informática es un área que se encarga de la **protección de la integridad y privacidad de la información** almacenada o alojada en un sistema informático. Estas pueden protegerse desde dos puntos de vista: lógico (mediante *software*) o físico (mantenimiento electrónico).

Por otro lado, las amenazas a los datos de un ordenador pueden darse o bien por la instalación de un programa en el ordenador que resulta dañino para este (por ejemplo, un virus) o bien proceder de una vía remota, como puede ser internet.

Ante este escenario contamos con **herramientas útiles para minimizar el impacto;** las más conocidas son los programas antivirus, cortafuegos, *firewall,* encriptación, uso de contraseñas, sistemas de detección de intrusos...

Un equipo informático debe ser totalmente íntegro (solamente la persona autorizada puede modificar sus datos), confidencial (los datos únicamente pueden ser accesibles por usuarios que estén autorizados), irrefutable (un usuario no puede desmentir las acciones realizadas en un equipo) y debe tener disponibilidad (estabilidad).

Para lograrlo, las empresas deben establecer unas políticas de seguridad y aplicar las estrategias necesarias que logren evitar las amenazas o ataques que puedan sufrir.

A lo largo de la unidad verás el concepto de seguridad informática, así como los objetivos asociados a dicho concepto. Se verá también en qué consiste una amenaza para un sistema informático y los servicios de seguridad asociados. También nos centraremos en la criptografía como medio de transmisión de la información y aprenderemos la diferencia entre seguridad física y lógica; aparte, también se debe mencionar la clasificación de la seguridad en función de las medidas.

Para ello nos basaremos en CGS (CiberGestores Seguridad), S. L., una empresa líder en su sector tanto a nivel particular como a nivel empresarial, que ofrecen todo tipo de soluciones en seguridad informática, tanto a pequeña escala como a gran escala; más de 20 años les avalan como líderes en su sector.

2. La seguridad informática actual

HILO CONDUCTOR

En CGS, sea cual sea el cliente que reciban (empresa o particular), siempre ponen a su disposición un material con una breve definición de la seguridad, así como de los principales problemas asociados a ella. A continuación, ofrecen un test para que el particular o representante de empresa lo rellene y pueda tener una mínima idea de la seguridad informática que tiene implantada. En función de ello, comienza el asesoramiento por parte de CGS.

Hoy en día estamos inmersos en un mundo en el cual nos encontramos "conectados" a través de la red de redes, llamada comúnmente internet. Seguramente estás acostumbrado a comunicarte de un punto a otro del planeta y a hablar con terceras personas a través de programas o aplicaciones de mensajería instantánea. Pero usar este tipo de comunicación implica que nuestro mensaje vaya pasando por muchos nodos en la red de redes hasta alcanzar su destino.

Pues bien, si dicho mensaje tiene que pasar por varios nodos, ¿quién nos asegura que nuestro mensaje no se altera, se modifica, se copia o se pierde durante su recorrido hacia nuestro receptor? Para ello surgió el concepto de *seguridad,* para garantizar que los mensajes o información entre emisor y receptor llegan correctamente y no son suplantados.

Es muy importante concienciar a las personas o usuarios de internet sobre los riesgos y las buenas prácticas que seguir en cuanto a la seguridad: cómo usar los dispositivos y cómo emplear los medios sociales. Internet ha dado un giro a la situación de seguridad con el concepto de **globalidad,** y es por ello que debemos asegurar las medidas adecuadas para proteger los activos de información.

DEFINICIÓN

Activo de la información
Conocimientos o datos que tienen valor para una organización, así como los sistemas de información que engloban a las aplicaciones y servicios (ISO 27001).

La mayoría de los ataques actuales se centran en la ingeniería social, y el fin es el engaño del usuario para que se infecte su dispositivo informático y así poder obtener su información privada (contraseñas, datos personales, credenciales de acceso, imágenes, datos, vídeos...) con el fin de poder extorsionarlo más adelante.

PARA SABER MÁS

Para conocer más sobre por qué tenemos que tomar medidas de seguridad en nuestros dispositivos informáticos, puedes consultar el siguiente enlace en el que se incluye una noticia sobre cómo una entidad recibió un ataque informático de tipo *ransomware.*

https://redirectoronline.com/ifct100po0101

2.1. Consejos básicos sobre seguridad informática

Algunos consejos básicos, para usuarios de dispositivos informáticos y redes, que tener en cuenta para intentar tomar ciertas medidas de seguridad en nuestros equipos son los siguientes:

Tener cautela con los archivos adjuntos

- A través de los archivos adjuntos de nuestro correo electrónico podemos ser víctimas de ataques tipo *phishing* (del cual se explica más adelante en qué consiste y cómo poder evitarlo). Lo mejor es disponer de programas antivirus que puedan escanear los correos que recibimos en busca de amenazas.

Continúa en página siguiente >>

<< Viene de página anterior

Actualizar el *software* de nuestros sistemas operativos y aplicaciones

- Cuando se diseña un sistema operativo, por parte del fabricante, se intentan tomar todas las medidas de seguridad presentes. Pero eso no evita que en un futuro aparezcan vulnerabilidades con las que no se contaba a día de "fabricación" del sistema operativo. Ante estos casos el fabricante del sistema operativo, en su web, pone a nuestra disposición parches de seguridad para "tapar" esos fallos y hacer nuestro sistema operativo mucho más seguro. Lo mismo sucede con las aplicaciones informáticas que tenemos instaladas, con lo cual es muy recomendable actualizarlas siempre que se pueda (o en su defecto comprobar si hay disponible una nueva actualización, caso que en los sistemas operativos nos suelen advertir mediante algún mensaje de realizar dicha modificación).

Crear contraseñas seguras y cambiarlas con cierta frecuencia

- Cuando hablamos de contraseñas seguras, estamos hablando de cadenas de caracteres que estén formadas por una combinación de caracteres en minúscula, caracteres en mayúscula, números y símbolos alfanuméricos (como pueden ser el guion bajo, el punto y coma...) y que tengan una longitud de más de 8 caracteres. Pero no basta con crear contraseñas seguras; se recomienda cada cierto tiempo (cada 3, 6 o 9 meses) cambiar dichas contraseñas, de tal forma que, si alguien ha interceptado nuestra contraseña, con el cambio de contraseña no podrá acceder tal y como lo hacemos nosotros.

Usar aplicaciones antivirus y *antimalware*

- Siempre es altamente recomendable tener instalado un *software* antivirus en nuestro sistema informático, da igual si es gratuito o de pago (evidentemente el de pago nos brindará muchas más opciones relacionadas con la seguridad). Hay que tener claro que, por tener dos o más antivirus instalados en el sistema, no tenemos mayor seguridad (es un error comúnmente cometido por usuarios inexpertos). Si instalamos dos o más antivirus en un mismo sistema operativo, lo único que vamos a obtener es que este se va a ralentizar y estaría constantemente en caos por la convivencia de dichos antivirus. Además, se recomienda también disponer de algún programa *antimalware* y realizar escaneos con él frecuentemente. Más adelante veremos el tipo de amenazas que podremos evitar con estas técnicas.

Continúa en página siguiente >>

<< Viene de página anterior

Cerrar sesiones y no dejarlas abiertas

- Es importante no mantener las sesiones abiertas, sobre todo si no estamos usando nuestro dispositivo y mucho menos si no estamos físicamente delante de él. Una buena estrategia consiste en crear un usuario al sistema operativo y, cuando pase un minuto de inactividad (por ejemplo), se bloquee y pida la clave de acceso del usuario.

Saber identificar redes abiertas y públicas, no usándolas para operaciones de ámbito privado

- A día de hoy necesitamos consumir internet para poder realizar nuestras comunicaciones; un fallo muy grave que cometemos casi todo el mundo es conectarnos a la primera red wifi que encontramos para proceder a continuación a entrar a páginas tan personales como el banco, nuestro correo electrónico o las redes sociales, entre otras. Sin embargo, detrás de esta red pueden estar capturando nuestra información y darle un uso indebido o fraudulento sin que nosotros tengamos constancia de ello.

Usar el *firewall*

- En el *firewall* o cortafuegos podremos definir reglas de entrada y de salida de información, de tal forma que, antes de acceder a algún sitio web, el primero en hacerlo es el *firewall*, dejando acceso si hay permiso. En el caso de que no haya permiso, se deniega el acceso. Lo mismo ocurre para la salida de información; en este caso, descarga.

No usar *software* que no sea seguro

- Todos conocemos las versiones piratas o *crack* de cualquier programa, pero, ¿hemos pensado todos el siguiente escenario?: si alguien me ofrece un *software* que legalmente cuesta 200 € a coste 0, ¿no habrá detrás de todo ello algún tipo de obtención de datos de forma fraudulenta? La respuesta es afirmativa en un 99,99999 %. Bien sea con fines lucrativos, bien sea con otros objetivos, si usamos sistemas operativos pirateados, corremos un riesgo gravísimo de seguridad.

Desconectarse de internet cuando no se use

- Tal y como se ha anotado anteriormente, lo mejor es desconectar el equipo si no vamos a usarlo, aunque en el peor de los casos, si lo dejamos durante mucho tiempo encendido, lo ideal es desconectarlo de internet. El motivo: si tenemos amenazas residiendo en nuestro equipo, lo más normal es que se propaguen a otros; si no tenemos amenazas, podemos adquirirlas y ni siquiera darnos cuenta.

Continúa en página siguiente >>

<< *Viene de página anterior*

Realizar periódicamente copias de seguridad

- Lo mejor de todo es que, frecuentemente (una vez al mes, dependiendo de la capacidad de generación de datos), realicemos alguna copia de seguridad, tanto del sistema operativo (creando, por ejemplo, en las familias *Windows* un punto de restauración) como de las aplicaciones y datos generados por dichas aplicaciones instaladas en nuestro dispositivo informático. Así, en el caso de que suframos o seamos víctimas de algún ataque informático, al menos tenemos la seguridad de que no damos por perdidos los datos (también se puede mirar desde el punto de la seguridad de datos).

2.2. El *firewall* o cortafuegos como elemento de seguridad

Un *firewall*, también conocido con el nombre de cortafuegos, es un sistema que permite proteger nuestros equipos o dispositivos informáticos en una red de computadores de intrusiones provenientes de una tercera red (como, por ejemplo, la red de redes internet). Luego podemos afirmar que el *firewall* permite filtrar los paquetes que circulan por una red, aparte de controlar el tráfico entre la red interna y externa. Un sistema *firewall* cuenta con una serie de reglas predefinidas que son:

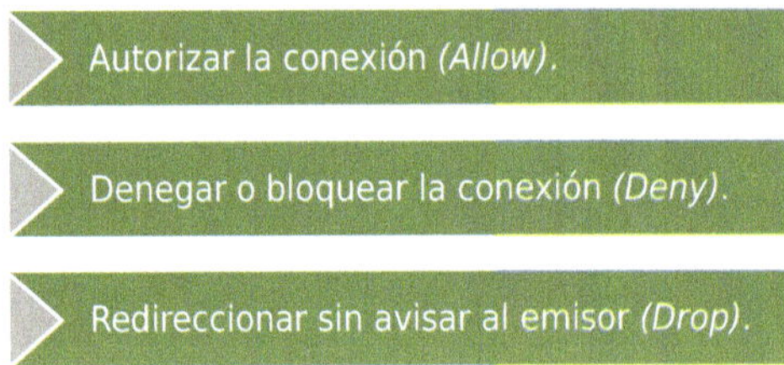

Actualmente podemos localizar en el mercado dos tipos de *firewall:*

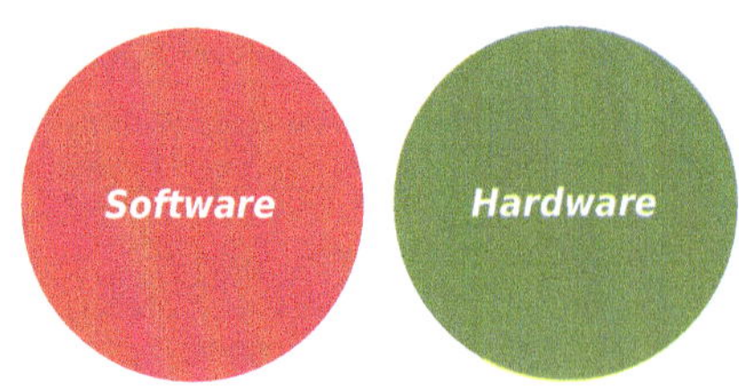

Pero, ¿cómo podemos saber, por ejemplo en *Windows 11,* si el *firewall* está funcionando? Para ello basta con seguir los siguientes pasos:

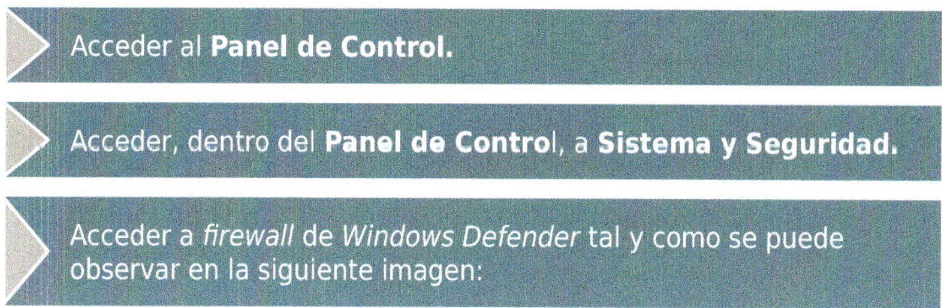

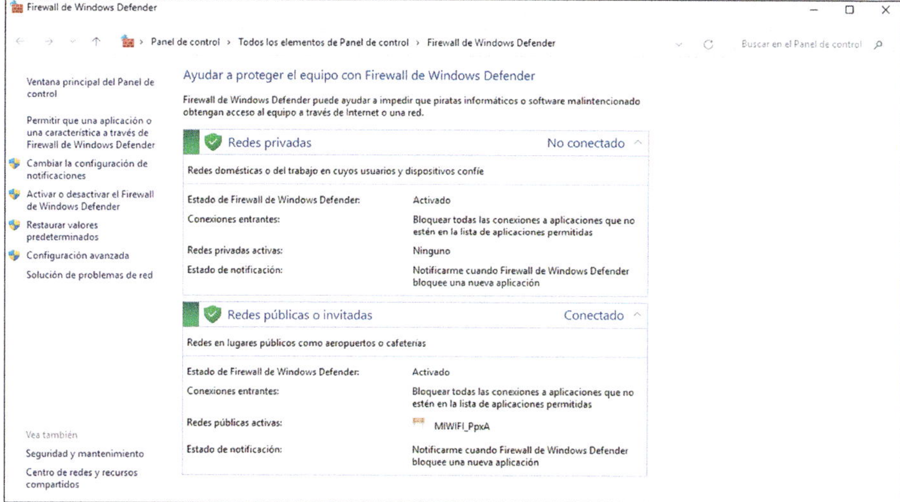

Firewall de Windows 11 Defender

El *firewall* dispone de un apartado denominado **Configuración Avanzada** mediante el cual se pueden definir las reglas de entrada y de salida. De hecho, si pulsamos en **Configuración avanzada** del panel de la derecha, obtenemos la siguiente pantalla:

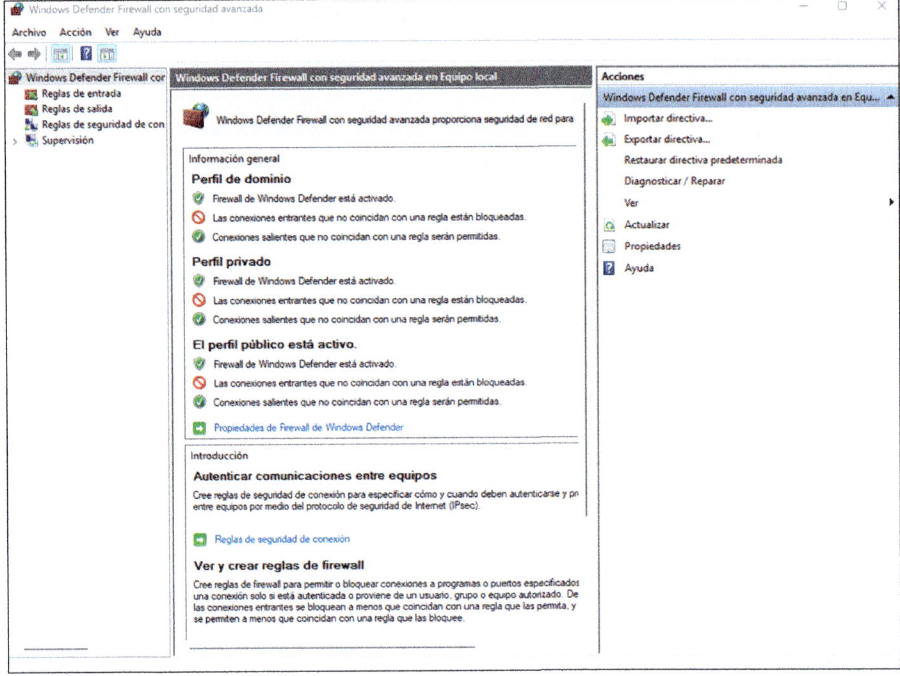

Configuración avanzada de firewall en Windows 11

Veamos a continuación para qué sirven dichas reglas en el *firewall:*

Reglas de entrada

- Todos los perfiles del sistema operativo están configurados con una política respecto de las reglas de entrada; estas se corresponden con las conexiones entrantes, de tal forma que si se produce una conexión entrante a nuestro equipo que no tiene una regla predefinida, dicha conexión será bloqueada. En caso de que la conexión tenga una regla predefinida, será aceptada.

Reglas de salida

- Son exactamente iguales que las anteriores pero se producen cuando hay una conexión saliente, por ejemplo, un acceso a la web "IC Editorial" es una conexión de salida.

Imagina que somos padres o madres de familia y tenemos niños de entre 10 y 15 años a nuestro cargo. Por diversas razones, hemos llegado al punto de tener que bloquear en el dispositivo informático la red Instagram para que nuestros hijos no pierdan su tiempo. Para llevar a cabo dicha regla lo primero de todo es acceder al *firewall* de *Windows* y, a continuación, a las **Características avanzadas** para poder tener acceso a las reglas de entrada y salida.

Como lo que se pretende es bloquear la página web *Facebook*, esta acción se corresponde con una regla de salida (va de nuestro dispositivo informático a *Facebook*). Para dejarla definida pincharemos en la parte izquierda del *firewall* en Reglas de Salida y obtendremos el contenido de la siguiente imagen:

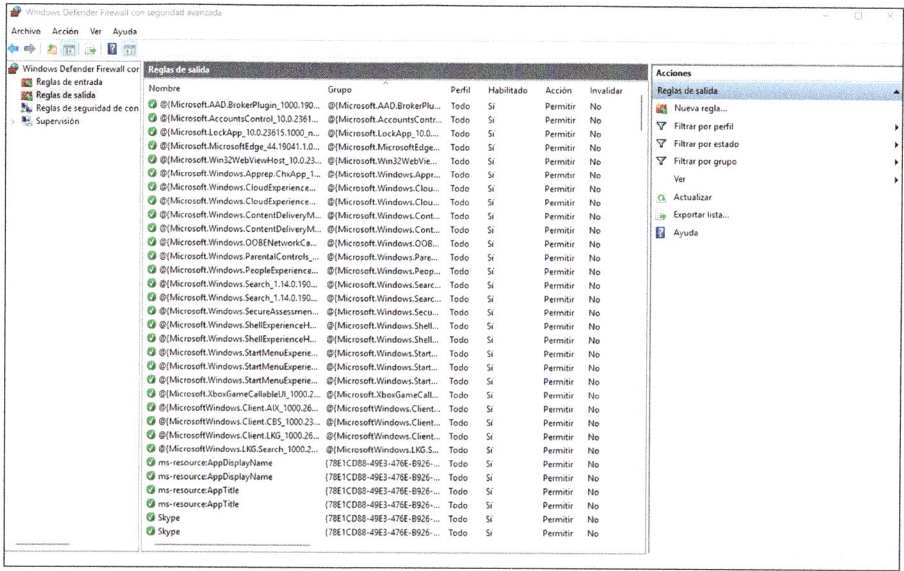

Reglas de salida configuradas en el firewall de Windows 11

Lo primero de todo es averiguar la dirección IP de facebook.com; para ello abrimos un terminar de consola (cmd), escribimos el comando *ping www.facebook.com* y observamos el resultado:

```
Símbolo del sistema

Microsoft Windows [Versión 10.0.26120.2213]
(c) Microsoft Corporation. Todos los derechos reservados.

C:\Users\acard>ping www.facebook.es

Haciendo ping a star-mini.c10r.facebook.com [31.13.83.36] con 32 bytes de datos:
Respuesta desde 31.13.83.36: bytes=32 tiempo=4ms TTL=55
Respuesta desde 31.13.83.36: bytes=32 tiempo=13ms TTL=55
Respuesta desde 31.13.83.36: bytes=32 tiempo=4ms TTL=55
Respuesta desde 31.13.83.36: bytes=32 tiempo=5ms TTL=55

Estadísticas de ping para 31.13.83.36:
    Paquetes: enviados = 4, recibidos = 4, perdidos = 0
    (0% perdidos),
Tiempos aproximados de ida y vuelta en milisegundos:
    Mínimo = 4ms, Máximo = 13ms, Media = 6ms

C:\Users\acard>
```

Obtención de la dirección IP de Facebook

Tal y como podemos observar en la imagen anterior, la página www.facebook.com se corresponde con la IP 31.13.83.36 y lo que vamos a hacer es "cortar" el tráfico que salga de nuestro equipo a dicha dirección IP. Para ello, en la pantalla de *firewall* (y sobre la opción de reglas de salida), escogemos la opción de nueva regla:

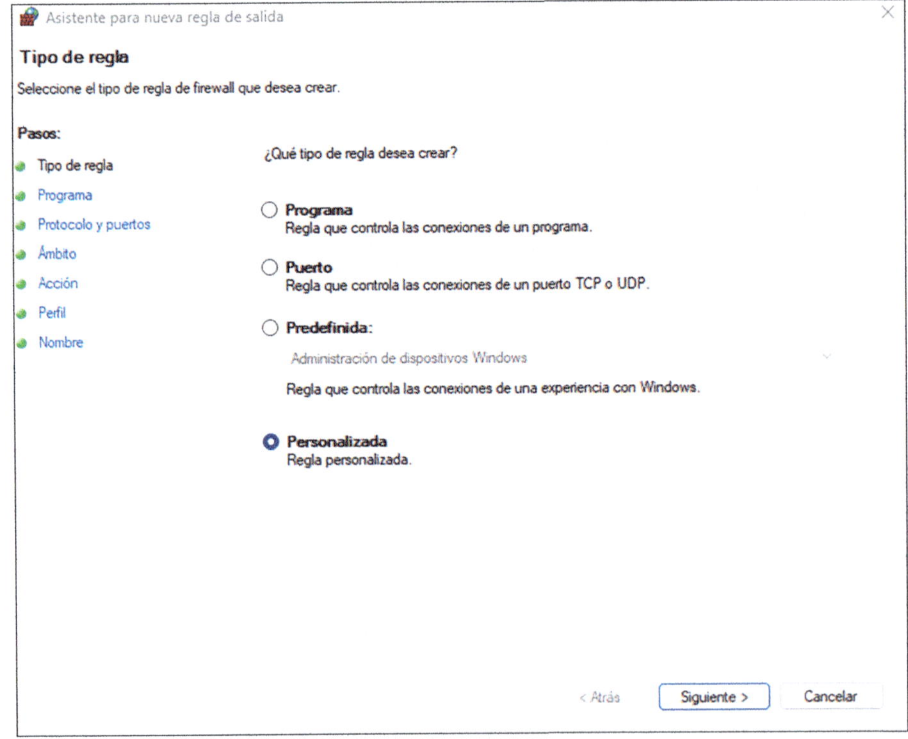

Creación de una nueva regla de salida en firewall

En la pantalla anterior hay que escoger la opción **Personalizada** y pulsar en **Siguiente** para obtener la siguiente pantalla:

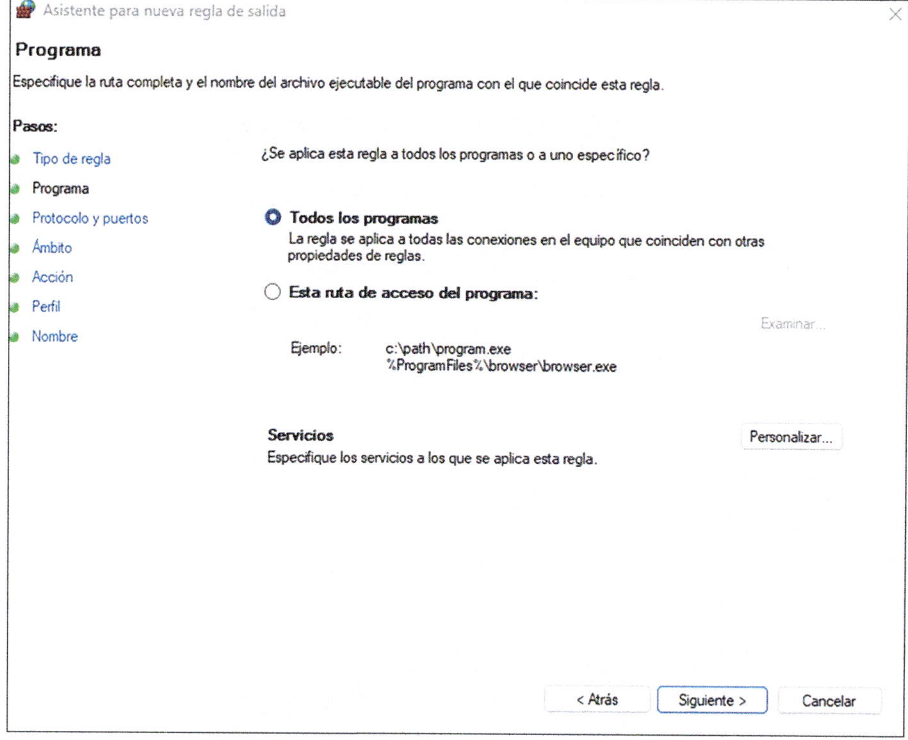

Configuración de la regla de salida de Facebook

En la pantalla anterior, pulsamos en **Siguiente** para obtener esta imagen:

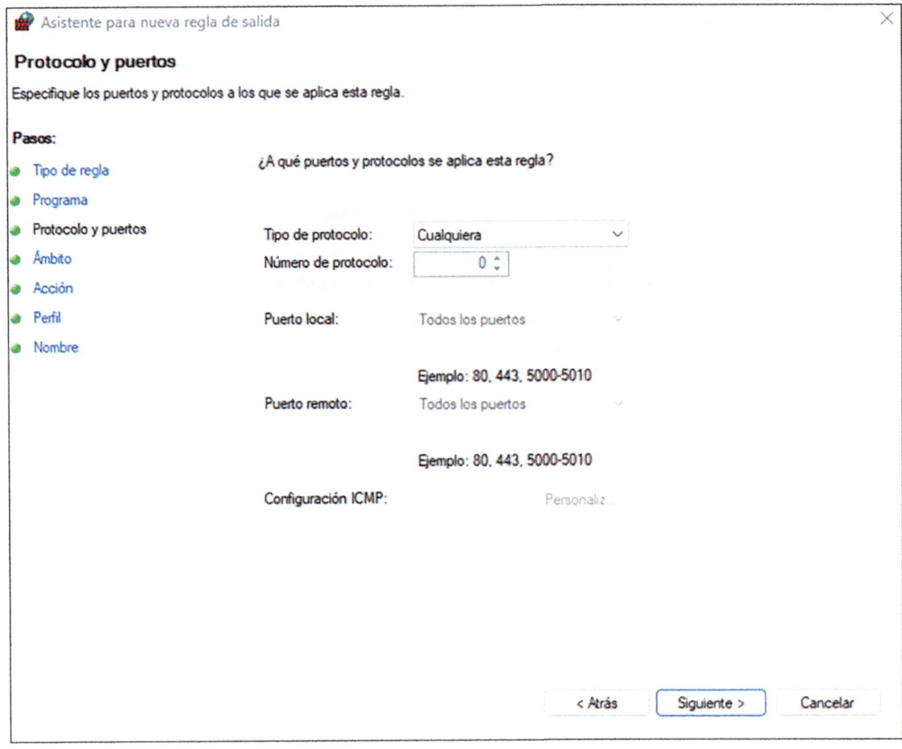

Configuración de la regla de salida para Facebook

En la pantalla anterior, escogemos la opción **Siguiente** y obtenemos:

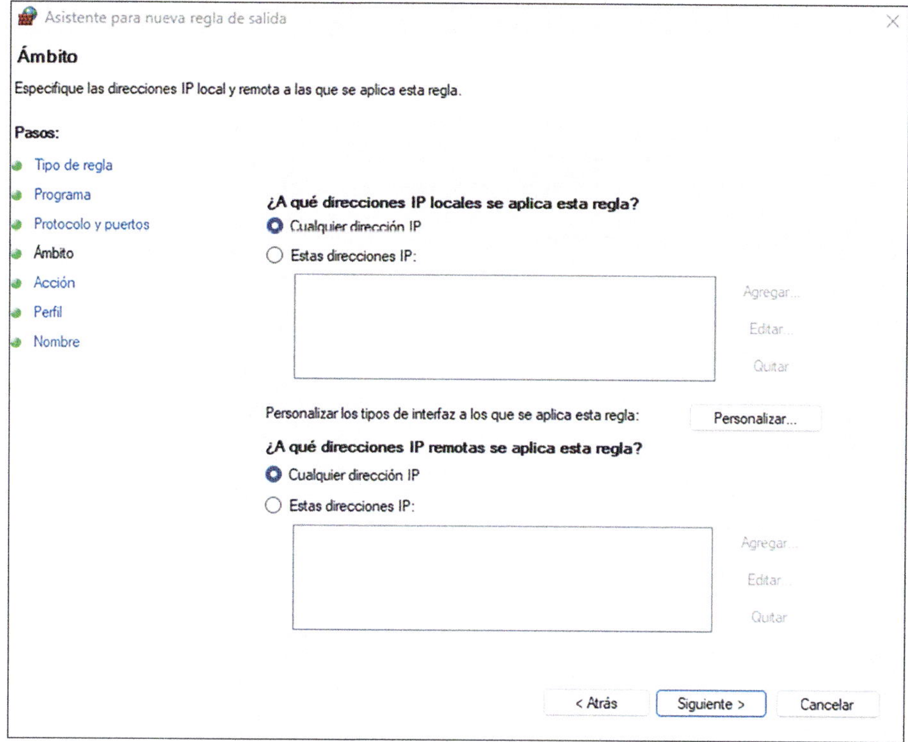

Configuración de la regla de salida en firewall para Facebook

En la imagen anterior debemos centrar nuestra atención en la segunda parte correspondiente a: **¿A qué direcciones IP remotas se aplica esta regla?** Nosotros escogeremos la opción de **Estas direcciones IP,** y a continuación introduciremos la IP correspondiente a *Facebook,* tal y como se puede ver a continuación:

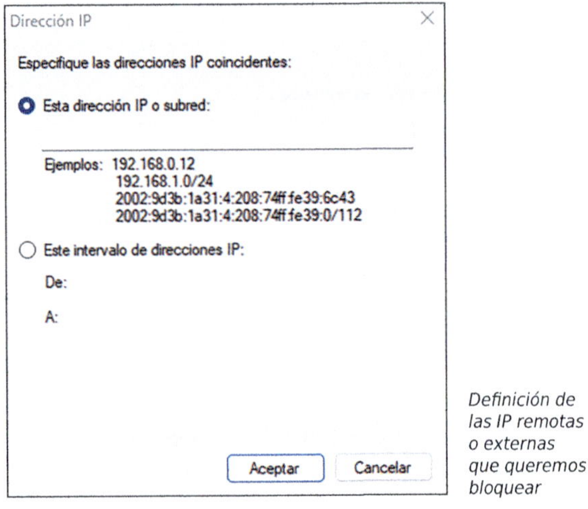

Definición de las IP remotas o externas que queremos bloquear

Pulsamos en **Aceptar** en la pantalla anterior y se puede observar cómo dicha IP se asigna al cuadro inferior en la siguiente imagen:

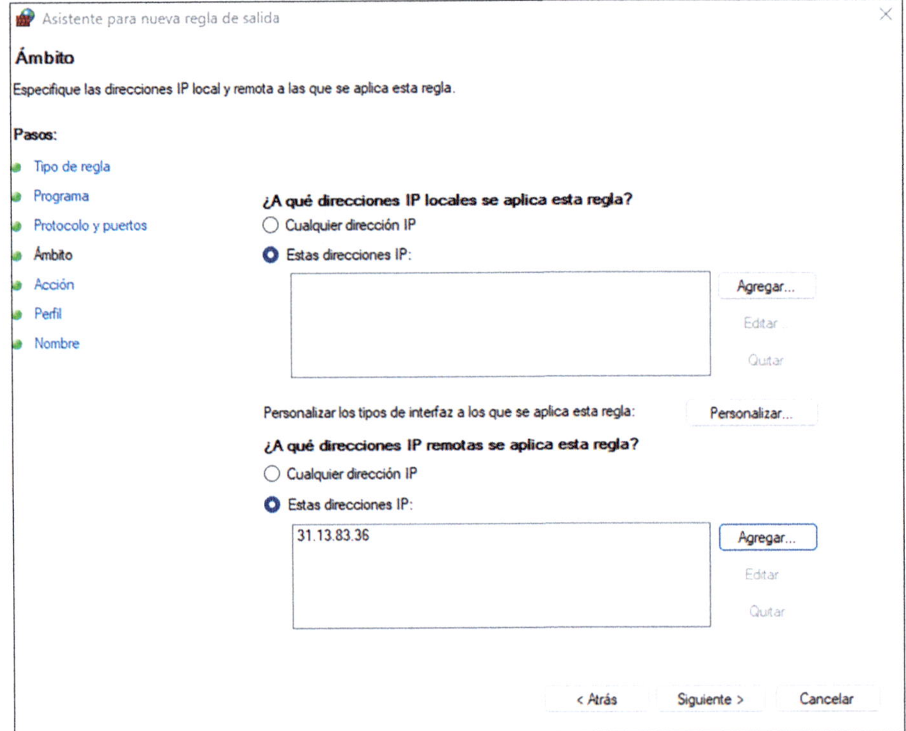

Configuración de denegación de acceso a Facebook en firewall Windows 11

A continuación pulsamos en **Siguiente** y se obtiene esta pantalla:

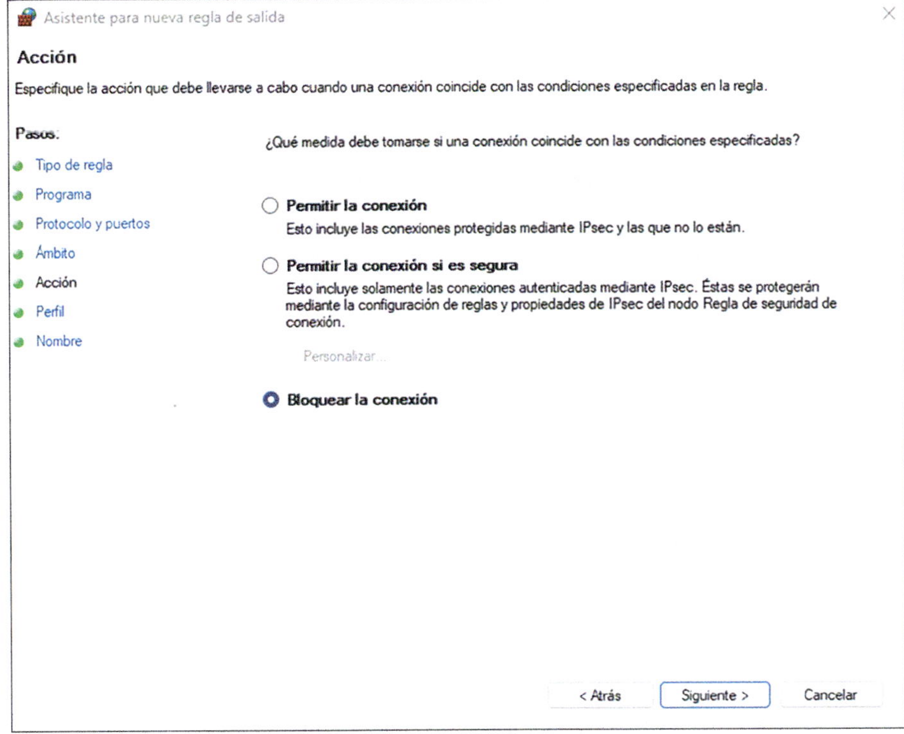

Restricción de acceso a Facebook desde firewall

En la pantalla anterior simplemente hay que pulsar **Siguiente** para obtener esta pantalla:

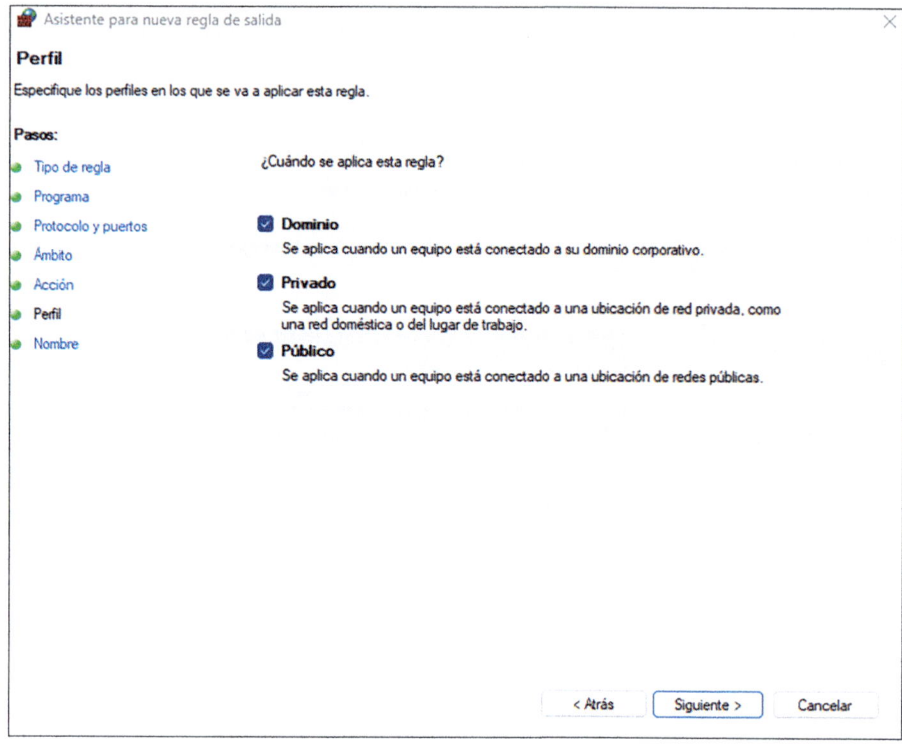

Ámbito de la aplicación de la regla

En la pantalla anterior, lo dejamos todo exactamente como está y pulsamos en **Siguiente** para obtener esta pantalla:

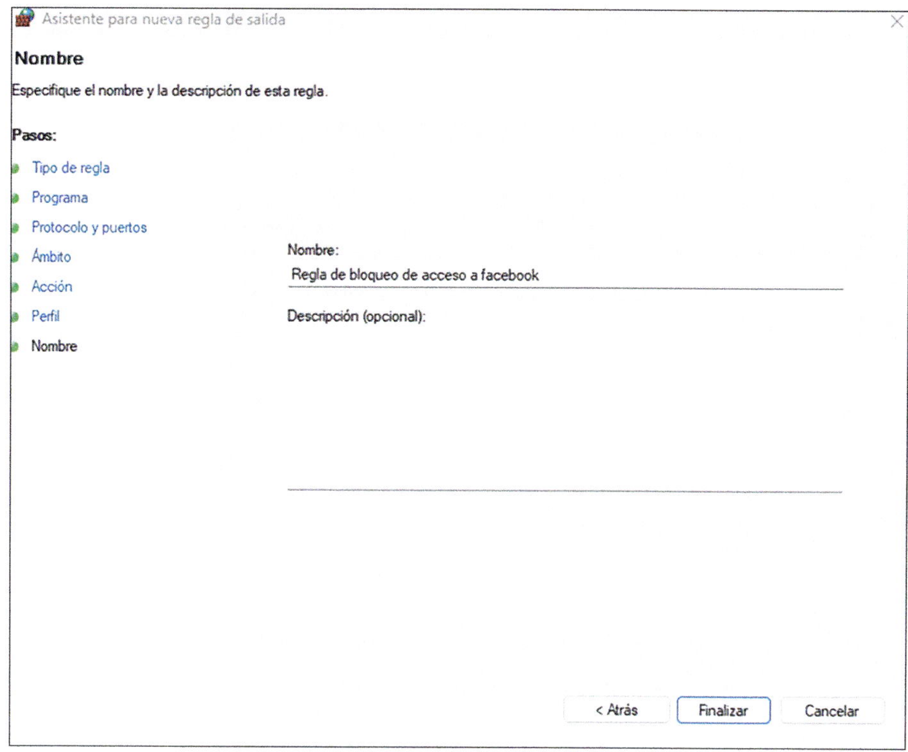

Creación del nombre y descripción asociados a la regla de salida

A continuación, establecemos un nombre para la regla y una descripción (describir brevemente lo que hace la regla) y pulsamos en **Finalizar.** Si ahora desde un navegador intentamos acceder a *Facebook,* nos dará la siguiente imagen:

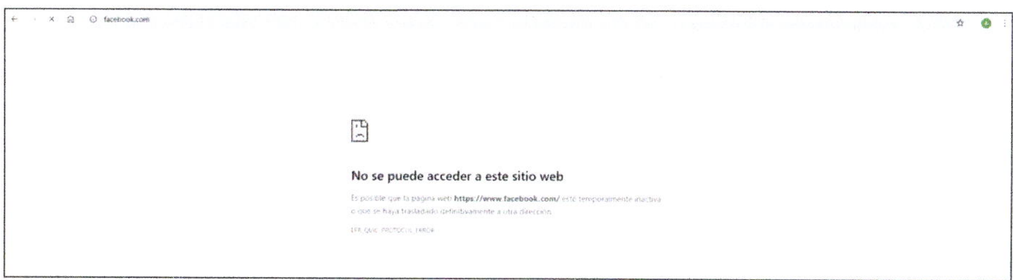

Bloqueo de acceso a Facebook a través de firewall

Tal y como se puede observar en la imagen anterior, dado que hay una regla de salida que prohíbe el tráfico de datos a la dirección IP correspondiente a facebook.com, el navegador nos informa de que no tiene acceso a dicho sitio.

Deshabilitar la regla de salida es tan fácil como localizarla en todo el conjunto de reglas de salida, seleccionarla haciendo clic en ella y, en la parte derecha de la pantalla, localizar la etiqueta **Deshabilitar regla.** Una vez que se pulse dicha opción, se puede volver a acceder a *Facebook* tal y como se hacía anteriormente.

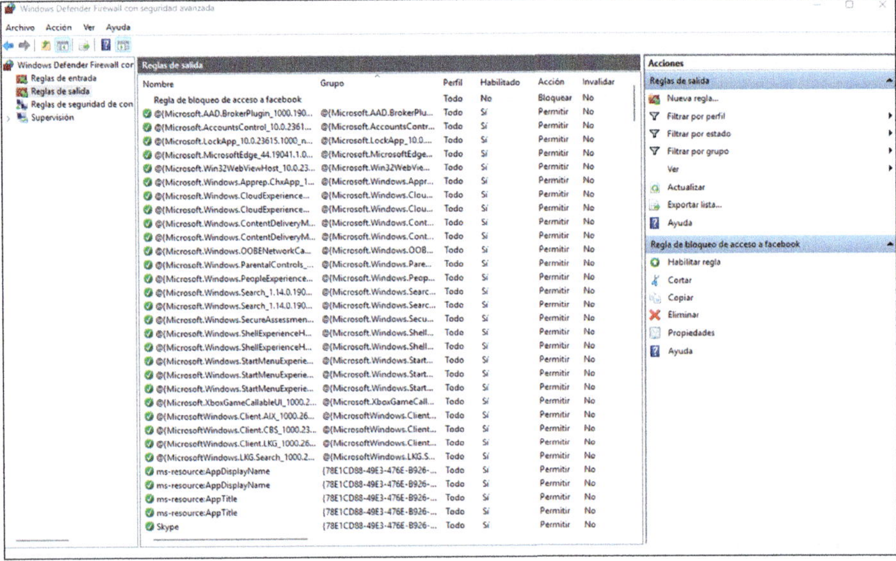

*Desde la opción **Deshabilitar regla** se puede suprimir una regla ya creada.*

APLICACIÓN PRÁCTICA

Un conocido nuestro nos comenta si conocemos algún tipo de tecnología en la que podamos vetar ciertos contenidos de internet, dado que están muy preocupados porque han descubierto que su hijo accede a contenidos de adultos desde sus dispositivos usando la conexión del hogar. ¿Qué le aconsejaremos como profesionales?

Solución

Como ya sabes, el *firewall* nos permite "controlar" el tráfico entrante y saliente de los dispositivos informáticos, con lo cual con esta parte podemos suplir el tema de acceso a webs de contenido adulto con una configuración acorde.

Continúa en página siguiente >>

<< Viene de página anterior

El segundo problema reside en que, como hacen uso de ese contenido en el hogar, lo ideal es establecer un servidor con una configuración *firewall* que analice tanto el tráfico de entrada como salida del *router* o dispositivo de acceso a internet y tome las medidas necesarias.

3. ¿Qué es la seguridad informática?

HILO CONDUCTOR

En CGS siempre que algún cliente les habla de seguridad informática, les comenta los conceptos de confidencialidad, integridad, disponibilidad y autenticación para que el usuario pueda imaginarse el escenario en el que se mueve la seguridad informática actual.

Por seguridad informática se entiende el conjunto de procesos para prevenir y detectar usos no autorizados de un sistema informático. Además, también implica el proceso de protección contra intrusos del uso de nuestros dispositivos informáticos, normalmente con fines no legales y destinados a la obtención de ganancias de forma ilegal.

La seguridad informática supone una serie de medidas de seguridad que aplicar, tales como el uso de programas antivirus o *antimalware, firewalls,* así como medidas por parte del usuario (no todo en seguridad informática depende del *software;* muchas veces nosotros como usuarios somos igual de responsables que las medidas de seguridad adoptadas). De qué sirve invertir mucha cantidad económica en seguridad en una empresa si resulta que sus principales activos, los empleados, no tienen nociones suficientes de seguridad.

La seguridad informática suele centrarse en cuatro puntos bien diferenciados, que son:

Confidencialidad	- Mediante esta se trata de garantizar que solamente los usuarios que tienen que tener acceso a los recursos, datos o informaciones son los que realmente lo tienen, y no otros usuarios que no deberían tenerlo.
Integridad	- Con este se garantiza que solamente los usuarios autorizados son capaces de poder modificar los datos o información cuando sea necesario, y no se produce un fraude por otros usuarios que, sin ser autorizados, modifican los datos.
Disponibilidad	- Trata de garantizar que los datos estén disponibles para los usuarios, pero además que estén disponibles cuando el usuario los requiera también.
Autenticación	- Definida como "procedimiento informático que permite asegurar que un usuario de un sitio web u otro servicio similar es auténtico, es decir, es quien dice ser". Por ejemplo, ¿podemos imaginar que la Agencia Tributaria facilite nuestros datos a cualquier usuario?... Sería impensable. Para ello, la Agencia activará mecanismos que nosotros deberemos superar para acreditar que somos quienes decimos ser.

4. Objetivos de la seguridad informática

HILO CONDUCTOR

En CGS, siempre que un cliente llega con problemas referentes a la seguridad informática se le explican los objetivos en los que esta se basa, y sobre todo en

Continúa en página siguiente >>

<< Viene de página anterior

el aspecto de formar a los usuarios de una empresa u organización de forma correcta, dado que son el eslabón más frágil de todo el sistema de seguridad informática.

Una vez que conocemos qué es la seguridad informática, vamos a ver los objetivos que debe cumplir. Cuando hablamos de objetivos, nos referimos a normas que hacen que los riesgos de información o estructura informática sean los mínimos posibles. Entre estas normas suelen estar: horarios de funcionamiento, actualizaciones fuera del ámbito del horario de trabajo de los usuarios, restricciones, autorizaciones, denegaciones, autentificaciones, perfiles de usuario, planes de emergencia, redes... y así un largo etcétera.

Podemos establecer los siguientes objetivos de la seguridad informática:

La infraestructura computacional

- Se corresponde con la parte vital para el almacenamiento y gestión de la información de los dispositivos informáticos. La función de la seguridad informática aquí es asegurar que los equipos funcionan adecuadamente y prever posibles fallos, fuga de información, ataques, desastres naturales, fallos de suministro eléctrico..., así como cualquier otro factor que pueda poner en peligro la infraestructura informática.

Los usuarios

- Se corresponden con las personas que hacen uso de las estructuras o tecnologías informáticas y que también gestionan la información. Sería impensable que un usuario pudiera poner en jaque la seguridad de un sistema, de ahí que sea importante la formación en seguridad de los usuarios. De nada nos sirve un sistema informático protegido de forma sobrenatural si el usuario que lo maneja no tiene los conceptos necesarios y suficientes sobre seguridad.

La información

- Se corresponde con el principal activo para proteger por parte de la seguridad informática. La información es gestionada y tratada por parte de los usuarios.

Recuerda que la seguridad informática se basa en los siguientes pilares:

Pilares fundamentales de la seguridad informática

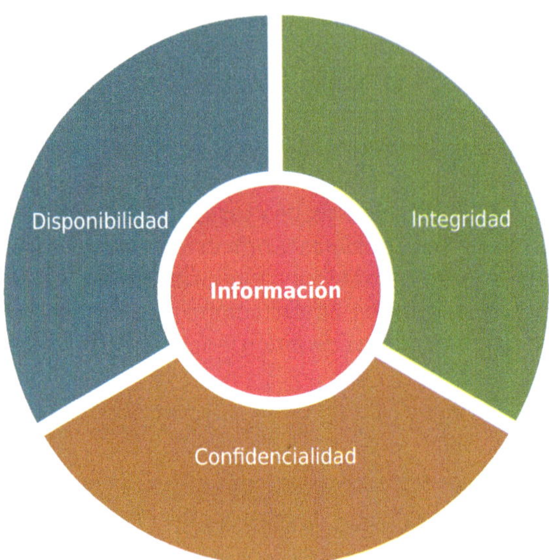

5. Amenazas

HILO CONDUCTOR

En CGS saben que sus clientes son muy olvidadizos a la hora de escanear sus equipos en busca de *malware*. Por eso siempre, cada 15 días, realizan envíos masivos de correos en los que se explican los beneficios de realizar estos escaneos frecuentemente para prevenir amenazas de seguridad informática.

Por amenaza se sobreentiende todo elemento o acción capaz de atentar o alterar la seguridad informática de nuestros dispositivos. Normalmente las amenazas van de la mano de las vulnerabilidades, de tal forma que hay autores que establecen la siguiente regla: una amenaza solo puede existir si existe una vulnerabilidad que puede usarse por parte de la amenaza (independientemente de si se compromete la seguridad o no en el dispositivo informático).

DEFINICIÓN

Ingeniería social

Conjunto de técnicas empleadas por los ciberdelincuentes para estafar a los usuarios con el fin de obtener sus datos confidenciales, infectar sus equipos informáticos o usarlos como atacantes para otros equipos con el fin de que no sean descubiertos.

A continuación, se reúnen una serie de amenazas, las más típicas o frecuentes, junto con unas recomendaciones para reducirlas:

- **Vulnerabilidades.** Asociadas generalmente a fallos en el *software* de los dispositivos informáticos (tanto a nivel de sistema operativo como a nivel de aplicaciones) que ponen en riesgo la seguridad del dispositivo informático y mucho más si está conectado a una red como internet (red donde hay ordenadores dedicados en exclusiva a localizar las vulnerabilidades de otros equipos para atacarlos). Normalmente las empresas desarrolladoras de *software* suelen anunciar sus vulnerabilidades a medida que las van descubriendo, poniendo todo el interés en solucionar dicha vulnerabilidad de forma casi inmediata a través de los conocidos parches de seguridad o parches de *software*. ¿Qué medidas se pueden tomar ante las vulnerabilidades?
    - Mantener al día y actualizados tanto los parches de seguridad como de *software*.
    - Configurar correctamente la seguridad del sistema operativo, del navegador de internet y del *software* de seguridad asociado.
    - En el caso de ser empresa, se debería desarrollar algún tipo especial de plan de seguridad y contingencia.
    - Localizar *software* centrado en bloquear las amenazas centradas en vulnerabilidades.
- ***Spyware.*** Los podemos "adquirir" sin darnos cuenta cuando visitamos páginas web, en correos electrónicos, mensajes instantáneos y en conexiones directas para la compartición de archivos. También cuando se acepta un acuerdo de licencia de determinados programas es posible que se nos instalen *spywares* sin saberlo. Detectar la presencia de *spyware* en nuestros dispositivos es complicado, dado que este tipo de

amenaza intenta pasar los más desapercibido posible. Una serie de medidas para la prevención o detección son las siguientes:

- Usar de manera frecuente un programa para protegerse y detectar *spyware.*
- Configurar el *firewall* del sistema operativo para bloquear conexiones no solicitadas.
- Normalmente suelen usar ofertas o promociones muy agresivas para captar la atención de nuestro clic e infectarnos.
- Mantener los parches de *software* y seguridad actualizados al día.

- ***Spam.*** Normalmente es más conocido como "correo basura". Se corresponde con correos que no hemos solicitado, que normalmente incluyen publicidad para la captación de nuestra atención y un gran número de destinatarios. A través de estos correos pueden introducirse en nuestros dispositivos informáticos troyanos, virus, *spyware* o incluso realizar ataques para obtener nuestros datos. Usar nuestro sentido común es un arma fundamental para luchar contra el *spam,* y mensajes que no vienen con dirección de correo en los campos **Para** o **CC** tienen todos los puntos de ser correo basura. Algunas medidas que pueden tomarse para reducir estas amenazas son:

  - Instalar algún *software* para bloquear o filtrar *spam.*
  - Si hay sospechas de un determinado correo, lo mejor es no abrirlo, simplemente eliminarlo.
  - Se recomienda no habilitar la vista previa de nuestro servidor de correo electrónico y, en la medida de nuestras posibilidades, usar la opción de texto sin formato.
  - Rechazar todos los mensajes que no sean de nuestros contactos habituales.
  - No pinchar en URL de mensajes desconocidos de los que no se sabe su procedencia.
  - Mantener los parches de *software* y seguridad actualizados.

- ***Malware.*** Cuando se habla de *malware,* se hace referencia a una serie de códigos maliciosos (como por ejemplo los virus y troyanos). El *malware* tiene como característica que usa las herramientas de comunicación de los equipos informáticos a la red internet para poder propagarse, por ejemplo, haciendo uso del correo electrónico. Hay que destacar que el *malware,* una vez que se ha instalado en el equipo informático, funcionará de forma silenciosa buscando la mayor cantidad de vulnerabilidades del sistema en que se encuentra instalado para saber por dónde atacar a dicha máquina. Normalmente podemos sospechar que tenemos un *malware* instalado en nuestro equipo si detectamos un rendimiento lento del mismo. Algunos consejos para tener en cuenta son:

- Abrir archivos de correo electrónico y adjuntos de nuestros contactos, evitando cualquiera que no sea de dichos contactos de confianza y, sobre todo, si no es un correo esperado.
- Realizar escáneres a los correos recibidos mediante programas de seguridad que podemos adquirir o comprar en internet.
- Borrar los mensajes no deseados, lógicamente sin llegar a abrirlos.
- No abrir enlaces web, sobre todo si vienen de fuentes desconocidas.
- Mantener los parches de seguridad actualizados al día.

- ***Phishing.*** Más conocida como fraude o estafadores tecnológicos, esta práctica consiste en usar *spam,* páginas web fraudulentas, *e-mails,* mensajes..., los cuales se reciben con el fin de obtener determinada información (por ejemplo, bancaria, tarjetas de crédito, accesos a determinadas cuentas...). Normalmente podemos detectar el *phishing* en nuestros equipos siguiendo alguno de los siguientes consejos:

  - Por norma general, los *phishers* suelen suplantar la identidad de ciertas empresas, para ver si el usuario al que atacan cae en la trampa y obtienen los datos de acceso.
  - Los *phishers* usan un lenguaje embaucador, de tal forma que bloquean la capacidad de pensamiento del usuario atacante; un ejemplo es un *e-mail* agresivo que asusta al usuario y este termina por realizar las acciones de dicho correo.
  - Las páginas donde se practica *phishing* suelen ser suplantaciones ilegítimas de ciertas páginas con *Copyright* por parte de las empresas legales.
  - Ningún banco ni entidad ni empresa legal va a pedirnos nuestras claves de acceso por *e-mail.*
  - Nuestro dispositivo informático suele ir más lento de lo habitual.
  - Nuestro dispositivo informático deja de responder o se bloquea frecuentemente.
  - Nuestro dispositivo informático se queda "pillado" y se reinicia por sí solo sin nuestra orden de reinicio.
  - Nuestro dispositivo informático se reinicia sin decírselo y además funciona de un modo anormal.
  - Nuestro dispositivo informático muestra errores fuera de lo común.

  Si recibimos un correo o *e-mail phishing* y tenemos alguna preocupación sobre si se ha instalado en nuestro dispositivo informático algún tipo de virus, podemos seguir una serie de consejos:

  - Tener en ejecución el antivirus.
  - Definiciones de la base de virus del antivirus actualizadas.
  - Realizar al menos un escaneo completo del disco duro y de la memoria para encontrar "amigos no deseados".

- Usar algún programa de los llamados anti-*spyware.*
- Usar algún filtro anti-*phishing.*

A continuación, puedes ver un ejemplo totalmente real enviado a través de correo electrónico a millones de usuarios usando *phishing:*

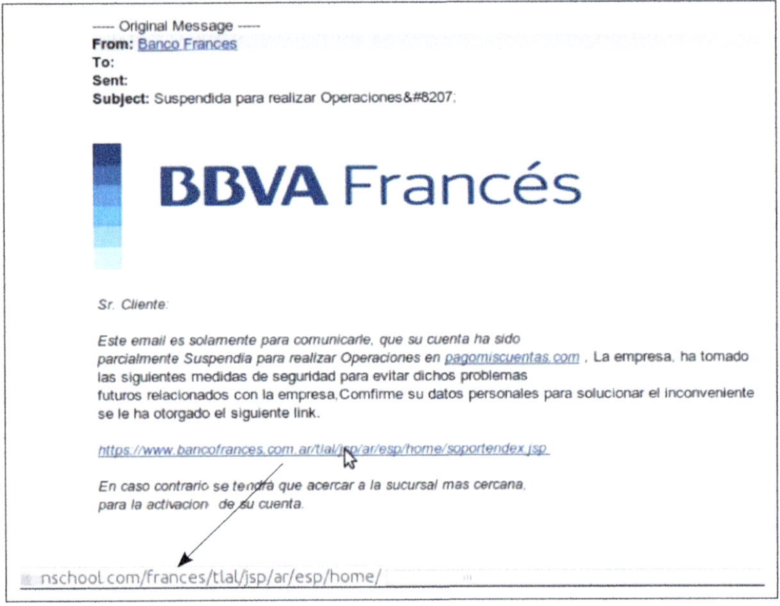

----- Original Message -----
From: Banco Frances
To:
Sent:
Subject: Suspendida para realizar Operaciones‏

BBVA Francés

Sr. Cliente:

Este email es solamente para comunicarle, que su cuenta ha sido parcialmente Suspendia para realizar Operaciones en pagomiscuentas.com . La empresa, ha tomado las siguientes medidas de seguridad para evitar dichos problemas futuros relacionados con la empresa.Comfirme su datos personales para solucionar el inconveniente se le ha otorgado el siguiente link.

https://www.bancofrances.com.ar/tlal/jsp/ar/esp/home/soportendex.jsp

En caso contrario se tendrá que acercar a la sucursal mas cercana, para la activacion de su cuenta.

nschool.com/frances/tlal/jsp/ar/esp/home/

Ejemplo de correo electrónico con phishing

VÍDEO

Puedes acceder al siguiente enlace en el que puedes ver un vídeo en el que explican el concepto de *phishing* a nivel de usuario y cómo intentan engañarnos fraudulentamente para obtener nuestros datos (bien personales o bien bancarios).

https://redirectoronline.com/ifct100po0102

Pero, ¿cómo podemos detectar el *phishing* y protegernos? Siempre que usemos la red de redes (internet) debemos seguir una serie de pautas, que son las siguientes:

Comprobar el dominio del remitente del correo

- Generalmente el dominio que se recibe en el correo electrónico no tiene nada que ver con el dominio de la empresa a la que se está suplantando la identidad. Un ejemplo de un dominio no válido es servicio@paipal.com: si observamos con atención, el nombre correcto es PayPal, no PaiPal, y ahí la picaresca.

¿Existen faltas de ortografía o no concordancia en la sintaxis?

- Normalmente el *phishing* no es planificado, a diferencia de las campañas reales de *marketing* (que cuidan cualquier aspecto, tanto ortografía como sintaxis, logos de empresa...). Muchas veces los correos *phishing* son traducidos automáticamente y de ahí la falta de concordancia y sintaxis.

No ceder nunca datos personales ni información bancaria

- Es muy habitual que este tipo de correos pidan los datos de acceso a cuentas bancarias (aunque también pueden pedir datos de tipo personal). Se puede observar también que los enlaces que adjuntan no son muy coherentes con la empresa a la que se suplanta la identidad.

Vigilar el asunto de los correos electrónicos

- Normalmente suelen usar asuntos para llamar o captar nuestra atención y que abramos el correo *phishing* sí o sí. Un ejemplo de este tipo de asuntos puede ser "Eres el ganador de un premio de lotería"

¿Hay archivos adjuntos?

- Es común que los correos *phishing* adjunten ficheros para que los gestores de correo electrónico no los clasifiquen automáticamente como correo basura o *spam*. No siempre los adjuntos conllevan código malicioso, pero no nos podemos relajar: lo mejor es no acceder ni al mensaje sospechoso ni a su contenido adjunto, y eliminarlo lo antes posible de nuestro servidor de correo electrónico.

Algunos de los ataques más importantes que en seguridad informática podemos sufrir en nuestros equipos o dispositivos son:

Malware	- Se refiere a cualquier *software* de tipo maligno cuya finalidad es colarse en el sistema informático para dañarlo.
Virus	- Son códigos informáticos que dañan e infectan los archivos que se encuentran en el equipo.
Gusanos	- Son programas que, una vez que infectan nuestros equipos, se hacen copias de sí mismos y se difunden por la red.
Troyanos	- Es muy parecido al virus, pero la finalidad de un troyano es la de abrir una puerta trasera para permitir el acceso de otros por tal puerta.
Spyware	- Programas espías cuya finalidad es la obtención de información o datos. Suelen ser bastante silenciosos y pasar totalmente inadvertidos para nosotros.
Adware	- Su objetivo primordial es mostrar publicidad. No lleva intención maligna, pero en algunos casos puede considerarse un tipo de *spyware*.
Ransomware	- Es un *malware* que tiene por fin el secuestro de los datos de un equipo mediante una encriptación de dichos datos para después pedir un desembolso económico por la información robada.
Phishing	- No es un programa y sí un tipo de ataque que emplea mecanismos de suplantación de identidad para obtener datos de las víctimas como las contraseñas o datos bancarios. Suele estar muy unido al uso de correo electrónico.
DDoS	- Consiste en realizar cientos de miles de peticiones a un determinado servidor con el fin de que este llegue a bloquearse o saturarse.

VÍDEO

En el siguiente enlace puedes acceder a un vídeo en el cual se exponen los conceptos básicos de la seguridad informática a través de ocho pautas para tener presentes como usuarios de un sistema informático.

https://redirectoronline.com/ifct100po0103

ACTIVIDAD COMPLEMENTARIA

1. Imagina que, mientras estás trabajando con tu equipo o dispositivo informático, recibes un correo del cual ves su notificación, quedándote extrañado dado que se trata del Banco Santander. Al abrir el correo ves la siguiente información:

De: servicio_bancosantander.es_grupo_supernet123_s738@att.net
Enviado: viernes, 23 de febrero de 2025 12:45
Para:
Asunto: Importante !

BANCO SANTANDER

Como parte de muestras medidas de seguridad, pantalla de regular las actividades de SANTANDER servicios en linea. Duranbt nuestra ultima comprobacion de seguridad, su cuenta fue marcado por nuestros sistemas de seguridad, A medida que nuestra politica de seguridad, hemos suspendido su cuenta. Siga el siguinte enlace para restaurar su acceso

Haga clic aquí

Santander

Por favor, no responda a este correo ya que este es un correo automatizado sólo para notificaciones. Si tiene cualquier pregunta o sugerencia puede ponerse en contacto con BANCO SANTANDER

¿Qué está sucediendo?

6. Servicios de seguridad

☞ HILO CONDUCTOR

En CGS siempre cuidan mucho a sus clientes, y sobre todo a los que menos nociones tienen sobre seguridad informática. Es por eso que a estos clientes les remiten semanalmente un boletín sobre los servicios de seguridad y medidas de seguridad disponibles y que pueden adoptar de forma fácil y rápida.

Las **medidas de seguridad** que podemos adoptar como usuarios de un sistema informático son las siguientes:

- Asegurarnos de que instalamos el *software* legítimo que nos ofrecen las empresas y no cualquier otro, dado que lo normal es que si hacemos uso de un *software* que no ha sido diseñado por esa empresa encontremos alojados en él troyanos y virus.
- Usar un antivirus correctamente actualizado y mantenido al día.
- Usar un sistema de cortafuegos *(firewall)* tanto a nivel *hardware* como a nivel *software*; así evitamos el acceso a usuarios no autorizados a nuestro equipo.
- Crear contraseñas complejas y extensas que consten, además, de caracteres especiales (aparte de las letras y números).
- Ser cuidadosos en la ingeniería social, pues las redes sociales son un entorno propicio para la fuga de datos o su robo.
- Usar sistemas criptográficos con el fin de que la información se convierta en sensible, segura y secreta cuando viaja por una red como internet, que es pública y abierta.

La implantación de un sistema de gestión de seguridad informática (normalmente llevado a cabo en las empresas) garantiza a los usuarios que la información manipulada bajo este se lleva a cabo con la máxima seguridad posible. La gestión de la seguridad informática se realiza mediante los siguientes elementos:

Creación de políticas y mecanismos de seguridad

- El primer paso de todos será delegar en una persona o grupo de personas, que serán los responsables ante futuras amenazas. Serán ellos los encargados de establecer políticas y mecanismos de seguridad y protección.

Buenas prácticas

- Para corroborar que todo está realizándose correctamente, de vez en cuando es conveniente revisar el estado y la seguridad de los datos de forma habitual con el fin de poder detectar errores o amenazas y tomar medidas frente a ellas.

7. Criptografía

HILO CONDUCTOR

En CGS saben de sobra que usando la criptografía actual es bastante complicado llegar a descifrar un mensaje; sobre todo requiere de mucho tiempo y esfuerzo. Es por eso que siempre aconsejan a sus usuarios y clientes trabajar en entornos cifrados, para que, en el caso de que la información o datos sean capturados, su descifrado sea muy costoso de llevar a cabo.

Se define la criptografía como el ámbito que trata las técnicas de cifrado o codificado de la información destinado principalmente a alterar los mensajes y hacerlos ininteligibles a receptores no autorizados ni deseados.

SABÍAS QUE...

La criptografía se lleva usando a lo largo de la historia de la humanidad desde hace miles de años, Julio César la usó cifrando las comunicaciones entre él y el resto de centuriones.

A día de hoy, con la irrupción de las NNTT y la informática, son muy comunes las comunicaciones digitales, de las cuales derivan actualmente algunos problemas de seguridad: una comunicación de punto a punto usando la red de redes puede ser interceptada, descifrada y por tanto ser insegura, de ahí el auge actual de la criptografía.

Los objetivos a rasgos generales de la criptografía son los siguientes:

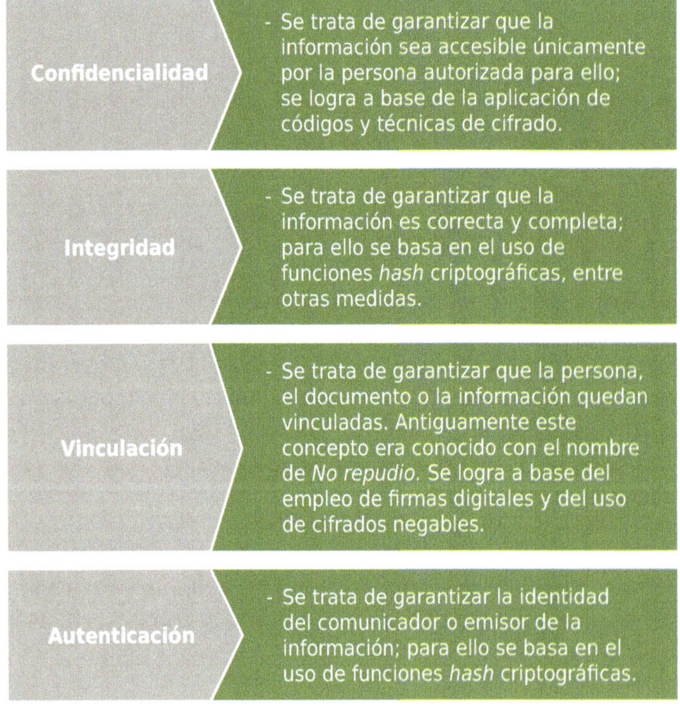

Actualmente el término *criptografía* engloba varios subtipos:

- **Criptografía simétrica.** También conocida con el sobrenombre de "criptografía de clave secreta" o "de una clave". Se corresponde con un método criptográfico que usa una misma llave para cifrar y descifrar los mensajes entre el emisor y el receptor en las comunicaciones. Por este motivo, tanto el emisor como el receptor tienen que llegar a un acuerdo antes de establecer la comunicación para usar la misma clave por ambas partes (de lo contrario no tendría sentido el proceso de cifrado). Una vez que ambas partes se han puesto de acuerdo con la llave, el remitente cifra el mensaje según la llave usada, se envía el mensaje y el destinatario, una vez recibido el mensaje, lo descifra con la llave con la que se ha puesto de acuerdo con el emisor.

Comunicación síncrona

1. Cifrado del mensaje
A
2. Envío del mensaje cifrado y de la clave
B
3. Descifrado del mensaje

- **Criptografía de clave pública o asimétrica.** También conocida con el sobrenombre de "criptografía de dos claves", consiste en un método criptográfico que usa dos claves para el envío de mensajes o información. Las claves están en posesión de la persona que recibe el mensaje, de tal forma que una de esas claves es pública y puede ser dada o entregada a cualquier persona; la otra clave (puesto que son dos) es privada y es responsabilidad del propietario de dicha clave que nadie tenga acceso a ella.

El proceso es el siguiente: un emisor emite un mensaje a un destinatario empleando la clave pública de este último (receptor) para cifrar el mensaje que quiere enviarse; una vez cifrado con la llave pública, se procede al envío del mensaje. Cuando ha sido recibido por el receptor, este, con su clave privada, podrá descifrar el mensaje, dado que es el único que debería tener dicha clave privada.

Comunicación asíncrona

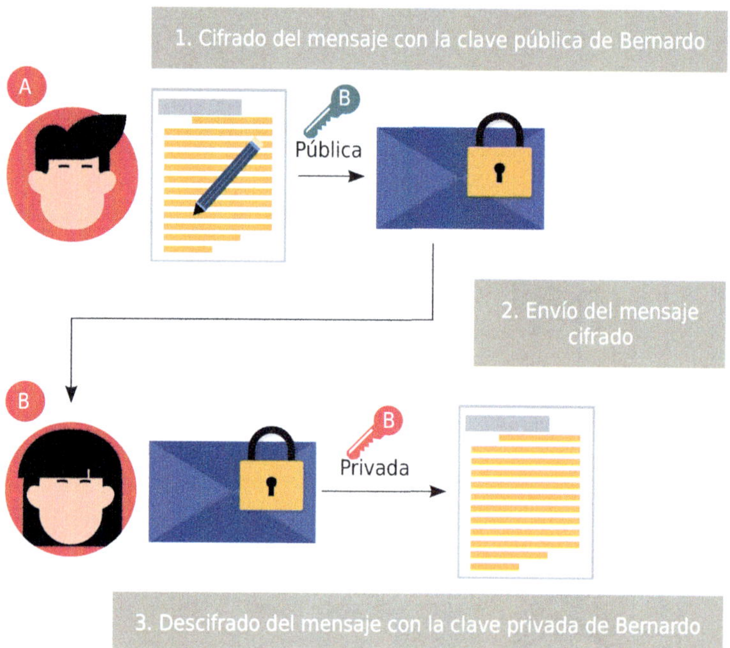

- **Criptografía con umbral.** Este tipo de criptografía se caracteriza por que se pretende distribuir una funcionalidad criptográfica entre varios usuarios, de tal forma que colectivamente (con la presencia de todos los usuarios) se puede calcular dicha funcionalidad (en el momento en que alguno de esos usuarios no se encuentre presente, no puede llevarse a cabo la obtención de la funcionalidad). Los principales motivos de distribución de la funcionalidad criptográfica se deben a:
  - Tolerancia a fallos.
  - Distribución de la responsabilidad.

Este sistema es muy usado sobre todo en sistemas de voto electrónico donde se genera una clave pública; con esta clave pública el votante cifra su voto. Para descifrar el voto se necesita la reconstrucción de la clave privada que conlleva la colaboración de todas las entidades (distribución) para su reconstrucción.

- **Criptografía basada en identidad.** Este tipo o método de criptografía se basa en el uso de atributos identificativos de los usuarios que intervienen en la comunicación. Un ejemplo de atributos identificativos son: correo electrónico, números de teléfono móvil, IP, nombre de un dominio... Es a partir de estos últimos con los que se producen los procesos de cifrado y descifrado, sin hacer uso de los certificados digitales.
- **Criptografía basada en certificados.** Este tipo de criptografía se caracteriza por que los usuarios son los que generan su par de claves (públicas y privadas); aparte de esto, existe una autoridad de certificación, la cual usa un cifrado basado en identidad. El funcionamiento es el siguiente: los usuarios generan peticiones a la autoridad de certificación para que esta genere los certificados de identidad del usuario y de la clave pública asociada a él.
- **Criptografía sin certificados.** Este tipo de criptografía surgió de la necesidad de solventar el principal problema de la criptografía basada en certificados: obtención de la clave que puede ser cifrada y descifrada. En este tipo de criptografía, lo que se hace es generar una clave privada para cada usuario a partir de su identidad, y una clave primaria maestra, todo ello usando la criptografía basada en identidad. La clave pública del usuario es calculada a partir de ciertos parámetros públicos y un valor determinado. Luego en este tipo de criptografía, para poder cifrar un mensaje, necesitamos tres partes: la clave pública del destinatario del mensaje, la identidad y la información pública determinada.
- **Criptografía de clave aislada.** Este tipo de criptografía tiene como objetivo minimizar el daño que se produce cuando en un ataque se captura la clave privada en un sistema criptográfico, de tal forma que usa un esquema con el siguiente funcionamiento:

    - Se divide el tiempo en porciones de N unidades o periodos.
    - Las claves privadas o secretas se almacenan de forma insegura, es decir, están expuestas a ataques, pero las claves son actualizadas por otras en cada unidad o periodo de tiempo.
    - Para la actualización de las claves se realiza una interacción con un dispositivo protegido (el cual mantiene la clave privada o secreta, que es fija, durante una unidad o periodo de tiempo).
    - Todas las operaciones o cálculos son realizados en el sistema inseguro o no protegido.
    - La clave pública se mantiene fija para todos las unidades o periodos de tiempo.

En el siguiente enlace puedes consultar las autoridades de certificación españolas avaladas por el Gobierno de España.

https://redirectoronline.com/ifct100po0104

7.1. Ejemplo de criptografía

A continuación vamos a ver un ejemplo muy básico de criptografía, usando para ello el sistema de codificación denominado César. El cifrado César, también conocido como cifrado por desplazamiento, es un tipo de cifrado que se basa en la sustitución de una letra en el texto original por otra letra que se encuentra un número ya fijado de posiciones más adelante en el alfabeto. Por ejemplo, si tomamos un desplazamiento de 3, la letra A sería sustituida por la D en el texto para enviar. Este método criptográfico recibe el nombre de César debido a que su mayor usuario fue Julio César. A continuación se muestra un ejemplo gráfico del cifrado César:

Cifrado César con un desplazamiento de tres unidades

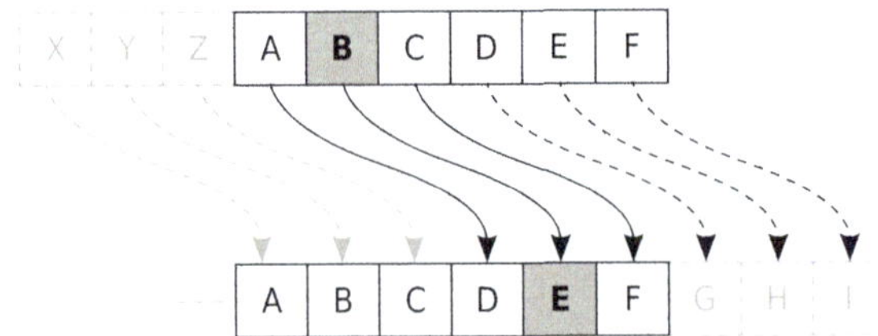

Por ejemplo, imagina que tenemos los siguientes textos:

"Esto es un ejemplo de cifrado César".

"La casa de madera construida en el árbol hay que pintarla de nuevo".

Vamos a codificarlos con un cifrado César de desplazamiento 3 para la primera frase y un desplazamiento 6 para la segunda frase.

Para "Esto es un ejemplo de cifrado César" con un desplazamiento 3 nos saldría la siguiente cadena de texto ya cifrada: lwxsiwyqiniptos hi gmjvehsgiwev. Tal y como se puede observar, si tenemos un desplazamiento 3 y queremos codificar la E, lo primero es desplazarse 3 unidades a la derecha de la E: F, G, H; luego es la I la que está en tercer lugar. Para la S hacemos la misma operación: T, U, V y la siguiente es W. Sobre el siguiente abecedario:

A	B	C	D	E	F	G	H	I	J
K	L	M	N	Ñ	O	P	Q	R	S
T	U	V	W	X	Y	Z			

Si le aplicamos un desplazamiento 3, tenemos la siguiente tabla para cifrar:

E	F	G	H	I	J	K	L	M	N
Ñ	O	P	Q	R	S	T	U	V	W
X	Y	Z	A	B	C	D			

A continuación si sobreponemos las dos tablas, es tan fácil como mirar la tabla primera para el texto original y comprobar qué letra le corresponde en la segunda tabla para proceder con el cifrado del texto.

Veamos a continuación cómo quedaría la frase "La casa de madera construida en el árbol hay que pintarla de nuevo" con un desplazamiento 6: Rhjhzh kl shklyhjvtzaybokhltlráyivrñhfxblwotahyrh kl tblcv.

Luego, una vez que la información ha sido cifrada, es cuando podemos proceder a enviarla al receptor, que tendrá que realizar el proceso contrario al nuestro, es decir, nosotros nos desplazamos 3 lugares a la derecha y escogemos la letra, pero en el caso del receptor tendrá que desplazarse 3 lugares a la izquierda y escoger la letra para cambiar. Por ejemplo, para el primer texto cifrado "lwxsiwyqiniptos hi gmjvehsgiwev", con un desplazamiento 3 quedaría de la siguiente forma:

Letra para transformar	Corresponde
I	E
W	S
X	T
S	T

Si continuamos con el proceso de desencriptación, obtendríamos la frase original que nos ha enviado el emisor. Actualmente este tipo de cifrado es muy fácil de romper y obtener la información; tal y como se ha comentado anteriormente, sobre todo fue muy usado en la época de Julio César, con lo cual la técnica de encriptación es muy antigua...

8. Seguridad física versus seguridad lógica

HILO CONDUCTOR

En CGS, siempre que un cliente necesita consultar su seguridad informática, intentan, mediante la realización de un test muy simple, averiguar dónde reside el problema: en el *hardware* o en el *software*. De esta forma se pueden tomar unas u otras medidas mucho más efectivas a corto plazo.

Podemos clasificar las medidas de seguridad informáticas desde tres puntos de vista:

- **Seguridad física y lógica.** La seguridad física protege los datos de los sistemas informáticos ante posibles desastres naturales (incendios, terremotos, inundaciones, etc.), así como también de las posibles amenazas de robo de datos, problemas eléctricos generados... La seguridad lógica tiene por misión proteger al *software* que se encuentra instalado en los equipos informáticos, usando para ello antivirus, encriptaciones o mecanismos de protección y privacidad.

- **Seguridad activa y pasiva.** La seguridad activa previene o evita los datos a los equipos informáticos (tanto de la parte de *hardware* como de la parte de *software*). El antivirus, el control de acceso a un servidor, encriptar información, los sistemas de redundancia *hardware*... son claros ejemplos de procesos que pertenecen a la seguridad activa. La seguridad pasiva entra en funcionamiento cuando las medidas que se han tomado en la seguridad activa no han surgido el efecto esperado. Por ejemplo, realizar una copia de seguridad es un proceso de seguridad activa, pero si sufrimos la pérdida de esa información y la restauramos de la copia de seguridad, es un proceso de la seguridad pasiva (lo ideal es no tener que restaurar los datos, pero si, por ejemplo, se rompe el disco duro del equipo, no tenemos otro medio posible).

Elementos de seguridad activa

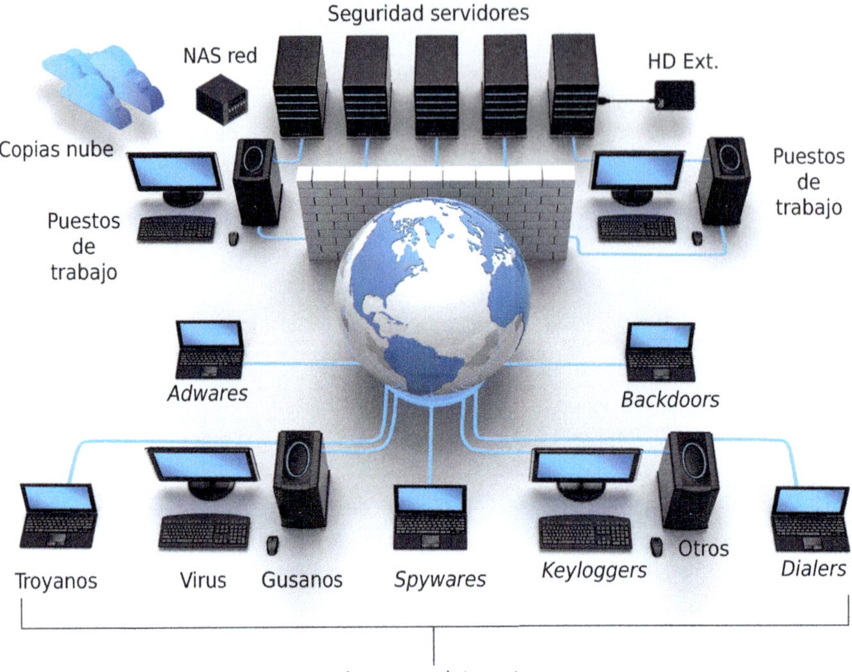

- **Seguridad de *hardware, software* y redes.** La seguridad de *software* es aquella cuya misión es proteger cualquier *software* que haya instalado en un equipo de posibles amenazas. La seguridad de *hardware* se da cuando tomamos una serie de medidas o normas con el fin de proteger los elementos físicos que componen un dispositivo informático de posibles daños en ellos; por ejemplo, podemos usar un SAI (sistema de alimentación ininterrumpida) para que, cuando se vaya la luz, el disco duro no sufra arañazos en sus pistas o sectores y evitar así la pérdida de información. Por último, la seguridad de red son los mecanismos necesarios para la protección de la red, bien doméstica o de una empresa de cualquier tipo, de un ataque o amenaza.

DEFINICIÓN

SAI

Es un dispositivo gracias al cual, mediante sus baterías internas, se almacena energía que luego se puede consumir cuando se sufre un corte o apagón eléctrico. Por ejemplo, en la mayoría de los quirófanos disponen de dispositivos mucho mejores por si se sufre una pérdida de electricidad.

9. Clasificación de la seguridad en función de las medidas oportunas

HILO CONDUCTOR

En CGS, siempre que un cliente quiere informarse sobre medidas de seguridad informática, mantienen una reunión con él para averiguar dónde necesita esa seguridad: si en el *hardware* informático, en las aplicaciones *software* o en la red que hay en la empresa.

La seguridad se centra en tres aspectos fundamentales:

Hardware

- Cualquier componente que se integra en un dispositivo informático o controlar el tráfico de una determinada red son posibles ejemplos de seguridad de *hardware*. Los cortafuegos *(firewall)* y los servidores *proxy* son los que más se utilizan a nivel *hardware*. Otros, aunque menos comunes a los usuarios básicos, son los sistemas *hardware* HSM, los cuales constan de módulos de seguridad para suministrar claves criptográficas, de descifrado y de autentificación frente a varios sistemas (servidores). Dentro de la seguridad *hardware* debemos englobar aquellas acciones que tomamos para proteger los equipos informáticos de cualquier daño físico.

Continúa en página siguiente >>

<< Viene de página anterior

Software

- La seguridad *software* se encarga de proteger este último frente a posibles ataques maliciosos por parte de piratas, *hackers* y otros riesgos, de tal forma que podamos seguir usando el *software* que tenemos instalado en el equipo informático a pesar de estos riesgos. La mayoría de los problemas de seguridad *software* deriva de errores de implementación, desbordamientos de búferes, técnicas erróneas de diseño, mala implementación del manejo de errores…, de tal forma que los ciberdelincuentes aprovechan estas vulnerabilidades *software* para atacar los equipos informáticos donde se encuentran instaladas. Además, si las aplicaciones *software* cuentan con conexión a internet, es cuando se duplica exponencialmente el riesgo en la seguridad. En informática existe una rama llamada "ingeniería del *software*", que es la encargada de estudiar y dar solución a estos problemas.

Redes

- Mediante la programación de "actividades" diseñadas para la red podemos proteger su uso, fiabilidad, integridad, seguridad de red y datos. Una vez que una amenaza o riesgo se ha introducido en una red, todos los dispositivos conectados a esta (ordenadores de sobremesa, portátiles, Smartphones, tabletas…) corren el riesgo de caer infectados y provocar un caos en la red. A día de hoy las amenazas que podemos encontrarnos en la red son las siguientes:
    - Virus, gusanos y caballos de troya.
    - *Software* de uso espía (espionaje) y publicitario.
    - Ataques de día cero (también conocidos como ataques de hora cero).
    - Ataques de *hackers*.
    - Ataques de denegación de servicio (DoS, DDoS).
    - Intercepción de datos o robo de los mismos.
    - Robo de identidades (suplantación).
- Los componentes de seguridad en redes más comunes son los siguientes:
    - Antivirus.
    - *Antispyware*.
    - Cortafuegos (evitan accesos no autorizados).
    - Sistema de prevención de intrusos (IPS).
    - Redes privadas virtuales (VPN).

Aunque la seguridad también se puede clasificar en función de otros criterios, como son:

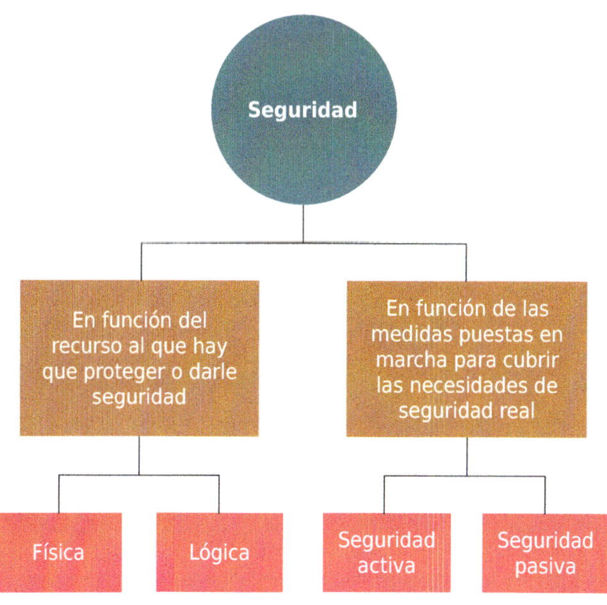

Física	- La protección física consiste en dar protección a los recursos o elementos que tenemos disponibles ante desastres de tipo natural (incendios, terremotos, inundaciones, problemas radioactivos...), así como a amenazas del tipo: robo, problemas eléctricos...
Lógica	- La seguridad lógica no se centra tanto en el tema físico, sino más bien en todo lo contrario, en lo lógico, en el *software* o la información que un determinado equipo informático puede contener.
Seguridad activa	- Este tipo de seguridad centra sus objetivos en prevenir o evitar los daños referentes a los sistemas o equipos informáticos, ya sea de *hardware* o bien de *hardware* o de red. Las medidas más habituales que tomar en la seguridad activa son los antivirus, los controles de acceso a servidores, encriptación de la información o datos, sistemas de redundancia *hardware*...

Continúa en página siguiente >>

<< Viene de página anterior

Seguridad pasiva	- La seguridad pasiva no es la parte contraria a la seguridad activa, sino más bien debemos asimilarla como un complemento que se pone en marcha cuando la seguridad activa no ha cubierto sus objetivos, es decir, la seguridad activa consiste en prevenir o evitar, frente a la seguridad pasiva, que da la solución al problema generado. Por ejemplo, el mecanismo más común usado en la seguridad pasiva son las copias de seguridad con el fin de evitar la pérdida de información de los dispositivos informáticos.

APLICACIÓN PRÁCTICA

La empresa para la que trabajamos ha decidido implementar en todos los departamentos sistemas SAI con el fin de que, si en un momento dado nos quedamos sin suministro eléctrico, los empleados puedan atender a los clientes gracias a la energía acumulada en dichos SAI. ¿Qué tipo de seguridad se está llevando a cabo?

Solución

Cuando sufrimos un corte en el suministro eléctrico, los dispositivos informáticos no tienen forma de detectarlo y bruscamente finalizan su trabajo. En el caso de un disco duro, los cabezales pueden caer directamente sobre el plato dañando las pistas y sectores que lo componen y, por lo tanto, perdiéndose la información contenida en él. El uso de sistemas SAI para no interrumpir el suministro eléctrico se considera seguridad de *hardware*.

ACTIVIDAD COMPLEMENTARIA

2. Somos uno de los cuatro directores del Departamento de Informática. Imagina que la empresa para la cual trabajamos nos propone elaborar un presupuesto sobre almacenamiento de datos en la nube. En concreto, nos piden almacenar todos los datos de los clientes en un proveedor de datos

Continúa en página siguiente >>

<< Viene de página anterior

de la nube para, en el caso de sufrir algún tipo de problema derivado de la seguridad informática, poder tener una copia de respaldo.

Presenta un par de presupuestos para almacenar 150 GB de datos en la nube.

¿Qué proveedores de almacenamiento has localizado? ¿Residen en España estas empresas? ¿Cuál ha sido la más barata y la más cara?

TAREA 1

Un amigo sabe que tenemos conocimientos sobre la criptografía César y nos ha enviado el siguiente mensaje para ver si eres capaz de descifrarlo:

"Wiv s rs wiv, iwe iw pe gyiwxmsr")

Averigua qué desplazamiento ha usado para obtener el mensaje cifrado correctamente y poder enterarnos de su contenido.

TAREA 2

Imagina que, haciendo una parada en nuestra jornada laboral, un compañero o compañera de trabajo nos comenta que está cansado de intentar razonar con su hijo de 14 años para que no entre en páginas de contenido adulto, en concreto una página que emite a través de cámaras web particulares contenido para adultos. Es más, esta situación le preocupa bastante porque su hijo de 11 años está constantemente con su hermano. ¿Qué solución puedes proponerle al respecto?

10. Resumen

Algunos consejos básicos de seguridad son:

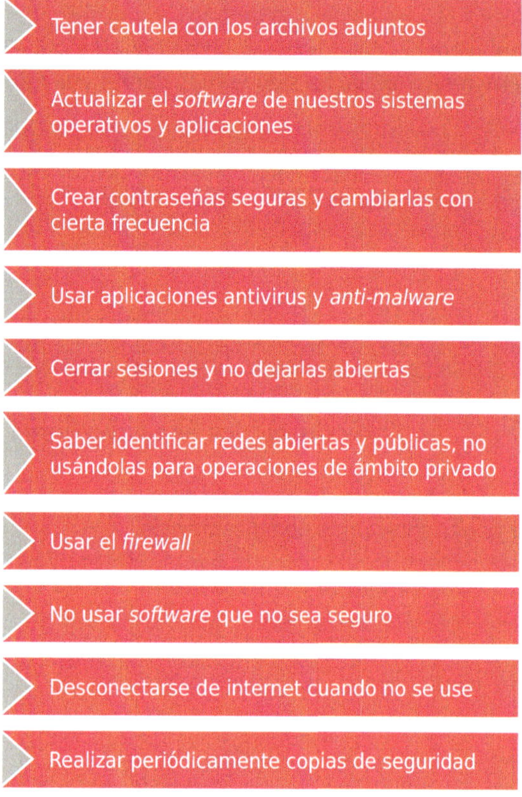

Los pilares sobre los que se basa la seguridad informática son:

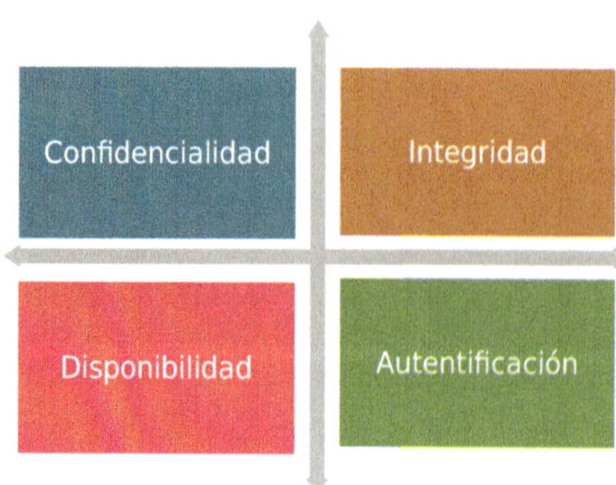

Los principales ataques que podemos sufrir serían:

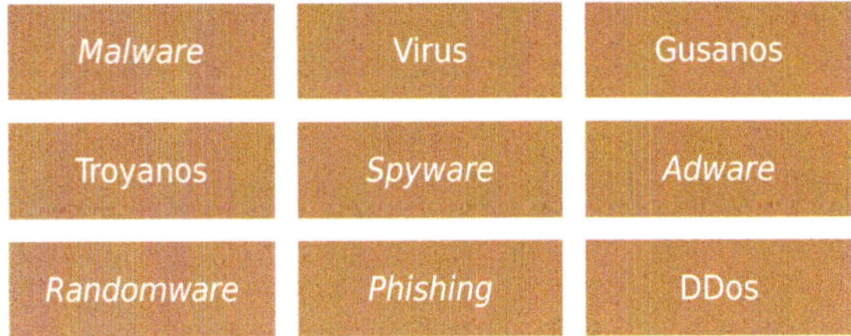

La clasificación de la seguridad se hace en torno a:

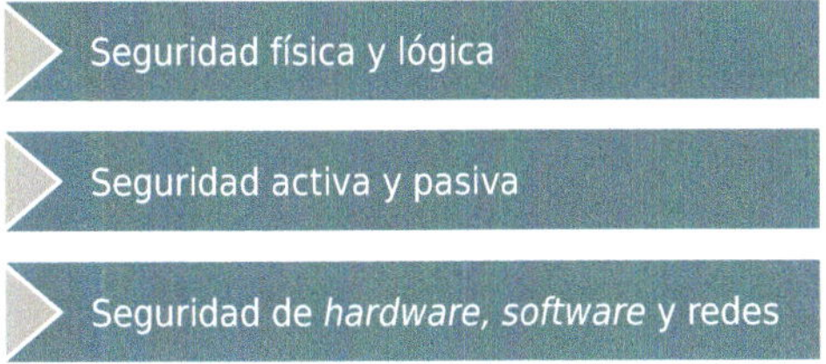

Y también en torno a los siguientes aspectos:

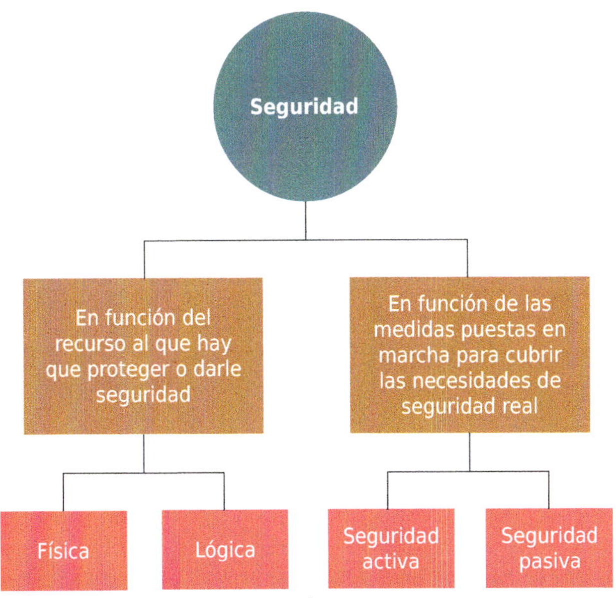

Ejercicios de autoevaluación Unidad de Aprendizaje 1

1. Relaciona los siguientes elementos y determina si pertenecen a la seguridad física o a la lógica:

a. Uso del procedimiento correcto.
b. Blindaje contra robos.
c. Comprobación de la veracidad de una información transmitida.
d. Creación de usuarios restringidos.
e. Sistema de protección contra incendios.
f. Control de acceso a los recintos donde se sitúan los ordenadores.

__ Seguridad física
__ Seguridad lógica

2. Los conocimientos o datos que tienen valor para una organización, así como los sistemas de información que engloban a las aplicaciones y servicios, se conocen con el nombre de:

a. Activos de la información.
b. Pasivos de la información.
c. Híbridos de la información.
d. Libros de información.

3. Determina si la siguiente oración es verdadera o falsa: "Las posibles reglas que podemos definir en el *firewall* son de entrada y de salida".

- Verdadero
- Falso

4. Señala en cuál de los siguientes puntos no se centra la seguridad:

a. Confidencialidad
b. Integridad
c. No repudio
d. Autenticación

5. Indica cuál de los siguientes no es un objetivo de seguridad:

a. La infraestructura informática.
b. Los usuarios.
c. Los roles de usuarios.
d. La información.

6. El conjunto de técnicas usadas por los ciberdelincuentes para estafar a los usuarios con el fin de obtener sus datos confidenciales, infectar sus equipos informáticos o usarlos como atacantes para otros equipos con el fin de que dichos ciberdelincuentes no sean descubiertos se denomina:

a. Ingeniería robótica.
b. Ingeniería del *software.*
c. Ingeniería del saber.
d. Ingeniería social.

7. Indica cuál de las siguientes no es considerada una medida de seguridad informática:

a. Seguridad física y lógica.
b. Seguridad activa y pasiva.
c. No cifrado.
d. Seguridad de *hardware, software* y redes.

8. En función de las medidas puestas en marcha para cubrir las necesidades de seguridad real, la seguridad se puede clasificar en:

a. *Hardware* y *software.*
b. De red y de *software.*
c. Activa y pasiva.
d. *Hardware* y red.

9. Se garantiza que solamente los usuarios autorizados son capaces de poder modificar los datos o información cuando sea necesario, y no se produce un fraude por otros usuarios que carecen de autorización; hablamos de:

a. Integridad
b. Confidencialidad

c. Autenticación
d. Disponibilidad

10. ¿Cuál de las siguientes opciones está asociada generalmente a fallos en el *software* de los dispositivos informáticos (tanto a nivel de sistema operativo como a nivel de aplicaciones) que ponen en riesgo la seguridad del dispositivo informático y mucho más si está conectado a una red como internet?

a. Amenaza
b. Vulnerabilidad
c. Virus
d. *Randware*

Unidad de aprendizaje 2

Principales problemas de la seguridad informática

Contenido

1. Introducción
2. De Von Neumann a nuestros días
3. Configuraciones de redes
4. Protocolos de red
5. Tipos de vulnerabilidades
6. Resumen

Objetivos

El objetivo general de esta Unidad de Aprendizaje es:

- Identificar los problemas de seguridad informática.

Los objetivos específicos de esta Unidad de Aprendizaje son:

- Identificar los problemas de *hardware* actuales.
- Reconocer el estándar de redes OSI.
- Describir la configuración de una red informática.
- Identificar los principales protocolos de red.

1. Introducción

Durante el desarrollo de esta unidad se verán las principales limitaciones que tenemos con los sistemas informáticos actuales, basándonos para ello en sus principios y remontándonos a 1945, época en la cual John von Neumann inventó la arquitectura que hoy en día seguimos trabajando con algunas mejoras.

Se verá también el concepto de red: ¿qué es una red?, ¿qué elementos conforman una red?, así como los tipos de redes que tenemos actualmente disponibles y la clasificación de redes en función a su topología. Además, se verá cómo configurar una red local privada como usuarios.

Unido al concepto de red está asociado el de modelo OSI, un estándar creado o desarrollado para trabajar conjuntamente con la red y que nos ofrece una serie de protocolos que usamos de forma cotidiana pero que seguramente no estamos familiarizados con ellos.

Por último, se verán las vulnerabilidades: qué son, en qué se diferencian de las amenazas y los tipos más comunes que podemos localizar a día de hoy. Es muy importante protegernos ante las vulnerabilidades, dado que, si tenemos una vulnerabilidad, disponemos de muchas opciones para sufrir amenazas en nuestros equipos informáticos.

Para el desarrollo del contenido, nos basaremos en CGS (CiberGestores Seguridad), S. L., entre cuyas funciones diarias está tratar con clientes que tienen problemas de seguridad informática. Lo primero que realizan es un análisis de la situación y del problema de seguridad; a continuación estudian al menos dos posibles escenarios de actuación para solventar el problema y poder llevar el estado del equipo justamente al momento de antes de tener el problema de seguridad informática.

2. De Von Neumann a nuestros días

En CGS (CiberGestores Seguridad), S. L., no siempre han usado la misma tecnología, y a medida que han ido avanzando los dispositivos y equipos informáticos,

Continúa en página siguiente >>

<< Viene de página anterior

han ido equipándose con máquinas cada vez más potentes para poder trabajar de forma más cómoda.

Antes de centrarnos en los principales aspectos o problemas de la seguridad informática, es importante comprender cómo hemos llegado a la tecnología de hoy en día, es decir, cómo empezó todo y cómo se ha ido modificando para llegar a lo que actualmente tenemos entre nuestras manos. Todo se remonta en torno al año 1945, cuando John von Neumann, junto con más colaboradores, desarrollaron un diseño de computador cuya arquitectura seguimos usando actualmente (y por ahora no hay pensamiento de abandonar dicha arquitectura).

La arquitectura propuesta por Neumann en 1945 se basa en un computador u ordenador que usa una unidad de control, una unidad aritmético-lógica, una memoria para el almacenamiento de datos e instrucciones, y mecanismos de entrada y salida de información.

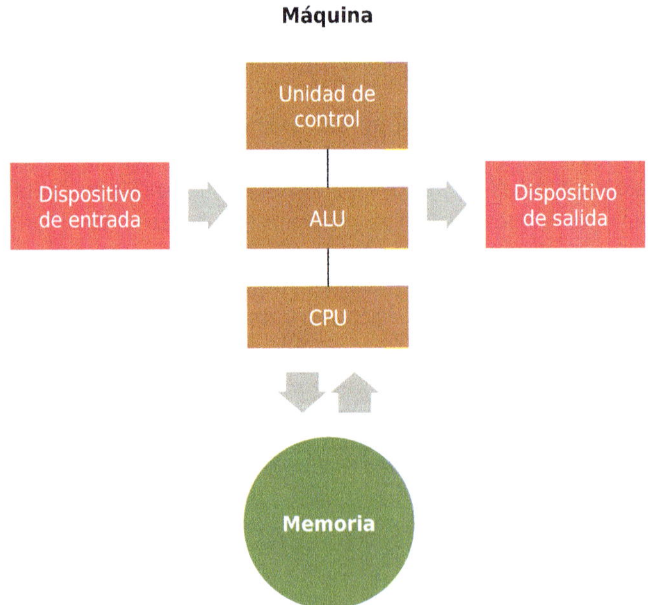

Ejemplo visual de la arquitectura de Von Neumann

Desde 1945 se ha podido observar cómo los microprocesadores de los equipos son cada vez más potentes, con más núcleos y memoria caché, y una memoria RAM que se ha visto incrementada en millones de veces desde su original. Lo mismo ha ocurrido con todos los componentes del equipo informático, excepto con la arquitectura, pues continuamos usando la de Von Neumann tanto tiempo después.

No obstante, fue el propio Von Neumann quien puso en conocimiento de la sociedad las limitaciones de su arquitectura, insistiendo en que debería ser modificada o adaptada de cara a un futuro no muy lejano, teniendo en cuenta dos características importantes:

Tener en cuenta la longitud de la cadena de instrucciones

- Se debe tener en cuenta que los actuales programas o aplicaciones que ejecutamos requieren de cientos de operaciones y si se produce un solo fallo en una de estas operaciones, el resultado es impredecible. Cuantas más instrucciones se puedan ejecutar, más errores pueden producirse en esta arquitectura frente a los programas o aplicaciones que no dejan de crecer en tamaño.

Las operaciones lógicas deben ser tratadas mediante excepciones

- Hace referencia a la capacidad que tiene un sistema informático ante los fallos que se vayan produciendo en él. Normalmente esta arquitectura se basa en el principio del determinismo: la ejecución de una instrucción confía que el paso anterior no ha fallado; si se produce fallo, podemos resumirlo en que no hay plan B de rescate.

Con el paso del tiempo se ha aumentado el tamaño y la cantidad de elementos de los sistemas informáticos, y hay una gran interacción entre ellos, aparte de que se han conectado a la red de redes: internet. Todo esto implica que a día de hoy es mucho más difícil y complicado mantener o garantizar la seguridad y fiabilidad de nuestro dispositivo informático y, como consecuencia, sobre todo las empresas tienen que realizar inversiones que los clientes particulares no pueden costear.

IMPORTANTE

Arrastramos un problema de base que los fabricantes de *software* y *hardware* deben solucionar lo antes posible: el uso modificado de la arquitectura Von Neumann desarrollada en 1945.

Durante el transcurso del año 2017, las empresas informáticas con mayores productos con vulnerabilidades (descubiertas) fueron las siguientes:

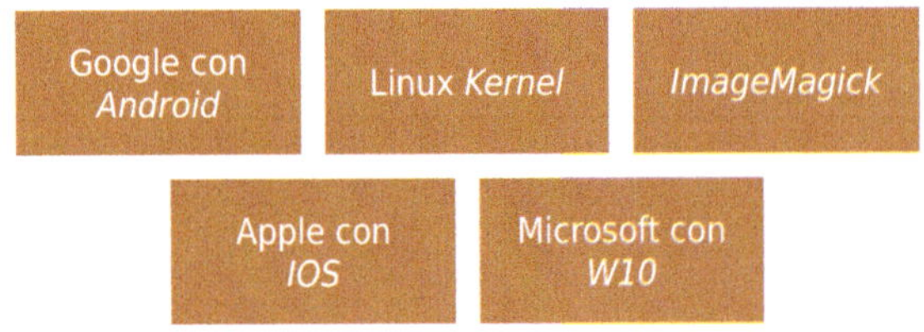

Además, hay que destacar que, del listado anterior hasta fecha de hoy, tanto *Microsoft* como *Google* han lanzado *hardware* y actualizaciones de sus sistemas operativos hasta puntos impensables hace 10 años, y todo ello debido a sus incomprensivos fallos, problemas y vulnerabilidades que obligan a estos fabricantes a retirar sus productos del mercado o a solucionar la situación mediante parches de seguridad o actualización.

Muchos expertos informáticos y en seguridad informática no dudan en apuntar el escenario anterior a casos de presión para el lanzamiento de productos y servicios al mercado a tiempo, a la falta de recursos, a la responsabilidad de los trabajadores de estas empresas y sobre todo a sus políticas de seguridad. No debemos olvidar que empresas como *Google* tienen contratados a los mejores expertos en cualquier ámbito de la informática y, aun así, desarrollan muchas veces productos de muy baja calidad informática.

Quizá sea el momento de preguntarse: ¿por qué hemos llegado a esta situación? La respuesta también la tenemos que buscar en el pasado. Desde la década de los setenta no se han llevado a cabo estudios o investigaciones para mejorar la arquitectura de Von Neumann. La industria se ha centrado en el desarrollo de ordenadores, portátiles, tabletas, *Smartphones*..., y su uso va creciendo exponencialmente a medida que pasa el tiempo. La industria ha dejado a un lado los problemas y riesgos asociados, dando lugar a una informática actual demasiado insegura.

La informática actual, tal y como la conocemos, se basa a muy bajo nivel en dos posibles valores: todo o nada; en definitiva, el sistema binario (fundamentado en el uso de dos símbolos, que son el 0 y el 1 para la generación de información). Imagina el caos que puede crearse en un dispositivo informático si fuéramos capaces de cambiar un solo bit en la memoria de este dispositivo: se crearía una situación de la que sería prácticamente imposible que se recuperase de forma autónoma.

Hoy en día, normalmente, todo funciona a la perfección a pesar de que cada vez los sistemas operativos, los programas y aplicaciones, los microprocesadores, la RAM y otros componentes son cada vez más "grandes" y, por tanto, aumentan la probabilidad de sufrir un fallo o error.

Actualmente todo nuestro entorno gira en torno a las nuevas tecnologías de la comunicación y la información, las cuales deben asegurar cierta seguridad que, a día de hoy, muchas de ellas no garantizan. Si a esto le unimos que tenemos un futuro muy expectante, pero lleno de inseguridad, nos encontramos con que este no es el mejor escenario para desarrollarse y crecer, informáticamente hablando. Por ejemplo, piensa en que ya existen robots que realizan cirugías a pacientes. ¿Qué ocurriría si dicho robot fuera manejado a través de internet y, en un momento dado, fuera *hackeado?* Simplemente la idea resulta aterradora.

En definitiva, se deben solucionar muchos problemas relacionados con la seguridad informática actual para poder llegar al escenario presentado anteriormente, de tal forma que presentamos un déficit en robustez y seguridad.

Los principales problemas de seguridad informática se localizan en los siguientes conceptos:

Contraseñas débiles

- La mayoría de las veces no prestamos la suficiente atención cuando elegimos una contraseña e incumplimos todas las recomendaciones sobre contraseñas seguras.

Predisposición al *phishing*

- Con el uso del *phishing* se persigue el robo de identidad mediante el uso de correos electrónicos falsos. Una idea muy aconsejable es no facilitar ningún tipo de dato a correos cuyos remitentes no se encuentran en nuestros contactos.

Continúa en página siguiente >>

<< Viene de página anterior

Falta de respaldo de información

- Aunque últimamente con el concepto de "nube" estamos solventando esta situación, los usuarios no tendemos a realizar copias de seguridad de nuestros datos. Así, si se produce un ataque de un virus o una rotura de una pieza de *hardware*, se perderá toda nuestra información, pero si tenemos un respaldo, no perdemos al 100 % la información al contar con las respectivas copias de seguridad.

Navegación insegura por la red

- Como ya se ha comentado con anterioridad, ningún *software* está libre de contener vulnerabilidades, y los navegadores no van a ser menos. Con lo cual es bastante recomendable tener actualizado el navegador lo máximo posible para evitar futuras amenazas.

Uso de *software* pirata

- Actualmente está proliferando el uso de *software* pirata, sobre todo de cara al uso de sistemas operativos, sin darnos cuenta de que con este tipo de *software* nuestros dispositivos son más vulnerables que con el *software* original, dado que es un *software* que ha sido manipulado y no sabemos cómo ha sido programado. Por ejemplo, es impensable que *Microsoft* incluya *malware* en los ISO con los que distribuye su *Windows 10;* ahora, si nos descargamos *Windows 10* de una página que nos comenta que está activado y listo para usar, lo más seguro es que esté infectado con *malware*, como mínimo.

Mal uso de los dispositivos de almacenamiento

- Hoy en día, mover información de un dispositivo informático a otro es bastante simple y rápido. Pero imagina que alguien accede a la base de datos de los pacientes de un hospital...; aparte de cometer un delito, se trata de información confidencial que no debe salir a luz, por lo que habrá que controlar los dispositivos de entrada y salida de información.

Falta de cifrado

- Cifrar la información es de vital importancia, sobre todo para complicar su descifrado (cosa que no es imposible si se le dedica el tiempo y esfuerzo necesarios). Si encriptamos o ciframos la información, evitaremos riesgos innecesarios en nuestras redes de datos.

Continúa en página siguiente >>

<< Viene de página anterior

Falta de actualizaciones

- Constantemente están surgiendo nuevas amenazas que comprometen y ponen en riesgo el *software*, por lo que este debe actualizarse a medida que se van descubriendo las nuevas amenazas, de ahí la importancia de tener siempre nuestros sistemas operativos y aplicaciones o programas actualizados: tendremos más garantías de seguridad frente a las nuevas amenazas presentes.

Uso de conexiones *Wireless*

- Hoy en día nos conectamos con gran facilidad a cualquier red wifi que sea libre o esté abierta sin pensar en las consecuencias que se pueden sufrir: ¿sabemos quiénes son todos los integrantes de esa red? Es tremendamente fácil infectarse de amenazas en este tipo de redes no seguras.

Falta de conciencia

- Ante todo, nuestra sensatez como usuarios de internet y de redes debe estar presente siempre: es incomprensible un usuario que se conecta a una red wifi (que no es la suya habitualmente) y accede a sitios tan personales como la banca *online* o su servicio de salud pública.

APLICACIÓN PRÁCTICA

Imagina que estás esperando recibir una transferencia a tu cuenta bancaria por una actividad laboral realizada a una determinada empresa, pero te das cuenta de que no tienes megas en tu teléfono y decides dar una vuelta por la calle para buscar alguna señal wifi. Al cabo de dos minutos, encuentras una señal wifi abierta, ¿qué harías?

a. **Conectarme a ella para ver si me han realizado la transferencia, ya que no hay ningún problema en conectarse a una wifi abierta, ya que no voy a tardar más de cinco minutos.**
b. **No conectarme, porque no sería nada seguro.**
c. **Acceder a la primera tienda que encuentre y pedir por favor que me dejen usar su red para conectarme al banco y comprobar la transferencia, ya que es mejor esto que conectarse a una web que no sabes de qué se trata.**
d. **Esperar a ver a alguien para pedirle el favor de que me deje su *Smartphone* y consultar si he recibido la transferencia rápidamente.**

Continúa en página siguiente >>

<< Viene de página anterior

Solución

No es para nada aconsejable conectarnos a redes wifi de las que no sabemos ni su configuración ni quién hay detrás, y mucho menos conectarnos a nuestro banco, dado que pueden tomar nuestras claves y después hacer con ellas lo que quieran. El resto de las opciones sería impensable llevarlas a cabo, porque dejaríamos nuestros datos de acceso en dispositivos que no controlamos y que no son de nuestra propiedad.

3. Configuraciones de redes

HILO CONDUCTOR

En CGS (CiberGestores Seguridad), S. L., cuentan con un Departamento de Redes, precisamente para dar cobertura a la creación, configuración, conexión... de todo tipo de redes; hay clientes con necesidades muy básicas en cuanto a redes frente a otros que requieren de complejas estructuras.

Una red informática se corresponde con un conjunto de dispositivos que están interconectados entre sí a través de algún medio, mediante el cual pueden intercambiar la información y compartir recursos. La comunicación dentro de la red adopta un tipo de rol bien definido para los dispositivos que están conectados a ella, que son: emisor y receptor, los cuales se van alterando en distintos momentos, es decir, un equipo conectado a la red puede hacer de emisor o de receptor de información.

La información que viaja por la red se suele conocer bajo el término de *mensajes*. La estructura de una red y su modo de funcionar vendrá definido por un estándar, el más extendido de todos a nivel mundial es el TCP/IP, basado en el modelo OSI que veremos más adelante en este mismo punto.

Luego en una red informática vamos a contar con los siguientes elementos:

- **Dispositivos.** Son los que están conectados a una red informática y pueden clasificarse bajo dos tipos: los que gestionan el acceso y comunicaciones en una red (conocidos bajo el nombre de "dispositivos de red") y los que se conectan para poder utilizarla (conocidos como "dispositivos de usuario final"). Algunos ejemplos de estos dos tipos son los siguientes:

Dispositivos de red	Dispositivos de usuario final
Módem	*Notebooks*
Router	Tableta
Switch	*Smartphones*
Access point	Impresoras
Bridge	Tv inteligente, consolas de videojuegos

Ahora bien, se ha de anotar que los dispositivos que usan una red, a su vez, pueden tener dos roles bien diferenciados:

- Servidor: se corresponde con un dispositivo informático que brinda un servicio para todo aquel dispositivo que quiera consumirlo.
- Cliente: se corresponde con un dispositivo que consume uno o varios servicios procedentes de uno o varios servidores.

Este tipo de arquitectura se conoce con el nombre de "arquitectura cliente/servidor".

- **Medio.** Gracias a él se hace posible que los dispositivos de la red puedan relacionarse entre sí unos con otros. Los medios de comunicación pueden clasificarse en función del tipo de conexión: guiada o no guiada. En el apartado correspondiente al modelo OSI, y en concreto en la capa física, veremos estos medios de comunicación con más detalle.
- **Información.** Se corresponde con cualquier elemento intercambiado entre dos o más dispositivos de una red.
- **Recursos.** Por recurso se entiende todo aquello que un dispositivo de una red puede pedir o solicitar a la propia red. Un recurso se caracteriza por que puede ser identificado y accesible directamente, por ejemplo, una impresora 3D o láser.

3.1. Tipos y topología de red

Una vez que hemos visto el concepto de red y los elementos que la componen, pasaremos a continuación a ver la clasificación de redes que podemos encontrarnos actualmente:

- **PAN.** Son las siglas de *Personal Area Network* ("red de área personal"), y se caracteriza por que está integrada por dispositivos que son usados por una sola persona. Tiene un rango de alcance de varios metros. Un ejemplo son las WPAN *(Wireless Personal Area Network*, "red inalámbrica de área personal"), que se corresponde con una PAN que usa tecnologías inalámbricas como medio de comunicación entre los dispositivos de la red.

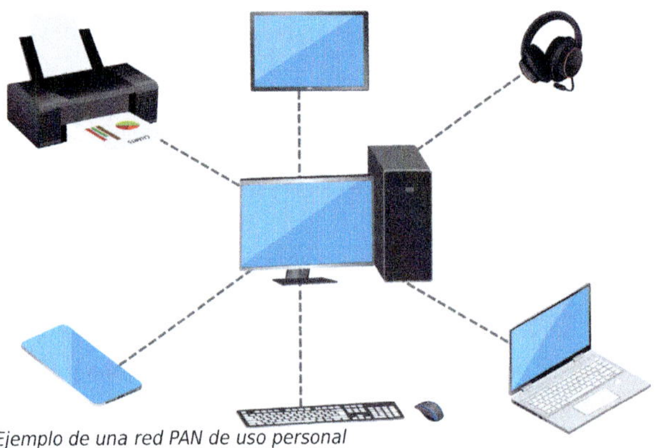

Ejemplo de una red PAN de uso personal

- **LAN.** Sus siglas se corresponden con *Local Area Network*, "red de área local" y se trata de una red de dispositivos cuyo rango de alcance se limita o se establece en recintos o áreas pequeñas tales como: edificios, aviones o autobuses. No suele integrar medios de uso público.

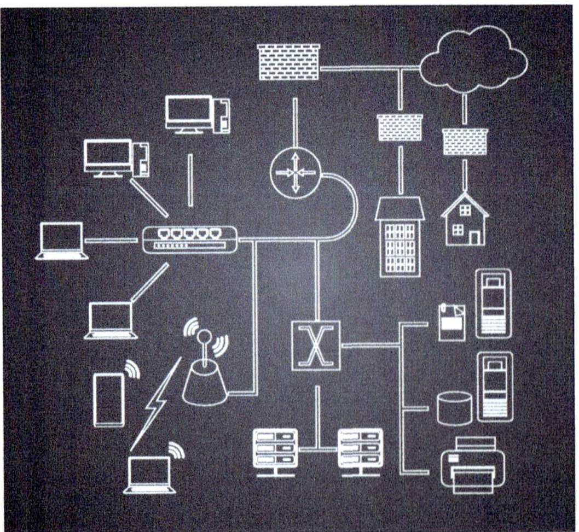

Ejemplo de una red LAN con diversos dispositivos

- **WLAN.** Sus siglas se corresponden con *Wireless Local Area Network*, "red de área local inalámbrica", y se caracteriza por usar medios inalámbricos en la comunicación. Es muy usada sobre todo por dos características esenciales: su escalabilidad (se puede ampliar rápidamente con un esfuerzo y coste ínfimos) y porque no requiere de la instalación de cables (lo que agiliza mucho su expansión y puesta en funcionamiento).

Red inalámbrica de área local

- **CAN.** Sus siglas se corresponden con *Campus Area Network*, o "red de área de campus", y es una red de dispositivos de alta velocidad, la cual se caracteriza por conectar redes de área local en una determinada área geográfica limitada como puede ser, por ejemplo, un campus universitario, instalaciones o bases militares. Este tipo de redes se caracteriza por no usar ni implementar medios públicos.

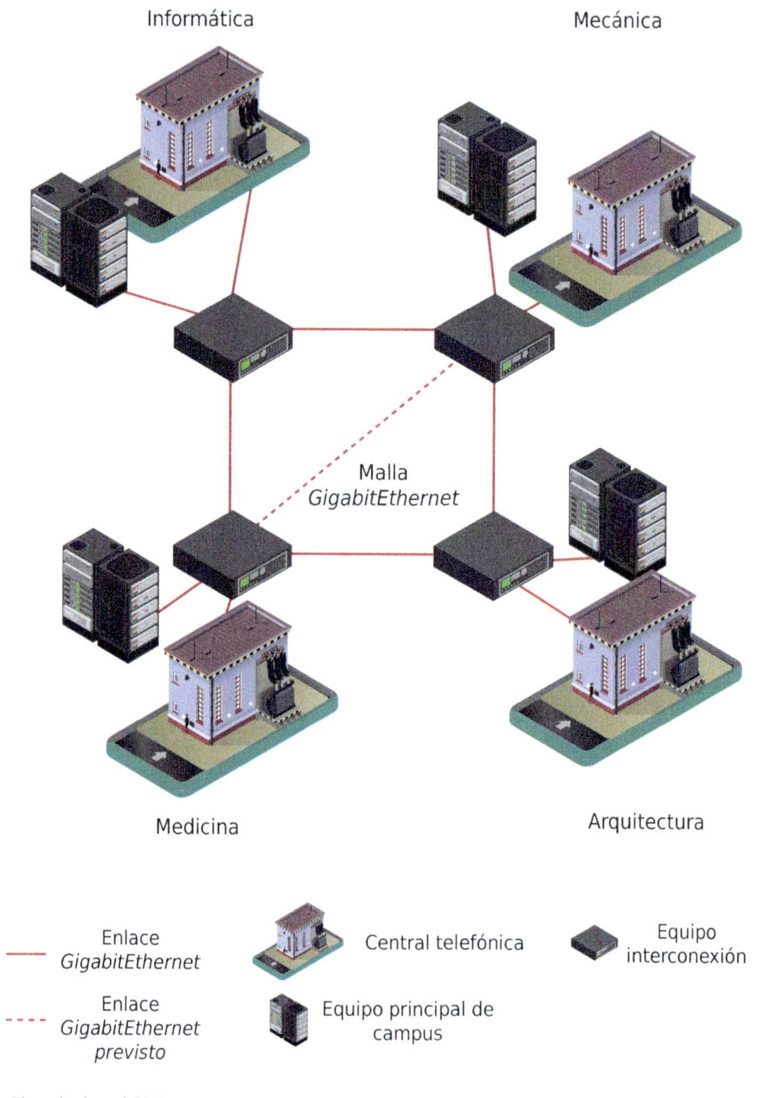

Ejemplo de red CAN

- **MAN.** Sus siglas se corresponden con *Metropolitan Area Network*, "red de área metropolitana", y es una red de alta velocidad (de banda ancha) que suele usarse para dar cobertura a zonas geográficas más grandes que un campus, pero también limitadas.

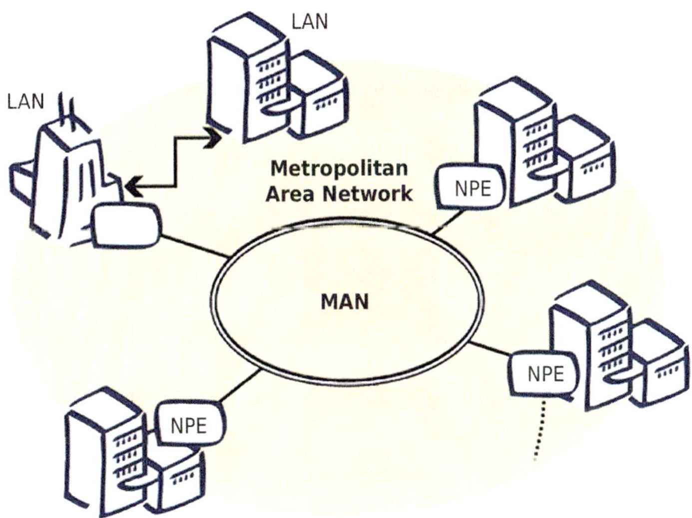

Ejemplo de red MAN

- **WAN.** Sus siglas se corresponden con *Wide Area Network*, "red de área amplia", y se extiende sobre una gran zona geográfica, usando para ello medios de comunicación que son poco habituales entre usuarios tales como satélites, cables interoceánicos... Este tipo de red utiliza medios públicos.

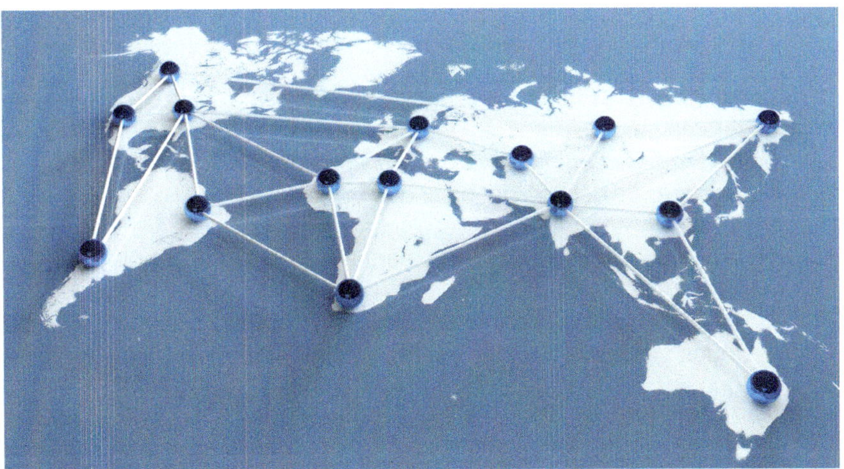

Ejemplo de red WAN

- **VLAN.** Sus siglas se corresponden con una LAN virtual o lógica, la cual es montada sobre una red física y que tiene por objetivos aumentar la seguridad y el rendimiento. No se debe confundir VPN con VLAN.

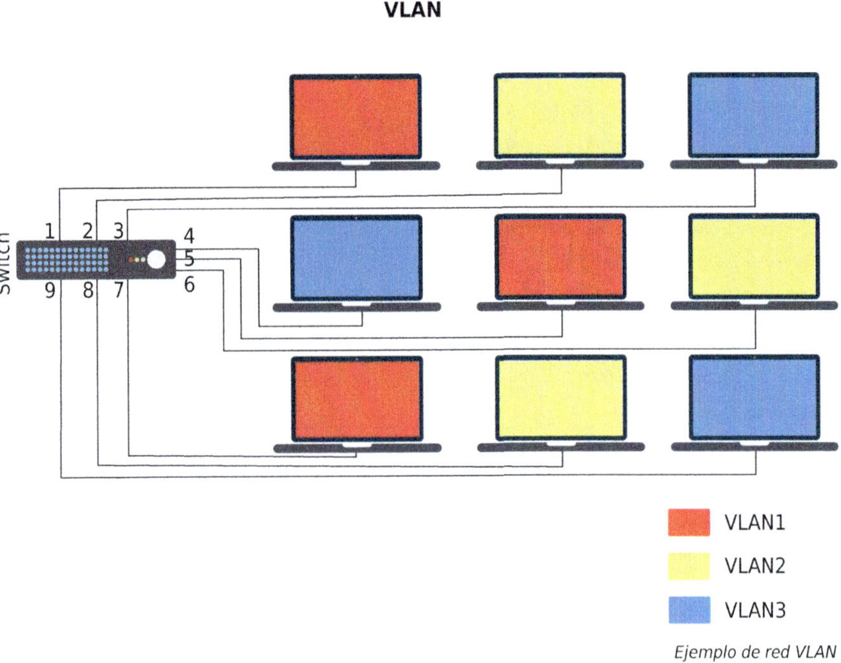

Ejemplo de red VLAN

La topología de red se corresponde con un mapa físico o lógico de una red de intercambio de datos, es decir, la forma en la que está diseñada. Por *red* entendemos un conjunto de nodos interconectados, de tal forma que un nodo depende del tipo de red al que pertenece.

En la actualidad podemos implementar las siguientes topologías de red:

- **Punto a punto.** Se corresponde con la topología de red más simple de todas, ya que se trata de un enlace permanente entre dos puntos, de ahí que se conozca con el nombre de "punto a punto" (PtP). Un ejemplo de este tipo de red se puede localizar en la antigua telefonía convencional.

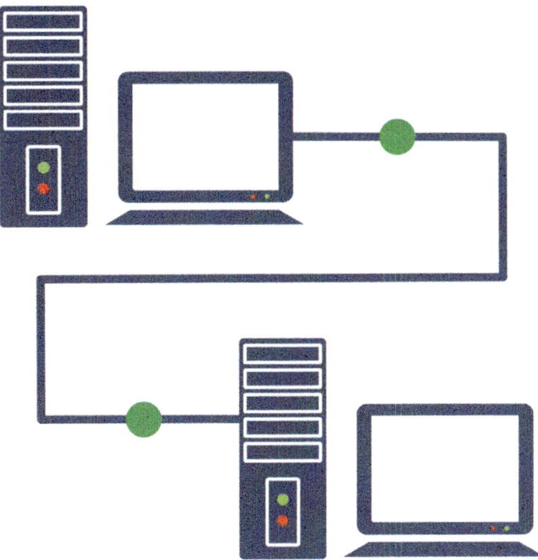

Ejemplo de una red punto a punto

- **Bus.** Esta topología se caracteriza por que consta de un único canal de comunicaciones, de tal forma que los distintos dispositivos se conectan a él para comunicarse entre sí, tal y como se puede observar en la siguiente imagen:

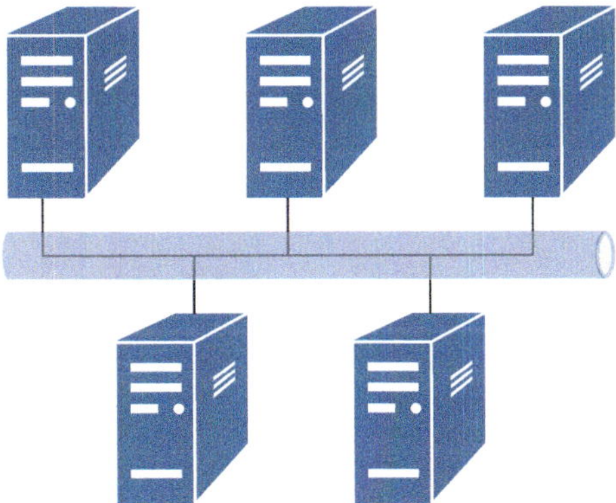

Ejemplo de una red en bus

- **Estrella.** Este tipo de topología se caracteriza por que todos los dispositivos informáticos de la red están conectados a un punto central y cualquier comunicación en la red necesita pasar a través de este punto. Es muy común sobre todo en redes locales y la mayoría de implementaciones de esta topología cuenta con un dispositivo denominado enrutador, conmutador o concentrador, por el cual pasan todos los paquetes de comunicaciones.

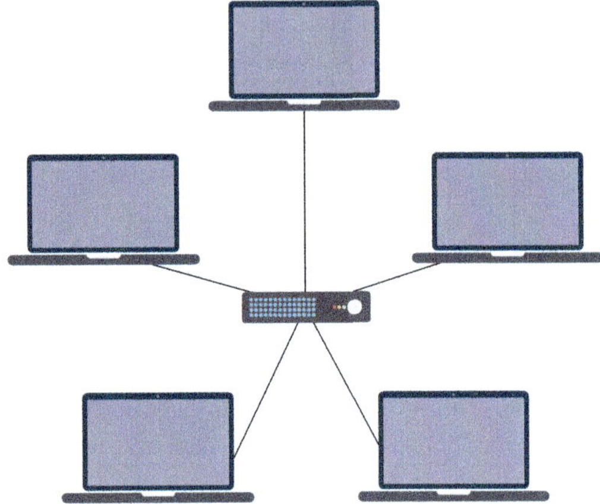

Ejemplo de topología en estrella

- **Anillo.** También conocido con el sobrenombre de "circular", este tipo de topología se caracteriza por que cada dispositivo informático que compone la red (nodo) dispone de una única conexión de entrada y de salida, es decir, cada nodo hace de transmisor y de receptor de la información. Esta topología, para evitar pérdidas en la información, da el paso a través de un *token* o testigo (podemos ver el *token* o testigo como el cartero/a que se pasa por casa para recoger o darnos el correo).

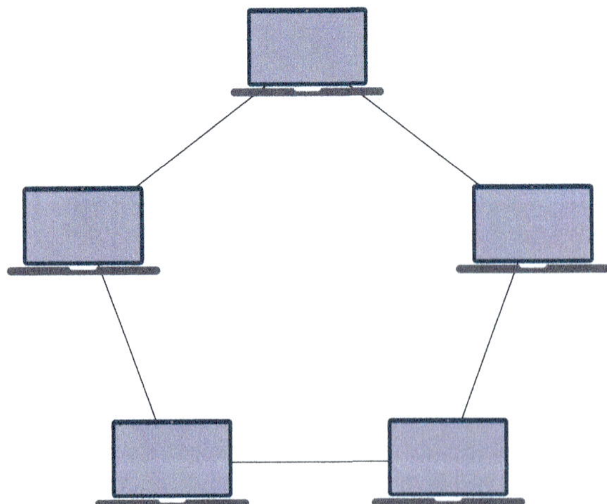

Ejemplo de topología en anillo o circular

- **Malla.** Este tipo de topología se caracteriza por que en ella los dispositivos informáticos o nodos están todos interconectados, y si no lo están, disponen de un camino de acceso de un nodo A a un nodo B. De esta forma, como todos los nodos están conectados directa o indirectamente, es posible enviar los mensajes o información de un nodo a otro por distintos caminos. A diferencia del resto de topologías vistas anteriormente, esta no requiere de un servidor o nodo central, con lo que se reduce su funcionamiento y mantenimiento.

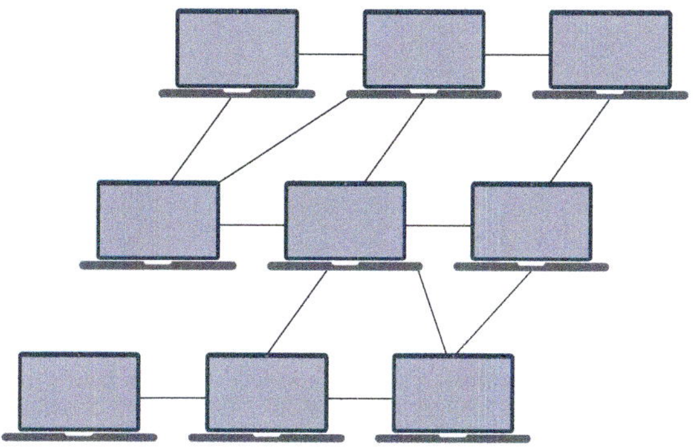

Ejemplo de topología en malla

- **Árbol.** Este tipo de topología puede verse como una combinación de la topología de estrella, pero cada nodo puede tener ninguna, una o varias ramificaciones. Al igual que en la de estrella, aquí la información se propaga a todos los dispositivos informáticos o nodos.

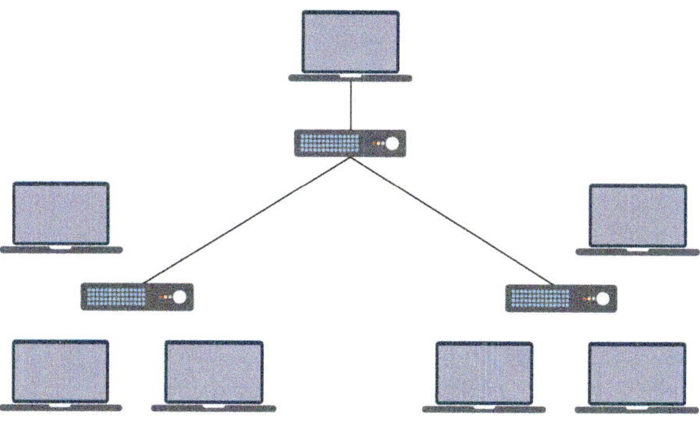

Ejemplo de red en árbol

- **Híbrida.** Se corresponde con la topología de red más usada de todas y se forma mediante la unión de algunas de las topologías anteriores.

Como contrapartida, hay que comentar que tiene un coste muy elevado y su funcionamiento y mantenimiento está segmentado.

Topología híbrida

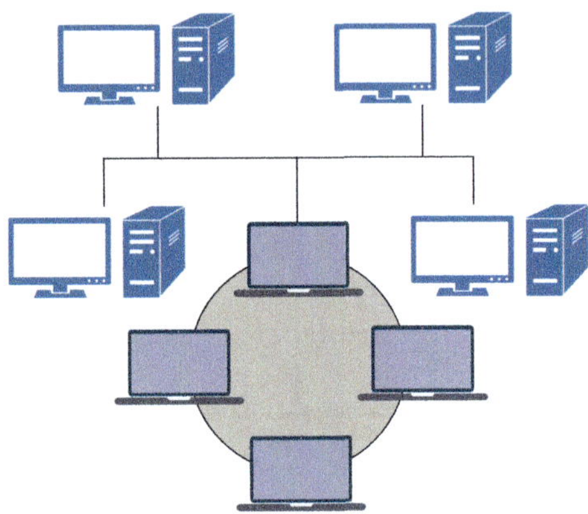

Ejemplo de red híbrida

APLICACIÓN PRÁCTICA

Juan, que trabaja como informático para una empresa privada desde casa, ha decidido montar en varios proyectos que tiene pendientes de llevar a cabo una red en bus, para así aplicar la misma configuración en todos los proyectos pendientes y ganar algo de tiempo. ¿Hace lo correcto?

Solución

En una estructura de red en modo bus, se debe tener en cuenta que una determinada información que envíe un *host* o equipo a la red es recibida por el resto de *host*, equipos o nodos de la red: esto puede generar muchos problemas de seguridad. Por eso, lo mejor siempre es estudiar o realizar un análisis previo para ver la estructura que mejor encajaría en cada caso.

3.2. Modelo OSI de comunicaciones

Las siglas OSI, *Open System Interconnection* (interconexión de sistemas abiertos), se corresponden con un modelo de referencia usado en los protocolos de red, y fue desarrollado en 1980 por ISO (Organización Internacional de Normalización). Durante este año el desarrollo de redes era un mundo caótico en el que cada fabricante, con sus productos o servicios, ofrecía sus propios protocolos de comunicación. Esto último hacía impensable conectar dos máquinas o sistemas que usaran distintos fabricantes (problema que hoy en día, con el *Plug & Play*, está más que subsanado).

Conforme las empresas fueron comprendiendo las ventajas de la estandarización de las conexiones, las redes se empezaron a propagar a la misma velocidad que las nuevas tecnologías de red. El modelo OSI establece una normativa que define siete capas para cubrir las diferentes fases por las que deben viajar los datos para llegar de un dispositivo a otro a través de una red de comunicaciones. Por tanto, el modelo OSI especifica el protocolo que debe usarse en cada capa, tal y como puede verse en la siguiente imagen:

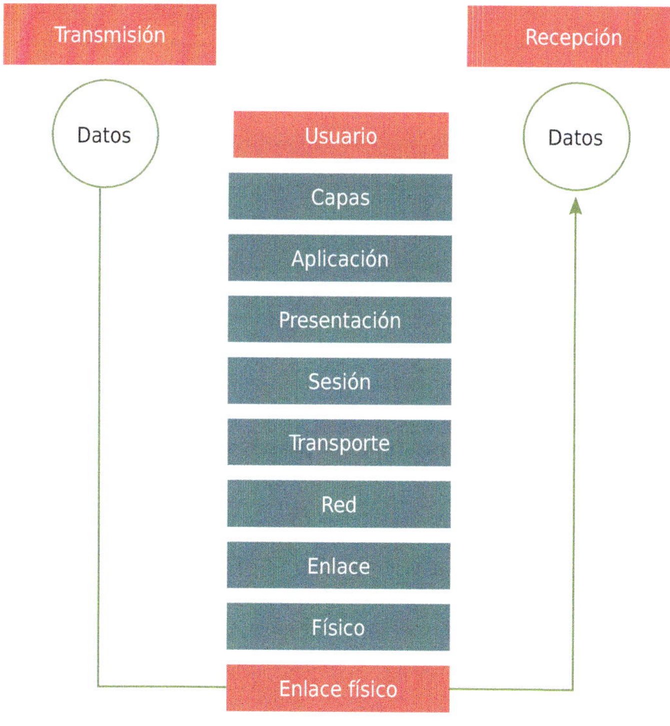

Las siete capas del modelo OSI

Capas

A continuación, vamos a ver cada una de las capas de este modelo de referencia OSI:

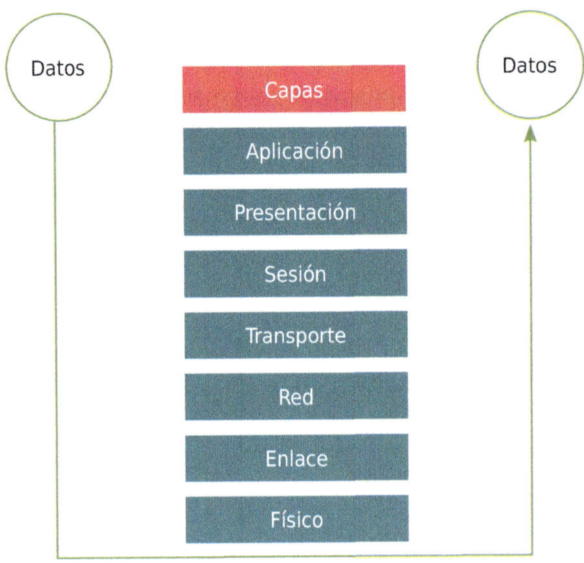

Capa física

Se corresponde con la capa más baja de todo el modelo OSI y es la encargada de gestionar la topología de red y las conexiones que realiza un sistema informático hacia una red (tanto al medio físico como a la forma en que se transmite la información).

Entre sus principales funciones se pueden destacar:

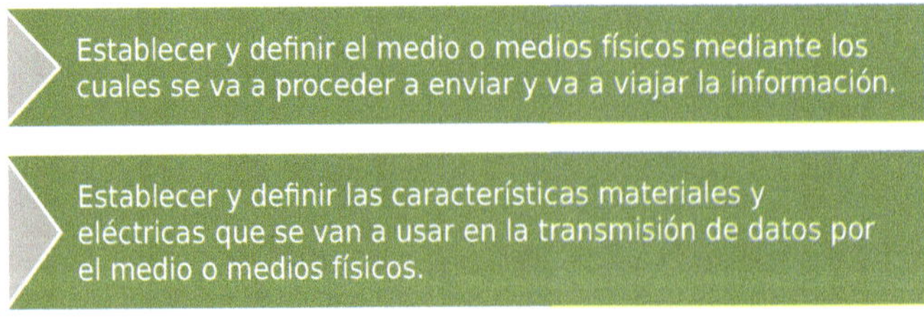

Continúa en página siguiente >>

<< Viene de página anterior

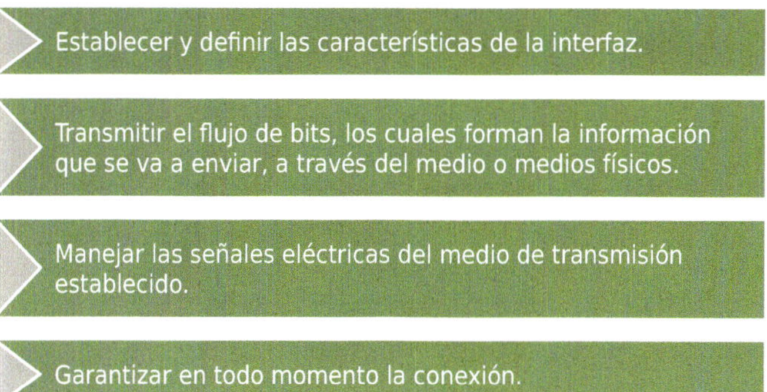

Asociado a esta capa, como se ha visto anteriormente, están los medios guiados que se clasifican de la siguiente forma:

- **Medios de transmisión guiados.** Se caracterizan por estar formados por cables que se encargan de la conducción o guiado de las señales de un punto a otro punto. Dentro de estos se pueden destacar os siguientes:

  - **Cable de par trenzado:** consiste en un conjunto de pares de hilos de cobre cruzados entre sí. Aunque hay varios tipos, el que más se ha desarrollado ha sido el UTP.

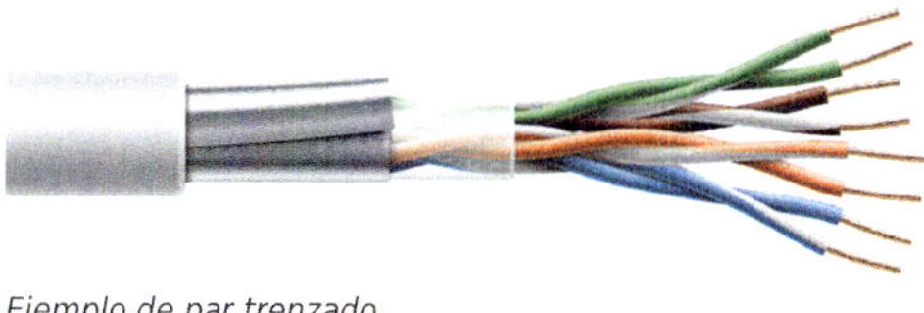

Ejemplo de par trenzado

  - **Cable coaxial:** consiste en un conductor central que se caracteriza por estar rodeado por una capa conductora cuya forma es cilíndrica.

Ejemplo de cable coaxial

- **Fibra óptica:** enlace que se realiza con un hilo muy fino cuyo material es transparente, y que está recubierto de un material opaco para evitar que la luz se fugue o disipe.

Ejemplo de cable de fibra óptica

- **Medios de transmisión no guiados.** Se caracteriza por que en este tipo de medios la transmisión y recepción de información se lleva a cabo a través del uso de antenas. En las transmisiones no guiadas, la configuración que puede darse es la siguiente:

  - **Direccional:** se caracteriza por que tanto la antena emisora como la antena receptora tienen que estar alineadas para poder emitir y recibir la información.

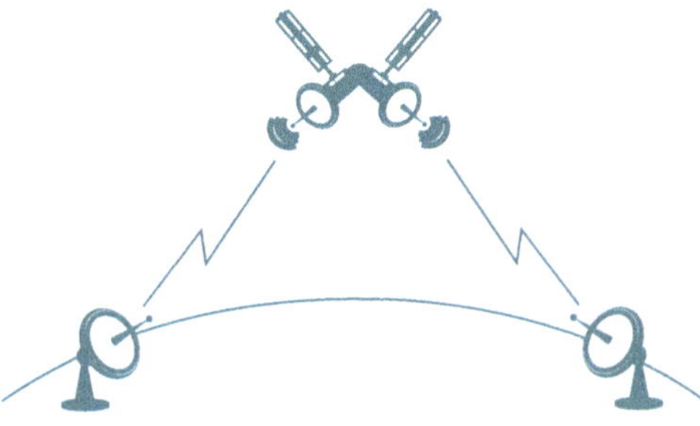

Ejemplo del tipo direccional

  - **Omnidireccional:** se caracteriza por que la radiación se hace de forma totalmente dispersa, es decir, se emite en todas direcciones, con lo cual no hace falta que emisor y receptor estén alineados. Además, se debe anotar que la emisión puede ser recibida por más de una antena.

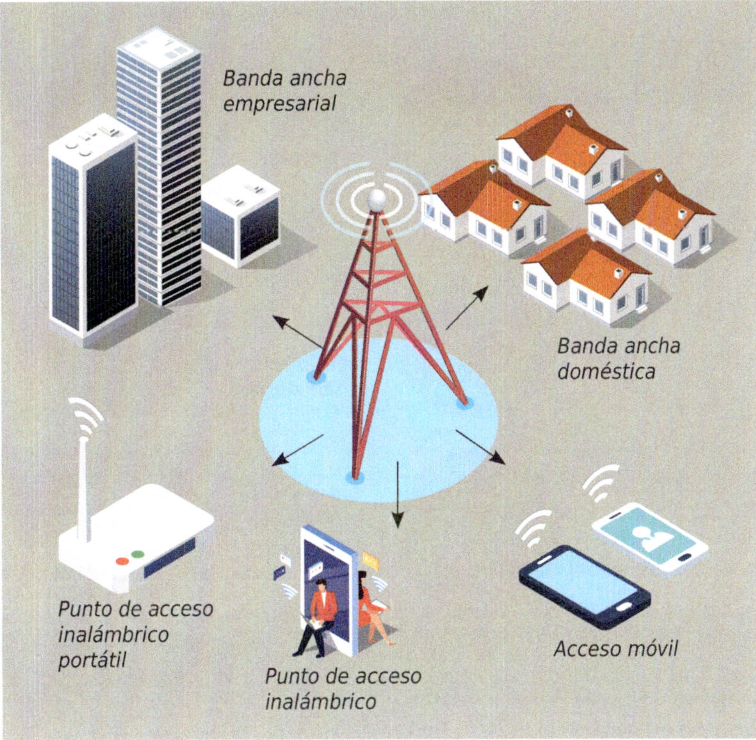

Ejemplo del tipo omnidireccional

- **Modo de transmisión según su sentido.** Según sea el sentido de la comunicación, se tienen los siguientes tipos:
  - **Simplex:** este modo de transmisión se caracteriza por que permite que la información viaje en un solo sentido y de forma permanente. Un ejemplo lo podemos encontrar en la señal de TV.
  - **Semidúplex:** este modo de transmisión se caracteriza por que permite que la información fluya en los dos sentidos, pero no de forma simultánea. Un ejemplo de esta comunicación se puede encontrar en el sistema *Walkie Talkie.*
  - **Dúplex:** este modo de transmisión es el más aconsejable de todos, dado que se permite la comunicación en ambos sentidos de forma simultánea. Un ejemplo de este tipo se puede localizar en el teléfono.

Ejemplo de los tipos de transmisión

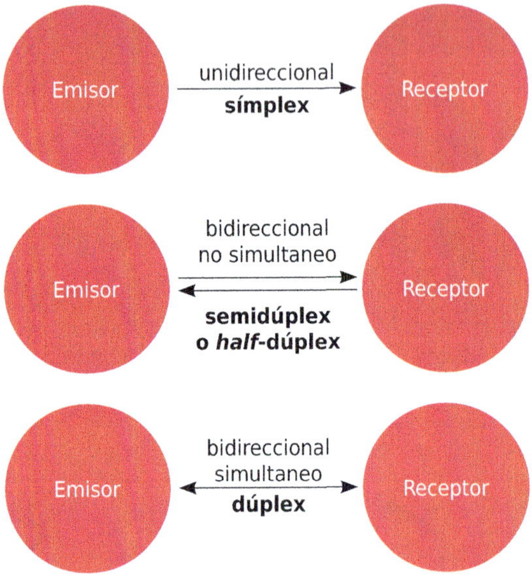

Emisor — unidireccional → **símplex** — Receptor

Emisor — bidireccional no simultaneo ⇄ **semidúplex o *half*-dúplex** — Receptor

Emisor — bidireccional simultaneo ↔ **dúplex** — Receptor

Capa de enlace de datos

Esta capa tiene como objetivo ocuparse del direccionamiento físico, del acceso al medio, de la detección de errores, de la distribución de las tramas (divisiones de la información) y de controlar el flujo. Esta capa es la responsable del intercambio de datos entre cualquier dispositivo y la propia red a la cual está conectado dicho dispositivo.

Esta capa, a su vez, se divide en varias subcapas que son las siguientes:

Subcapa de enlace al medio	Subcapa de enlace lógico
- Esta subcapa está relacionada con los protocolos que usa el dispositivo informático para acceder al medio físico.	- Esta capa tiene como objetivo que el enlace de datos funcione de forma correcta, independientemente de la tecnología que se esté usando, con lo cual dota de versatilidad a los servicios de los protocolos de red.

La capa de enlace a datos prepara los paquetes para transportarlos a través de los medios locales encapsulándolos para dar lugar a la creación de la trama. Una trama en la capa de enlace de datos incluye los siguientes elementos:

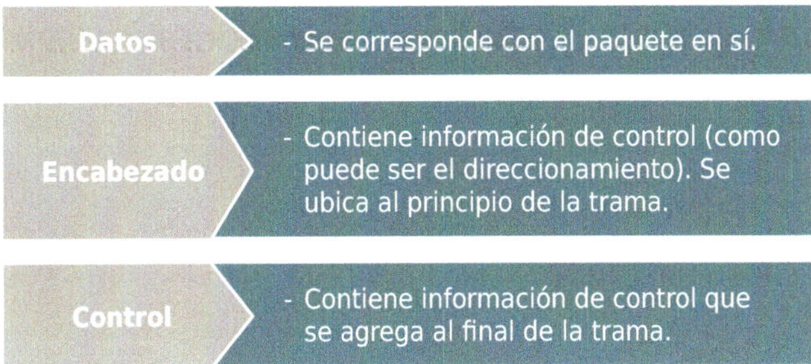

Capa de red

Esta capa tiene como misión u objetivo encargarse del enrutamiento que puede darse entre dos o más redes. Los datos son divididos en unidades (que se conocen con el nombre de "unidades de datos") y se denominan paquetes. Los protocolos de enrutamiento disponibles son los siguientes:

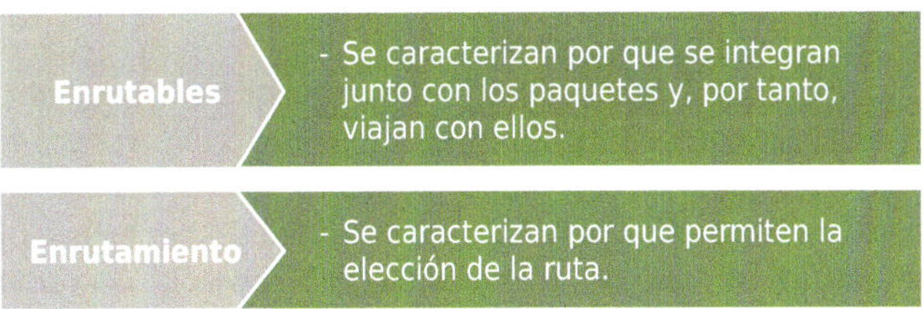

La capa de transporte es la encargada de hacer que los datos viajen por las redes hasta llegar a su destino, a pesar de que emisor y receptor no estén en la misma red; para obtener lo anterior, esta capa se basa en el uso de encaminadores (también denominados *enrutadores*). En esta capa es donde se realiza el direccionamiento lógico y la determinación de la ruta que van a seguir los datos hasta su receptor.

Capa de transporte

Esta capa se encarga de llevar a cabo el transporte de los datos (los cuales se localizan dentro del paquete creado en la capa anterior) del dispositivo emisor al dispositivo receptor (que no tienen por qué estar en la misma red). En esta capa los datos pasan a denominarse *segmento* o *datagrama*, en función de si son TCP (orientado a conexión) o UDP (sin conexión). Luego esta capa trabaja directamente con puertos lógicos y con los conocidos como *Sockets IP*.

 **DEFINICIÓN**

Socket

Mecanismo mediante el cual se entregan los paquetes de datos que provienen de la tarjeta de red (u otro dispositivo *hardware)* a los procesos correspondientes. Un *socket* viene definido por un par de direcciones IP (local y remota), un protocolo de transporte y un par de números correspondientes al puerto local y remoto. Un posible ejemplo es: 192.168.200.54:80.

Capa de sesión

Esta capa es la encargada de mantener y controlar el enlace establecido entre dos dispositivos informáticos que han iniciado un proceso de comunicación de cualquier forma posible, con el fin de que no se rompa dicho enlace y se puedan enviar los datos o información. El servicio que ofrece esta capa debe garantizar que, una vez que se ha establecido la conexión entre dos dispositivos, se pueden realizar las operaciones correspondientes y además reanudar dicha conexión en caso de que se produzcan interrupciones.

Capa de presentación

El objetivo principal de la capa de presentación es precisamente realizar la representación de la información, de tal manera que, aunque los equipos emisor y receptor tengan distintas representaciones de caracteres, la información pueda llegar de manera reconocible.

Es la primera de todas las capas anteriores que directamente trabaja con el contenido o los datos que recibe, más que con la comunicación entre los dos dispositivos informáticos en sí. Por tanto, aspectos como la semántica y la sintaxis de datos transmitidos son vitales en esta capa. Además, es posible cifrar y comprimir los datos en esta capa.

Capa de aplicación

Esta capa es la encargada de ofrecer a las aplicaciones la posibilidad de acceder a los servicios y al resto de capas, definiendo para ello los protocolos que van a usar las aplicaciones que proceden al intercambio de datos o información. En la actualidad se cuenta con tantos protocolos como aplicaciones hay disponibles; además, continuamente se están desarrollando nuevos protocolos para suplir los ya existentes y que funcionen mucho mejor.

Un ejemplo de protocolos que pueden usarse son los que se manejan con el correo electrónico (SMTP), los que trabajan con los sistemas gestores de bases de datos o los servidores de ficheros (FTP), entre otros.

4. Protocolos de red

HILO CONDUCTOR

En el Departamento Informático de CGS, cuentan con varios expertos en los protocolos de red, aunque el más implementado y usado de entre todos ellos es el TCP/IP. El protocolo TCP funciona a nivel de la capa de transporte referente al modelo OSI, proporcionando un transporte fiable de datos, mientras que el protocolo IP funciona en el nivel de red del modelo OSI, facilitando el encaminamiento de los datos hacia otras máquinas.

El término *protocolo* se usa para denominar o designar un conjunto de normas, reglas o pautas que sirven para guiar una conducta o acción. Por otra parte, la red es una estructura o sistema que cuenta con un determinado patrón. El concepto *protocolo de red* se emplea en informática para denominar las normativas y criterios que establecen cómo debe llevarse a cabo cierto tipo de interconexión, es decir, a través del protocolo los dispositivos que se conectan en la red pueden intercambiar datos o información entre ellos.

Aunque también es conocido con el nombre de "protocolo de comunicación", el protocolo de red se va a encargar de establecer la semántica y la sintaxis para llevar a cabo el intercambio de información entre dos dispositivos informáticos. Los dispositivos informáticos que están conectados a una determinada red deberán comportarse bajo los parámetros y criterios establecidos por el protocolo para poder comunicarse entre sí.

El protocolo de red, además de todo lo anterior, incluye información relevante a la conexión; de tal forma que es el protocolo el que indica cómo se realiza la conexión física, establece la forma en la que debe comenzar y en la que debe terminar, así como las actuaciones que llevar a cabo frente a datos corruptos.

A continuación, vamos a ver los protocolos de red más importantes y usados actualmente en nuestras redes:

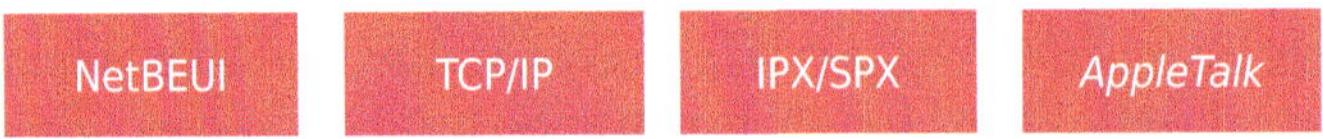

En primer lugar hablaremos de **NetBEUI.** Sus siglas se corresponden con NetBIOS Extended User Interface, o "interfaz ampliada de usuario para NetBIOS". Se trata de un protocolo de red rápida y sencilla que fue diseñado en conjunto a NetBIOS *(Network Basic Input Ouput System* o "sistema básico de entrada y salida para red", llevado a cabo por las empresas Microsoft e IBM y orientado a redes de tamaño pequeño. El protocolo NetBEUI opera en las capas de transporte y de red del modelo OSI. En la capa de sesión del modelo OSI, NetBEUI es el encargado de establecer la sesión de comunicación entre emisor y receptor que se presuponen conectados a la red. Además, las redes desarrolladas con este protocolo por parte de Microsoft cuentan con dos extras que son los siguientes:

- **El redirector:** opera en la capa de aplicación del modelo OSI y su función es que un nodo cliente reciba todos los recursos de la red como si fueran locales a dicho nodo.
- **Bloque de mensajes del servidor *(Server Message Block):*** mediante él se puede proporcionar comunicación al mismo nivel entre los redirectores que hay en los nodos clientes y servidor de la red. Este trabaja en la capa de presentación del modelo OSI.

La mayor limitación de este protocolo es que no está pensado para trabajar con dispositivos tales como los routers, con lo cual resulta imposible su uso para el interconexionado de redes.

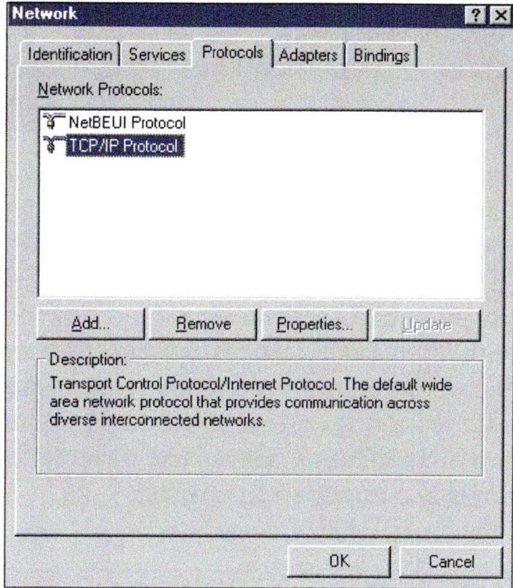

Ejemplo del uso del protocolo de red NetBEUI en Microsoft

En segundo lugar se tratará el protocolo de red **TCP/IP.** Este se ha convertido en el favorito y en el estándar para la conexión de redes, sobre todo porque es altamente escalable, es decir, se puede comenzar con una red pequeña y acabar con una gran red corporativa con apenas unas pocas configuraciones. Este protocolo se caracteriza por ser encaminado y por poder ejecutarse independientemente de la plataforma *software* que se esté usando en el dispositivo informático *(Windows, Unix, Android...)*, además de ser soportado por todos los sistemas operativos en red. Además, TCP/IP cuenta con una serie de protocolos miembros que componen la pila, como son:

- **FTP:** *File Transfer Protocol* o "protocolo de transferencia de archivos", el cual otorga una interfaz y servicios para poder transferir ficheros por una red.
- **SMTP:** *Simple Mail Transport Protocol* o "protocolo simple de transferencia de correo", el cual otorga servicios de correo electrónico en las redes.
- **TCP:** *Transport Control Protocol* o "protocolo de control de transporte", que está orientado a la conexión y gestiona la conexión entre los dispositivos informáticos de una red.
- **UDP:** *User Datagram Protocol* o "protocolo de datagrama de usuario", el cual nos permite un transporte sin conexión que proporciona servicios en colaboración con TCP.
- **IP:** *Internet Protocol* o "protocolo de internet", que es la base para el direccionamiento producido en las redes TCP/IP y está orientado a la capa de red sin conexión.

- **ARP:** *AdressResolutionProtocol* o "protocolo de resolución de direcciones", que busca la correspondencia entre dirección IP y dirección MAC *hardware.*

Las direcciones IP de 32 bits normalmente se escriben en 4 octetos (un octeto equivaldría a 8 bits, 0 o 1, de información) y su formato es del tipo "192.168.10.1".

En tercer lugar se tratará el protocolo de red **IPX/SPX.** Sus siglas se corresponden con *Internetwork Packet Exchange / Sequenced Packet Exchange* o "intercambio de paquetes entre redes / intercambio secuenciado de paquetes", y se corresponde con un conjunto de protocolos de red llevados a cabo por la empresa NOVELL para su uso en su sistema operativo *NetWare.* Los protocolos que componen su pila son:

SAP

- *Service Advertising Protocol* o "protocolo de anuncio de servicio", que es usado por los servidores de archivo y los servidores de impresora para anunciar la dirección del servidor.

NCP

- *NetWare Core Protocol* o "protocolo de núcleo NetWare", se encarga de gestionar las funciones de la red (en concreto, las capas aplicación, presentación y sesión). Además, se encarga de la gestión de paquetes y de proporcionar los servicios de conexión entre cliente y servidor.

SPX

- *Sequenced Packet Exchange Protocol* o "protocolo de intercambio secuenciado de paquetes", el cual es un protocolo de transporte orientado a la conexión.

IPX

- *Internetwork Packet Exchange Protocol* o "protocolo de intercambio de paquetes entre redes", que es un protocolo de transporte sin conexión encargado de gestionar el direccionamiento y encadenamiento de los datos en la red.

Por último, trataremos el protocolo de red ***AppleTalk,*** gracias a él se pueden encaminar los datos mediante el uso de *routers,* aunque muchos autores no terminan de considerarlo un protocolo de red. Está integrado en su pila por los siguientes protocolos:

- ***AppleShare:*** es el encargado de proporcionar servicios en la capa de aplicación.
- **AFP:** *AppleTalk Filing Protocol* o "protocolo de archivo *AppleTalk*", proporciona y gestiona cómo se comparten los archivos entre los dispositivos informáticos (nodos) que componen la red.
- **ATP:** *AppleTalk Transaction Protocol* o "protocolo de transacción *AppleTalk*", proporciona la conexión en la capa de transporte entre los nodos.
- **NBP:** *Name Binding Protocol* o "protocolo de enlace de nombres", el cual hace corresponder los nombres de los servidores de red con las direcciones de la capa de red.
- **ZIP:** *Zone Information Protocol* o "protocolo de información de zona", que es el encargado de controlar las zonas *AppleTalk* y hacerlas corresponder con su respectiva dirección de red.
- **AARP:** *AppleTalk Address Resolution Protocol* o "protocolo de resolución de direcciones *AppleTalk*", el cual hace corresponder las direcciones de la capa de red con las direcciones del *hardware* de enlace de datos.
- **DDP:** *Datagram Delivery Protocol* o "protocolo de entrega de datagramas", proporciona un sistema de direccionamiento para la red y el transporte sin conexión de los datagramas entre los distintos nodos.

4.1. Ejemplo de instalación

Ahora vamos a ver los pasos necesarios para montar una red doméstica mediante el uso del sistema operativo *Windows 11*. Lo primero de todo será detenernos en la configuración de *Windows* y localizar el apartado de **Red e Internet.**

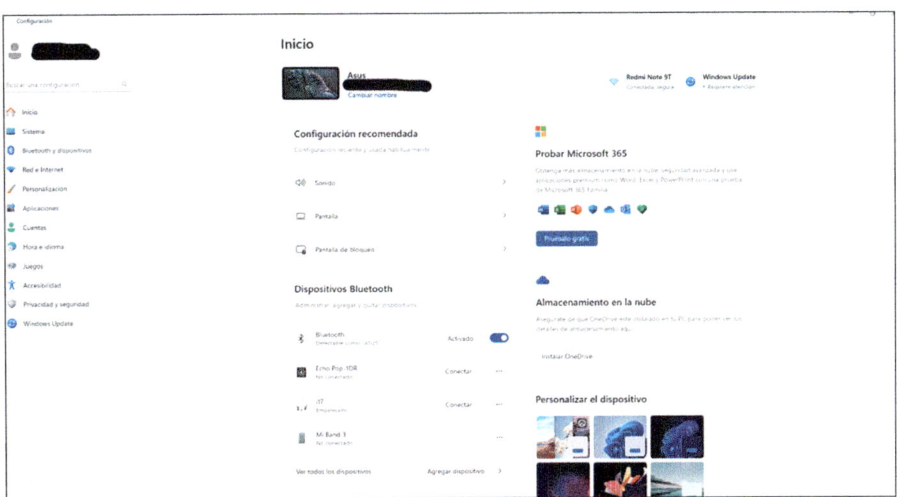

Ventana de configuración de Windows 11

Una vez dentro de la opción de **Red e Internet,** se verá la siguiente pantalla:

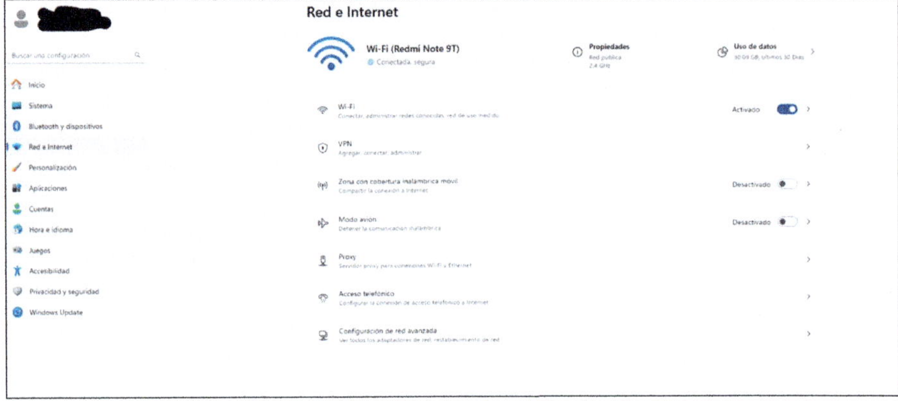

En la ventana anterior localizar la etiqueta **Configuración de red avanzada** para obtener la siguiente imagen:

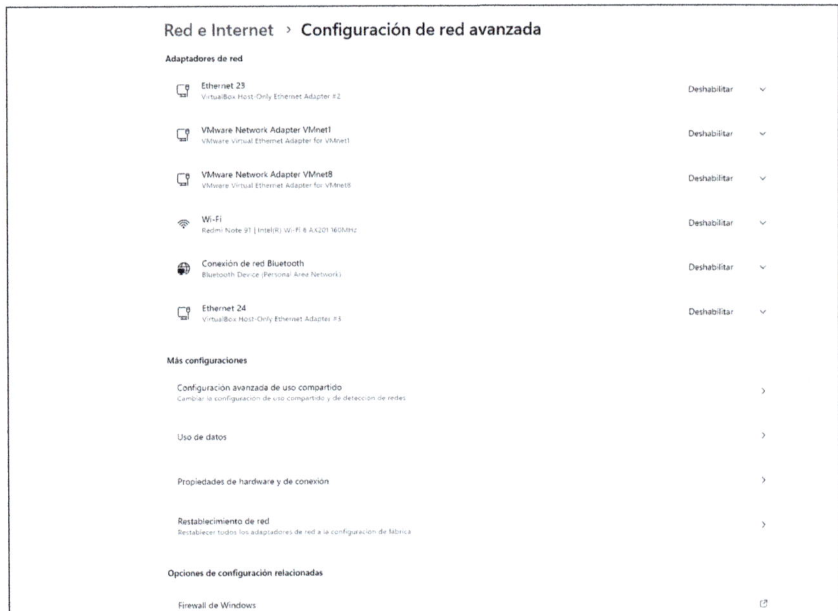

Ventana para cambiar las propiedades de la conexión

En la ventana anterior hay que localizar **Configuración avanzada de uso compartido** y pulsar en ella para obtener la siguiente ventana:

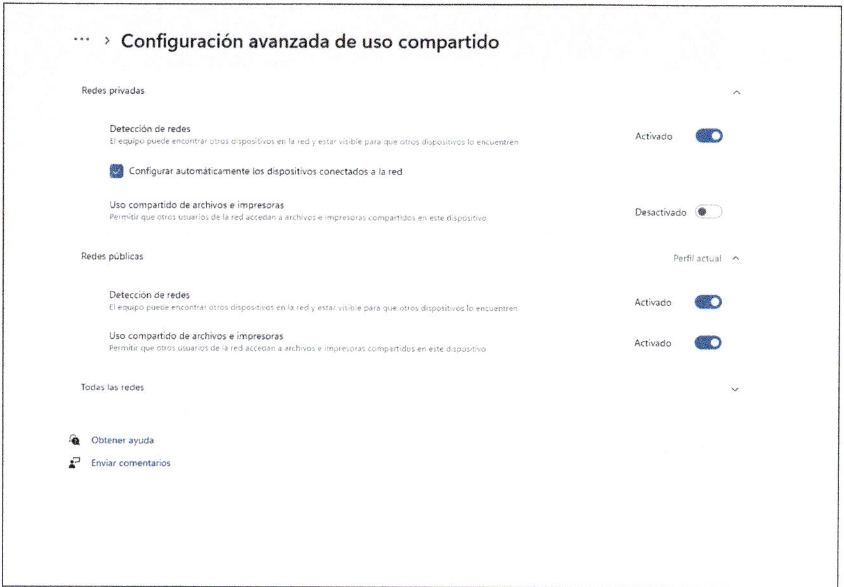

Una vez que se ha seleccionado la opción **Privado,** volvemos a la configuración de **Red e Internet** en la que estábamos anteriormente. Ahora localiza la etiqueta **Opciones de uso compartido** mediante la cual vamos a decidir qué elementos (archivos o carpetas) vamos a compartir en la red privada doméstica que estamos creando.

En la ventana anterior deberemos activar las opciones **Activar la detección de redes** y **Activar el uso compartido de archivos e impresoras.** A continuación, localiza la etiqueta **Todas las redes.**

El siguiente paso es elegir las carpetas que vamos a compartir con el resto de usuarios de la red privada que hemos establecido anteriormente. Para ello, pulsa el botón derecho del ratón en la carpeta que quieres compartir y localiza la opción **Conceder acceso a** y, dentro de esta, **Usuarios específicos.**

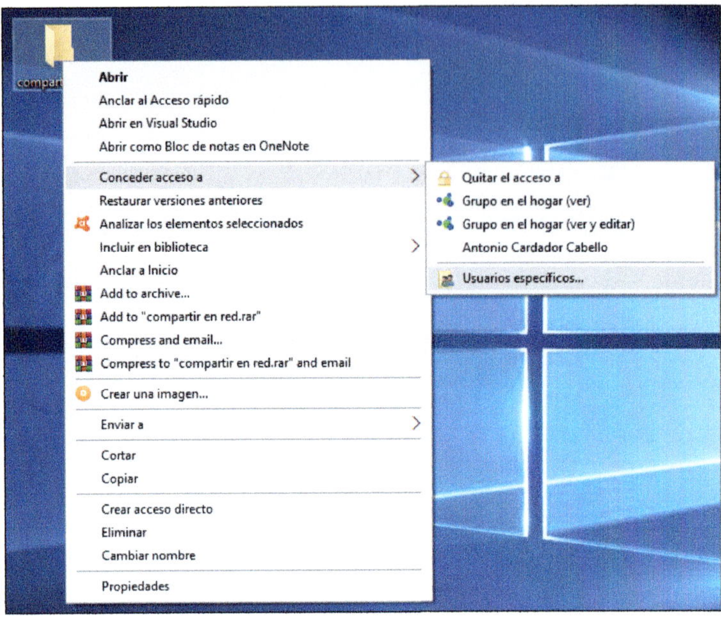

Compartición de carpeta en red en Windows 11

Al hacer clic en la opción anterior, obtenemos la siguiente pantalla:

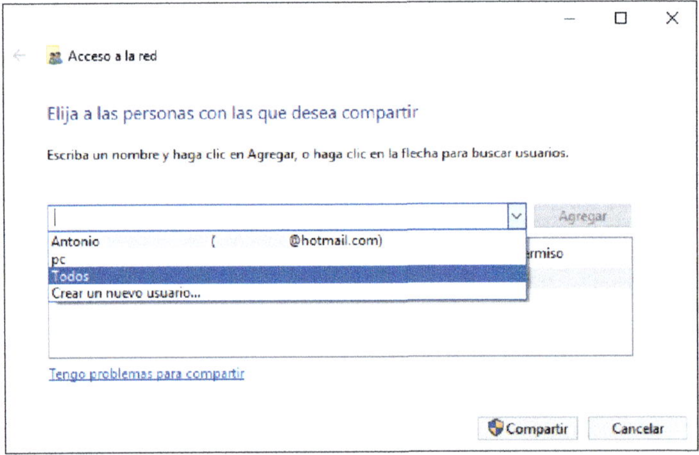

Configuración de la compartición de una carpeta en red

En la pantalla anterior, escoge la opción **Todos** y a continuación pulsa **Agregar** para que el usuario escogido aparezca en el recuadro de más abajo. Una vez hecho esto y pulsado en **Compartir,** cualquier nodo o equipo de nuestra red puede acceder al contenido de la carpeta compartida anteriormente.

5. Tipos de vulnerabilidades

HILO CONDUCTOR

En CGS, S. L., saben que constantemente salen al mercado nuevas vulnerabilidades y amenazas para los equipos y dispositivos informáticos. Por eso siempre recomiendan disponer de herramientas *antimalware* y herramientas que localizan las vulnerabilidades en el equipo donde se instalan.

En informática el término *vulnerabilidad* se emplea para denotar los puntos débiles o frágiles (en definitiva, poco seguros) que puede tener cualquier programa (incluso el sistema operativo no se libra de ellos). Si el dispositivo informático presenta dicha vulnerabilidad, este puede ser atacado mediante virus u otras técnicas.

Muchas veces es fácil confundir el concepto de *amenaza* con el de *vulnerabilidad.* En realidad, una amenaza es cualquier acción que se ha programado para que haga uso de una vulnerabilidad localizada en un determinado sistema informático.

¿Es posible evitar, por tanto, las vulnerabilidades? Aunque dispongamos de un sistema que cuente con un cortafuegos *(firewall), antispam,* sistema de antivirus y detectores de código maligno, es imposible evitar tener vulnerabilidades. Lo que sí es posible es evitar dichas vulnerabilidades. Para ello, se recomienda una serie de medidas que deben tenerse en cuenta:

- **Actualizar *software:*** por *software* entendemos tanto el conjunto de aplicaciones informáticas que hay instaladas en el dispositivo informático como el propio sistema operativo; esto es así debido a que el sistema operativo no deja de ser un *software* especial, cuya misión es hacer de intérprete entre nosotros y el dispositivo informático. Normalmente cuando se desarrollan las aplicaciones *software,* se tienen en cuenta que no sean vulnerables; por la complejidad de la creación y mantenimiento de código de estos proyectos, es sumamente fácil dejar ciertos "agujeros de seguridad" y, en el momento en que son detectados por las empresas desarrolladoras de *software,* dejan a sus correspondientes departamentos la tarea de realizar un parche de actualización para la vulnerabilidad. De esta forma, la empresa informa a sus usuarios de que ha localizado dicha vulnerabilidad y que puede ser solucionada si estos descargan e instalan el parche correspondiente en sus dispositivos informáticos.

Por ejemplo, Microsoft ha anunciado a sus usuarios de *Windows 7, Windows XP* y versiones más antiguas de una vulnerabilidad identificada con el nombre "CVE-2019-0708", y que implica al escritorio remoto y afecta a millones de equipos informáticos. Formalmente, la vulnerabilidad conocida como *"BlueKeep"* puede actuar como una especie de gusano, expandiéndose de forma automática por cientos y cientos de sistemas informáticos con la misma vulnerabilidad.

- **Activar *firewall:*** el *firewall,* también conocido con el nombre de "cortafuegos", es un sistema cuyo objetivo es proteger a uno o varios dispositivos informáticos conectados a una red de las intrusiones o amenazas externas a dicha red. Actualmente se pueden localizar dos tipos de *firewall:*

  - Por *software.* Se corresponde con un programa o aplicación que se puede instalar en nuestro dispositivo informático y que normalmente está orientado a usuarios convencionales (no a empresas). Podemos localizar versiones gratuitas y de pago.
  - Por *hardware.* Normalmente este tipo de dispositivos por *hardware* suele estar integrado dentro del dispositivo router que usamos para el acceso a la red de redes: internet. Su configuración es mucho más laboriosa que la configuración del software y se recomienda su uso sobre todo en empresas.

Es posible localizar tanto un *firewall* por *software* como por *hardware* en la misma red sin problema alguno ni incompatibilidades.

Ejemplo del uso del cortafuegos o firewall

- **Programar escaneos completos:** cuando hablamos de escaneos se hace referencia tanto al antivirus como al *antimalware*. No es incompatible el uso de *software* antivirus y *antimalware* instalados en el mismo dispositivo informático. Todo el mundo cuenta con, al menos, un sistema antivirus instalado en el equipo y al cual se presta poca o ninguna atención; lo ideal es programar escaneos completos a las unidades de disco duro cada semana o cada 15 días. Se puede dejar programado el antivirus y el *antimalware* para que realicen este trabajo en segundo plano mientras nosotros continuamos con el trabajo normal en nuestros dispositivos. De esta forma nos aseguramos al 100 % de si el sistema está limpio o de si tenemos compañía indeseada en él, en cuyo caso tomaremos las medidas necesarias para eliminar dicha intromisión (virus, gusanos, troyanos, *randware*...).

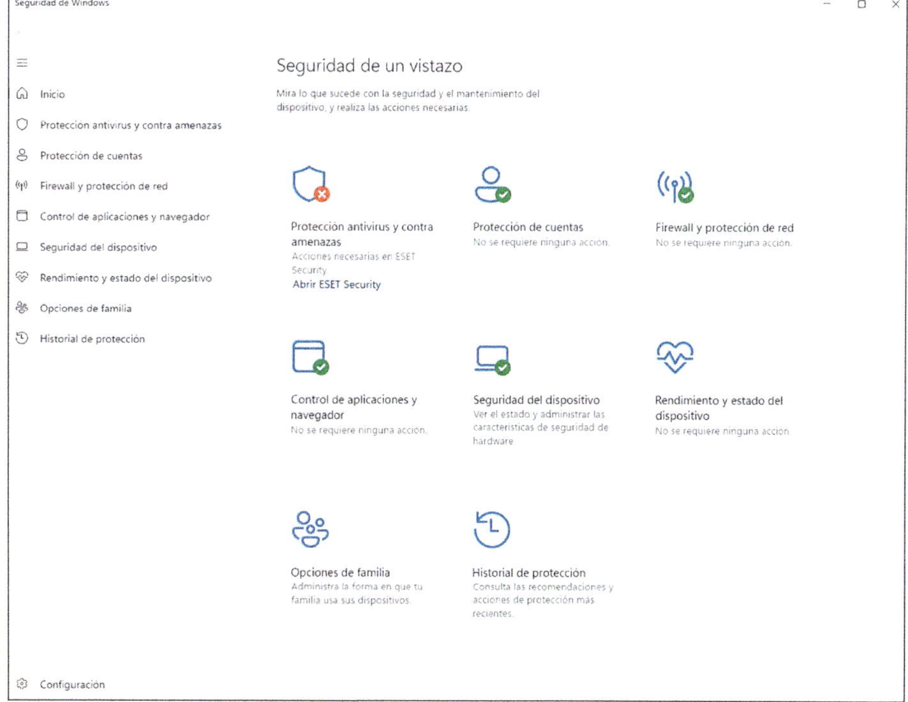

Centro de Seguridad de Windows Defender en Windows 11

- **Cuidado con el *spam*:** hay que tener mucho cuidado con el correo electrónico basura, también llamado *spam* o no deseado, dado que, en un momento dado, por curiosidad, podemos proceder a abrir dicho correo o su adjunto e infectarnos por un *malware*. Por eso se recomienda que, si por error, se accede a este tipo de mensajes, siempre se pase la herramienta de antivirus y *antimalware* para evitar desagradables sorpresas. Además, se recomienda no abrir mensajes de correo electrónico que no sean de confianza o cuyo asunto nos haga sospechar.

- **Descargar de fuentes confiables o seguras:** un *software* original (aquel que proporciona un fabricante determinado) puede ser pirateado y usado para otro fin. Por ejemplo, son muchas las copias de *Windows 11* que circulan por la red; puedes instalar cualquiera de ellas y a continuación, con una herramienta *antimalware,* buscar la cantidad de *malware* que puede haberse instalado. Por eso se recomienda siempre descargar desde las fuentes oficiales que los fabricantes de *software* ponen a nuestra disposición, ya que es la forma más efectiva de no llevarnos sorpresas con la seguridad informática.
- **Revisar unidades externas:** se entiende por unidades externas unidades de CD, DVD, USB, discos duros externos... Si, por casualidad, nuestro equipo está infectado e insertamos una unidad de disco duro que usamos como almacenamiento externo (como una unidad USB), en el momento de conectarla, el equipo quedará infectado. Por eso se recomienda también realizar escaneos frecuentes en los dispositivos externos, para localizar y eliminar el *malware* antes de que llegue a nuestros equipos.

ACTIVIDAD COMPLEMENTARIA

3. Indica qué harías si te encontraras con el siguiente mensaje en tu bandeja de entrada.

De: "pago@paypal.com.ar ." <vericar4man284@hwag-ingyejwa.com>
Fecha: 6 de agosto de 2025, 14:18:24 ART
Para: undisclosed-recipients:;
Asunto: El número de teléfono en su PayPal ha sido cambiado

Estamos confirmando que recientemente desactivaste tu teléfono móvil que utilizaste para la clave de seguridad de PayPal.
Visite el archivo adjunto para leerlo.

Sinceramente
Seguridad PayPal

Nota: no responda a este correo electrónico, este buzón no se supervisa y no recibirá una respuesta.

Las vulnerabilidades de los sistemas o dispositivos informáticos se pueden agrupar en función de:

Diseño
- Normalmente suelen centrarse en los siguientes puntos del diseño:
  - Debilidad en el diseño de protocolos usados en las redes.
  - Políticas de seguridad deficientes o no existentes.

Implementación
- Las vulnerabilidades de la implementación suelen aparecer a raíz de:
  - Errores de programación.
  - Existencia de puertas traseras en los sistemas informáticos.
  - Descuidos por parte de los fabricantes.

Uso
- Las vulnerabilidades referentes al uso son las siguientes:
  - Mala o errónea configuración del sistema informático.
  - Desconocimiento de usuarios y de responsables de informática.
  - Disponibilidad de herramientas que facilitan los ataques.
  - Limitaciones gubernamentales en tecnologías de seguridad.

Vulnerabilidad del día cero
- Este tipo está formado por todas aquellas vulnerabilidades para las cuales no hay una solución exacta o conocida, pero que sin embargo se sabe cómo llegar a explotarlas.

Las vulnerabilidades más conocidas son las siguientes:

- **De desbordamiento de búfer:** si los programas o aplicaciones no controlan la cantidad de datos que dejan copias en el búfer, puede ocurrir que llegue un momento en que el búfer sobrepase su capacidad, y podemos aprovechar para ejecutar código que nos dé privilegios de administrador.
- **Condición de carrera:** se produce cuando varios procesos acceden al mismo tiempo a un recurso compartido; en este caso se puede cambiar su estado y obtener un valor que no se esperaba.
- ***Cross Site Scripting* (XSS):** se corresponde con una vulnerabilidad de las aplicaciones web y permite la inyección de código VBScript o JavaScript en las páginas que visitan los usuarios. El *phishing* se puede encajar dentro de este tipo de vulnerabilidades.
- **Denegación del servicio:** mediante esta vía se hace que un servicio o recurso no esté disponible para los usuarios y suele provocar la pérdida de conectividad o la sobrecarga del sistema informático.

- **Ventanas engañosas:** nos indican que somos el ganador de algún tipo de premio, lo cual es totalmente falso, y lo que se persigue es obtener información del usuario.

TAREA 3

Imagina que, a la empresa para la cual trabajamos, acude el presidente de una comunidad de vecinos que consta de diez plantas, con tres viviendas por planta, a excepción de la planta baja. El cliente nos comenta que quiere montar una red en todo el edificio, pero no tiene ni idea de cómo llevar a cabo dicho trabajo.

Ayúdale explicándole el tipo y la topología de red que mejor se adaptarían a sus circunstancias.

TAREA 4

A José, nuestro compañero del curso de "Seguridad Informática", le cuesta mucho trabajo reconocer el objetivo principal de cada capa del modelo OSI. Para solventar esto, se le ha ocurrido la siguiente tabla:

Nombre de capa	Función principal
Aplicación	
Presentación	
Sesión	
Transporte	
Red	
Enlace de datos	
Físico	

Ayuda a José completando la tabla anterior con la función principal de cada capa. Una vez completada, con un simple vistazo sabremos la funcionalidad de cada capa.

6. Resumen

En la actualidad continuamos con la arquitectura de Von Neumann en nuestros dispositivos informáticos.

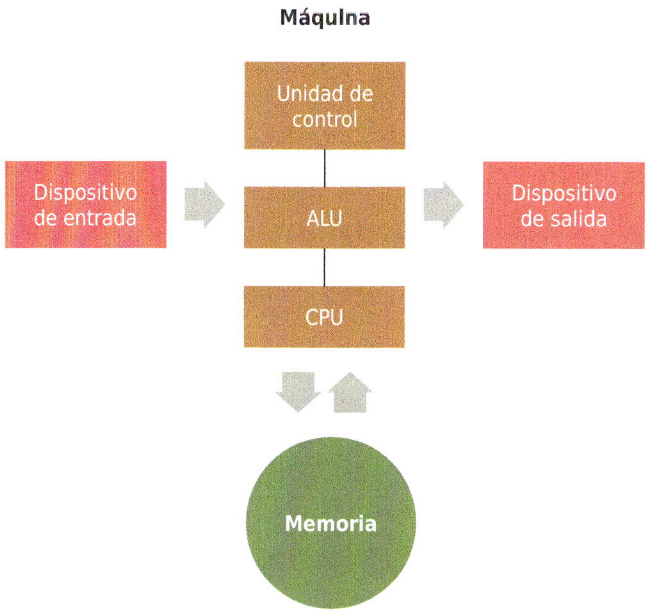

En una red informática, vamos a contar con los siguientes elementos: dispositivos, medio, información y recursos.

Actualmente la clasificación de las redes es la siguiente:

- PAN
- LAN
- WLAN
- CAN
- MAN
- WAN
- VLAN

Y su topología:

- Punto a punto
- Bus

- Estrella
- Anillo
- Malla
- Árbol

El modelo OSI de comunicaciones es un modelo de referencia usado en los protocolos de red. Desarrollado en el año 1980 por ISO, cuenta con siete capas:

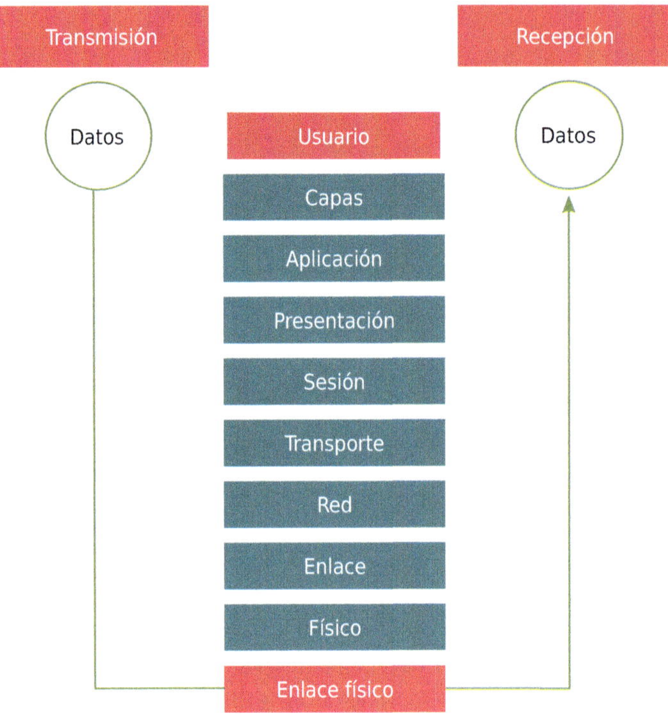

Ejercicios de autoevaluación Unidad de Aprendizaje 2

1. **Determina si la siguiente oración es verdadera o falsa: "La impresora es un componente principal de la arquitectura Von Neumann".**

   - Verdadero
   - Falso

2. **Las capas que forman el modelo OSI son:**

   a. Cuatro
   b. Cinco
   c. Seis
   d. Siete

3. **Indica cuál de las siguientes no es una topología de red:**

   a. Conmutada
   b. Bus
   c. Anillo
   d. Punto a punto

4. **La capa más baja de todo el modelo OSI y la encargada de gestionar la topología de red y las conexiones que realiza un sistema informático, es:**

   a. Capa enlace de datos.
   b. Capa física.
   c. Capa de red.
   d. Capa de transporte.

5. **Ordena de menor a mayor (por menor se entiende la capa más cercana al medio físico y por mayor, la más aleja de este) las siguientes capas del modelo OSI:**

   - Aplicación
   - Presentación
   - Sesión
   - Físico

6. ¿Qué dispositivo informático brinda un servicio para todo aquel dispositivo que quiera consumirlo?

a. Arquitectura cliente/servidor
b. Servidor
c. Cliente
d. Alojador

7. ________________ está integrada por dispositivos que son usados por una sola persona. Tiene un rango de alcance de varios metros.

a. WAN
b. CAN
c. PAN
d. ZAN

8. ____________ se monta sobre una red física y tiene por objetivos aumentar la seguridad y el rendimiento.

a. LAN
b. WAN
c. VLAN
d. VWAN

9. ¿Cuál de los siguientes medios se caracteriza por estar formado por cables que se encargan de la conducción o guiado de las señales de un punto a otro punto?

a. Medios de transmisión.
b. Medios de transmisión guiados.
c. Medios de transmisión no guiados.
d. Medios de transmisión conmutados.

10. Determina si la siguiente oración es verdadera o falsa: "El modo de transmisión simplex se caracteriza por que permite que la información fluya en los dos sentidos, pero no de forma simultánea".

- Verdadero
- Falso

Unidad de aprendizaje 3

Gestión de la seguridad

Contenido

Objetivos

El objetivo general de esta Unidad de Aprendizaje es:

- → Saber cuáles son los aspectos vitales del RGPD y la LOPDGDD.

Los objetivos específicos de esta Unidad de Aprendizaje son:

- → Diferenciar e identificar las series ISO/IEC 27000.
- → Conocer los aspectos más importantes del RGPD y la LOPDGDD.

1. Introducción

Todo comenzó con la Ley Orgánica 15/1999, más conocida bajo las siglas LOPD (Ley Orgánica de Protección de Datos) en el año 1999. Pero como el desarrollo de internet en estos últimos años ha sido vertiginoso y muy rápido, el Parlamento Europeo constató que la LOPD dejaba muchos puntos sin legislar y, por lo tanto, era necesaria una adaptación de la LOPD a los nuevos tiempos. De hecho ha sido la Ley Orgánica 3/2018 la encargada de esta actualización de seguridad de datos personales y vida digital.

Es la Ley Orgánica 3/2018, conocida bajo las siglas LOPDGDD o por Ley Orgánica de Protección de Datos Personales y garantía de los derechos digitales, se encarga de completar los "huecos" dejados por la antigua LOPD.

Para abarcar esta unidad, nos basaremos en CGS (CiberGestores Seguridad), S. L., una empresa que, como líder en el sector, ya previó su propia adaptación de la LOPD al RGPD, con lo cual el esfuerzo que ha tenido que realizar ha sido mínimo. Eso sí, nuevamente han aprovechado la oportunidad para impartir entre sus trabajadores tres seminarios de seguridad informática para que estén al día de las últimas novedades.

2. LOPDGDD y RGPD

HILO CONDUCTOR

En CGS (CiberGestores Seguridad), desde que apareció en escena la LOPD, han cumplido íntegramente con la legislación y ahora, ante el nuevo RGPD que entró en vigor en 2016 y de cumplimiento obligatorio a partir del 25 de mayo de 2018, han tenido que adaptarse mínimamente, dado que antes de esa fecha ya comenzaron su proceso de adaptación a la normativa que estaba por venir.

Con la entrada en vigor el 6 de diciembre de 2018 de la Ley Orgánica 3/2018 de Protección de Datos Personales y garantía de los derechos digitales, se adaptó a la legislación española al Reglamento General de Protección de Datos de la Unión Europea. Más adelante veremos cómo esta ley orgánica viene a cubrir los huecos que había en la antigua LOPD.

Ejemplo del cumplimiento de la RGPD

El RGPD, Reglamento General de Protección de Datos, que se corresponde con la normativa establecida en Europa sobre protección de datos personales, es de obligatorio cumplimiento desde el 25 de mayo de 2018.

Aunque es de obligatorio para todos los países miembros de la Unión Europea, se dejó pendiente que cada Estado acometiera la aprobación de la legislación correspondiente para su debido cumplimiento.

NOTA

En España esta obligación fue ratificada en un documento aprobado por el Senado.

El **objetivo principal** de la LOPDGDD reside en garantizar la protección de los datos personales de las personas físicas, incluyendo para ello los mecanismos necesarios de seguridad para el tratamiento y disposición de los datos.

Se ha de destacar que la LOPDGDD cuenta, como novedad, con la protección de los datos de las personas fallecidas que pueden ser ejercidos por sus familiares o herederos, bien para solicitar su rectificación o bien para pedir su supresión (la antigua LOPD no recogía qué hacer con los datos de una persona ya fallecida, dejando al respecto un gran vacío legal).

A continuación, vamos a centrarnos en los siguientes aspectos de la LOPDGDD:

- Principios y derechos de la LOPDGDD
- Figura del delegado de protección de datos
- Régimen sancionador

2.1. Principios y derechos de la LOPDGDD

Cuando hablamos de principios y derechos en la LOPDGDD, se pueden clasificar en tres grandes bloques, que son los siguientes:

Datos exactos

- Los datos han de ser totalmente exactos, por lo que, en el caso de que fuera necesario, habría que proceder a su actualización. Para ello, se establecerán determinados mecanismos de actualización para la obtención de datos exactos.

Deber de confidencialidad

- El deber de confidencialidad está totalmente recogido tanto para el responsable del tratamiento de los datos como para toda aquella persona que intervenga en el proceso de dichos datos.

Consentimiento del titular

- Es totalmente necesario y obligatorio contar con el consentimiento del titular de los datos para poder recogerlos y darles un uso. Esto nos obliga a tener que informar a los usuarios de manera inequívoca de que van a usarse sus datos.

El titular de los datos personales debe ser consciente en todo momento (además de constituir un derecho innato) de quién es el responsable del tratamiento de sus datos. Pero, además, también contempla que puede tener acceso a sus datos. Se establece que dicho acceso debe ser de la forma más sencilla y fácil de cara al usuario.

Respecto a los derechos, la legislación española nos remite directamente al RGPD, de nivel europeo, y se establecen los siguientes derechos:

- **Rectificación:** cualquier usuario cuenta con el derecho de poder rectificar sus datos inexactos o incompletos, y además este proceso se debe facilitar de la forma más sencilla y fácil.
- **Oposición:** cualquier usuario puede ejercer su derecho de oposición al tratamiento de los datos, sin tener que dar una determinada respuesta de por qué.
- **Supresión:** cualquier usuario tiene derecho a pedir la supresión de sus datos si considera que se usan para fines ilícitos o bien si no se emplean con la finalidad que fueron recabados.
- **A la limitación del tratamiento:** este derecho consiste en poder obtener la limitación del tratamiento de nuestros datos que realiza el responsable. Se puede solicitar la suspensión del tratamiento de nuestros datos en los siguientes escenarios:

    - Cuando se impugne la exactitud de los datos personales, durante el plazo establecido al responsable para su verificación.
    - Cuando nos hemos opuesto al tratamiento de los datos personales que el responsable realiza mientras verifica si estos motivos prevalecen.

    Además, podemos solicitar al responsable la conservación de nuestros datos si:

    - El tratamiento es ilícito y nos hemos opuesto a la supresión de datos.
    - Cuando el responsable ya no necesita los datos personales para los fines del tratamiento, pero el interesado sí para la interposición de reclamaciones.

- **A la portabilidad:** se trata de un derecho de forma que, cuando el tratamiento se lleve a cabo por medios automatizados, recibamos los datos personales con un formato estructurado, de uso común, de lectura mecánica e interoperable con el fin de que puedan distribuirse a otro responsable de tratamiento, siempre que se pueda hacer esta operación. Hay que señalar que este derecho no se aplicará cuando el tratamiento necesario tenga como fin el cumplimiento de una misión de interés público o en el ejercicio de poderes públicos del responsable.
- **A no ser objeto de decisiones individuales automatizadas:** mediante este derecho se garantiza que no seamos objetos de decisiones basadas únicamente en el tratamiento de nuestros datos, incluida la elaboración de perfiles. Esta se trata de cualquier forma de tratamiento de nuestros datos personales que evalúen aspectos personales. Este derecho no será aplicable en los siguientes escenarios:

- Sea necesario para la celebración o ejecución de un contrato entre nosotros y el responsable.
- El tratamiento de nuestros datos se fundamente en nuestro consentimiento prestado previamente.
- Esté autorizada por el derecho de la Unión o de los Estados.

- **De información:** cuando se recolectan datos de carácter personal, el responsable del tratamiento debe cumplir con el derecho de información. Se nos debe facilitar una información básica (o de primer nivel) de forma resumida en el mismo momento y en el mismo medio que se recojan nuestros datos personales. Por otra parte, se nos debe remitir el resto de información mediante el uso de un medio adecuado para su presentación, comprensión o archivo. La información que debe facilitarse es la siguiente:

    - Nivel 1: información básica.
    - Nivel 2: información adicional (detallada).

- **Derechos *Schenge:*** se corresponde con un sistema de información a gran escala que facilita la cooperación entre las autoridades nacionales de control de fronteras, aduanas y Policía.
- **De acceso:** es el que permite conocer, a través del contacto con el responsable, si se están tratando o no los datos personales del interesado, para obtener información relacionada con los fines del tratamiento, la categoría de datos personales que se tratan, los destinatarios a los que se comunicaron, el plazo de conservación, los derechos que se pueden ejercer, la existencia de decisiones automatizadas, el origen de los datos cuando no procedan del interesado directamente y las garantías en las transferencias de datos a terceros países.

2.2. Figura del delegado de protección de datos

Si nos centramos en la figura del delegado de protección de datos, recogida en el artículo 37.1 del RGPD, se establece que tiene que asignarse un delegado o delegada de protección de datos (de ahora en adelante, DPD) en caso de darse alguno de los siguientes puntos:

Punto 1
- Se trata del caso en el que los datos corren a cargo de una autoridad u organismo de carácter público.

Punto 2
- Se trata del caso de actividades y operaciones principales del responsable de datos que exigen un seguimiento regular y sistemático o a gran escala de interesados.

Punto 3
- Se trata del caso de actividades y operaciones principales del responsable de datos que van relacionadas con temas de delitos y condenas, además de categorías especiales de datos.

Los delegados de protección de datos deben ser conocidos en la Agencia de Protección de Datos Española y también en las correspondientes autoridades autonómicas de protección de datos. Además, dichos organismos están obligados a mantener actualizadas sus listas de delegados de manera periódica.

Los DPD deben contar con una titulación universitaria que pueda acreditar los conocimientos especializados en el derecho y la práctica en materia de protección de datos. De esta forma, se evitan situaciones que tenían lugar cuando la LOPD estaba en vigor, como designar a cualquier empleado de una empresa para puestos relacionados con la protección de datos sin tener los conocimientos necesarios.

2.3. Régimen sancionador

La normativa europea contempla sanciones bastante elevadas en el caso de que no se cumpla con la legislación. Dependiendo de la sanción, nos moveremos en un rango económico u otro, pero se puede apuntar que es posible que se lleguen a alcanzar multas de entre 10 y 20 millones de euros. También establece que se puede aplicar entre el 2 y el 4 % del total del volumen de negocio como sanción.

La LOPDGDD regula estas sanciones tal y como propone el RGDP; para ello hace uso de todo un capítulo que podemos encontrar en el BOE de dicha ley, en concreto, en el título IX, "Régimen sancionador". Este se compone, a su vez, de los siguientes puntos.

Sujetos responsables

Según esta ley están sujetos a dicho régimen sancionador:

- Los responsables de los tratamientos de datos.
- Los encargados de los tratamientos de datos.
- Los representantes de los responsables o encargados de los tratamientos no establecidos en el territorio de la UE.
- Las entidades de certificación.
- Las entidades acreditadas de supervisión de los códigos de conducta.

No será de aplicación a la figura del delegado de protección de datos el régimen sancionador establecido en este título IX.

Infracciones

Constituyen infracciones los actos y conductas que se refieren a los apartados 4, 5 y 6 del artículo 83 del reglamento UE, así como las contrarias que resulten a la presente ley orgánica.

Infracciones consideradas muy graves

En función de lo establecido por el artículo 83.5 del Reglamento UE, se consideran muy graves y tienen como prescripción los tres años las infracciones que supongan una vulneración sustancial de dichos artículos. Algunos ejemplos los podemos ver en:

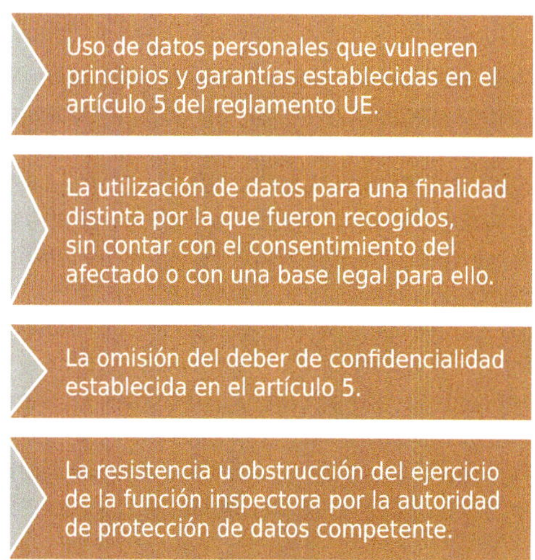

Infracciones graves

Se consideran infracciones graves y prescriben a los dos años las infracciones que supongan una vulneración sustancial de los artículos mencionados anteriormente. Algunos ejemplos pueden ser los siguientes:

- No cooperar con las autoridades de control en el desempeño de sus funciones en los supuestos no previstos en el artículo 72.
- El tratamiento de datos personales sin llevar a cabo una previa valoración de los elementos mencionados en el artículo 28.
- La contratación por el responsable del tratamiento de un encargado de tratamiento que no ofrezca las garantías suficientes para aplicar las medidas técnicas y organizativas apropiadas conforme lo establecido en el capítulo IV del Reglamento UE.
- La falta de adopción por parte de los organismos acreditados de supervisión de un código de conducta de las medidas que resulten oportunas en caso de que se hubiera producido una infracción del código, conforme a lo exigido en el artículo 41.1 del Reglamento UE.

Infracciones leves

Se consideran infracciones leves y prescriben al año las infracciones de carácter meramente formal de los puntos mencionados en los apartados 4 y 5 del artículo 83 del Reglamento UE. Por ejemplo, las siguientes situaciones son consideradas como infracciones leves:

- El incumplimiento del principio de transparencia de la información o el derecho de información del afectado por no facilitar toda la información exigida por los artículos 13 y 14 del Reglamento UE.
- La exigencia del pago de un canon para facilitar al afectado la información exigida por los artículos 13 y 14 del Reglamento UE o por atender las solicitudes de ejercicios de derechos de los afectados previstos en los artículos 15 a 22 del Reglamento de la UE.
- No atender a los derechos de acceso, rectificación, supresión, limitación del tratamiento o a la portabilidad de los datos en tratamientos en los que no se requiere la identificación del afectado, cuando este, para el ejercicio de esos derechos, haya facilitado información adicional que permita su identificación, salvo que resultase de aplicación lo dispuesto en el artículo 73, apartado c, de esta ley orgánica.
- El incumplimiento por los organismos de certificación de la obligación de informar a la autoridad de protección de datos de la expedición, renovación o retirada de una certificación, conforme a lo exigido por los apartados 1 y 5 del artículo 43 del Reglamento UE.

Interrupción de la prescripción de la infracción

Interrumpirá la prescripción la iniciación, con conocimiento del interesado, del procedimiento sancionador, reiniciándose el plazo de prescripción si el expediente sancionador estuviera paralizado durante más de seis meses por causas no imputables al presunto infractor. Cuando la AEPD ostente la condición de autoridad de control principal y deba seguirse el procedimiento previsto en el artículo 60 del reglamento UE, interrumpirá la prescripción el conocimiento formal por el interesado del proyecto de acuerdo de inicio que sea sometido a las autoridades de control interesadas.

Régimen aplicable a determinadas categorías de responsables o encargados del tratamiento

El régimen establecido en este artículo es aplicable a los tratamientos de los que sean responsables o encargados:

- Los órganos constitucionales o con relevancia constitucional y las instituciones de las comunidades autónomas que sean análogos a los mismos.
- Los órganos jurisdiccionales.
- Las administraciones generales del Estado, las administraciones de las comunidades autónomas y las entidades que integran la administración local.
- Los organismos públicos y entidades de derecho público vinculadas o dependientes de las administraciones públicas.
- Autoridades administrativas independientes.
- El Banco de España.
- Las corporaciones de derecho público cuando las finalidades del tratamiento se relacionen con el ejercicio de potestades de derecho público.
- Las fundaciones del sector público.
- Las universidades públicas.
- Los consorcios.
- Los grupos parlamentarios de las cortes generales y las asambleas legislativas autonómicas, así como los grupos de las corporaciones locales.

Sanciones y medidas correctivas

Se aplicarán las sanciones previstas en los apartados 4, 5 y 6 del artículo 83 del Reglamento de UE. Pero además podrán tenerse en cuenta aspectos tales como:

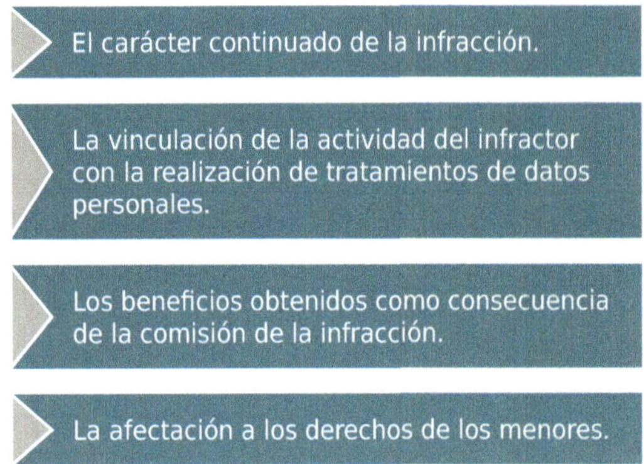

Será objeto de publicación en el BOE la información que identifique al infractor, la infracción cometida y el importe de la sanción impuesta cuando la autoridad competente sea la AEPD, la sanción fuese superior a un millón de euros y el infractor sea una persona jurídica.

Prescripción de las sanciones

Se establece el siguiente plazo de prescripción de las sanciones que pudieran ser impuestas:

- Las sanciones por importe igual o inferior a 40.000 € prescriben en el plazo de un año.
- Las sanciones por importe comprendido entre 40.001 y 300.000 € prescriben en el plazo de dos años.
- Las sanciones por un importe superior a los 300.000 € prescriben a los tres años.

El plazo de prescripción de las sanciones comenzará a contarse desde el día siguiente a aquel en que sea ejecutable la resolución por la que se impone la sanción o haya transcurrido el plazo para recurrirla.

La prescripción se interrumpirá por la iniciación, con conocimiento del interesado, del procedimiento de ejecución, volviendo a transcurrir el plazo si este está paralizado durante más de seis meses por causa no imputable al infractor.

Anteriormente hemos visto los rasgos generales más importantes tanto del RGPD como de la LOPDGDD, dado que, debido a la extensión de ambas leyes, es imposible tratar todo su contenido. Pero dicho contenido sí puede ser consultado, ya que se encuentra publicado tanto por parte de la UE como por parte del Gobierno de España a través del *Boletín Oficial del Estado,* BOE.

PARA SABER MÁS

Accede a los siguientes enlaces para consultar la Ley Orgánica 3/2018, de 5 de diciembre y el RGPD.

Ley Orgánica 3/2018	Reglamento 2016/679

https://redirectoronline.com/ifct100po0308	*https://redirectoronline.com/ifct100po0309*

ACTIVIDAD COMPLEMENTARIA

4. Consulta el BOE que recoge la LOPDGDD. De dicha ley nos interesa conocer los artículos 4, 5, 6, 7 y 8. Una vez leídos, realiza un resumen con tus propias palabras.

3. Series ISO/IEC 27000

HILO CONDUCTOR

El Departamento Informático de CGS está muy puesto al día con las Normas ISO, debido a que son muchas las normas que afectan directamente a su trabajo diario. Dada la gran cantidad de normas o series ISO que hay, es prácticamente imposible conocerlas todas; por eso muchas veces tienen que consultar la norma ISO antes de poder ejecutarla.

Las series ISO 27000 se corresponden con una serie de normas y estándares de seguridad publicados por la **Organización Internacional para la Estandarización (ISO)** y por la **Comisión Electrotécnica Internacional (IEC).** Estas series recogen unas prácticas recomendadas en seguridad de la información para el desarrollo, implantación y mantenimiento de especificaciones en los sistemas de gestión de seguridad de la información.

La Organización Internacional de Estandarización (ISO) es una entidad independiente y no gubernamental compuesta por 163 países miembros. Fue fundada el 23 de febrero de 1947 y promueve el uso de estándares de propietarios, industriales y comerciantes a nivel mundial. Su sede se encuentra en Suiza. Además, ISO es una organización voluntaria integrada por miembros especialistas en autoridades de estandarización; cada miembro representa a un país y se reúnen al menos una vez al año para marcar los objetivos estratégicos de la organización.

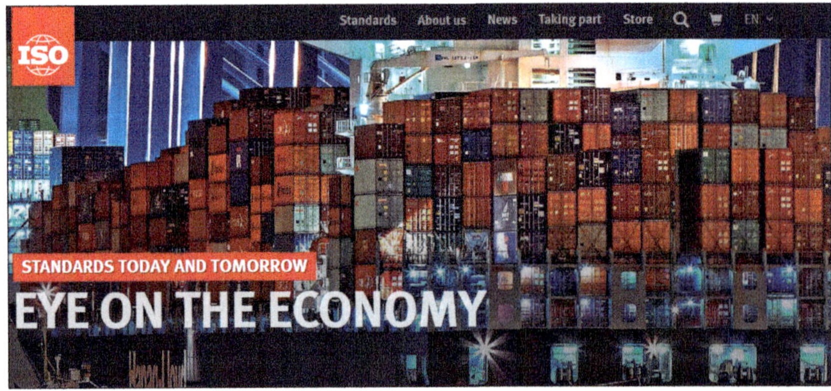

Sitio web correspondiente a ISO (© Imagen: ISO / iso.org)

La Comisión Electrotécnica Internacional (IEC) es una organización de normalización en tres campos: eléctrico, electrónico y tecnologías relacionadas. Fue fundada en 1906 con sede original en Londres, pero posteriormente, en 1948, fue trasladada a Suiza. La IEC se encuentra constituida por los organismos nacionales de normalización de los países miembros y está en constante colaboración con ISO. IEC se divide en tres grupos para su funcionamiento:

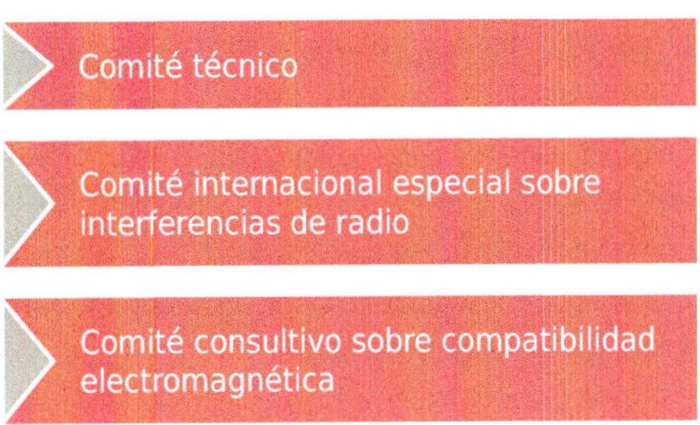

Aunque no es posible ver todas las normas ISO/IEC 27000, principalmente por su extensión, sí podemos ver de forma resumida a qué se refiere o qué se quiere lograr con algunas de las normas más usadas o fundamentales, como son las siguientes:

- **ISO/IEC 27000:** esta norma ofrece una visión general de todas las normas que componen la serie 27000, indicando para cada una de ellas su nivel de actuación y su propósito de publicación. Además, aporta las bases de instalación de un SGSI (sistemas de gestión de seguridad de la información).
- **ISO/IEC 27001:** se corresponde con la norma principal de toda la serie de normas y ofrece los requisitos del sistema de gestión de seguridad de la información. Gracias a esta regla los auditores externos pueden certificar los SGSI. En España AENOR es la empresa encargada de distribuirla.
- **ISO/IEC 27002:** es una guía de las buenas prácticas para describir objetivos de control y controles de seguridad de la información. Esta norma se caracteriza por no ser certificable y por tener 39 objetivos de control y 133 controles agrupados en 11 dominios. En España, AENOR es la encargada de la distribución de dicha norma.
- **ISO/IEC27003:** se caracteriza fundamentalmente por no ser certificable y se centra en una guía con los aspectos necesarios para el diseño e implementación con éxito de un SGSI de acuerdo a la ISO 27001. Para ello, se describen los procesos de especificación y diseño desde la concepción hasta la puesta en marcha.
- **ISO/IEC27004:** se basa en una guía para el desarrollo y utilización de las métricas y técnicas de medidas que son aplicables para obtener la

eficiencia de un SGSI y de los controles o grupos de controles implementados en él.

- **ISO/IEC27005:** esta norma se caracteriza por no ser certificable. Suministra las directrices y normas para la gestión del riesgo en la seguridad de la información. Su diseño se orientó a la seguridad de la información basada en un enfoque de gestión de riesgos.
- **ISO/IEC27006:** suministra los requisitos necesarios para la acreditación de entidades de auditoría y certificación de sistemas de gestión de seguridad de la información. No es una norma de acreditación por sí misma.
- **ISO/IEC27007:** se caracteriza fundamentalmente por no ser certificable y se corresponde con una guía para la auditoría de SGIS.
- **ISO/IEC27008:** se trata de una guía para la auditoría de los controles seleccionados en el marco de implantación de un SGSI. En 2019 sufrió una modificación y pasó a ocuparse de la tecnología de la información, técnicas de seguridad y directrices para la evaluación de los controles de seguridad de la información.
- **ISO/IEC27009:** se caracteriza por no ser certificable y da soporte para aplicar la ISO/IEC 27001 en cualquier sector específico. Esta norma indica cómo incluir requisitos adicionales a la norma ISO/IEC 27001 y cómo incluir controles o conjuntos de control adicionales.
- **ISO/IEC27010:** se basa en una guía para la gestión de la información cuando dicha información se comparte entre organizaciones o sectores (que son aplicables tanto al sector público como al privado).
- **ISO/IEC27011:** se corresponde con una guía para la implementación y gestión de la seguridad de la información en organizaciones del sector de las comunicaciones basado en la norma ISO 27002.
- **ISO/IEC27013:** se corresponde con una guía para la implementación integrada de la norma ISO/IEC 27001 y para la gestión de servicios TI (tecnologías de la información).
- **ISO/IEC27014:** consiste en una guía para el gobierno corporativo de la seguridad de la información.
- **ISO/IEC27016:** es una guía para la valoración de los aspectos financieros de la seguridad de la información.
- **ISO/IEC27017:** se corresponde con una guía para la seguridad de *Cloud Computing* basada en la ISO 27002 y con controles adicionales de los entornos de la nube.
- **ISO/IEC27018:** se corresponde con un código asociado a las buenas prácticas en controles de protección de datos para los servicios de *Cloud Computing.*
- **ISO/IEC27019:** hace referencia a la ISO 27002 para el proceso de sistemas de control específicos que están relacionados con la industria de la energía. En octubre de 2017 sufre una revisión que incluye la aplicación a los sistemas de control de procesos empleados por la industria para el control y la monitorización de la producción.

- **ISO/IEC27021:** esta norma implica los requisitos de las competencias requeridas para los profesionales dedicados a los sistemas de gestión para la seguridad de la información.
- **ISO/IEC27023:** se caracteriza por no ser certificable. Se corresponde con una guía de correspondencias entre las versiones del 2013 de las normas ISO/IEC 27001 e ISO/IEC 27002 durante la transición de las versiones publicadas en 2005.
- **ISO/IEC27031:** se caracteriza por no ser certificable. Se trata de una guía de apoyo de las nuevas tecnologías de la información y la comunicación (TIC) de una organización o empresa para la continuidad del negocio.
- **ISO/IEC 27032:** proporciona orientaciones para mejorar el estado de la seguridad cibernética: información de seguridad, seguridad de las redes, seguridad en internet e información de protección de infraestructuras críticas (CIIP). Esta norma pretende dar cobertura a las prácticas de seguridad a nivel básico en el ciberespacio. Además, aporta definiciones de la relación entre seguridad y otros tipos de garantías, orientaciones a problemas comunes de seguridad cibernética y un marco para la solución de problemas con la ciberseguridad.
- **ISO/IEC27033:** esta norma, aunque parcialmente desarrollada, está enfocada a la seguridad en redes, dividiéndose para ello en seis partes bien diferenciadas:

  - 27033-1. Conceptos generales.
  - 27033-2. Directrices de diseño e implementación de seguridad en redes.
  - 27033-3. Escenarios de referencia de redes.
  - 27033-4. Aseguramiento de las comunicaciones entre redes mediante puertas de enlace de seguridad.
  - 27033-5. Aseguramiento de comunicaciones entre VPN, *Virtual Private Network* ("redes virtuales privadas").
  - 27033-6. Seguridad en redes IP inalámbricas.

- **ISO/IEC27034:** esta norma, aunque parcialmente en desarrollo, está centrada en la seguridad de aplicaciones informáticas, y para ello se subdivide en siete partes bien diferenciadas:

  - 27034-1. Conceptos generales, publicada el 21 de noviembre de 2011.
  - 27034-2. Marco normativo de la organización, publicada el 15 de agosto de 2015.
  - 27034-3. Proceso de gestión de seguridad en aplicaciones, publicada en mayo de 2018.
  - 27034-5. Estructura de datos y protocolos, así como los controles de seguridad de aplicaciones.

- 27034-5-1. Tecnología de la información. Seguridad de la aplicación. Parte 5-1: protocolos y controles de seguridad de la estructura de datos, esquemas XML.
- 27034-6. Guía de seguridad para aplicaciones de uso específico.
- 27034-7. Marco predictivo en la seguridad.

- **ISO/IEC27035:** proporciona una guía para la gestión de incidentes de seguridad en la información. Consta de dos partes, que son las siguientes:

  - 27035-1. Principios en la gestión de incidentes.
  - 27035-2. Guías para la elaboración de un plan de respuestas a incidentes.

- **ISO/IEC27036:** se corresponde con una guía dividida en cuatro partes para abarcar la seguridad en las relaciones con los proveedores, que son las siguientes:

  - 27036-1. Visión general y conceptos.
  - 27036-2. Requisitos comunes.
  - 27036-3. Seguridad en la cadena de suministro TIC.
  - 27036-4. Guía de seguridad para entornos de servicios *Cloud.*

- **ISO/IEC27037:** se trata de una guía que proporciona las directrices necesarias para las actividades que se relacionan con la identificación, recopilación, consolidación y preservación de evidencias digitales que normalmente se localizan en teléfonos móviles, tarjetas de memoria, sistemas de navegación móviles..., y que pueden ser usadas e intercambiadas entre distintas jurisdicciones.
- **ISO/IEC27038:** es una guía de especificación para la seguridad en la redacción digital.
- **ISO/IEC27039:** se trata de una guía para la selección, despliegue y operativa de sistemas de detección y prevención de intrusos.
- **ISO/IEC27040:** se corresponde con una guía para la seguridad en los medios de almacenamiento.
- **ISO/IEC27041:** se fundamenta en una guía mediante la cual se garantiza la idoneidad y adecuación de los métodos de investigación.
- **ISO/IEC27042:** guía que incluye diferentes directrices para llevar a cabo análisis e interpretaciones de las evidencias digitales.
- **ISO/IEC27043:** mediante esta norma se desarrollan los principios y procesos de investigación para la recopilación de evidencias digitales.
- **ISO/IEC27050:** se corresponde con una norma mediante la cual se trata la información almacenada en los dispositivos electrónicos con relación a su identificación, preservación, recolección, revisión, análisis y conceptos. Para ello, esta norma se divide en tres partes, que son las siguientes:

- 27051-1. Conceptos generales.
- 27051-2. Guía para el gobierno y gestión.
- 27051-3. Código de buenas prácticas.

- **ISO/IEC27103:** se trata de una norma desarrollada para proporcionar orientación sobre el aprovechamiento de las normas existentes en un marco de ciberseguridad.
- **ISO/IEC 27799:** es una norma que da acceso a directrices para apoyar la interpretación y aplicación en el sector sanitario, referente a la seguridad de la información sobre los datos de salud de los pacientes.

PARA SABER MÁS

Los sistemas de gestión de seguridad de la información (SGSI) son un recurso que permite a las organizaciones y empresas garantizar que todos sus activos están siendo manipulados correctamente y que no hay riesgo de fuga de información.

Para ampliar más información sobre SGSI, puedes visitar el siguiente enlace:

https://redirectoronline.com/ifct100po0303

APLICACIÓN PRÁCTICA

Imagina que una compañía pretende que tu empresa gestione su página web. Para ello, nos preguntan, como miembros del Departamento de Seguridad, qué norma debemos cumplir para poder implementar un sistema de gestión de seguridad de la información.

Continúa en página siguiente >>

<< Viene de página anterior

Solución

La ISO 27001 dice: "Esta norma ofrece una visión general de todas las normas que componen la serie 27000, indicando para cada una de ellas su nivel de actuación y su propósito de publicación. Además aporta las bases de instalación de un SGSI (Sistemas de Gestión de Seguridad de la Información)". Por lo tanto, es la norma que tenemos que aplicar para poder implementar lo que nos piden.

TAREA 5

La empresa para la que hemos comenzado a trabajar nos ha facilitado una tarjeta wifi con nuestros datos personales para que, cuando lleguemos a nuestro puesto de trabajo, simplemente pasemos la tarjeta por un torno electrónico y, si todo está correcto, nos permita acceder a las instalaciones. Pero, a través del uso de un lector de tarjetas wifi, hemos detectado que, al pasar la tarjeta, podemos tener acceso directo a los datos. ¿Es correcta esta situación según el RGPD y la LOPDGDD?

TAREA 6

Imagina que a la empresa de seguridad para la cual trabajamos llega un cliente comentándonos que va a montar una librería *online,* de forma que la página web que pretende crear se destinará a la venta de libros a usuarios de internet.

Indica a este cliente qué normas ISO/IEC 27000 debe cumplir mínimamente y razónaselo para que pueda comprenderlo.

4. Resumen

Actualmente la LOPD se encuentra ampliada en sus puntos más débiles por el RGPD de la UE y, en concreto, en España, por la LOPDGDD. Ambas normativas surgen de la necesidad de ampliar la LOPD, dado que se ha quedado obsoleta.

Los principios en los que se basa la LOPDGDD son los siguientes:

- Datos exactos
- Deber de confidencialidad
- Consentimiento del titular

En cuanto a los derechos establecidos en el RGDP, encontramos los siguientes:

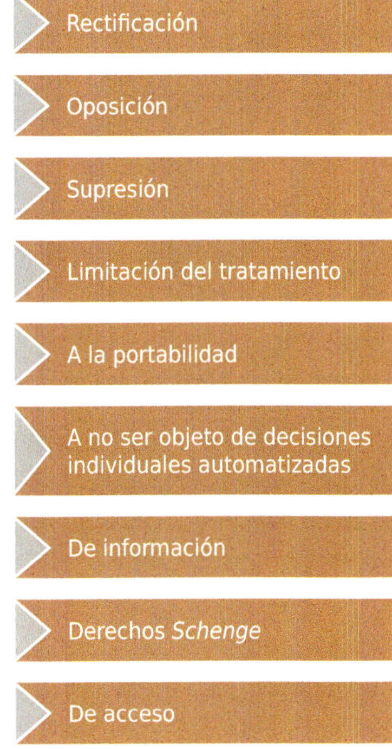

No se deben obviar las infracciones establecidas en la LOPDGDD, que son las siguientes:

- Infracciones muy graves
- Infracciones graves
- Infracciones leves

Las series ISO 27000 son una serie de normas y estándares de seguridad publicados por la Organización Internacional para la Estandarización (ISO) y por la Comisión Electrotécnica Internacional (IEC).

Ejercicios de autoevaluación
Unidad de Aprendizaje 3

1. **Entró en vigor en 2016 y es de cumplimiento obligatorio a partir del 25 de mayo de 2018, hablamos de:**

    a. LOPDGDD.
    b. LOPD.
    c. RGPD.
    d. Serie ISO 27004.

2. **La Ley Orgánica 3/2018 se corresponde con:**

    a. RGPD
    b. LOPD
    c. Reglamento General Europe
    d. LOPDGDD

3. **Las siglas DPD se corresponde con:**

    a. Delegado de protección de pérdidas.
    b. Delegado de protección de datos.
    c. Delegado de protección de directivos.
    d. Delegado de protección de *phishing*.

4. **Indica, de los siguientes conceptos, cuál no se corresponde con un principio de la LOPDGDD:**

    a. Datos exactos.
    b. Datos inexactos.
    c. Deber de confidencialidad.
    d. Consentimiento del titular.

5. **Las infracciones que prescriben a los dos años son las infracciones:**

    a. Mínimas
    b. Leves
    c. Graves
    d. Muy graves

Unidad de aprendizaje 4

Sistemas operativos seguros

Contenido

1. Introducción
2. Los sistemas operativos en la actualidad
3. Tipos de sistemas operativos
4. *Windows 11.* Instalación
5. *Ubuntu 24.04 LTS.* Instalación
6. *Debian.* Instalación
7. Tipos de seguridad
8. Resumen

Objetivos

El objetivo general de esta Unidad de Aprendizaje es:

→ Solucionar los problemas de seguridad informática.

Los objetivos específicos de esta Unidad de Aprendizaje son:

→ Conocer los sistemas operativos actuales.

→ Clasificar al sistema operativo en función del dispositivo donde se instala.

→ Reconocer las principales configuraciones de seguridad.

1. Introducción

Un sistema operativo (SO) es el encargado o mediador entre el usuario de un equipo o sistema informático y este último. De tal forma que el usuario dará ordenes al SO y este traducirá dichas órdenes para que lleguen a los recursos del equipo y obtener los resultados correspondientes.

A día de hoy convivimos con varias tecnologías informáticas como pueden ser: ordenadores personales de escritorio, portátiles, *Smartwatches, Smartphones,* tabletas... Obviamente cada uno de estos dispositivos llevará un SO acorde a sus necesidades; es imposible pensar en instalar *Windows 10* en un dispositivo *Smartwatch,* es mucho más aconsejable un SO tipo *Android* o *IOS.*

Reconocer las **configuraciones de seguridad** que se pueden dar a un sistema operativo es fundamental para nosotros si queremos aumentar la seguridad de dicho sistema o equipo informático. Generalmente esto se realiza cambiando algunos parámetros del SO o bien se puede recurrir a programas o aplicaciones (gratis o de pago) que hacen la misma función.

En el desarrollo de esta unidad aprenderemos a instalar un SO de la familia *Windows,* en concreto, *Windows 11,* y de la familia *Linux,* con *Ubuntu* como su principal representante, la versión *Ubuntu 24.04 LTS.*

Para ello, nos basaremos en CGS (CiberGestores Seguridad), S. L., una empresa que cuenta con más de 20 años al frente del sector informático. Durante todo este tiempo han instalado, mantenido y actualizado todo tipo de sistemas operativos, desde los conocidos *Windows, Linux/Unix* o *Mac OS* hasta sistemas operativos tan actuales como *Android* e *IOS.*

2. Los sistemas operativos en la actualidad

HILO CONDUCTOR

Carlos, trabajador del Departamento de Informática en CGS, es el encargado de realizar las instalaciones de los sistemas operativos. Pero antes de proceder a las instalaciones, siempre lleva a cabo un análisis de los componentes *hardware* del equipo para escoger el mejor sistema operativo para la máquina.

Se define *sistema operativo* como un conjunto de programas informáticos que permite la correcta administración de los recursos del sistema o dispositivo informático en el cual se encuentran instalados. Dicho conjunto de programas suelen ejecutarse tras la comprobación de BIOS de que los recursos de la máquina están disponibles y funcionan adecuadamente. El SO es el encargado de manejar el *hardware* a bajo nivel, es decir, se puede considerar al SO como el traductor e intérprete que nos ayuda a manejar el *hardware* de un ordenador.

DEFINICIÓN

Hardware
Componentes físicos del dispositivo informático, es decir, todo aquello que se puede ver y es tangible (se puede tocar).

Software
Conjunto de programas que hay instalados en el ordenador, entre ellos está el sistema operativo que se considera un *software* especial.

La BIOS, *Basic Input Output System* o "sistema básico de entrada y salida", se corresponde con una interfaz de *firmware,* cuyo objetivo principal es iniciar y comprobar que el *hardware* del sistema o equipo informático donde se encuentra insertada funciona correctamente y, mediante un gestor de arranque, dar paso a la carga del sistema operativo en el dispositivo o equipo informático. La BIOS de un equipo informático puede ser actualizada mediante el *firmware* correspondiente que el fabricante pone a nuestra disposición (generalmente en su página web).

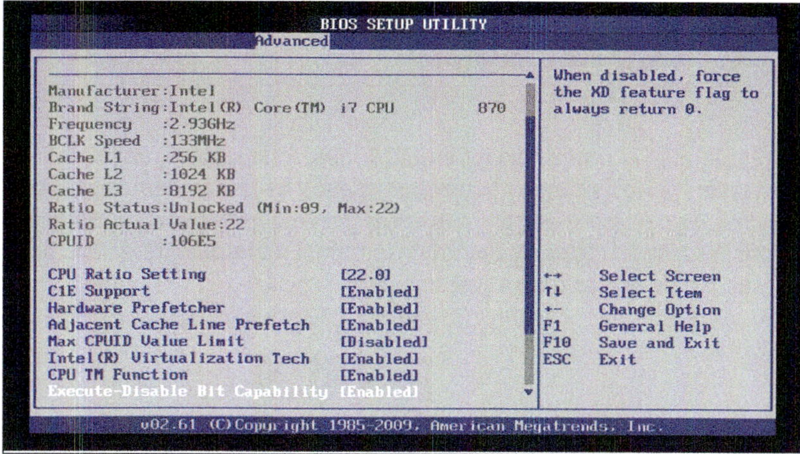

Antigua BIOS instalada en los dispositivos informáticos (© Imagen: Lifewire.com / lifewire.com)

Actualmente, el término BIOS se ha actualizado a **UEFI,** cuyas siglas provienen de *Unified Extensible Firmware Interface,* y cuyo principal objetivo es llevar a cabo una especificación que defina una interfaz entre el sistema operativo y el *firmware.* Por tanto, UEFI ha sido la encargada de llevar a cabo el reemplazo de la antigua BIOS.

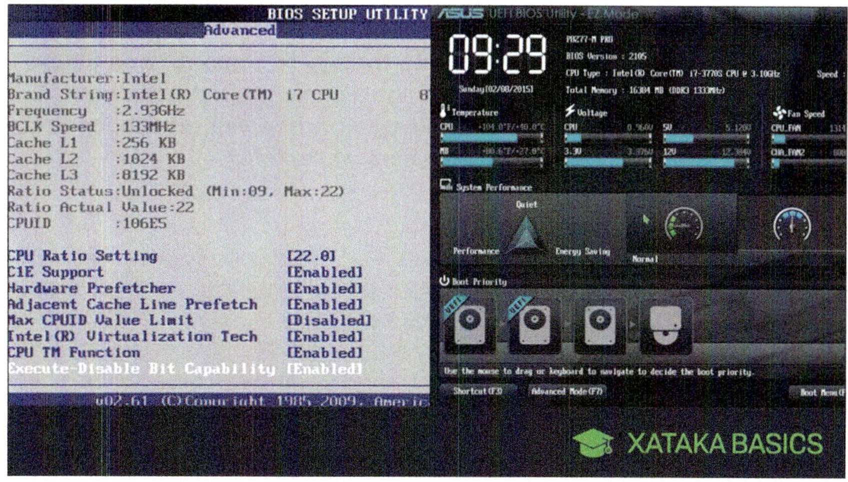

UEFI de un determinado modelo del fabricante ASUS (© Imagen: Taringa / taringa.net)

PARA SABER MÁS

En un mismo dispositivo informático, que no sea móvil, se pueden tener instalados varios sistemas operativos usando lo que se denomina un gestor de arranque, que nos permitirá escoger desde qué sistema operativo arranca el dispositivo donde se encuentra insertado. En el siguiente enlace puedes consultar más acerca de los gestores:

https://redirectoronline.com/ifct100po0401

APLICACIÓN PRÁCTICA

Imagina que un compañero/a de trabajo te comenta que quiere tener instalados en su ordenador de sobremesa los sistemas operativos de *Windows* y *Ubuntu* al mismo tiempo porque usa mucho los dos. ¿Qué forma de hacerlo consideras más aconsejable?

Solución

Lo ideal es instalar un gestor de arranque que indique qué sistema operativo arrancar. El gestor de arranque, una vez instalado, se ejecuta justamente después de la carga de la BIO o UEFI y justo antes de cargar al sistema operativo. Su misión es ofrecer un menú en el que el usuario escoge el sistema operativo con el que arrancar el equipo. Si en 10 segundos no se ha escogido ningún sistema operativo, el gestor de arranque arrancará con el sistema operativo configurado por defecto para el sistema.

3. Tipos de sistemas operativos

HILO CONDUCTOR

En CGS, S. L., saben muy bien que, dependiendo de si es un equipo informático o un dispositivo móvil, el sistema operativo que se instala varía mucho para aprovechar al máximo los recursos de la máquina, de ahí que los dispositivos móviles implementen *Android* o *IOS* frente a los equipos informáticos normales.

Actualmente cuando se habla de sistemas operativos, se debe hacer una primera clasificación o diferenciación en función del dispositivo donde se encuentran instalados:

- **Sistemas operativos:** se corresponden normalmente con los instalados en dispositivos informáticos de escritorio (PC), en equipos portátiles *(notebook)*... En general cualquier dispositivo que no se considere móvil.
- **Sistemas operativos de dispositivos móviles:** son sistemas operativos que han sido diseñados para dar cobertura a dispositivos tales como *Smartphones,* tabletas, mp3 o mp4.

3.1. Sistemas operativos

De entre los principales sistemas operativos se pueden destacar los siguientes.

Windows

Microsoft Windows se corresponde con una serie de distribuciones *software* para PC, *Smartphone,* servidores... creados, desarrollados y difundidos por *Microsoft* bajo múltiples arquitecturas (x86 para sistemas de 32 bits y x64 para sistemas de 64 bits). La última versión de *Windows* es la actualización 24H2 de *Windows 11,* lanzada oficialmente el 8 de octubre de 2024. La primera versión de un sistema operativo que lanzó al mercado *Microsoft* se conoció con el nombre de *Windows 1.0,* en noviembre de 1985; esta versión fue todo un éxito a nivel mundial porque se pasó de la típica ventana de terminal al entorno de interfaz gráfica de usuario basado en ventanas.

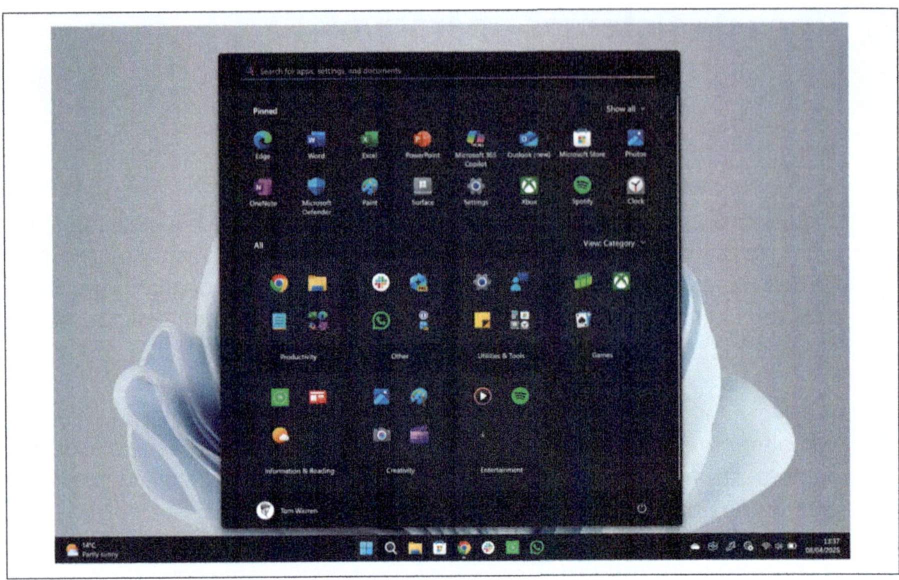

Ejemplo del sistema operativo Windows 11 (© Fotografía: omihay / Shutterstock.com)

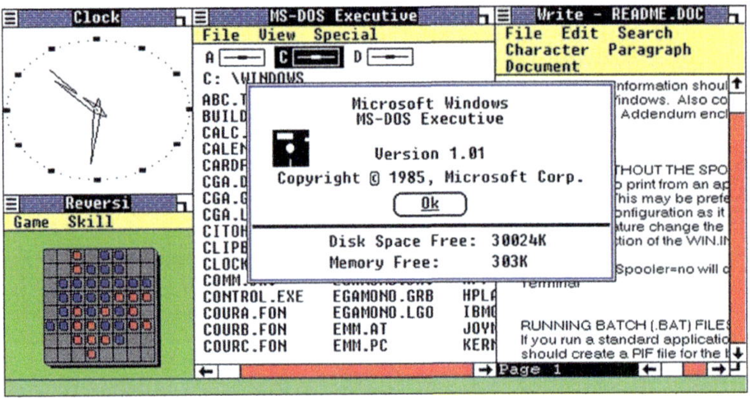

Entorno gráfico en el que se basaba Windows 1.0 (© Imagen: Gizmodo / es.gizmodo.com)

Y la siguiente imagen se corresponde con un terminal del sistema operativo MS-DOS (justamente el sistema operativo con el que se trabajaba antes de la aparición de *Windows 1.0* y que este último implementó para poder ejecutar el entorno de ventanas):

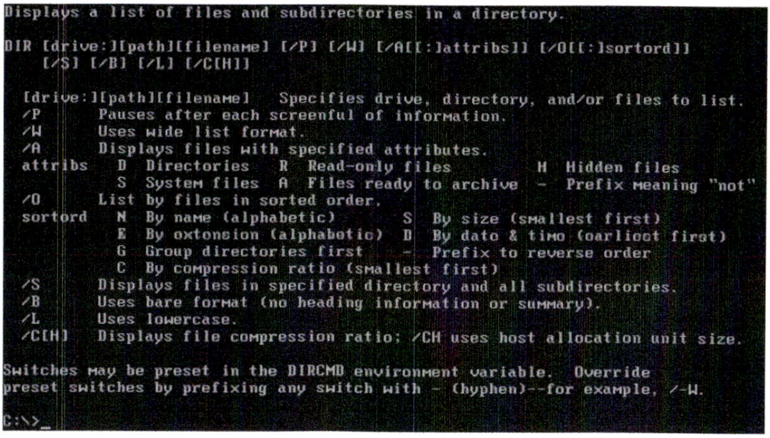

```
Displays a list of files and subdirectories in a directory.

DIR [drive:][path][filename] [/P] [/W] [/A[[:]attribs]] [/O[[:]sortord]]
    [/S] [/B] [/L] [/C[H]]

  [drive:][path][filename]   Specifies drive, directory, and/or files to list.
  /P        Pauses after each screenful of information.
  /W        Uses wide list format.
  /A        Displays files with specified attributes.
  attribs    D  Directories    R  Read-only files         H  Hidden files
             S  System files   A  Files ready to archive  -  Prefix meaning "not"
  /O        List by files in sorted order.
  sortord    N  By name (alphabetic)       S  By size (smallest first)
             E  By extension (alphabetic)  D  By date & time (earliest first)
             G  Group directories first    -  Prefix to reverse order
             C  By compression ratio (smallest first)
  /S        Displays files in specified directory and all subdirectories.
  /B        Uses bare format (no heading information or summary).
  /L        Uses lowercase.
  /C[H]     Displays file compression ratio; /CH uses host allocation unit size.

Switches may be preset in the DIRCMD environment variable.  Override
preset switches by prefixing any switch with - (hyphen)--for example, /-W.

C:\>_
```

Ejemplo del comando DIR en MS-DOS (© Imagen: Hombre digital. / hombredigital.es)

Linux/Unix

Linux se corresponde con una familia de sistemas operativos de tipo *Unix* y que usan un *kernel* basado en *Linux*. Este puede ser instalado en cualquier dispositivo informático que pueda imaginarse. La primera versión de este sistema operativo se desarrolló en 1991 bajo el proyecto GNU (Fundación del *Software* Libre). Actualmente hay disponibles cientos de distribuciones *Linux*, cada una adaptada a determinados usuarios o tareas específicas. Un ejemplo de este tipo se puede localizar en *Ubuntu*.

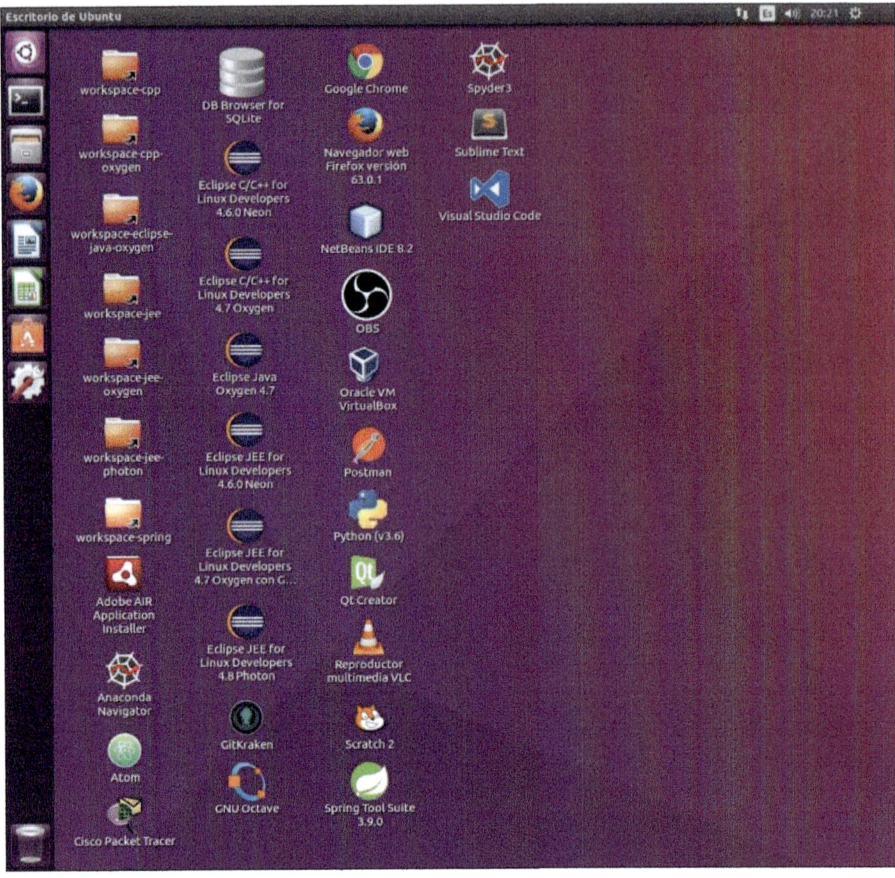

Escritorio en Ubuntu (© Imagen: Universidad de Alicante / blogs.ua.es)

Unix es una familia de sistemas operativos cuya primera versión fue desarrollada a partir de 1969 y se caracteriza por ser **portable, multitarea y multiusuario.** Actualmente este tipo de sistemas operativos son usados sobre todo en dispositivos supercomputadores, *Smartphones* y ordenadores. Un sistema operativo basado en *Unix* se caracteriza por:

- Disponer de un sistema de ficheros jerárquico.
- Tener un gran conjunto de programas que trabajan en serie.
- Usar ficheros de texto para el almacenamiento de datos.
- Tratar a los dispositivos como si fueran ficheros.

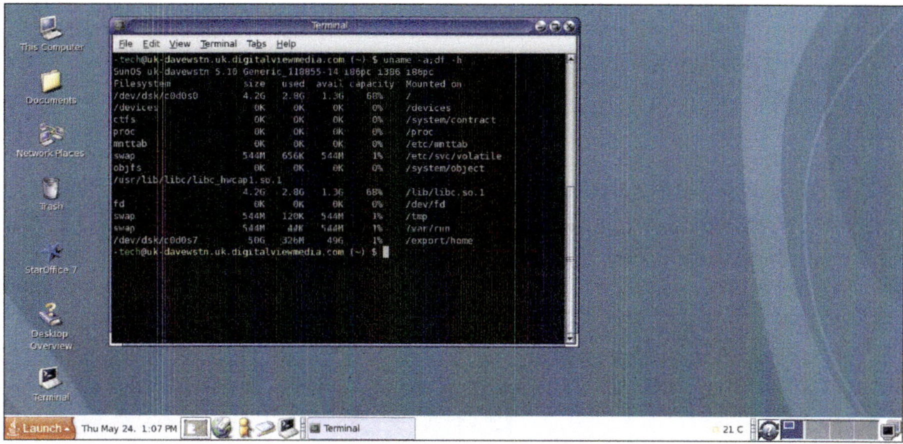

Escritorio de un sistema operativo Unix (© Imagen: Monografias / monografias.com)

Mac

Mac OS se corresponde con el nombre del sistema operativo diseñado o desarrollado por la compañía *Apple* para ser instalado en sus equipos o dispositivos informáticos. Este SO cuenta con una interfaz gráfica muy simple y aceptada por los usuarios. Su primer desarrollo vio la luz en 1985 y a partir de la versión 10, denominada *Mac OS X,* dicho SO sufrió un cambio en su arquitectura y se adaptó a la línea de *Unix.*

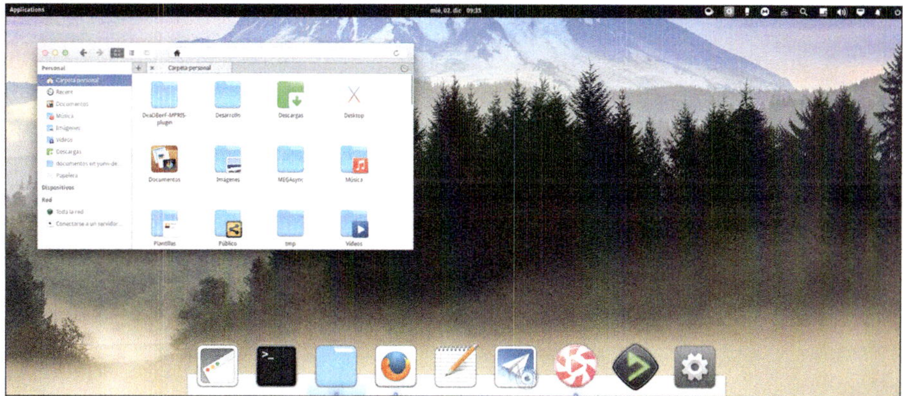

Escritorio en Mac OS X (© Imagen: entornos GNU/Linux / entornosgnulinux.com)

SABÍAS QUE...

Actualmente disponemos de máquinas virtuales que nos permiten emular un sistema operativo en otro sistema operativo (puede ser el mismo u otro diferente) sin necesidad de llevar a cabo una instalación desde cero; eso sí, como contrapartida los recursos del equipo son consumidos tanto por el SO instalado en él como por el SO de la máquina virtual. Un ejemplo de este tipo de *software* se puede localizar en:

https://redirectoronline.com/ifct100po0402

3.2. Sistemas operativos para dispositivos móviles

De entre los principales sistemas operativos se pueden destacar los siguientes:

- ***Android:*** se trata de un sistema operativo desarrollado e implementado por la compañía *Google* y que está basado en el *kernel* de *Linux* y otros *kernel* de código abierto (libres). Fue diseñado fundamentalmente para implementarse en dispositivos móviles con pantalla táctil, tales como *Smartphones,* tabletas, relojes inteligentes, televisiones... Su primera versión, desarrollada por *Android* Inc. (compañía que fue adquirida por *Google* en 2005), vio la luz en 2007.

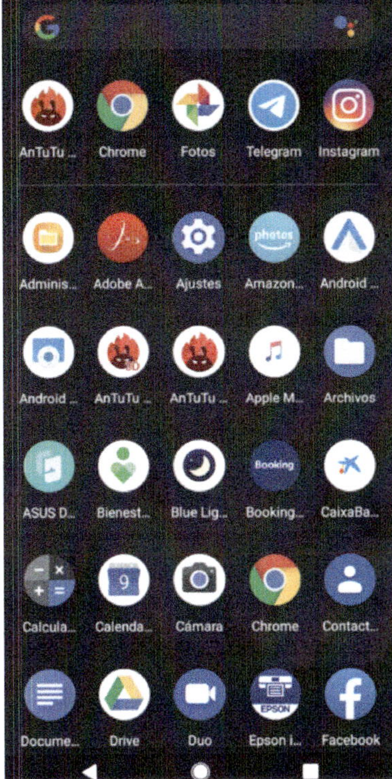

Ejemplo del menú principal en Android (© Imagen: La Vanguardia / lavanguardia.com)

- ***IOS:*** se identifica con un sistema operativo propiedad de *Apple Inc.* y desarrollado en un principio por *iPhone.* Se caracteriza por no permitir la instalación en *hardware* de terceros y se usa para dispositivos *iPod* e *iPad.*

Pantalla principal de IOS (© Fotografía: Kicking Studio / Shutterstock.com)

PARA SABER MÁS

No hace falta adquirir un terminal de *Apple* para poder usar su sistema operativo *IOS*, pues es posible encontrar *online* emulaciones de dicho sistema operativo como la que se puede localizar en el siguiente enlace con IOS 16:

https://redirectoronline.com/ifct100po0403

ACTIVIDAD COMPLEMENTARIA

5. Busca y localiza información sobre las distintas versiones por las que ha ido pasando el sistema operativo de la familia *Windows*, desde su primera versión 1.0 hasta la última conocida: *Windows 11*.

4. *Windows 11*. Instalación

HILO CONDUCTOR

En CGS, S. L., los encargados de la instalación de los sistemas operativos han realizado miles de instalaciones de *software* de la familia *Windows*, pero reconocen que la interfaz de instalación de *Windows 11* es la más simple, fácil e intuitiva para el usuario final.

Para la instalación de un sistema operativo de la familia *Windows* lo primero es pasar por el sitio web para proceder a su descarga tal y como se puede observar en la siguiente imagen:

Sitio web de Microsoft para la descarga de Windows 11

Una vez en la página anterior se pulsa en el botón etiquetado como Descargar ahora de Crear soportes de instalación de *Windows 11*. Una vez pulsado se descargará un programa (llamado MediaCreationTool_Win11_23H2.exe) el cual se va a ejecutar para obtener la siguiente imagen:

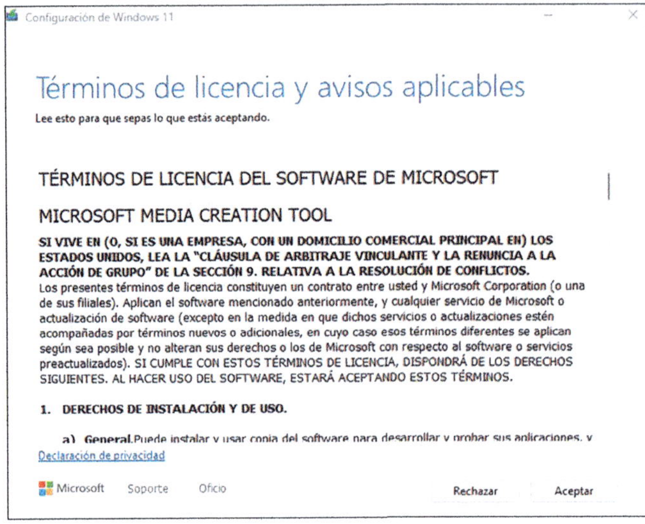

Pantalla principal de MediaCreationTool

Desplazar la barra lateral hasta el final y pulsar en **Aceptar** para obtener la siguiente pantalla:

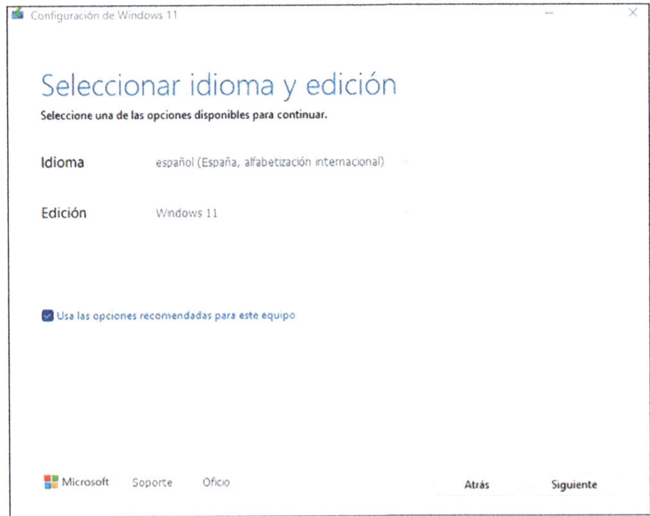

Configuración de la instalación de Windows a descargar

En la pantalla anterior podemos descargar una copia de la instalación de *Windows 11* basándose en las características del equipo desde el cual se está realizando la descarga. En el caso de que no sea así, simplemente bastaría con no seleccionar el checkbox etiquetado como "Usa las opciones recomendadas para este equipo" y configurar la "Edición" de Windows que se quiere usar para la instalación. Pulsar sobre **Siguiente** para obtener la siguiente pantalla:

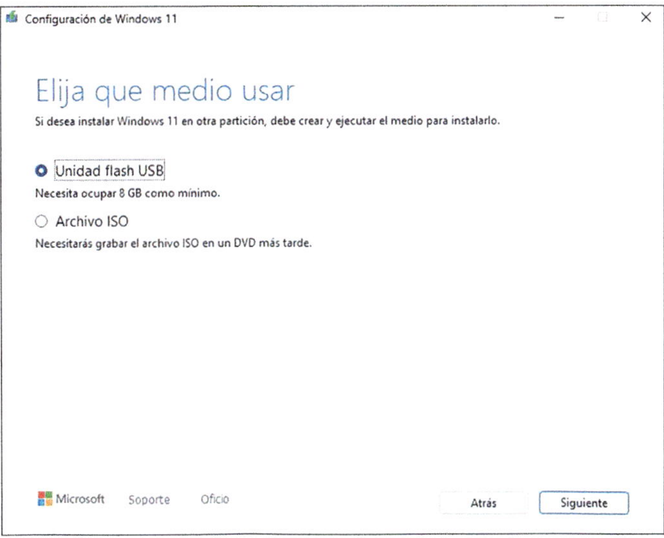

Medio donde se va a realizar la instalación de Windows 11 para su uso

En la pantalla anterior se permite escoger 2 medios para realizar la descarga de la instalación de *Windows 11:*

- **Unidad *flash* USB.** En este caso se realiza la descarga de la instalación de *Windows 11* sobre una unidad *flash* usb que luego se puede insertar en un equipo informático para arrancar desde ella y proceder con la instalación de *Windows 11.* Es importante anotar que la capacidad mínima del PenDriver USB es de 8GB.
- **Archivo ISO.** Es el que se suele utilizar para los entornos de las máquinas virtuales. En este caso se trata de un archivo, en formato ISO, desde el cual se puede arrancar una máquina virtual para proceder en ella con la instalación de *Windows 11,* que será el ejemplo que se va a seguir en este manual.

PARA SABER MÁS

Si lo que quieres es montar un USB con arranque de la instalación de *Windows* mira la siguiente documentación:

https://redirectoronline.com/ifct100po0400

En nuestro caso se va a pinchar en "Archivo ISO" y en **"Siguiente"** para obtener la siguiente pantalla:

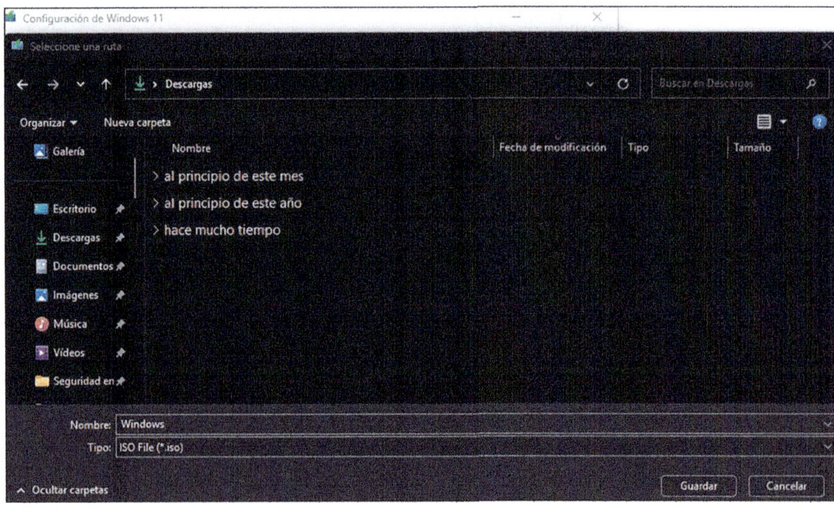

Elección de la carpeta donde guardar la ISO de Windows 11.

Pulsar en guardar y se obtendrá la siguiente pantalla:

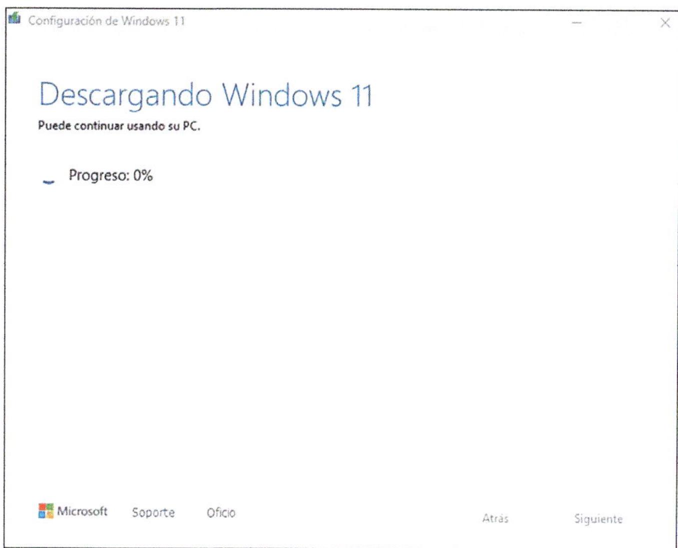

Descarga de la ISO de Windows 11

Hay que ser pacientes y esperar a que se complete la descarga para obtener la siguiente pantalla:

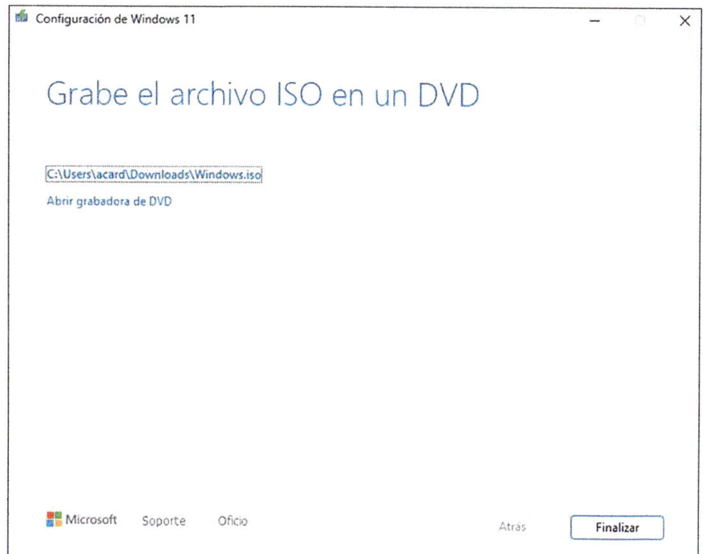

Pantalla de finalización del proceso de creación del medio de instalación de Windows 11

Pulsar en el botón **Finalizar** con el propósito de que el propio programa elimine los archivos temporales que ha creado. A continuación se usará la ISO que se acaba de descargar en VirtualBox para proceder a montar una máquina virtual con *Windows 11*.

PARA SABER MÁS

Si no sabes cómo configurar a VirtualBox para trabajar con la ISO de *Windows 11* puedes mirar este enlace:

https://redirectoronline.com/ifct100po0420

En la siguiente pantalla se puede ser el proceso de arranque e instalación de dicho sistema operativo:

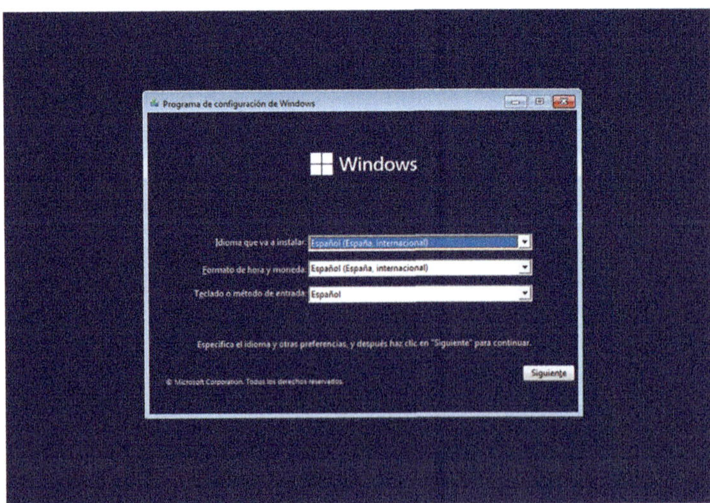

Pantalla de configuración de la instalación de Windows 11

En la pantalla anterior lo primero de todo es seleccionar el idioma en que queremos que se realice la instalación de *Windows 11*, el formato de hora y moneda y el teclado o método de entrada que se dejaran los valores que vienen por defecto asociados al idioma Español. Pulsar en **Siguiente** para obtener la siguiente pantalla:

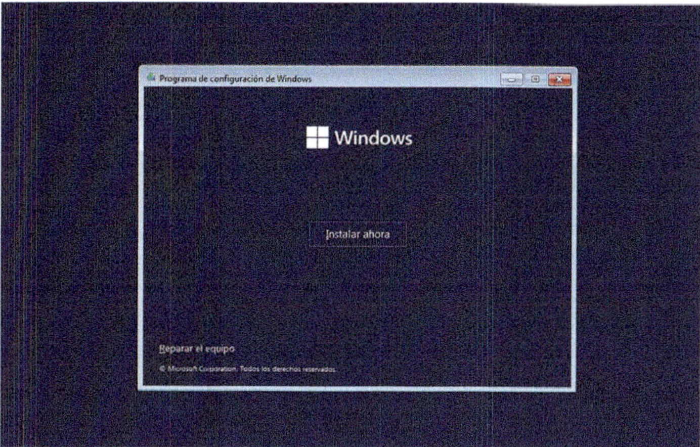

Comienzo del proceso de instalación de Windows 11

En la pantalla anterior pulsar en el botón de **Instalar ahora** para comenzar el proceso de instalación de *Windows 11* sobre la máquina, una vez pulsado se obtendrá la siguiente imagen:

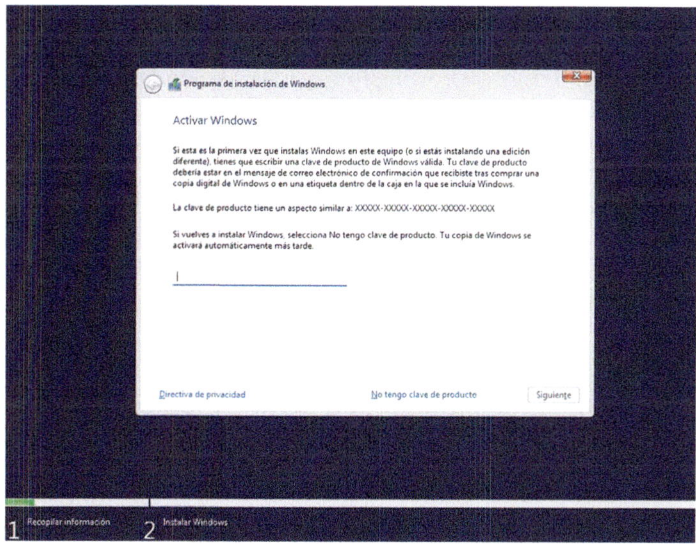

Pantalla de activación de Windows 11

En nuestro caso, no vamos a insertar un código de activación, más abajo a la derecha hay un *link* que dice "No tengo clave de producto" que es donde se va a pinchar para obtener la siguiente pantalla:

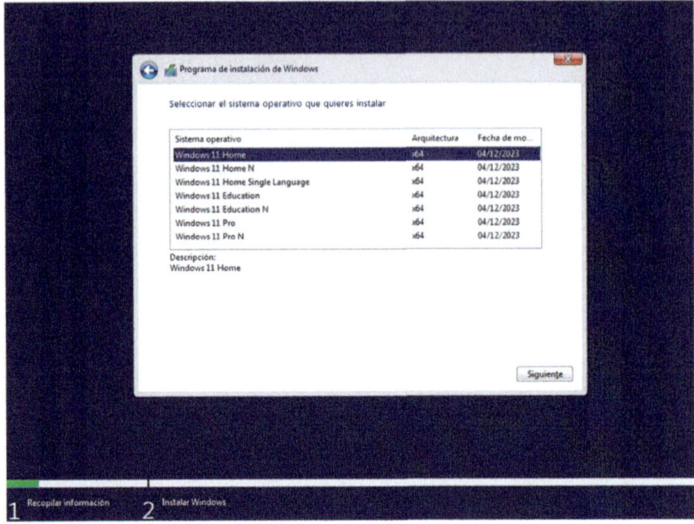

Elección del tipo de Windows 11 a instalar en la máquina

En la pantalla anterior se dispone de un listado de las distintas versiones que hay disponibles para *Windows 11* y que es bueno conocer:

- ***Windows 11 Home.*** Esta es la versión estándar de *Windows 11* destinada a usuarios domésticos. Incluye todas las funciones esenciales para el uso personal, como el nuevo diseño de interfaz de usuario, *Widgets, Microsoft Edge, Microsoft Store,* y la capacidad de ejecutar aplicaciones de Android. Está pensada para usuarios que no necesitan las características avanzadas de seguridad y gestión que se encuentran en versiones superiores.
- ***Windows Home Single Language.*** Es similar a *Windows 11 Home* pero con una diferencia importante: solo permite usar un idioma. Está destinada a mercados donde se usa un único idioma de forma predominante, ofreciendo así una experiencia más simplificada y directa.
- ***Windows 11 Education.*** Esta versión está diseñada específicamente para entornos educativos. Incluye todas las características de *Windows 11 Home,* además de herramientas adicionales para estudiantes y profesores. Por ejemplo, tiene configuraciones optimizadas para la administración de dispositivos en un entorno escolar y aplicaciones de colaboración educativa como *Microsoft Teams for Education.* Está destinada a facilitar la gestión y uso de dispositivos en instituciones educativas.

- ***Windows 11 Pro.*** Esta versión está dirigida a usuarios profesionales y pequeñas empresas. Incluye todas las características de *Windows 11 Home* más funcionalidades adicionales de seguridad, administración y productividad. Algunas de estas características son:
  - ***BitLocker:*** para cifrar discos duros.
  - ***Group Policy:*** para la administración avanzada de configuraciones en una red de trabajo.
  - ***Remote Desktop:*** para acceder de forma remota a tu PC.
  - ***Windows Update for Business:*** para tener mayor control sobre las actualizaciones.
  - ***Hyper-V:*** para crear y gestionar máquinas virtuales.

En la instalación de *Windows 11,* las versiones con la letra "N" hacen referencia a ediciones especiales del sistema operativo que no incluyen ciertas aplicaciones y funcionalidades multimedia preinstaladas. La "N" proviene de una decisión de la Comisión Europea y otras reguladoras de la competencia para asegurar una mayor elección y competencia en el mercado de *software* multimedia. ¿Por qué existen las versiones "N"? La Comisión Europea dictaminó que Microsoft estaba infringiendo las leyes antimonopolio al incluir su propio *software* multimedia (como *Windows Media Player)* en su sistema operativo de manera predeterminada. Para cumplir con estas regulaciones, Microsoft creó las ediciones "N" de sus sistemas operativos a partir de *Windows XP.*

Volviendo a nuestra instalación, se va a escoger la opción de *Windows 11 Home* y a continuación pulsar en **Siguiente** para obtener la siguiente pantalla:

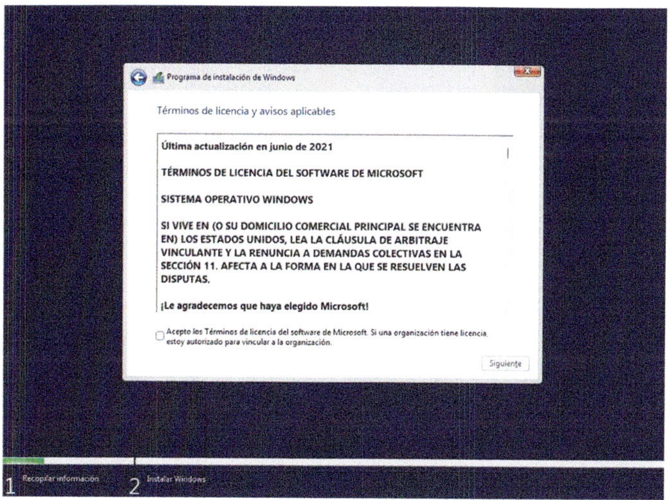

Aceptación de los términos de licencia de Windows 11

En la pantalla anterior hay que seleccionar o activar **Acepto los Términos de licencia** ...y a continuación pulsar en **Siguiente:**

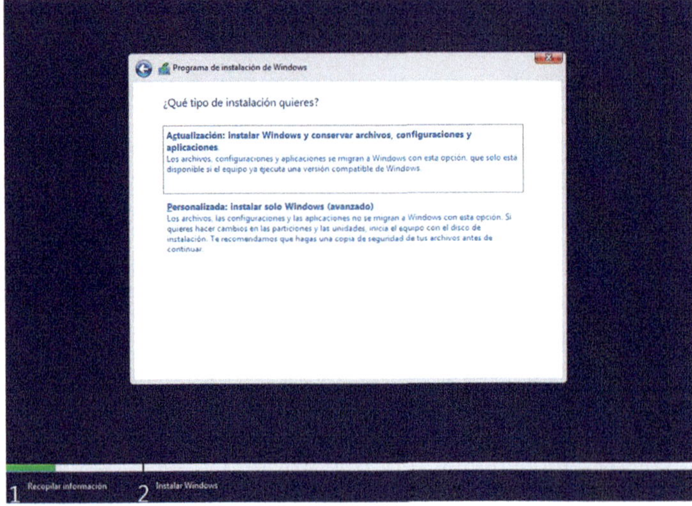

Elección del tipo de instalación de Windows 11

En nuestro caso vamos a optar por clicar la segunda opción que se ofrece, la de "Personalizada: instalar solo *Windows* (avanzado)" y se obtendrá la siguiente pantalla:

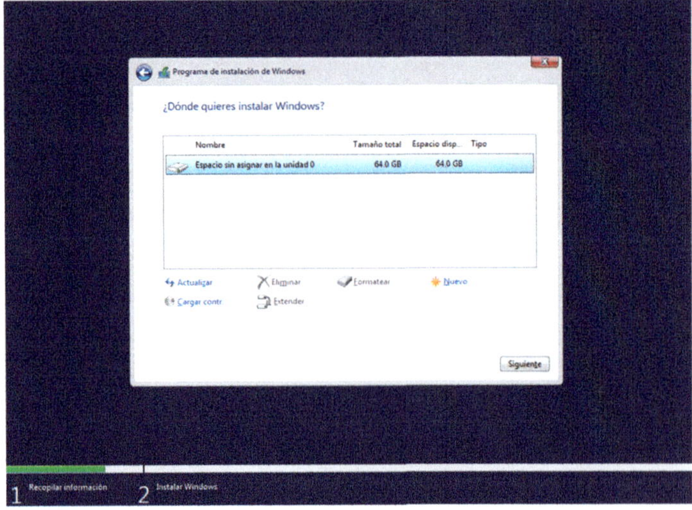

Asignación del medio de almacenamiento masivo para la instalación de Windows 11

En nuestro caso se dejará todo seleccionado tal y como aparece en la imagen anterior y se pulsará en **Siguiente** para obtener la siguiente pantalla:

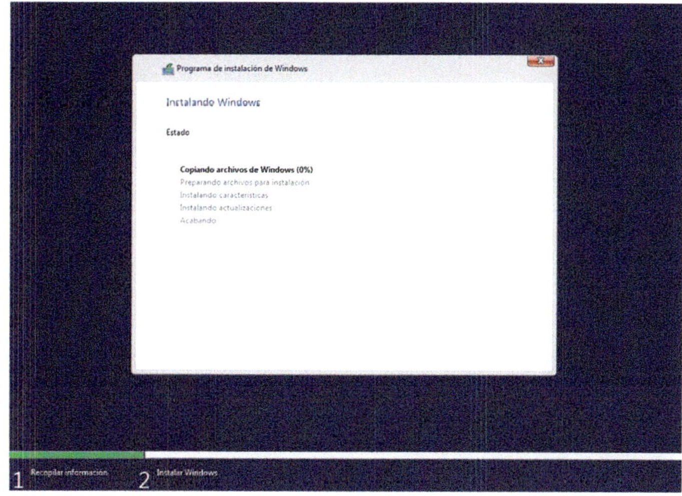

Instalación de Windows 11

En este caso se tendrá que ser pacientes a que termine el proceso de copia de archivos, de preparación y de archivos, de instalación de características y de instalación de actualizaciones (que dependerá de las capacidades del equipo sobre el que se esté instalando); anotar que una vez que finalice la instalación de todo lo anterior él equipo se va a reiniciar automáticamente para obtener la siguiente pantalla de configuración de *Windows 11:*

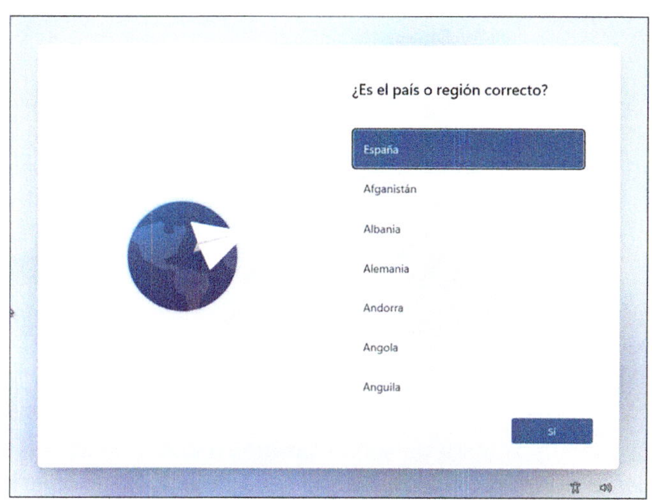

Pantalla de configuración de Windows 11

En la anterior pantalla pulsar en **Sí** para obtener la siguiente pantalla:

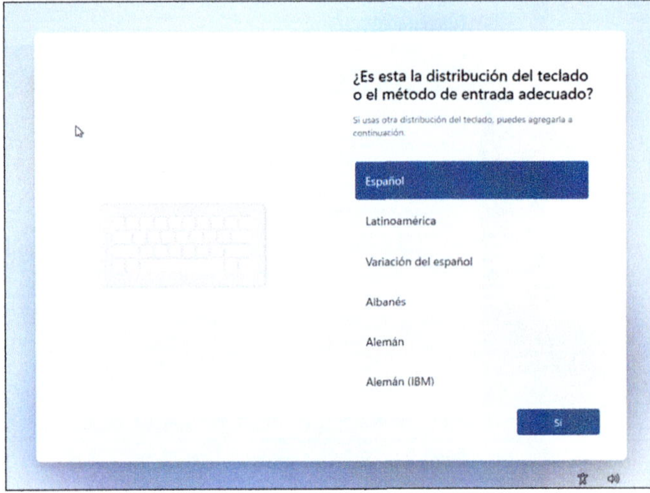

Configuración de la distribución del teclado en Windows 11

En la pantalla anterior pulsar sobre el botón **Sí** para obtener la siguiente pantalla:

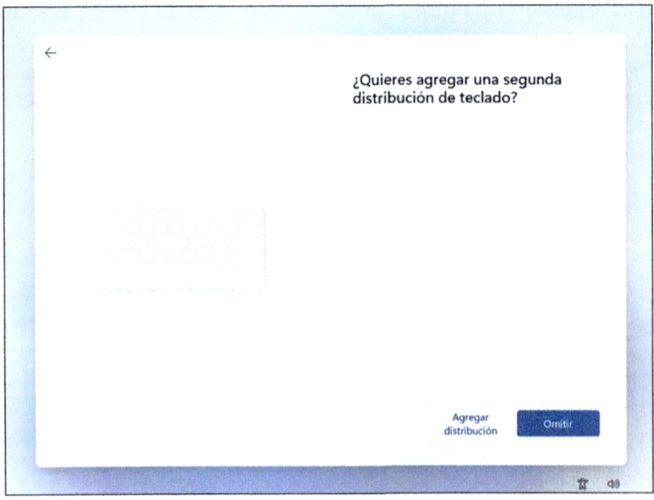

Configuración de la segunda distribución del teclado

En la pantalla anterior pulsar en **Omitir** y a continuación se tendrá que ser paciente porque se realizarán una serie de actualizaciones hasta que aparezca la siguiente pantalla:

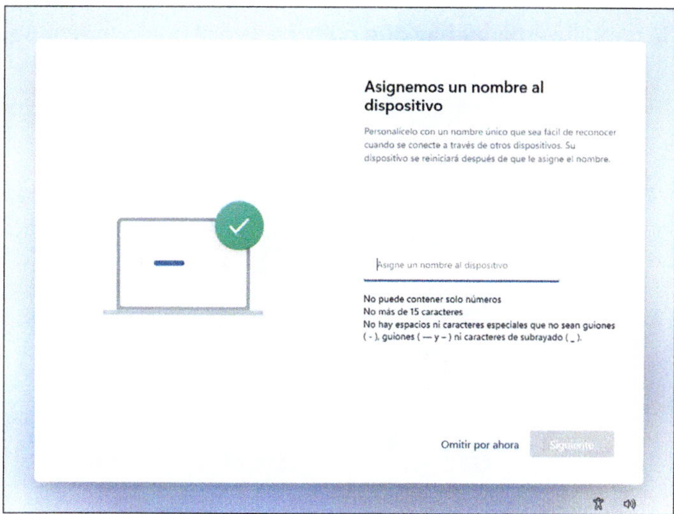

Configuración del nombre del dispositivo que tiene instalado Windows 11

A continuación, se puede asignar un nombre al equipo sobre el cual se está instalando *Windows*, una vez asignado el nombre el botón de **Siguiente** se activará para pulsar sobre él y después de que el equipo se reinicie se obtendrá la siguiente pantalla:

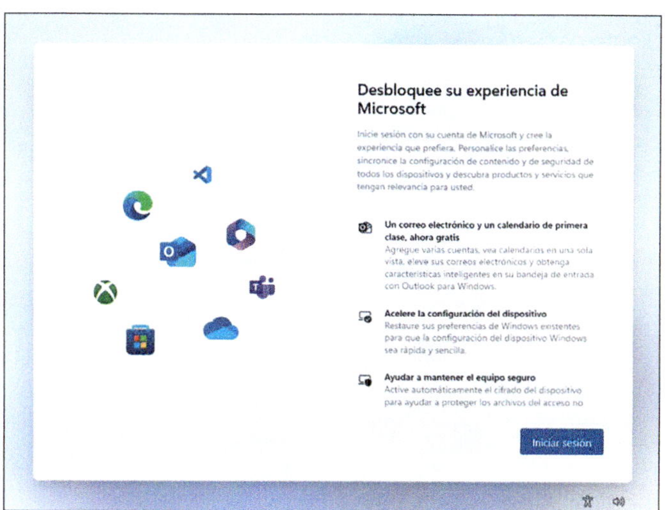

Pantalla de desbloqueo de experiencia de Windows 11

En la pantalla anterior hay que pulsar sobre el botón **Iniciar Sesión:**

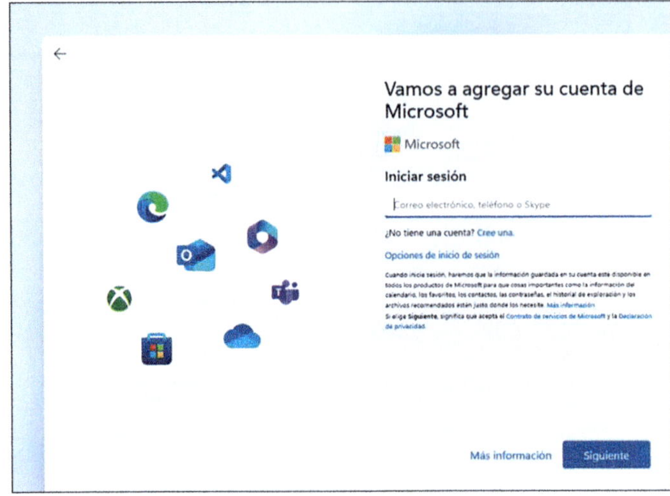

Pantalla de registro de correo electrónico.

En la pantalla anterior hay que introducir un correo que pertenezca a *Microsoft (Hotmail* o *Outlook)* para que sirva de inicio de sesión. Una vez introducido el correo correspondiente pulsar en **Siguiente** para obtener la siguiente pantalla:

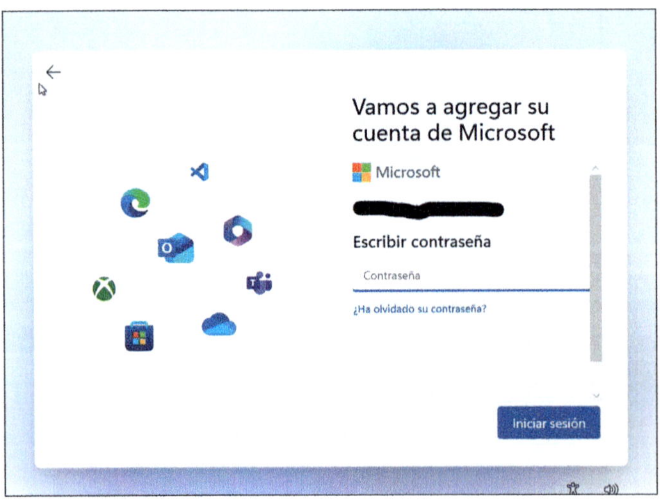

Inicio de sesión en Windows 11 con correo de Microsoft

En la imagen anterior escribir la contraseña y pulsar en **Iniciar Sesión:**

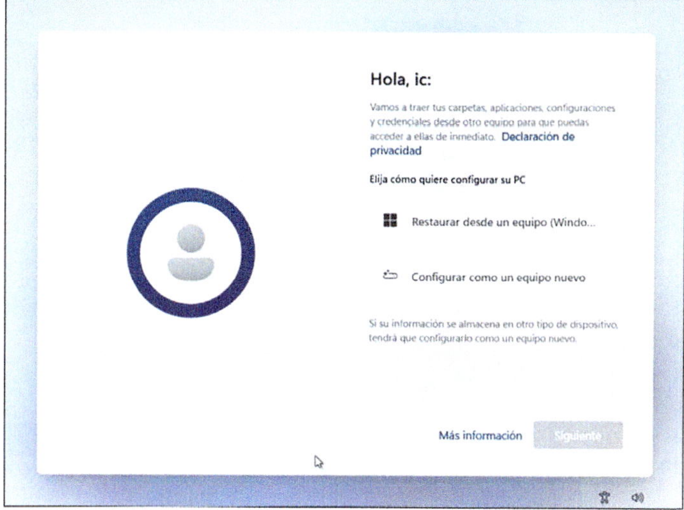

Inicio de sesión en Windows 11 con correo Microsoft

En la pantalla anterior se escogerá la opción **Configurar como un equipo nuevo** y se pulsará en **Siguiente:**

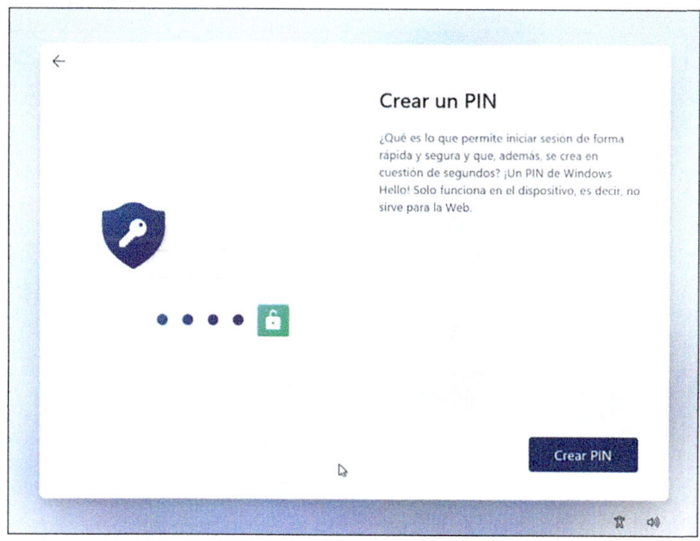

Elección del pin de inicio de sesión en Windows 11

Pulsar en **Crear PIN** para obtener la siguiente imagen:

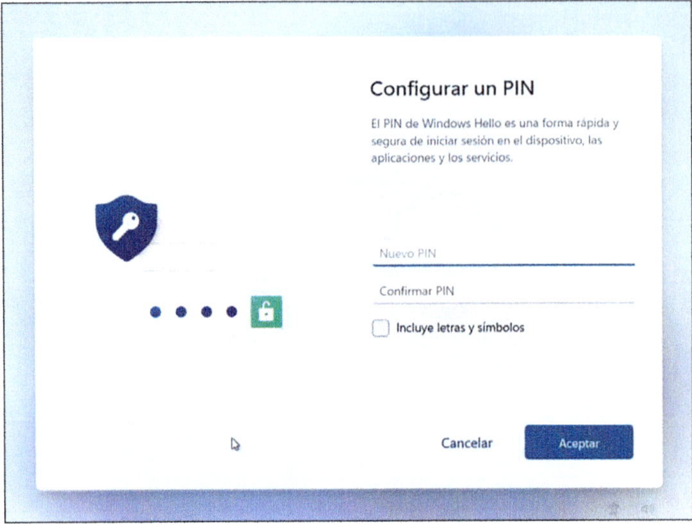

Creación del PIN en Windows 11

A continuación, introducir el PIN que se va a usar para iniciar sesión y una vez introducido pulsar en **Aceptar** para obtener la siguiente imagen:

Elección del acceso a internet

Pulsa en **Siguiente** para obtener:

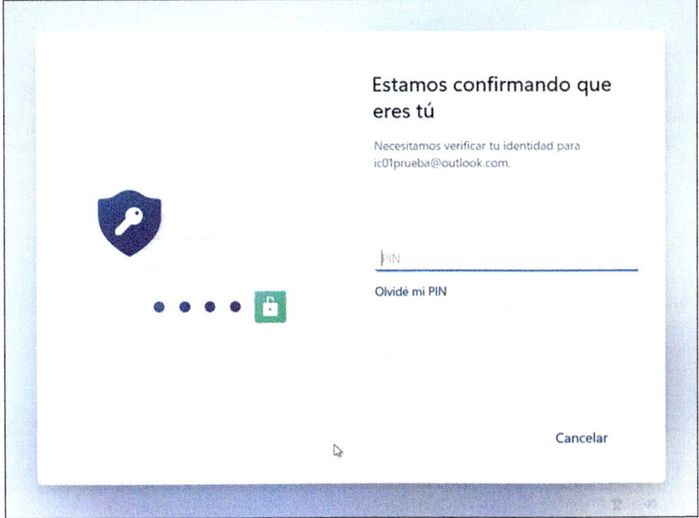

Introducción de PIN para inicio de sesión

Introducir el PIN escogido anteriormente y automáticamente se obtendrá la siguiente pantalla:

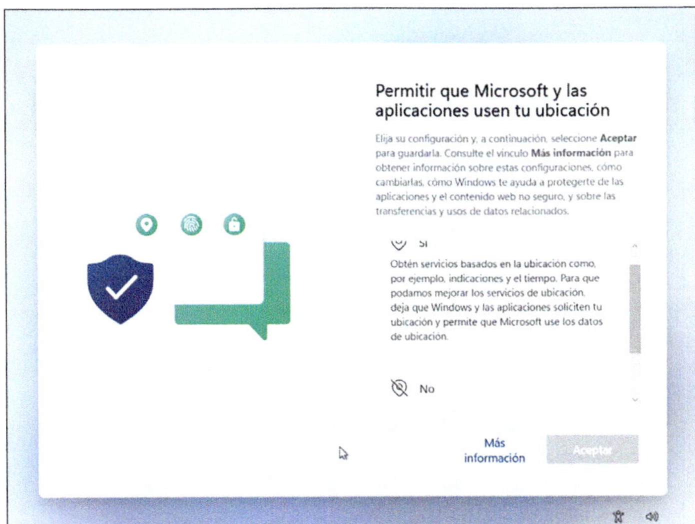

Elección del acceso a la ubicación

En nuestro caso se escogerá la opción **No** y se pulsará en **Aceptar** para obtener:

Localización de dispositivo móvil

Seleccionar **No** y pulsar en **Aceptar** para obtener:

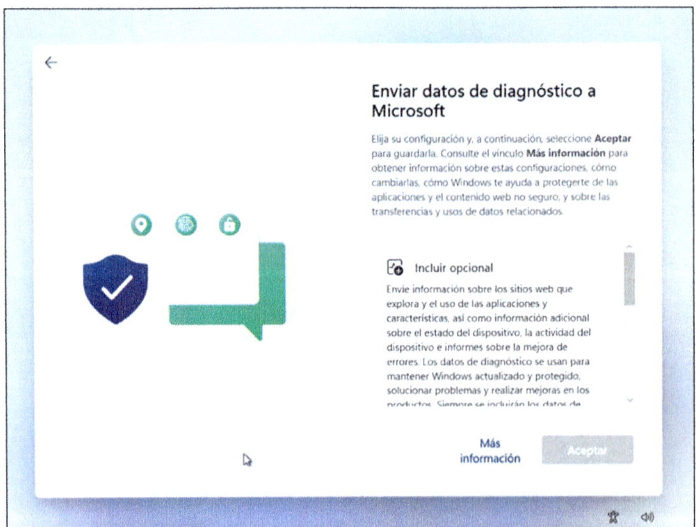

Elección del envío de datos a Microsoft

En la pantalla anterior escoger "Solo obligatorios" y pulsar en **Aceptar** para obtener:

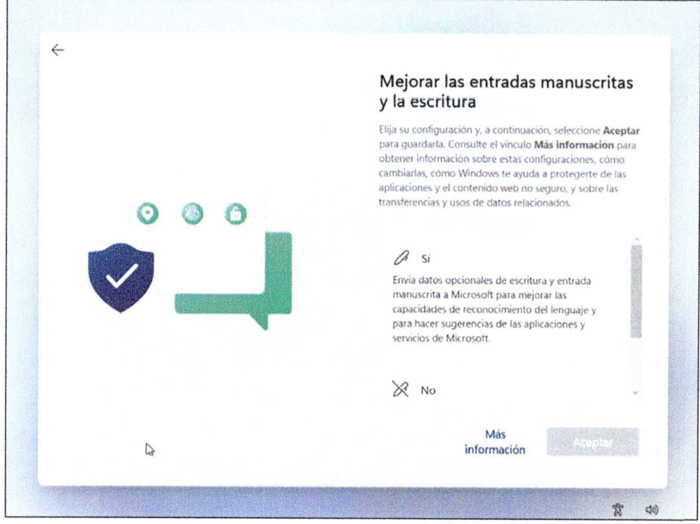

Elección de las entradas manuscritas

Seleccionar **No** y pulsar en **Aceptar:**

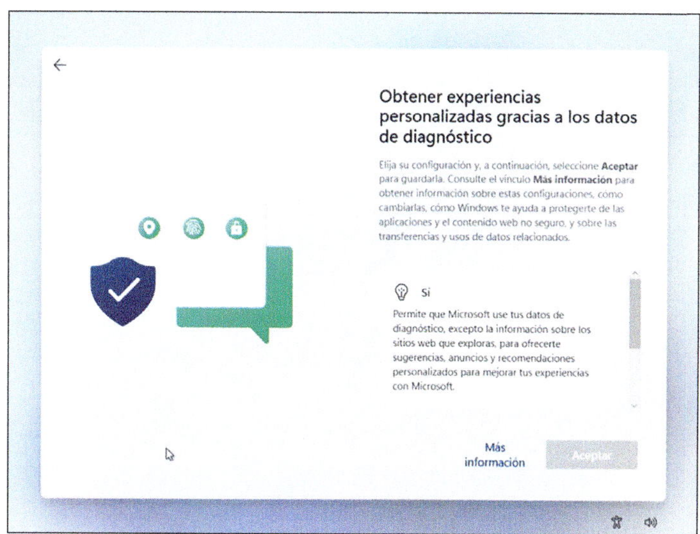

Elección de experiencias personalizadas

En la pantalla anterior escoger **No** y pulsar en **Aceptar** para obtener:

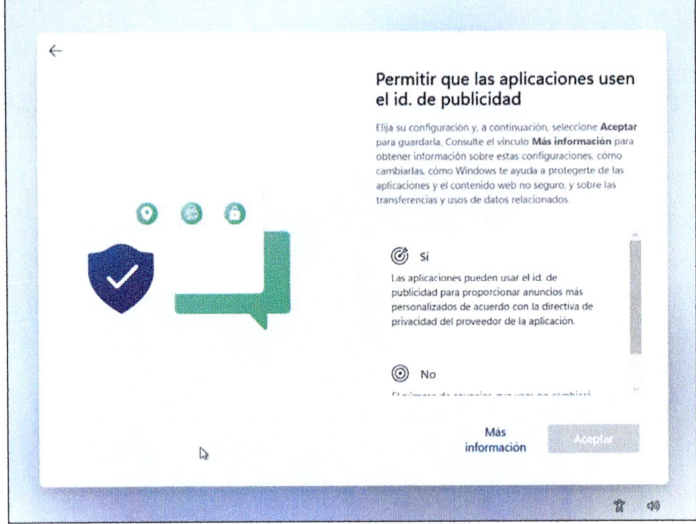

Elección de la publicidad

Indicar **No** y pulsar en **Aceptar:**

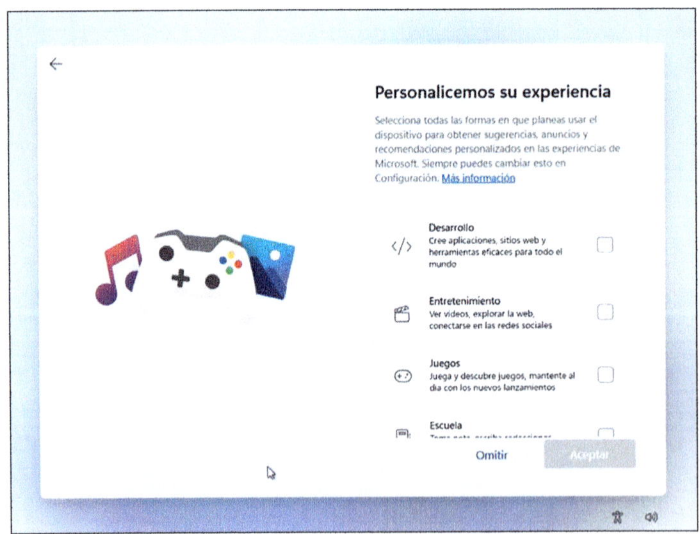

Elección del comportamiento del sistema operativo

En la pantalla anterior escoger las opciones que se consideren necesarias y pulsar en **Aceptar** para obtener:

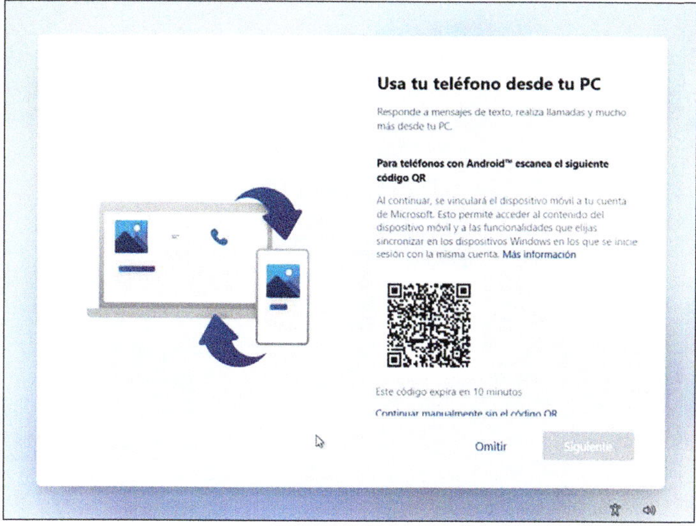

Conexión del Móvil con Windows 11

Pulsar en **Omitir** para obtener la siguiente pantalla:

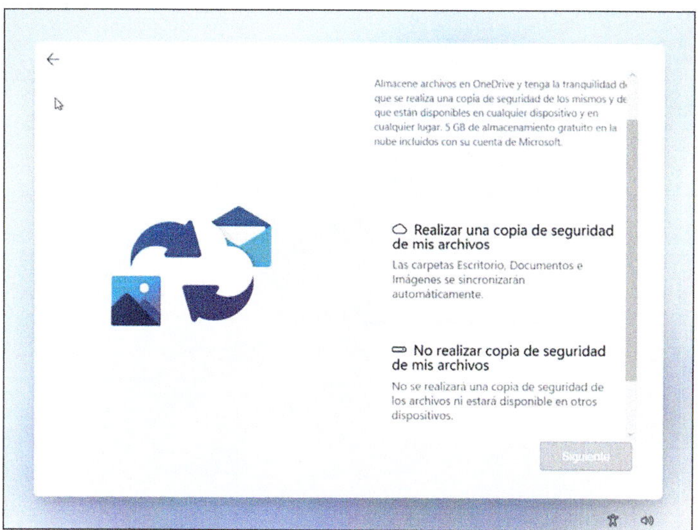

Elección de la realización de la copia de seguridad

Pulsar en "No realizar copia de seguridad de mis archivos" y pulsar en **Siguiente:**

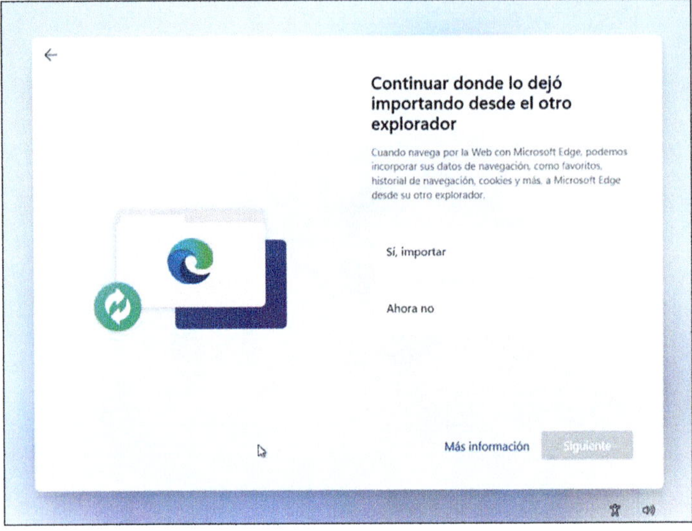

Configuración de las importaciones del navegador.

Pulsar en "Ahora no" y en **Siguiente** para obtener:

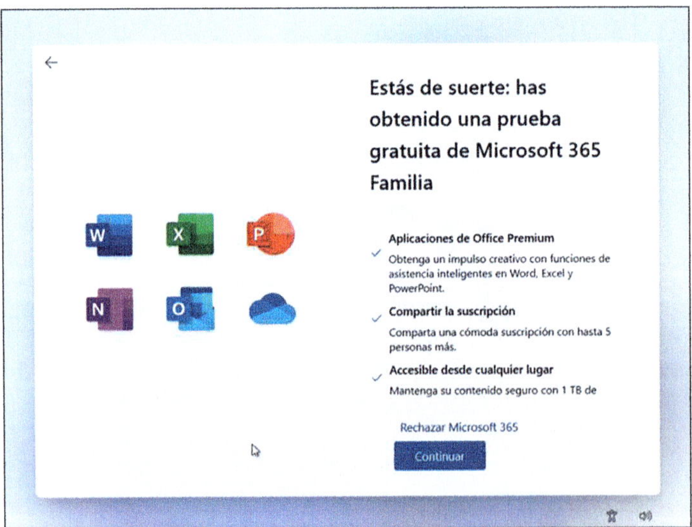

Elección de la familia Office de Microsoft

En la pantalla anterior vamos a escoger "Rechazar a Microsoft 365":

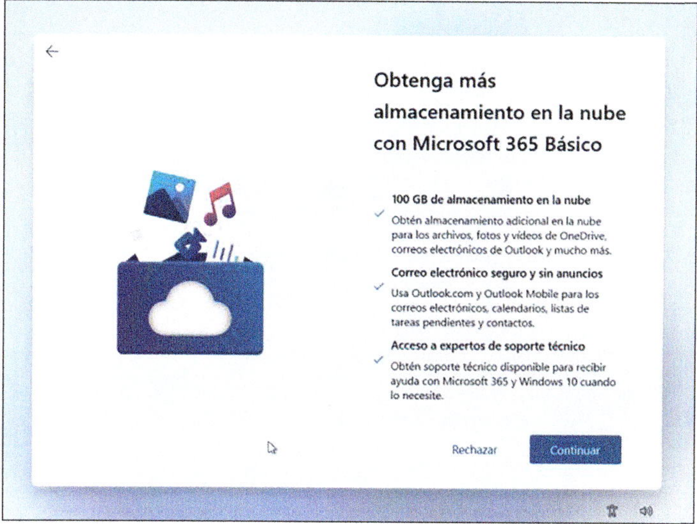

Configuración de Microsoft 365 con Windows 11

En la pantalla anterior pulsar en **Rechazar** para obtener:

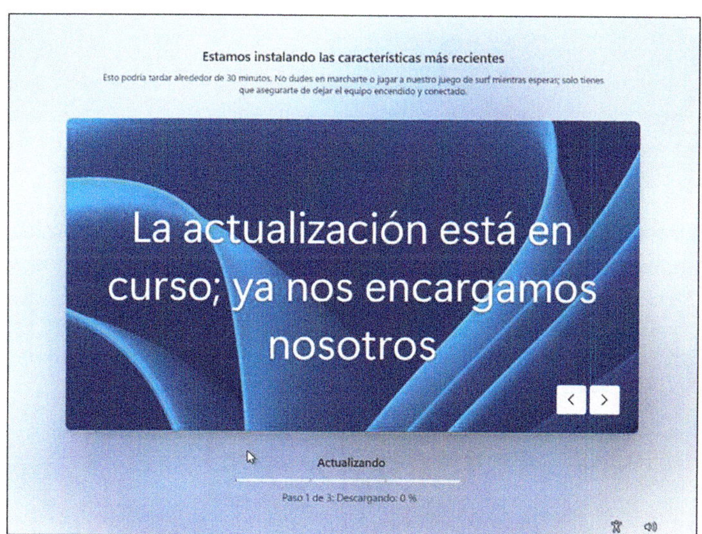

Pantalla de actualizaciones

Hay que ser paciente y esperar a que se realicen las actualizaciones para obtener:

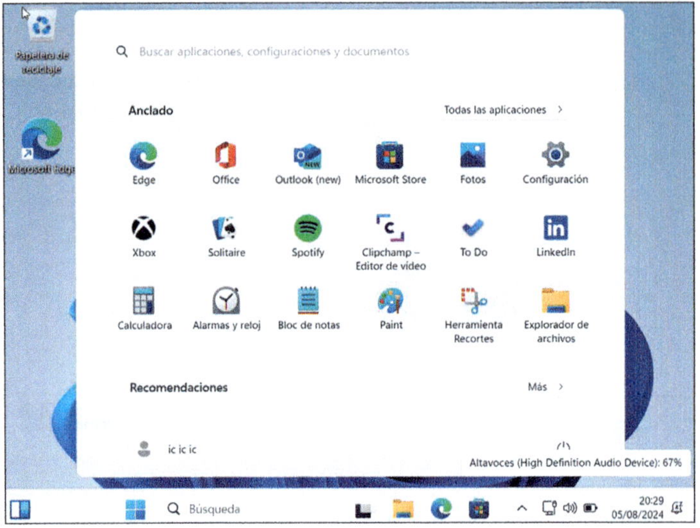

Escritorio principal de Windows 11

Ya se está en predisposición de poder trabajar con el sistema operativo *Windows 11* que se acaba de instalar.

VÍDEO

Microsoft distribuye *Windows 11* bajo diversas versiones. En el siguiente enlace puedes consultar para qué está orientada cada versión de *Windows 11:*

https://redirectoronline.com/ifct100po0304

APLICACIÓN PRÁCTICA

Un familiar te comenta que hace tiempo, navegando por internet, desde una página se bajó un sistema operativo *Windows 11 Pro* trucado con cierto *software* ya preinstalado. Tras preguntarle si recordaba de qué sitio web lo descargó, lo único que te pudo decir fue que no era la página oficial de *Microsoft*. ¿Cuál de las siguientes opciones sería la correcta?

Solución

Lo más seguro de todo es descargar el sistema operativo de la página oficial del fabricante de *software*, dado que, de lo contrario, nadie nos garantiza que dicho sistema operativo que no hemos localizado en la web del fabricante haya sido modificado y se le haya inyectado *malware* con otros objetivos, sobre todo, si se indica que dicho sistema operativo viene ya con *software* preinstalado (señal de que el sistema operativo ha sido modificado por terceros sin el permiso del fabricante, en este caso *Microsoft*).

5. *Ubuntu 24.04 LTS*. Instalación

☞ HILO CONDUCTOR

En CGS, S. L., saben de sobra que la familia *Windows* es mucho más atractiva visualmente que *Ubuntu*, pero como contrapartida con Windows debemos pagar por obtener una licencia frente a *Ubuntu*, que podemos descargar y usar libremente sin licencias (no hace falta hacer un desembolso económico).

Para la instalación de *Ubuntu* lo primero que hay que hacer es descargarlo desde la página https://ubuntu.com/download/desktop y en concreto la versión 24.04 LTS.

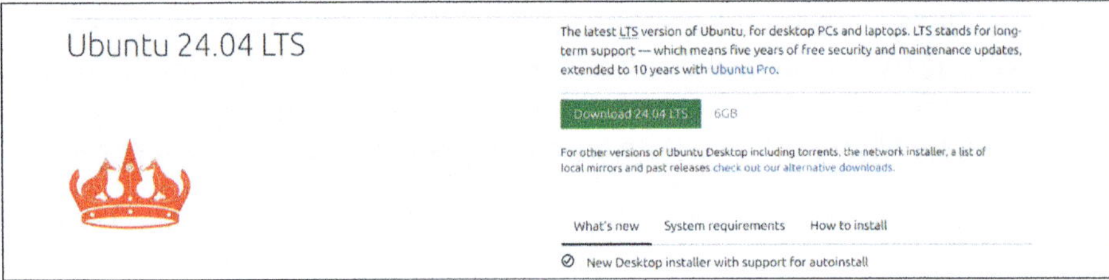

Descarga del ISO de Ubuntu 24.04 LTS desde la web oficial

Se hace clic en **Download 24.04 LTS** y una vez descargado se procede a su instalación. En nuestro caso vamos a usar una máquina virtual para la misma, pero si se quiere se pueden montar un *usb booteable* para su instalación. Si deseas hacer esto último puedes consultar los pasos en el siguiente enlace: https://www.softzone.es/linux/tutoriales/crear-usb-ubuntu-live/. Lo primero que aparece es la siguiente pantalla:

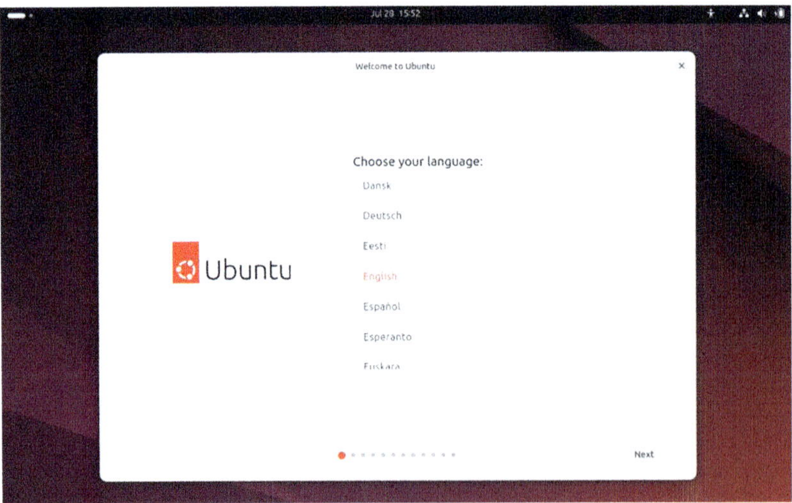

Pantalla de configuración de Ubuntu 24.04 LTS

En nuestro caso se va a seleccionar **Español** y, a continuación pulsar el botón **Next** para obtener la siguiente pantalla:

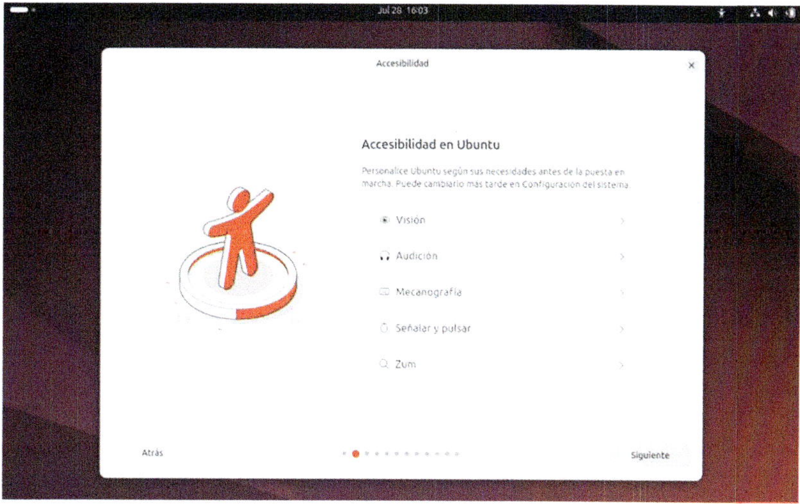

Personalización de algunos aspectos del sistema operativo Ubuntu

En esta pantalla se pueden configurar o personalizar algunas partes del sistema operativo. Una vez configuradas, pulsar en el botón **Siguiente** para obtener la siguiente pantalla:

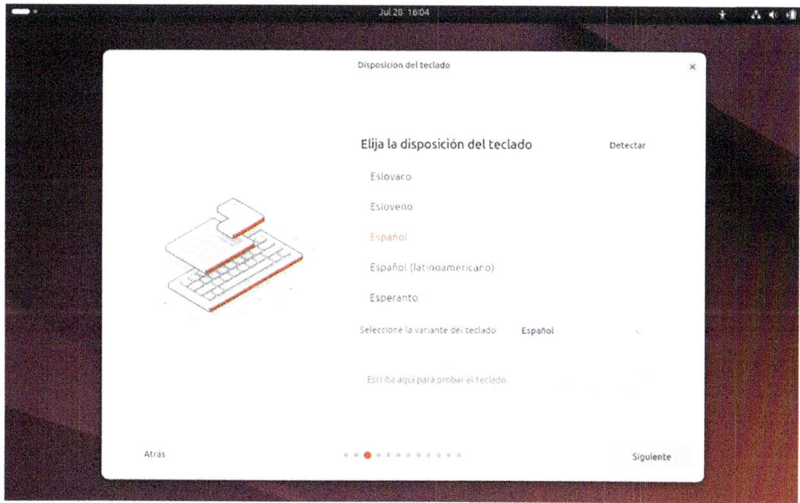

Personalización de la disposición del teclado

En la imagen anterior dejaremos preseleccionado lo que viene por defecto y pulsar en el botón **Siguiente** para obtener la siguiente imagen:

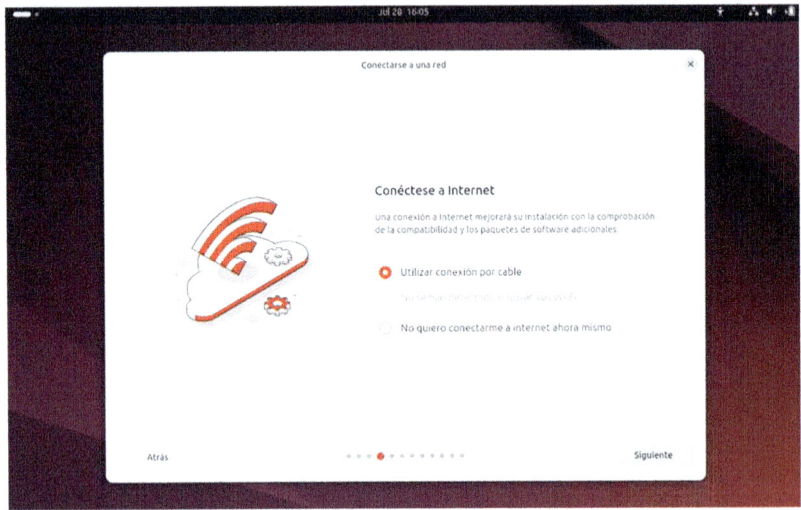

Configuración de internet en el sistema operativo Ubuntu.

En la imagen anterior se puede configurar internet para no tener que hacerlo luego cuando ya esté instalado el sistema operativo. Pulsar en el botón **Siguiente** para obtener la siguiente pantalla:

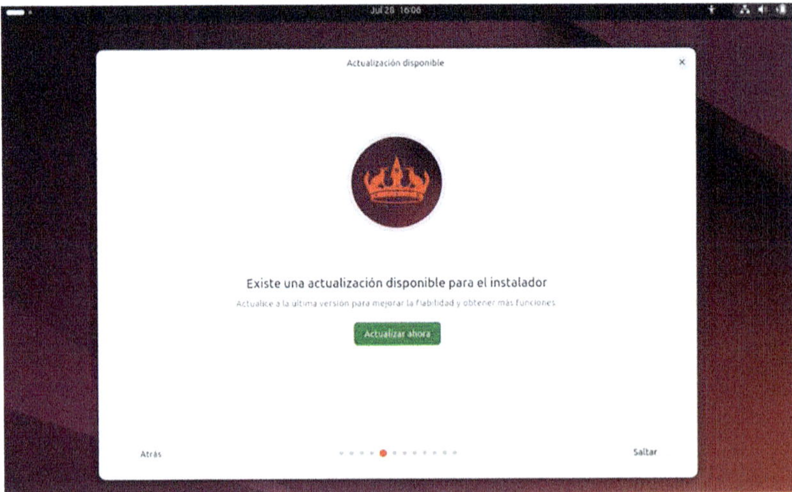

En la pantalla anterior pulsar en **Saltar** para obtener la siguiente pantalla:

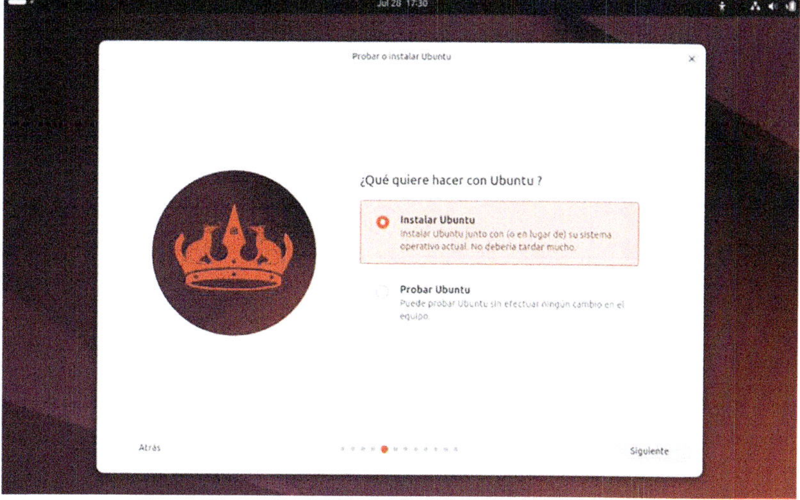

Dejar por defecto "Instalar Ubuntu" y pulsar en **Siguiente** para obtener la siguiente pantalla:

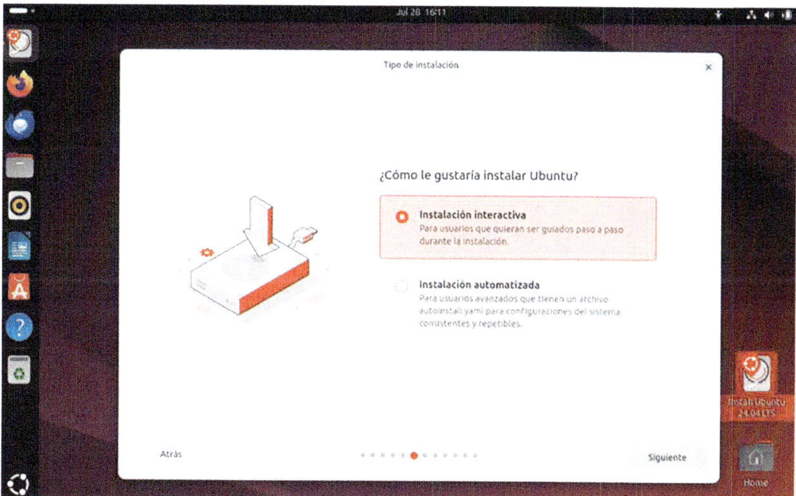

Elección del tipo de instalación para Ubuntu Desktop

En nuestro caso se va a dejar la selección por defecto etiquetada como "Instalación interactiva" para que ser guiados durante el proceso de instalación del sistema operativo; pulsar en **Siguiente** para obtener la siguiente pantalla:

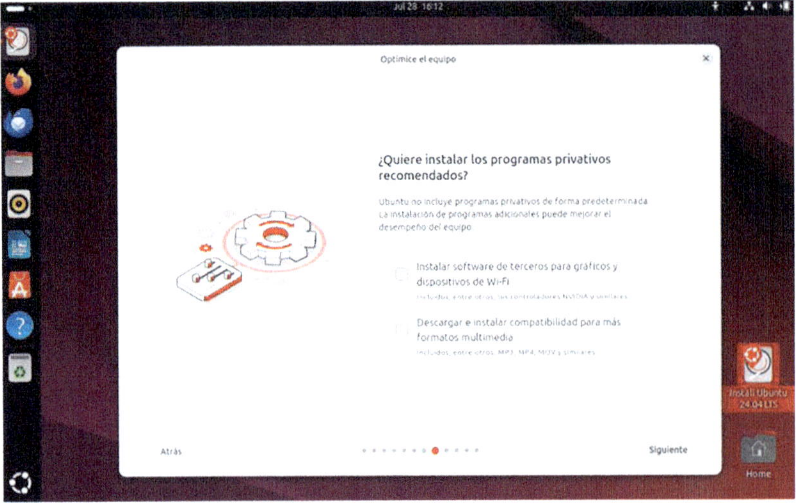

Personalización de programas de terceros en Ubuntu

En la pantalla anterior localizaremos el botón **Siguiente** y pulsaremos en él para obtener la siguiente pantalla:

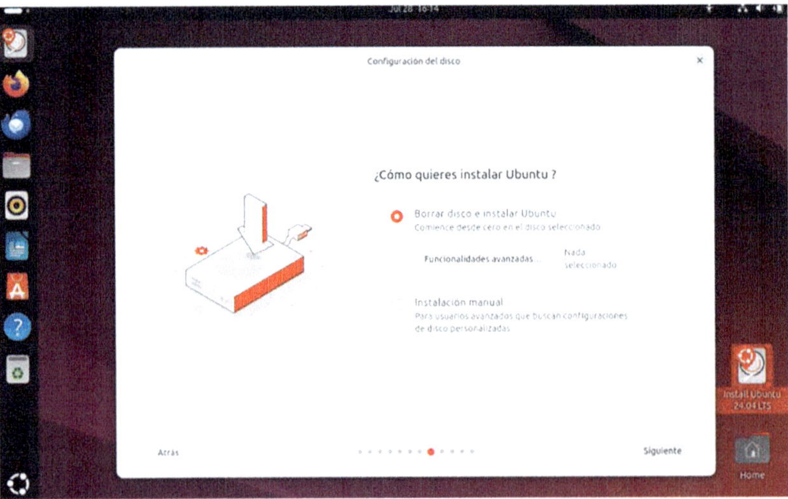

Elección del tipo de instalación de Ubuntu

En la pantalla anterior dejar por defecto la opción marcada como "Borrar disco e instalar Ubuntu" y pulsar en el botón **Siguiente:**

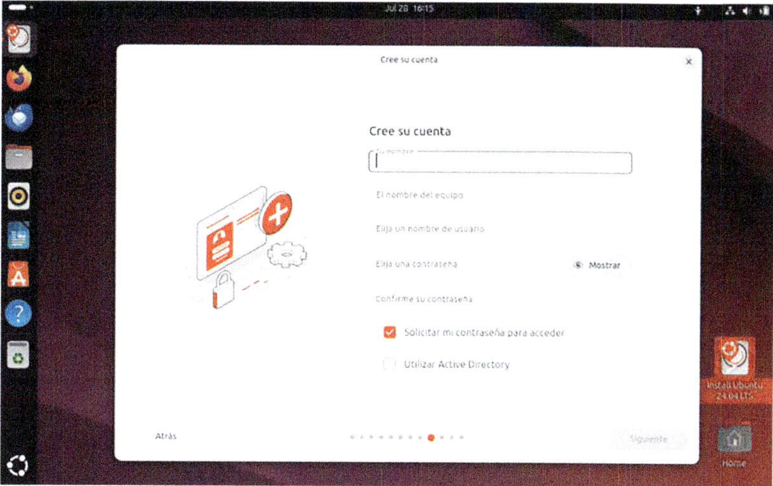

Personalización del acceso al sistema operativo

En la pantalla anterior hay que rellenar los datos correspondientes a nuestro nombre, el nombre con el cual se mostrará el equipo, el nombre de usuario para iniciar sesión junto con una contraseña y su confirmación. Una vez que se han rellenado los datos, localizar el botón **Siguiente** para obtener la siguiente pantalla:

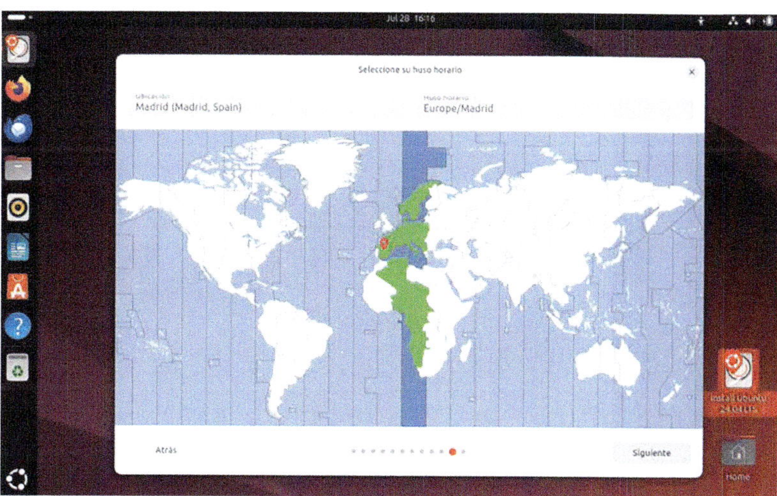

Elección de la zona horaria para el trabajo del sistema operativo

En la pantalla anterior, si está todo correcto simplemente pinchar en el botón **Siguiente** para obtener la siguiente pantalla:

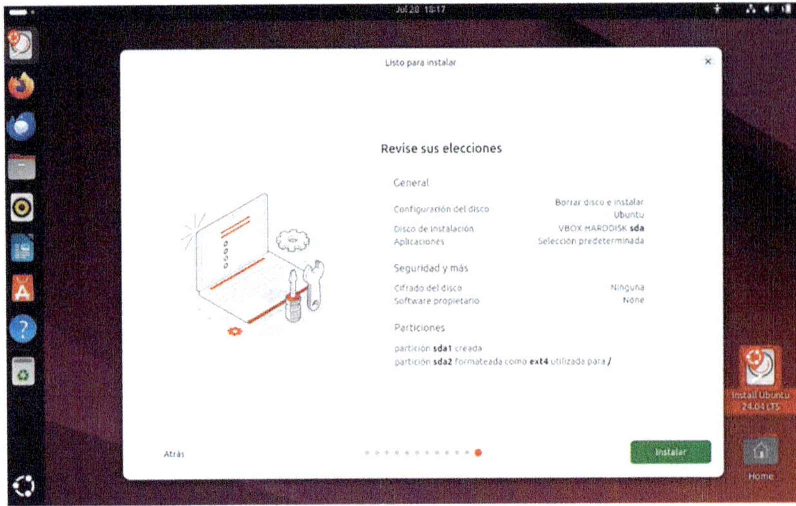

Pantalla final del proceso de instalación.

En esta pantalla se ha terminado de configurar al instalador, el siguiente paso es pulsar en el botón **Instalar** para que se proceda a instalar al sistema operativo *Ubuntu Desktop* en el dispositivo informático. Una vez pulsado el botón se obtendrá la siguiente imagen:

Proceso de instalación del sistema operativo Ubuntu Desktop

En la pantalla anterior hay que ser pacientes y esperar a que se realice el proceso de instalación de este sistema operativo para obtener la siguiente pantalla:

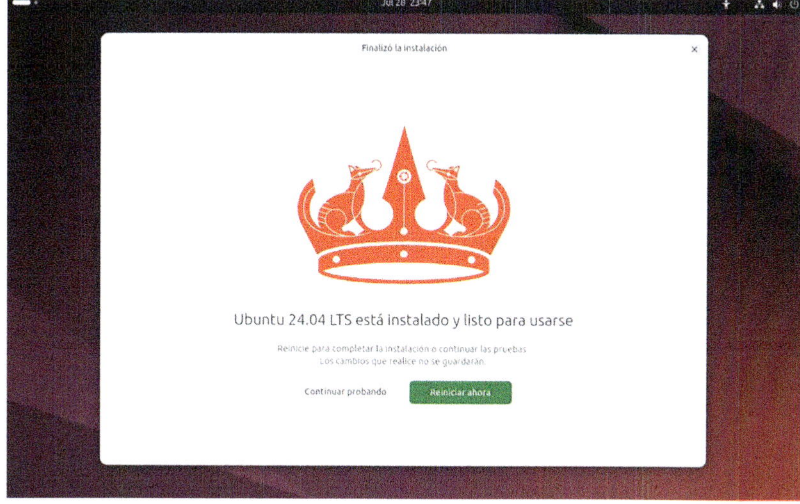

Pantalla de la finalización de la instalación de Ubuntu Desktop

En la pantalla anterior pulsar en **Reiniciar ahora** para obtener la siguiente ventana:

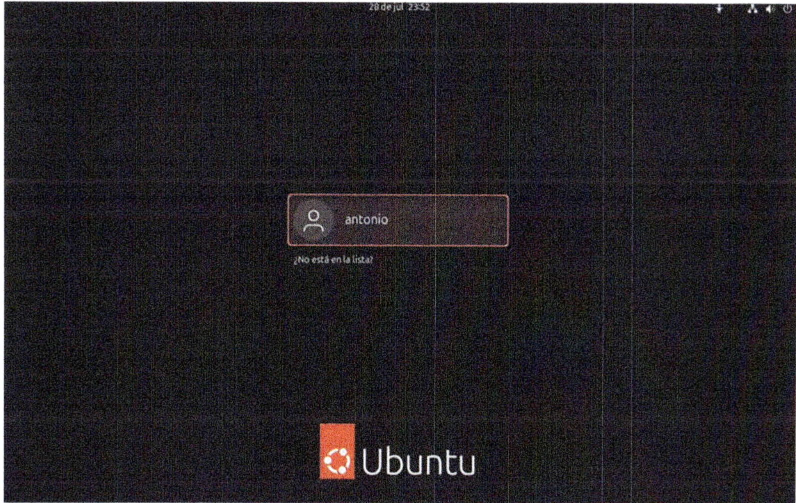

Pulsar sobre el usuario e introducir la contraseña para obtener la siguiente imagen:

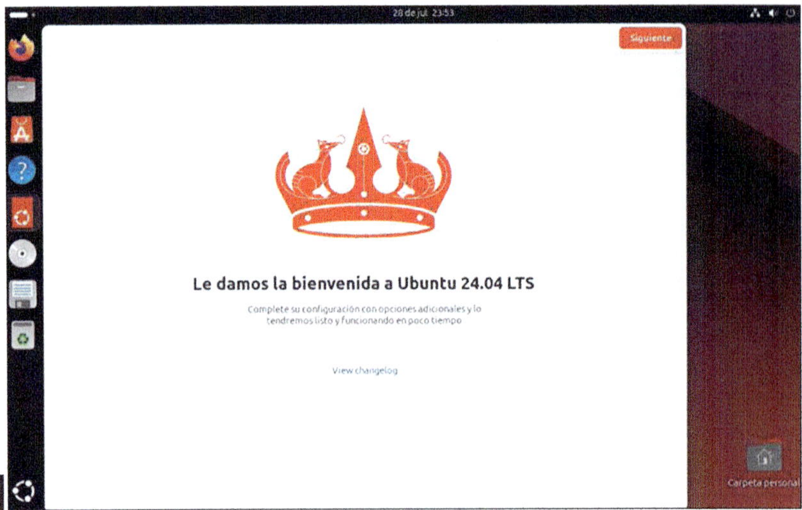

Ya se tiene instalado el sistema operativo *Ubuntu Desktop 24.04 LTS* en el dispositivo informático.

6. *Debian.* Instalación

HILO CONDUCTOR

En CGS también realizan instalaciones del sistema operativo *Debian*. Se trata de uno de los sistemas operativos más seguros, y lo más fundamental de todo, es uno de los más usados para la instalación en los servidores de internet.

Debian es un sistema operativo gracias al esfuerzo de voluntarios en materia del *software* libre que han proporcionado los ideales de la comunidad del *software* libre. Este proyecto vio la luz en 1993 y su sistema operativo se puede descargar (la versión 12.7) desde: https://www.debian.org/index.es.html. Una vez descargado se puede realizar el proceso de instalación del mismo tal y como se puede ver en la siguiente imagen.

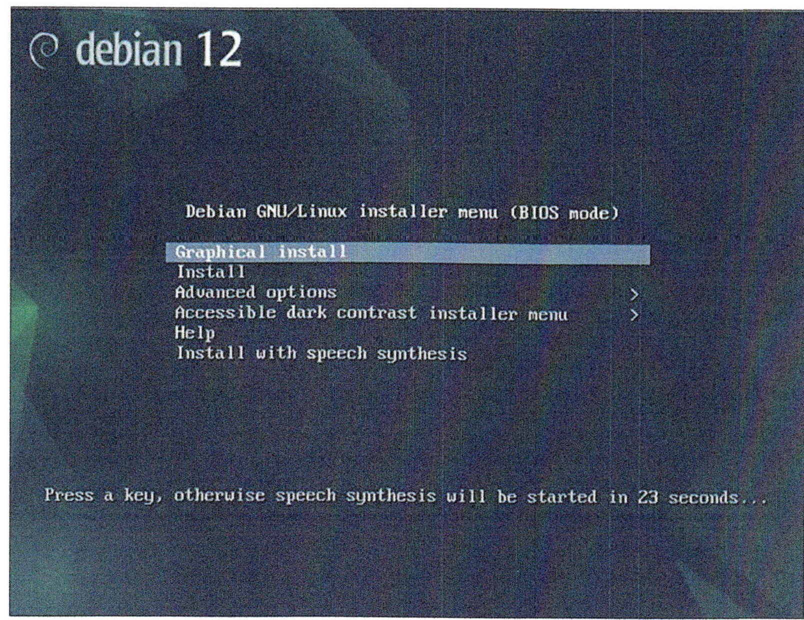

En la imagen anterior escoger la opción por defecto "Graphical Install" para obtener la siguiente pantalla:

```
44: Lao                     -  ■■■,
45: Latvian                 -  Latviski,
46: Lithuanian              -  Lietuvi■kai,
47: Macedonian              -  ■■■■■■■■■■,
48: Malayalam               -  ■■■■■■,
49: Marathi                 -  ■■■■■,
50: Nepali                  -  ■■■■■■,
51: Northern Sami           -  Sámegillii,
52: Norwegian Bokmaal       -  Norsk bokmål,
53: Norwegian Nynorsk       -  Norsk nynorsk,
54: Occitan                 -  Occitan,
55: Persian                 -  ■■■■■,
56: Polish                  -  Polski,
57: Portuguese              -  Português,
58: Portuguese (Brazil)     -  Português do Brasil,
59: Punjabi (Gurmukhi)      -  ■■■■■■,
60: Romanian                -  Român■,
61: Russian                 -  ■■■■■■■,
62: Serbian (Cyrillic)      -  ■■■■■■,
63: Sinhala                 -  ■■■■■,
64: Slovak                  -  Sloven■ina,
65: Slovenian               -  Sloven■■ina,
66: Spanish                 -  Español,
67: Swedish                 -  Svenska,
68: Tagalog                 -  Tagalog,
69: Tajik                   -  ■■■■■■,
70: Tamil                   -  ■■■■■,
71: Telugu                  -  ■■■■■■,
72: Thai                    -  ■■■■■■■,
73: Tibetan                 -  ■■■■■■■,
74: Turkish                 -  Türkçe,
75: Ukrainian               -  ■■■■■■■■■■,
76: Uyghur                  -  ■■■■■■■■,
77: Vietnamese              -  Ti■ng Vi■t,
78: Welsh                   -  Cymraeg,
Prompt: '?' for help, default=20>
```

En la imagen anterior seleccionar el 66, que se corresponde con nuestro lenguaje **Español,** para obtener la siguiente imagen:

```
63: Sinhala                - ■■■■■,
64: Slovak                 - Sloven■ina,
65: Slovenian              - Sloven■■ina,
66: Spanish                - Español,
67: Swedish                - Svenska,
68: Tagalog                - Tagalog,
69: Tajik                  - ■■■■■■,
70: Tamil                  - ■■■■■,
71: Telugu                 - ■■■■■■,
72: Thai                   - ■■■■■■■,
73: Tibetan                - ■■■■■■■,
74: Turkish                - Türkçe,
75: Ukrainian              - ■■■■■■■■■■,
76: Uyghur                 - ■■■■■■■■,
77: Vietnamese             - Ti■ng Vi■t,
78: Welsh                  - Cymraeg,
rompt: '?' for help, default=20>
6

eleccione su ubicación
---------------------------

a ubicación seleccionada aquí se utilizará para fijar su zona horaria y también como ejemplo para
yudarle a seleccionar la localización de su sistema. Esta localización será habitualmente el país
onde vd. vive.

sta es una lista reducida de ubicaciones basada en el idioma que ha seleccionado. Escoja «otro» si
u ubicación no está en la lista.
aís, territorio o área:
  1: Argentina,      2: Bolivia,          3: Chile,                       4: Colombia,
  5: Costa Rica,     6: Cuba,             7: Ecuador,                     8: El Salvador,
  9: España [*],    10: Estados Unidos,  11: Guatemala,                  12: Honduras,
 13: México,        14: Nicaragua,       15: Panamá,                     16: Paraguay,
 17: Perú,          18: Puerto Rico,     19: República Dominicana,
 20: Uruguay,       21: Venezuela,       22: otro,
ndicador: «?» para obtener ayuda, por omisión=9>
```

En la imagen anterior se pide nuestra ubicación, en nuestro caso escoger la opción 9 e introducirla para obtener la siguiente imagen:

```
Indicador: «?» para obtener ayuda, por omisión=9>
9

Configure el teclado
--------------------

Mapa de teclado a usar:
  1: Inglés estadounidense,     2: Albanés,                        3: Arabe,
  4: Asturiano,                 5: Bangladesh,                     6: Bielorruso,
  7: Bengalí,                   8: Belga,                          9: Berebere (latino),
 10: Bosnio,                   11: Brasileño,                     12: Inglés británico,
 13: Búlgaro (variante BDS),   14: Búlgaro (variante fonética),   15: Birmano,
 16: Francés canadiense,       17: Canadiense multilingüe,        18: Catalán,
 19: Chino,                    20: Croata,                        21: Checo,
 22: Danés,                    23: Holandés,                      24: Dvorak,
 25: Butaní,                   26: Esperanto,                     27: Estonio,
 28: Etíope,                   29: Finlandés,                     30: Francés,
 31: Georgiano,                32: Alemán,                        33: Griego,
 34: Guyaratí,                 35: Gurmukhi,                      36: Hebreo,
 37: Hindi,                    38: Húngaro,                       39: Islandés,
 40: Irlandés,                 41: Italiano,                      42: Japonés,
 43: Canarés,                  44: Kazajo,                        45: Jemer,
 46: Kirghizo,                 47: Coreano,                       48: Kurdo (variante F),
 49: Kurdo (variante Q),       50: Laosiano,                      51: Latinoamericano,
 52: Letón,                    53: Lituano,                       54: Macedonio,
 55: Malayalamo,               56: Nepalés,                       57: Sami septentrional,
 58: Noruego,                  59: Persa,                         60: Filipino,
 61: Polaco,                   62: Portugués,                     63: Panyabí,
 64: Rumano,                   65: Ruso,                          66: Serbio (cirílico),
 67: Sindhi,                   68: Cingalés,                      69: Eslovaco,
 70: Esloveno,                 71: Español [*],                   72: Sueco,
 73: Francés suizo,            74: Alemán suizo,                  75: Tayiko,
 76: Tamil,                    77: Telugú,                        78: Tailandés,
 79: Tibetano,                 80: Turco (variante F),            81: Turco (variante Q),
 82: Ucraniano,                83: Uigur,                         84: Vietnamita,
Indicador: «?» para obtener ayuda, por omisión=71>
```

En la imagen anterior tendremos que configurar el teclado, para nuestro caso escoger la opción 71 e introducirla para obtener la siguiente pantalla:

```
49: Kurdo (variante Q),        50: Laosiano,                 51: Latinoamericano,
52: Letón,                     53: Lituano,                  54: Macedonio,
55: Malayalamo,                56: Nepalés,                  57: Sami septentrional,
58: Noruego,                   59: Persa,                    60: Filipino,
61: Polaco,                    62: Portugués,                63: Panyabí,
64: Rumano,                    65: Ruso,                     66: Serbio (cirílico),
67: Sindhi,                    68: Cingalés,                 69: Eslovaco,
70: Esloveno,                  71: Español [*],              72: Sueco,
73: Francés suizo,             74: Alemán suizo,             75: Tayiko,
76: Tamil,                     77: Telugú,                   78: Tailandés,
79: Tibetano,                  80: Turco (variante F),       81: Turco (variante Q),
82: Ucraniano,                 83: Uigur,                    84: Vietnamita,
Indicador: «?» para obtener ayuda, por omisión=71>
71

Detectando hardware para encontrar medios de instalación ... 2%... 95%... 100%
Analizando medios de instalación ... 1%... 10%... 21%... 30%... 41%... 50%... 60%... 71%... 80%...
91%... 100%
Cargando componentes adicionales ... 0%... 10%... 20%... 30%... 40%... 50%... 60%... 70%... 80%...
90%... 100%
Detectando el hardware de red ... 2%... 95%... 100%
Detectando enlace en enp0s3. Espere, por favor... ... 0%... 16%... 25%... 33%... 41%... 50%
Esperando a la dirección local de enlace... ... 8%... 16%... 25%... 33%... 41%... 50%... 100%
Intentando autoconfiguración IPv6... ... 8%... 16%... 25%... 33%... 41%... 50%... 66%... 75%... 83
... 91%... 100%
Configurando la red con DHCP ... 4%... 100%
Configurar la red
-----------------

Por favor, introduzca el nombre de la máquina.

El nombre de máquina es una sola palabra que identifica el sistema en la red. Consulte al
administrador de red si no sabe qué nombre debería tener. Si está configurando una red doméstica
puede inventarse este nombre.
Nombre de la máquina:
Indicador: «?» para obtener ayuda, por omisión=debian>
```

En la imagen anterior se nos solicita establecer un nombre para la máquina que estamos creando, introducir un nombre para el equipo (en nuestro caso introducir *Debian*):

```
73: Francés suizo,             74: Alemán suizo,             75: Tayiko,
76: Tamil,                     77: Telugú,                   78: Tailandés,
79: Tibetano,                  80: Turco (variante F),       81: Turco (variante Q),
82: Ucraniano,                 83: Uigur,                    84: Vietnamita,
Indicador: «?» para obtener ayuda, por omisión=71>
71

Detectando hardware para encontrar medios de instalación ... 2%... 95%... 100%
Analizando medios de instalación ... 1%... 10%... 21%... 30%... 41%... 50%... 60%... 71%... 80%...
91%... 100%
Cargando componentes adicionales ... 0%... 10%... 20%... 30%... 40%... 50%... 60%... 70%... 80%...
90%... 100%
Detectando el hardware de red ... 2%... 95%... 100%
Detectando enlace en enp0s3. Espere, por favor... ... 0%... 16%... 25%... 33%... 41%... 50%
Esperando a la dirección local de enlace... ... 8%... 16%... 25%... 33%... 41%... 50%... 100%
Intentando autoconfiguración IPv6... ... 8%... 16%... 25%... 33%... 41%... 50%... 66%... 75%... 83
... 91%... 100%
Configurando la red con DHCP ... 4%... 100%
Configurar la red
-----------------

Por favor, introduzca el nombre de la máquina.

El nombre de máquina es una sola palabra que identifica el sistema en la red. Consulte al
administrador de red si no sabe qué nombre debería tener. Si está configurando una red doméstica
puede inventarse este nombre.
Nombre de la máquina:
Indicador: «?» para obtener ayuda, por omisión=debian>
Debian

El nombre de dominio es la parte de su dirección de Internet a la derecha del nombre de sistema.
Habitualmente es algo que termina por .com, .net, .edu, o .org. Puede inventárselo si está
instalando una red doméstica, pero asegúrese de utilizar el mismo nombre de dominio en todos sus
ordenadores.
Nombre de dominio:
Indicador: «?» para obtener ayuda>
```

En la imagen anterior pulsar **Intro** y no introducir nada:

```
Por favor, introduzca el nombre de la máquina.

El nombre de máquina es una sola palabra que identifica el sistema en la red. Consulte al
administrador de red si no sabe qué nombre debería tener. Si está configurando una red doméstica
puede inventarse este nombre.
Nombre de la máquina:
Indicador: «?» para obtener ayuda, por omisión=debian>
Debian

El nombre de dominio es la parte de su dirección de Internet a la derecha del nombre de sistema.
Habitualmente es algo que termina por .com, .net, .edu, o .org. Puede inventárselo si está
instalando una red doméstica, pero asegúrese de utilizar el mismo nombre de dominio en todos sus
ordenadores.
Nombre de dominio:
Indicador: «?» para obtener ayuda>

Configurar usuarios y contraseñas
---------------------------------

Necesita definir una contraseña para el superusuario («root»), la cuenta de administración del
sistema. Podría tener graves consecuencias que un usuario malicioso o un usuario sin la debida
cualificación tuviera acceso a la cuenta del administrador del sistema, así que debe tener cuidado
y elegir un la contraseña para el superusuario que no sea fácil de adivinar. No debería ser una
palabra que se encuentre en el diccionario, o una palabra que pueda asociarse fácilmente con usted.

Una buena contraseña debe contener una mezcla de letras, números y signos de puntuación, y debe
cambiarse regularmente.

La contraseña del usuario «root» (administrador) no debería estar en blanco. Si deja este valor en
blanco, entonces se deshabilitará la cuenta de root creará una cuenta de usuario a la que se le
darán permisos para convertirse en usuario administrador utilizando la orden «sudo».

Tenga en cuenta que no podrá ver la contraseña mientras la introduce.
Clave del superusuario:
```

En la pantalla anterior se nos pide establecer la clave para el superusuario, introducir una clave. A continuación obtendremos la siguiente imagen:

```
Vuelva a introducir la contraseña para su verificación:

!! ERROR: Se ha producido un error al introducir la contraseña

Las dos contraseñas que ha introducido son distintas. Por favor, intente de nuevo.
[Pulse Intro para continuar]

Necesita definir una contraseña para el superusuario («root»), la cuenta de administración del
sistema. Podría tener graves consecuencias que un usuario malicioso o un usuario sin la debida
cualificación tuviera acceso a la cuenta del administrador del sistema, así que debe tener cuidado
y elegir un la contraseña para el superusuario que no sea fácil de adivinar. No debería ser una
palabra que se encuentre en el diccionario, o una palabra que pueda asociarse fácilmente con usted.

Una buena contraseña debe contener una mezcla de letras, números y signos de puntuación, y debe
cambiarse regularmente.

La contraseña del usuario «root» (administrador) no debería estar en blanco. Si deja este valor en
blanco, entonces se deshabilitará la cuenta de root creará una cuenta de usuario a la que se le
darán permisos para convertirse en usuario administrador utilizando la orden «sudo».

Tenga en cuenta que no podrá ver la contraseña mientras la introduce.
Clave del superusuario:

Por favor, introduzca la misma contraseña de superusuario de nuevo para verificar que la introdujo
correctamente.
Vuelva a introducir la contraseña para su verificación:

Se creará una cuenta de usuario para que la use en vez de la cuenta de superusuario en sus tareas
que no sean administrativas.

Por favor, introduzca el nombre real de este usuario. Esta información se usará, por ejemplo, como
el origen predeterminado para los correos enviados por el usuario o como fuente de información para
los programas que muestren el nombre real del usuario. Su nombre completo es una elección
razonable.
Nombre completo para el nuevo usuario:
Indicador: «?» para obtener ayuda>
```

En la imagen anterior introducir un nombre de usuario y pulsar **Intro** para obtener la siguiente pantalla:

```
Necesita definir una contraseña para el superusuario («root»), la cuenta de administración del
sistema. Podría tener graves consecuencias que un usuario malicioso o un usuario sin la debida
cualificación tuviera acceso a la cuenta del administrador del sistema, así que debe tener cuidado
y elegir un la contraseña para el superusuario que no sea fácil de adivinar. No debería ser una
palabra que se encuentre en el diccionario, o una palabra que pueda asociarse fácilmente con usted.

Una buena contraseña debe contener una mezcla de letras, números y signos de puntuación, y debe
cambiarse regularmente.

La contraseña del usuario «root» (administrador) no debería estar en blanco. Si deja este valor en
blanco, entonces se deshabilitará la cuenta de root creará una cuenta de usuario a la que se le
darán permisos para convertirse en usuario administrador utilizando la orden «sudo».

Tenga en cuenta que no podrá ver la contraseña mientras la introduce.
Clave del superusuario:

Por favor, introduzca la misma contraseña de superusuario de nuevo para verificar que la introdujo
correctamente.
Vuelva a introducir la contraseña para su verificación:

Se creará una cuenta de usuario para que la use en vez de la cuenta de superusuario en sus tareas
que no sean administrativas.

Por favor, introduzca el nombre real de este usuario. Esta información se usará, por ejemplo, como
el origen predeterminado para los correos enviados por el usuario o como fuente de información para
los programas que muestren el nombre real del usuario. Su nombre completo es una elección
razonable.
Nombre completo para el nuevo usuario:
Indicador: «?» para obtener ayuda>
cardador

Seleccione un nombre de usuario para la nueva cuenta. Su nombre, sin apellidos ni espacios, es una
elección razonable. El nombre de usuario debe empezar con una letra minúscula, seguida de cualquier
combinación de números y más letras minúsculas.
Nombre de usuario para la cuenta:
Indicador: «?» para obtener ayuda, por omisión=cardador>
_
```

En la pantalla anterior vamos a dejar por omisión el mismo nombre de usuario que se ha introducir anteriormente para obtener la siguiente imagen:

```
palabra que se encuentre en el diccionario, o una palabra que pueda asociarse fácilmente con usted.

Una buena contraseña debe contener una mezcla de letras, números y signos de puntuación, y debe
cambiarse regularmente.

La contraseña del usuario «root» (administrador) no debería estar en blanco. Si deja este valor en
blanco, entonces se deshabilitará la cuenta de root creará una cuenta de usuario a la que se le
darán permisos para convertirse en usuario administrador utilizando la orden «sudo».

Tenga en cuenta que no podrá ver la contraseña mientras la introduce.
Clave del superusuario:

Por favor, introduzca la misma contraseña de superusuario de nuevo para verificar que la introdujo
correctamente.
Vuelva a introducir la contraseña para su verificación:

Se creará una cuenta de usuario para que la use en vez de la cuenta de superusuario en sus tareas
que no sean administrativas.

Por favor, introduzca el nombre real de este usuario. Esta información se usará, por ejemplo, como
el origen predeterminado para los correos enviados por el usuario o como fuente de información para
los programas que muestren el nombre real del usuario. Su nombre completo es una elección
razonable.
Nombre completo para el nuevo usuario:
Indicador: «?» para obtener ayuda>
cardador

Seleccione un nombre de usuario para la nueva cuenta. Su nombre, sin apellidos ni espacios, es una
elección razonable. El nombre de usuario debe empezar con una letra minúscula, seguida de cualquier
combinación de números y más letras minúsculas.
Nombre de usuario para la cuenta:
Indicador: «?» para obtener ayuda, por omisión=cardador>

Una buena contraseña debe contener una mezcla de letras, números y signos de puntuación, y debe
cambiarse regularmente.
Elija una contraseña para el nuevo usuario:
```

En la imagen anterior establecer la contraseña para el usuario que se ha creado:

```
Vuelva a introducir la contraseña para su verificación:

Se creará una cuenta de usuario para que la use en vez de la cuenta de superusuario en sus tareas
que no sean administrativas.

Por favor, introduzca el nombre real de este usuario. Esta información se usará, por ejemplo, como
el origen predeterminado para los correos enviados por el usuario o como fuente de información para
los programas que muestren el nombre real del usuario. Su nombre completo es una elección
razonable.
Nombre completo para el nuevo usuario:
Indicador: «?» para obtener ayuda>
cardador

Seleccione un nombre de usuario para la nueva cuenta. Su nombre, sin apellidos ni espacios, es una
elección razonable. El nombre de usuario debe empezar con una letra minúscula, seguida de cualquier
combinación de números y más letras minúsculas.
Nombre de usuario para la cuenta:
Indicador: «?» para obtener ayuda, por omisión=cardador>

Una buena contraseña debe contener una mezcla de letras, números y signos de puntuación, y debe
cambiarse regularmente.
Elija una contraseña para el nuevo usuario:

Por favor, introduzca la misma contraseña de usuario de nuevo para verificar que la introdujo
correctamente.
Vuelva a introducir la contraseña para su verificación:

Configurando el reloj ... 0%... 100%
Configurar el reloj
-------------------

Si la zona horaria deseada no está en la lista entonces vuelva atrás al paso «Escoja el idioma» y
seleccione un país que utilice la zona horaria deseada (el país donde vive o está ubicado).
Seleccione una ubicación en su zona horaria:
  1: Península [*],  2: Ceuta y Melilla,     3: Islas Canarias,
Indicador: «?» para obtener ayuda, por omisión=1>
```

En la imagen anterior introducir la zona de España en la que nos localizamos, pulsar **Intro** y se obtendrá la siguiente imagen:

```
Elija una contraseña para el nuevo usuario:

Por favor, introduzca la misma contraseña de usuario de nuevo para verificar que la introdujo
correctamente.
Vuelva a introducir la contraseña para su verificación:

Configurando el reloj ... 0%... 100%
Configurar el reloj
-------------------

Si la zona horaria deseada no está en la lista entonces vuelva atrás al paso «Escoja el idioma» y
seleccione un país que utilice la zona horaria deseada (el país donde vive o está ubicado).
Seleccione una ubicación en su zona horaria:
  1: Península [*],  2: Ceuta y Melilla,     3: Islas Canarias,
Indicador: «?» para obtener ayuda, por omisión=1>
1

Detectando los discos y el resto del hardware ... 2%... 95%... 100%
Cargando componentes adicionales ... 12%... 25%... 37%... 50%... 62%... 75%... 87%... 100%
Cargando componentes adicionales ... 25%... 50%... 75%... 100%
Comenzando el particionado ... 4%... 13%... 21%... 30%... 43%... 52%... 60%... 73%... 82%... 91%...
 100%
Particionado de discos
----------------------

Este instalador puede guiarle en el particionado del disco (utilizando distintos esquemas estándar)
o, si lo desea, puede hacerlo de forma manual. Si escoge el sistema de particionado guiado tendrá
la oportunidad más adelante de revisar y adaptar los resultados.

Se le preguntará qué disco a utilizar si elige particionado guiado para un disco completo.
Método de particionado:
  1: Guiado - utilizar todo el disco,
  2: Guiado - utilizar el disco completo y configurar LVM,
  3: Guiado - utilizar todo el disco y configurar LVM cifrado,
  4: Manual,
Indicador: «?» para obtener ayuda>
_
```

En la imagen anterior introducir 1 para usar todo el disco por completo y se obtendrá la siguiente imagen:

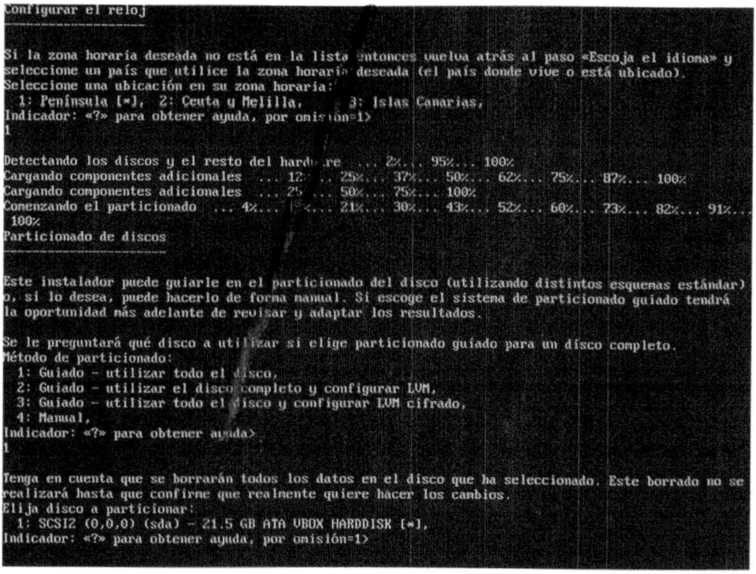

```
Configurar el reloj
-------------------

Si la zona horaria deseada no está en la lista entonces vuelva atrás al paso «Escoja el idioma» y
seleccione un país que utilice la zona horaria deseada (el país donde vive o está ubicado).
Seleccione una ubicación en su zona horaria:
  1: Península [*],  2: Ceuta y Melilla,     3: Islas Canarias,
Indicador: «?» para obtener ayuda, por omisión=1>
1

Detectando los discos y el resto del hardware ... 2%... 95%... 100%
Cargando componentes adicionales ... 12% ... 25%... 37%... 50%... 62%... 75%... 87%... 100%
Cargando componentes adicionales ... 25 ... 50%... 75%... 100%
Comenzando el particionado ... 4%... 13%... 21%... 30%... 43%... 52%... 60%... 73%... 82%... 91%...
 100%
Particionado de discos
----------------------

Este instalador puede guiarle en el particionado del disco (utilizando distintos esquemas estándar)
o, si lo desea, puede hacerlo de forma manual. Si escoge el sistema de particionado guiado tendrá
la oportunidad más adelante de revisar y adaptar los resultados.

Se le preguntará qué disco a utilizar si elige particionado guiado para un disco completo.
Método de particionado:
  1: Guiado - utilizar todo el disco,
  2: Guiado - utilizar el disco completo y configurar LVM,
  3: Guiado - utilizar todo el disco y configurar LVM cifrado,
  4: Manual,
Indicador: «?» para obtener ayuda>
1

Tenga en cuenta que se borrarán todos los datos en el disco que ha seleccionado. Este borrado no se
realizará hasta que confirme que realmente quiere hacer los cambios.
Elija disco a particionar:
  1: SCSI2 (0,0,0) (sda) - 21.5 GB ATA VBOX HARDDISK [*],
Indicador: «?» para obtener ayuda, por omisión=1>
```

En la imagen anterior pulsar en 1 para obtener la siguiente imagen:

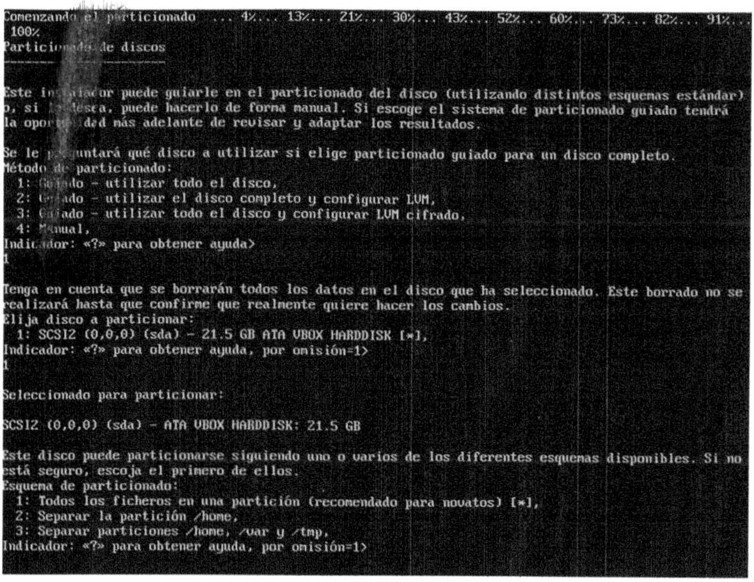

```
Comenzando el particionado ... 4%... 13%... 21%... 30%... 43%... 52%... 60%... 73%... 82%... 91%...
 100%
Particionado de discos
----------------------

Este instalador puede guiarle en el particionado del disco (utilizando distintos esquemas estándar)
o, si lo desea, puede hacerlo de forma manual. Si escoge el sistema de particionado guiado tendrá
la oportunidad más adelante de revisar y adaptar los resultados.

Se le preguntará qué disco a utilizar si elige particionado guiado para un disco completo.
Método de particionado:
  1: Guiado - utilizar todo el disco,
  2: Guiado - utilizar el disco completo y configurar LVM,
  3: Guiado - utilizar todo el disco y configurar LVM cifrado,
  4: Manual,
Indicador: «?» para obtener ayuda>
1

Tenga en cuenta que se borrarán todos los datos en el disco que ha seleccionado. Este borrado no se
realizará hasta que confirme que realmente quiere hacer los cambios.
Elija disco a particionar:
  1: SCSI2 (0,0,0) (sda) - 21.5 GB ATA VBOX HARDDISK [*],
Indicador: «?» para obtener ayuda, por omisión=1>
1

Seleccionado para particionar:

SCSI2 (0,0,0) (sda) - ATA VBOX HARDDISK: 21.5 GB

Este disco puede particionarse siguiendo uno o varios de los diferentes esquemas disponibles. Si no
está seguro, escoja el primero de ellos.
Esquema de particionado:
  1: Todos los ficheros en una partición (recomendado para novatos) [*],
  2: Separar la partición /home,
  3: Separar particiones /home, /var y /tmp,
Indicador: «?» para obtener ayuda, por omisión=1>
```

Introducir 1 para obtener la siguiente imagen:

```
Elija disco a particionar:
  1: SCSI2 (0,0,0) (sda) - 21.5 GB ATA VBOX HARDDISK [*],
Indicador: «?» para obtener ayuda, por omisión=1>
1

Seleccionado para particionar:

SCSI2 (0,0,0) (sda) - ATA VBOX HARDDISK: 21.5 GB

Este disco puede particionarse siguiendo uno o varios de los diferentes esquemas disponibles. Si no
está seguro, escoja el primero de ellos.
Esquema de particionado:
  1: Todos los ficheros en una partición (recomendado para novatos) [*],
  2: Separar la partición /home,
  3: Separar particiones /home, /var y /tmp,
Indicador: «?» para obtener ayuda, por omisión=1>
1

Particionado guiado  ... 20%... 40%... 60%... 80%
Éste es un resumen de las particiones y puntos de montaje que tiene configurados actualmente.
Seleccione una partición para modificar sus valores (sistema de ficheros, puntos de montaje, etc.),
el espacio libre para añadir una partición nueva o un dispositivo para inicializar la tabla de
particiones.
  1: Particionado guiado,
  2: Configurar RAID por software,
  3: Configurar el Gestor de Volúmenes Lógicos (LVM),
  4: Configurar los volúmenes cifrados,
  5: Configurar los volúmenes iSCSI,
  6: ,
  7: SCSI2 (0,0,0) (sda) - 21.5 GB ATA VBOX HARDDISK,
  8: >     #1  primaria  20.4 GB     f  ext4              /           ,
  9: >     #5  lógica     1.0 GB     f  intercambio     intercambio  ,
 10: ,
 11: Deshacer los cambios realizados a las particiones,
 12: Finalizar el particionado y escribir los cambios en el disco [*],
Indicador: «?» para obtener ayuda, por omisión=12>
```

En la imagen anterior introducir 12 para obtener la siguiente imagen:

```
  3: Separar particiones /home, /var y /tmp,
Indicador: «?» para obtener ayuda, por omisión=1>
1

Particionado guiado  ... 20%... 40%... 60%... 80%
Éste es un resumen de las particiones y puntos de montaje que tiene configurados actualmente.
Seleccione una partición para modificar sus valores (sistema de ficheros, puntos de montaje, etc.),
el espacio libre para añadir una partición nueva o un dispositivo para inicializar la tabla de
particiones.
  1: Particionado guiado,
  2: Configurar RAID por software,
  3: Configurar el Gestor de Volúmenes Lógicos (LVM),
  4: Configurar los volúmenes cifrados,
  5: Configurar los volúmenes iSCSI,
  6: ,
  7: SCSI2 (0,0,0) (sda) - 21.5 GB ATA VBOX HARDDISK,
  8: >     #1  primaria  20.4 GB     f  ext4              /           ,
  9: >     #5  lógica     1.0 GB     f  intercambio     intercambio  ,
 10: ,
 11: Deshacer los cambios realizados a las particiones,
 12: Finalizar el particionado y escribir los cambios en el disco [*],
Indicador: «?» para obtener ayuda, por omisión=12>
12

Se escribirán en los discos todos los cambios indicados a continuación si continúa. Si no lo hace
podrá hacer cambios manualmente.

Se han modificado las tablas de particiones de los siguientes dispositivos:
   SCSI2 (0,0,0) (sda)

Se formatearán las siguientes particiones:
   partición #1 de SCSI2 (0,0,0) (sda) como ext4
   partición #5 de SCSI2 (0,0,0) (sda) como intercambio
¿Desea escribir los cambios en los discos?
  1: Sí       2: No [*]
Indicador: «?» para obtener ayuda, por omisión=2>
```

Introducir 1 para obtener:

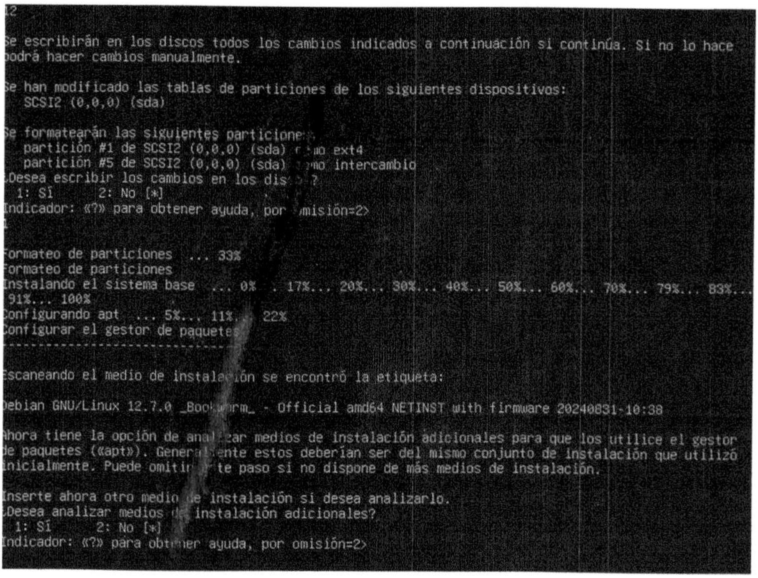

```
12
Se escribirán en los discos todos los cambios indicados a continuación si continúa. Si no lo hace
podrá hacer cambios manualmente.

Se han modificado las tablas de particiones de los siguientes dispositivos:
  SCSI2 (0,0,0) (sda)

Se formatearán las siguientes particiones:
  partición #1 de SCSI2 (0,0,0) (sda) como ext4
  partición #5 de SCSI2 (0,0,0) (sda) como intercambio
¿Desea escribir los cambios en los discos?
 1: Sí      2: No [*]
Indicador: «?» para obtener ayuda, por omisión=2>
1

Formateo de particiones ... 33%
Formateo de particiones
Instalando el sistema base ... 0% ... 17%... 20%... 30%... 40%... 50%... 60%... 70%... 79%... 83%...
 91%... 100%
Configurando apt ... 5%... 11%... 22%
Configurar el gestor de paquetes
--------------------------------

Escaneando el medio de instalación se encontró la etiqueta:

Debian GNU/Linux 12.7.0 _Bookworm_ - Official amd64 NETINST with firmware 20240831-10:38

Ahora tiene la opción de analizar medios de instalación adicionales para que los utilice el gestor
de paquetes («apt»). Generalmente estos deberían ser del mismo conjunto de instalación que utilizó
inicialmente. Puede omitir este paso si no dispone de más medios de instalación.

Inserte ahora otro medio de instalación si desea analizarlo.
¿Desea analizar medios de instalación adicionales?
 1: Sí      2: No [*]
Indicador: «?» para obtener ayuda, por omisión=2>
```

Escoger la opción por defecto 2 para obtener la siguiente imagen:

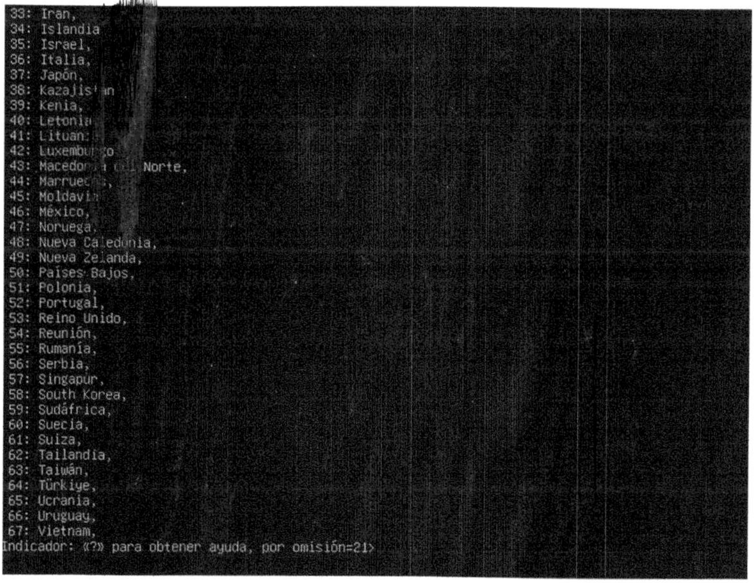

```
33: Irán,
34: Islandia,
35: Israel,
36: Italia,
37: Japón,
38: Kazajistán,
39: Kenia,
40: Letonia,
41: Lituania,
42: Luxemburgo,
43: Macedonia del Norte,
44: Marruecos,
45: Moldavia,
46: México,
47: Noruega,
48: Nueva Caledonia,
49: Nueva Zelanda,
50: Países Bajos,
51: Polonia,
52: Portugal,
53: Reino Unido,
54: Reunión,
55: Rumanía,
56: Serbia,
57: Singapur,
58: South Korea,
59: Sudáfrica,
60: Suecia,
61: Suiza,
62: Tailandia,
63: Taiwán,
64: Türkiye,
65: Ucrania,
66: Uruguay,
67: Vietnam,
Indicador: «?» para obtener ayuda, por omisión=21>
```

En la imagen anterior dejar la opción que viene por defecto para obtener la siguiente imagen:

```
53: Reino Unido,
54: Reunión,
55: Rumanía,
56: Serbia,
57: Singapur,
58: South Korea,
59: Sudáfrica,
60: Suecia,
61: Suiza,
62: Tailandia,
63: Taiwán,
64: Türkiye,
65: Ucrania,
66: Uruguay,
67: Vietnam,
Indicador: «?» para obtener ayuda, por omisión=21>

Por favor, seleccione una réplica de Debian. Debería escoger una réplica en su país o región si no
sabe qué réplica tiene mejor conexión de Internet hasta usted.

Normalmente, deb.debian.org es una buena elección.
Réplica de Debian:
  1: deb.debian.org [*],
  2: ftp.es.debian.org,
  3: ulises.hostalia.com,
  4: softlibre.unizar.es,
  5: debian.redparra.com,
  6: debian.grn.cat,
  7: ftp.udc.es,
  8: ftp.cica.es,
  9: debian.redimadrid.es,
 10: debian.uvigo.es,
 11: repo.ifca.es,
 12: mirror.raiolanetworks.com,
 13: debian-archive.trafficmanager.net,
Indicador: «?» para obtener ayuda, por omisión=1>
```

En la imagen anterior dejar la opción 1 que viene establecida por defecto para obtener la siguiente imagen:

```
 61: Suiza,
 62: Tailandia,
 63: Taiwán,
 64: Türkiye,
 65: Ucrania,
 66: Uruguay,
 67: Vietnam,
Indicador: «?» para obtener ayuda, por omisión=21>

Por favor, seleccione una réplica de Debian. Debería escoger una réplica en su país o región si no
sabe qué réplica tiene mejor conexión de Internet hasta usted.

Normalmente, deb.debian.org es una buena elección.
Réplica de Debian:
  1: deb.debian.org [*],
  2: ftp.es.debian.org,
  3: ulises.hostalia.com,
  4: softlibre.unizar.es,
  5: debian.redparra.com,
  6: debian.grn.cat,
  7: ftp.udc.es,
  8: ftp.cica.es,
  9: debian.redimadrid.es,
 10: debian.uvigo.es,
 11: repo.ifca.es,
 12: mirror.raiolanetworks.com,
 13: debian-archive.trafficmanager.net,
Indicador: «?» para obtener ayuda, por omisión=1>
1

Si tiene que usar un proxy HTTP para acceder a la red, introduzca a continuación la información
sobre el proxy. En caso contrario, déjelo en blanco.

La información del proxy debe estar en el formato estándar "http://[[user][:pass]@]host[:port]/".
Información de proxy HTTP (en blanco si no desea usar ninguno):
Indicador: «?» para obtener ayuda>
```

En la imagen anterior pulsar en **Intro** y dejarlo tal y como viene por defecto para obtener la siguiente pantalla:

```
 5: debian.redparra.com,
 6: debian.grn.cat,
 7: ftp.udc.es,
 8: ftp.cica.es,
 9: debian.redimadrid.es,
10: debian.uvigo.es,
11: repo.ifca.es,
12: mirror.raiolanetworks.com,
13: debian-archive.trafficmanager.net,
Indicador: «?» para obtener ayuda, por omisión=1>
1

Si tiene que usar un proxy HTTP para acceder a la red, introduzca a continuación la información
sobre el proxy. En caso contrario, déjelo en blanco.

La información del proxy debe estar en el formato estándar "http://[[user][:pass]@]host[:port]/".
Información de proxy HTTP (en blanco si no desea usar ninguno):
Indicador: «?» para obtener ayuda>

... 33%... 41%... 50%... 61%... 70%... 82%... 94%... 100%
Seleccionar e instalar programas ... 1%... 10%... 13%
Configuración de popularity-contest
-----------------------------------

Puede hacer que su sistema envíe anónimamente estadísticas a los desarrolladores sobre los paquetes
que más usa. Esta información tiene influencia sobre ciertas decisiones, como qué paquetes deben
incluirse en el primer CD de la distribución.

Si elige participar, el script de envío se ejecutará automáticamente una vez a la semana, mandando
estadísticas a los desarrolladores. Las estadísticas se pueden consultar en
https://popcon.debian.org/.

La elección siempre puede cambiar con la orden «dpkg-reconfigure popularity-contest»
¿Desea participar en la encuesta sobre el uso de los paquetes?
  1: Sí      2: No [*]
Indicador: «?» para obtener ayuda, por omisión=2>
```

En la imagen anterior escoger la opción por defecto 2 para obtener la siguiente pantalla:

```
Información de proxy HTTP (en blanco si no desea usar ninguno):
Indicador: «?» para obtener ayuda>

... 33%... 41%... 50%... 61%... 70%... 82%... 94%... 100%
Seleccionar e instalar programas ... 1%... 10%... 13%
Configuración de popularity-contest
-----------------------------------

Puede hacer que su sistema envíe anónimamente estadísticas a los desarrolladores sobre los paquetes
que más usa. Esta información tiene influencia sobre ciertas decisiones, como qué paquetes deben
incluirse en el primer CD de la distribución.

Si elige participar, el script de envío se ejecutará automáticamente una vez a la semana, mandando
estadísticas a los desarrolladores. Las estadísticas se pueden consultar en
https://popcon.debian.org/.

La elección siempre puede cambiar con la orden «dpkg-reconfigure popularity-contest»
¿Desea participar en la encuesta sobre el uso de los paquetes?
  1: Sí      2: No [*]
Indicador: «?» para obtener ayuda, por omisión=2>
2

... 16%
Selección de programas
----------------------

De momento sólo está instalado el sistema básico. Puede escoger la instalación de las siguientes
colecciones predefinidas de programas para adaptar más la instalación a sus necesidades.
Elegir los programas a instalar:
  1: Entorno de escritorio Debian [*],  2: ... GNOME,
  3: ... Xfce,                          4: ... GNOME Flashback,
  5: ... KDE Plasma,                    6: ... Cinnamon,
  7: ... MATE [*],                      8: ... LXDE,
  9: ... LXQt,                         10: web server,
 11: SSH server,                       12: Utilidades estándar del sistema [*],
Indicador: «?» para obtener ayuda, por omisión=1 7 12>
```

En la pantalla anterior se pueden instalar algunas aplicaciones, pero en nuestro caso vamos a introducir 12 para obtener la siguiente pantalla:

```
¿Desea participar en la encuesta sobre el uso de los paquetes?
  1: Sí      2: No [*]
Indicador: «?» para obtener ayuda, por omisión=2>
2

... 16%
Selección de programas
-----------------------

De momento sólo está instalado el sistema básico. Puede escoger la instalación de las siguientes
colecciones predefinidas de programas para adaptar más la instalación a sus necesidades.
Elegir los programas a instalar:
  1: Entorno de escritorio Debian [*],  2: ... GNOME,
  3: ... Xfce,                          4: ... GNOME Flashback,
  5: ... KDE Plasma,                    6: ... Cinnamon,
  7: ... MATE [*],                      8: ... LXDE,
  9: ... LXQt,                         10: web server,
 11: SSH server,                       12: Utilidades estándar del sistema [*],
Indicador: «?» para obtener ayuda, por omisión=1 7 12>
12

... 16%... 20%... 30%... 40%... 50%... 60%... 70%... 80%... 90%... 100%
Instalando el cargador de arranque GRUB  ... 16%... 33%
Configuración de grub-pc
------------------------

Parece que esta instalación es el único sistema operativo en el ordenador. Si esto es así, puede
instalar sin riesgos el cargador de arranque GRUB en su unidad principal (partición UEFI o registro
de arranque).

Advertencia: si su ordenador tiene otro sistema operativo que el instalador no pudo detectar, esto
hará que ese sistema operativo no se pueda iniciar temporalmente, aunque GRUB se puede configurar
manualmente más tarde para iniciarlo.
¿Desea instalar el cargador de arranque GRUB en su unidad principal?
  1: Sí [*]  2: No
Indicador: «?» para obtener ayuda, por omisión=1>
```

En la imagen anterior escoger 1 para obtener la siguiente pantalla:

```
colecciones predefinidas de programas para adaptar más la instalación a sus necesidades.
Elegir los programas a instalar:
  1: Entorno de escritorio Debian [*],  2: ... GNOME,
  3: ... Xfce,                          4: ... GNOME Flashback,
  5: ... KDE Plasma,                    6: ... Cinnamon,
  7: ... MATE [*],                      8: ... LXDE,
  9: ... LXQt,                         10: web server,
 11: SSH server,                       12: Utilidades estándar del sistema [*],
Indicador: «?» para obtener ayuda, por omisión=1 7 12>
12

... 16%... 20%... 30%... 40%... 50%... 60%... 70%... 80%... 90%... 100%
Instalando el cargador de arranque GRUB  ... 16%... 33%
Configuración de grub-pc
------------------------

Parece que esta instalación es el único sistema operativo en el ordenador. Si esto es así, puede
instalar sin riesgos el cargador de arranque GRUB en su unidad principal (partición UEFI o registro
de arranque).

Advertencia: si su ordenador tiene otro sistema operativo que el instalador no pudo detectar, esto
hará que ese sistema operativo no se pueda iniciar temporalmente, aunque GRUB se puede configurar
manualmente más tarde para iniciarlo.
¿Desea instalar el cargador de arranque GRUB en su unidad principal?
  1: Sí [*]  2: No
Indicador: «?» para obtener ayuda, por omisión=1>
1

Ahora debe configurar el sistema recién instalado para que sea arrancable, instalando para ello el
cargador GRUB en un dispositivo del que se pueda arrancar. La forma habitual de hacerlo es instalar
GRUB en su unidad principal (partición UEFI o registro principal de arranque). Si lo prefiere,
puede instalar GRUB en cualquier otra unidad (o partición), o incluso en un medio removible.
Dispositivo donde instalar el cargador de arranque:
  1: Introducir el dispositivo manualmente,
  2: /dev/sda  (ata-VBOX_HARDDISK_VB68d9bbc5-c3a4f248),
Indicador: «?» para obtener ayuda>
```

En la pantalla anterior introducir 2 para obtener la siguiente pantalla:

```
-------------------------

Parece que esta instalación es el único sistema operativo en el ordenador. Si esto es así, puede
instalar sin riesgos el cargador de arranque GRUB en su unidad principal (partición UEFI o registro
de arranque).

Advertencia: si su ordenador tiene otro sistema operativo que el instalador no pudo detectar, esto
hará que ese sistema operativo no se pueda iniciar temporalmente, aunque GRUB se puede configurar
manualmente más tarde para iniciarlo.
¿Desea instalar el cargador de arranque GRUB en su unidad principal?
  1: Sí [*]  2: No
Indicador: «?» para obtener ayuda, por omisión=1>
1

Ahora debe configurar el sistema recién instalado para que sea arrancable, instalando para ello el
cargador GRUB en un dispositivo del que se pueda arrancar. La forma habitual de hacerlo es instalar
GRUB en su unidad principal (partición UEFI o registro principal de arranque). Si lo prefiere,
puede instalar GRUB en cualquier otra unidad (o partición), o incluso en un medio removible.
Dispositivo donde instalar el cargador de arranque:
  1: Introducir el dispositivo manualmente,
  2: /dev/sda  (ata-VBOX_HARDDISK_VB68d9bbc5-c3a4f248),
Indicador: «?» para obtener ayuda>
2

... 50%... 66%... 83%... 100%
Finalizando la instalación  ... 3%... 10%... 20%... 31%... 37%... 41%
Terminar la instalación
-----------------------

Instalación completada

La instalación se ha completado. Ahora podrá arrancar el nuevo sistema. Asegúrese de extraer el
medio de instalación para que el sistema arranque del disco en lugar de reiniciar la instalación.

Por favor, elija <Continuar> para reiniciar.
[Pulse Intro para continuar]
```

Pulsar **Intro** para reiniciar el sistema y se obtendrá la siguiente pantalla:

En la pantalla anterior introducir al usuario y la contraseña para obtener el acceso al sistema tal y como se puede observar a continuación:

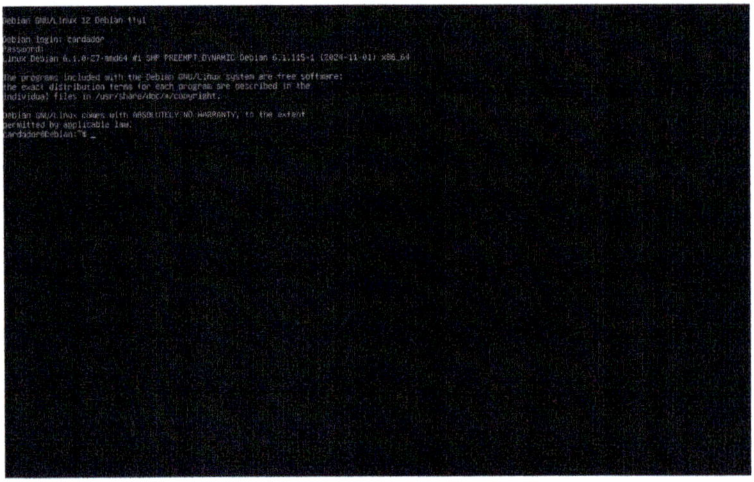

7. Tipos de seguridad

HILO CONDUCTOR

En CGS lo primero que hacen, antes de ver la seguridad asociada a un determinado equipo, es comprobar el tipo de sistema operativo, dado que, en función del que traiga instalado dicho equipo, se tomarán unas u otras medidas de seguridad al respecto.

Actualmente no se puede hablar de una seguridad estándar válida para cualquier sistema operativo, puesto que, aunque casi todos comparten las mismas opciones de seguridad, la forma de activarlas o llevarlas a cabo en cada uno de ellos se hace de forma distinta; de ahí separar los tipos de seguridad en función del tipo del sistema operativo.

7.1. Seguridad en sistemas *Windows*

En los sistemas operativos de la familia *Windows*, se puede aplicar una serie de métodos para reforzar la seguridad en dicho sistema. Estos métodos son:

- Usar una cuenta de usuario con pocos privilegios y evitar, por tanto, el empleo de la cuenta de administrador del sistema operativo de nuestro equipo. Únicamente se usará la cuenta de administrador cuando se tenga que llevar a cabo una determinada configuración o instalar cualquier *software* en el equipo. De esta forma, evitamos que aplicaciones maliciosas puedan realizar cambios si no somos administradores.
- Cada vez que se transfiera información al dispositivo informático, se debe analizar dicha información a través del uso de antivirus o *antimalware* para evitar futuras sorpresas.
- Comprobar la información almacenada en los medios externos que esté libre de virus o *malware* (CD, DVD, SD, MicroSD, MMC, M2...).
- Comprobar los archivos comprimidos que tengamos en el sistema informático.
- Realizar copias de seguridad o *backups,* tanto de los programas como de los documentos o información vital o relevante.
- No instalar programas de origen dudoso.
- Evitar navegar por sitios potencialmente peligrosos (un ejemplo es cuando realizamos la búsqueda de un determinado *crack* para romper una aplicación *software).*
- Evitar la descarga en redes P2P, dado que, *a priori,* no se conoce lo que se está descargando (se conoce una vez que la descarga ha finalizado y accedemos al archivo que hemos descargado por *Torrent).*
- Crear contraseñas de alta seguridad en nuestros dispositivos, tanto en la cuenta de administrador como en las cuentas de usuario.
- No usar la misma contraseña en nuestros dispositivos informáticos y en las aplicaciones web (como, por ejemplo, el correo electrónico).
- Activar las actualizaciones automáticas.
- Disponer de un sistema antivirus (bien de pago, bien gratuito). *Windows* pone a nuestra disposición *Windows Defender* para llevar a cabo dicha tarea, pero si se cuenta con un determinado *software antimalware,* siempre será mejor.
- Realizar escaneos frecuentemente (por ejemplo, semanales) con el antivirus y el *antimalware* instalados en nuestros equipos o dispositivos.
- Actualizar constantemente las aplicaciones de seguridad (antivirus y *antimalware),* así como el resto de programas o aplicaciones que se encuentren instaladas en el sistema o equipo informático.
- Desactivar el uso de interpretación VBScript y permitir el uso de tecnologías tales como *JavaScript, ActiveX* y *cookies* de nuestras páginas de confianza.

A continuación, se describe cada una de las opciones que ofrece el Centro de Seguridad de *Windows 11:*

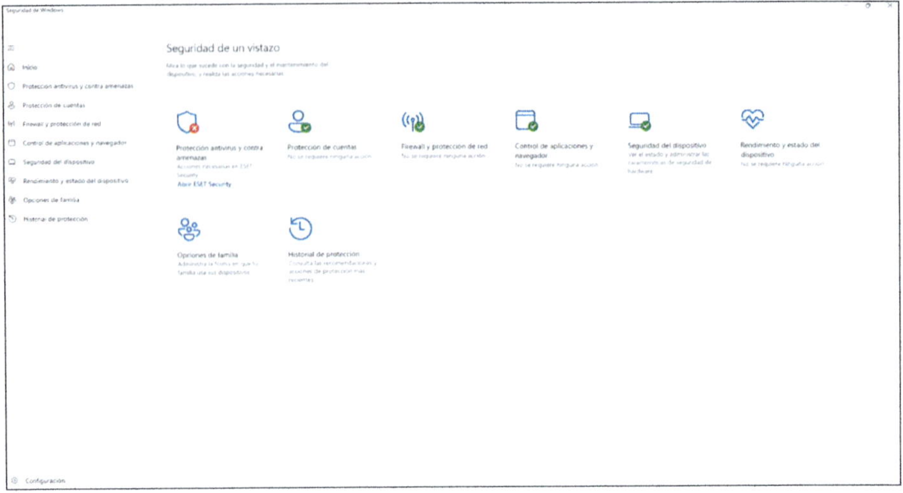

- **Protección antivirus y contra amenazas:** en el caso de que se opte por usar el antivirus que brinda *Windows,* denominado *Windows Defender,* desde esta opción se pueden realizar los escaneos a nuestro sistema, ver los resultados de dichos escaneos o incluso comprobar el historial. En el caso de optar por otro antivirus (bien de pago o bien gratuito), desde esta opción tendremos un acceso directo a dicho antivirus instalado en el sistema.
- **Protección de cuentas:** a través de esta opción se puede tener acceso a la información y la configuración de inicio de sesión por parte de los usuarios y la protección asociada a la cuenta del usuario.
- ***Firewall* y protección de red:** desde esta opción podremos aplicar los pasos explicados en la unidad anterior para establecer reglas de entrada o salida en nuestro *firewall software* con el fin de protegernos y tener más seguridad en el equipo. Además, también se puede gestionar, ver y configurar la red (en el caso de que el equipo formase parte de una red de ordenadores).
- **Control de aplicaciones y navegador:** mediante esta opción se pueden configurar aspectos relacionados con nuestra privacidad y activar o desactivar *Smartscreen.* El elemento anterior se corresponde con un filtro que nos ayuda a identificar sitios web que han sido calificados como suplantación de identidad *(phishing)* o *malware. Smartscreen* puede ayudarnos de tres formas posibles:

- Al navegar por internet. Si localizas páginas sospechosas, se genera un mensaje de advertencia que te brinda la oportunidad de dejar comentarios y te aconseja tomar precauciones al respecto.
- Usa una lista dinámica de sitios *phishing* y de *software* mal intencionado. Si algún sitio por el que estamos navegando se corresponde con esta lista, el control directamente te avisa de que, por motivos de seguridad, se ha bloqueado dicho sitio.
- Los archivos que se descargan son comprobados frente a una lista de *software* y programas malintencionados, sucediendo exactamente igual que antes.

- **Seguridad del dispositivo:** desde esta opción se pueden activar algunas opciones de seguridad integradas para proteger nuestro dispositivo contra ataques de *software* malintencionado. A través de Seguridad del Dispositivo, están disponibles las siguientes opciones:

  - Aislamiento del núcleo: mediante el aislamiento del núcleo se aporta protección adicional contra *malware* y otros tipos de ataques, dado que se aíslan los procesos del equipo del sistema operativo y del dispositivo. Desde detalles de Aislamiento del núcleo se puede habilitar, deshabilitar y cambiar la configuración de las funciones de aislamiento del núcleo.
  - Integridad de memoria: se corresponde con una función del aislamiento del núcleo. Activando esta función se puede evitar que el código malintencionado obtenga acceso a los procesos de alta seguridad en caso de que se produzca un ataque.
  - Procesador de seguridad: esta función proporciona al procesador de seguridad cifrado adicional para el dispositivo. En la opción de **Detalles del procesador de seguridad,** se puede localizar información sobre los números del fabricante y sobre la versión del procesador de seguridad; además, también se puede consultar el estado del procesador de seguridad.
  - Arranque seguro: un arranque seguro va a impedir que se cargue un tipo determinado y peligroso de *malware,* un *rootkit,* al iniciar el dispositivo. Este tipo de *malware* usa los mismos permisos que el sistema operativo y se caracteriza por que se arranca o se carga antes que el sistema operativo, lo que le permite pasar prácticamente desapercibido.
  - Nivel de seguridad del *hardware:* suele situarse en la parte inferior de la ventana indicando el nivel de seguridad de nuestro dispositivo, el cual puede ser distinto en función de cada caso:

    - El dispositivo satisface los requisitos de seguridad estándar de *hardware.* Significa que el dispositivo admite integridad de memoria y aislamiento de núcleo, contando además con: TPM 2.0, arranque seguro habilitado, DEP y UEFI MAT.

- El dispositivo satisface los requisitos de seguridad mejorada de *hardware*. Significa que, además de cumplir todos los requisitos de seguridad estándar de *hardware*, el dispositivo también tiene activada la integridad de memoria.
- El dispositivo supera los requisitos de seguridad mejorada de *hardware*. Significa que, además de cumplir todos los requisitos de seguridad mejorada de *hardware*, el dispositivo también tiene activada la protección del *System Managament Mode* (SMM).
- Seguridad de *hardware* estándar no admitida. Significa que el dispositivo no cumple con, al menos, uno de los requisitos de seguridad estándar de *hardware*.

- **Rendimiento y estado del dispositivo:** desde esta sección se podrá poner al día el equipo informático, además de solucionar problemas. Se podrán realizar acciones como actualizar el sistema, buscar nuevos *drivers* para los dispositivos o aplicaciones instaladas en el sistema, comprobar el uso de la batería o comprobar el almacenamiento disponible en el equipo. Además, desde este apartado podemos realizar una instalación limpia de *Windows* que consiste en que la configuración y los archivos de nuestro equipo se mantienen (no se borran ni se eliminan ni se modifican), pero todas las aplicaciones sí se eliminan y *Windows* vuelve a su estado de fábrica (tal y como lo adquirimos el día que compramos el dispositivo informático). Este último punto es de vital importancia, sobre todo ante recuperaciones del equipo.
- **Opciones de familia:** se corresponde con una serie de herramientas y configuraciones que han sido diseñadas para ayudar a padres y tutores a gestionar y supervisar el uso de dispositivos *Windows* por parte de los menores. Algunas de sus opciones son:

  - Control parental
  - Filtrado de contenido
  - Actividad reciente
  - Compras y gastos
  - Ubicación

- **Historial de protección:** se corresponde con una función que nos permite rastrear y gestionar el historial de amenazas de seguridad, como virus o *malware*. Entre otras opciones permite:

  - Registro de amenazas
  - Acciones tomadas ante las amenazas localizadas
  - Fecha y hora de las amenazas
  - Acceso rápido para revisar y tomar acciones sobre las amenazas

7.2. Seguridad en sistemas *Linux/Unix*

Dentro de la familia de los sistemas operativos *Linux/Unix,* nos vamos a centrar en *Ubuntu* y en concreto en su configuración de seguridad. Para aumentar la seguridad cuando trabajamos con estos sistemas operativos, conviene revisar los siguientes puntos.

Cifrado de disco

Linux ofrece la posibilidad de realizar un cifrado total del disco del dispositivo donde se encuentra instalado, de tal forma que, en el caso de robo del equipo, si no tenemos activado el cifrado, pueden acceder a todos nuestros datos contenidos en el disco duro. Durante el proceso de instalación es cuando se puede activar la opción de cifrar los datos del disco duro, tal y como se puede observar en la siguiente imagen:

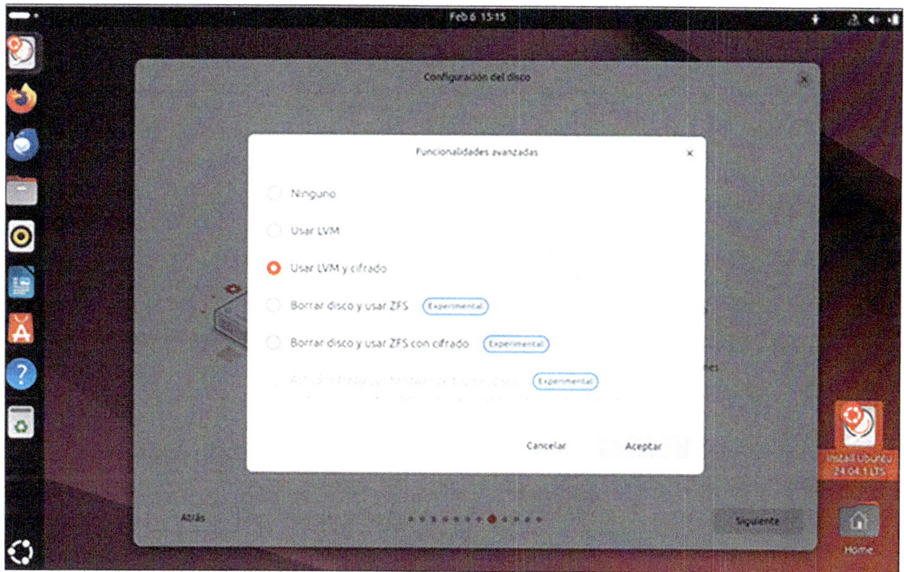

Mantener actualizado el SO

Al igual que sucede con *Windows* y la mayoría de sistemas operativos, es altamente recomendable estar actualizado al día en cuanto a descargas se refiere. En este sistema operativo, y a través de la tienda de aplicaciones, se puede localizar ***software de Ubuntu*** y, dentro de esta ventana, es posible localizar **Orígenes y actualizaciones** para actualizar *Ubuntu.*

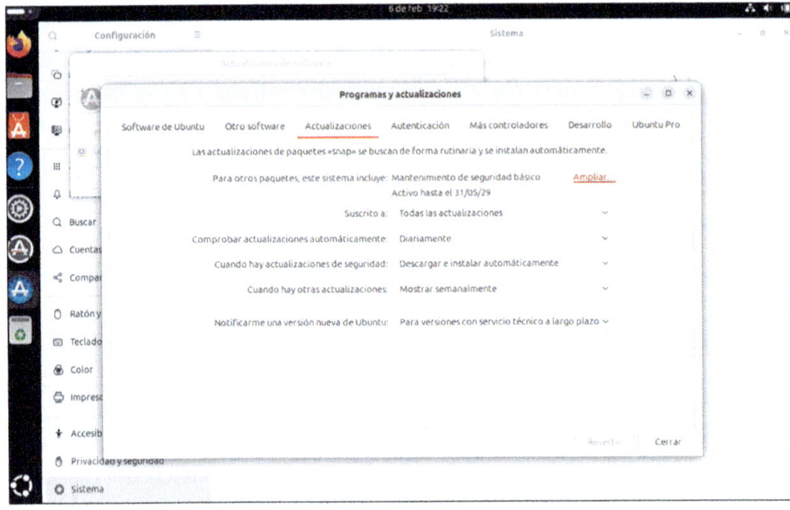

Centro de actualizaciones de Ubuntu (© Imagen: muyseguridad / muyseguridad.net)

Instalar y usar *firewall*

La configuración de un **cortafuegos** a nivel software te permite evitar accesos no autorizados a tu equipo. En *Ubuntu*, al igual que en *Windows*, disponemos de la herramienta UFW, que es exactamente igual a su equivalente en *Windows* (a diferencia de que esta herramienta debemos buscarla en *Software* de *Ubuntu*).

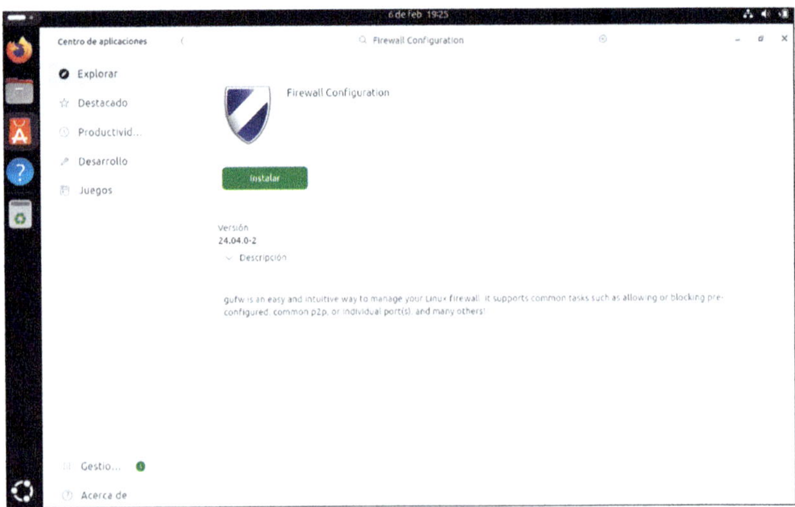

Instalación de UFW (© Imagen: muyseguridad / muyseguridad.net)

Una vez instalada esta herramienta, si la ejecutas, emergerá la siguiente ventana:

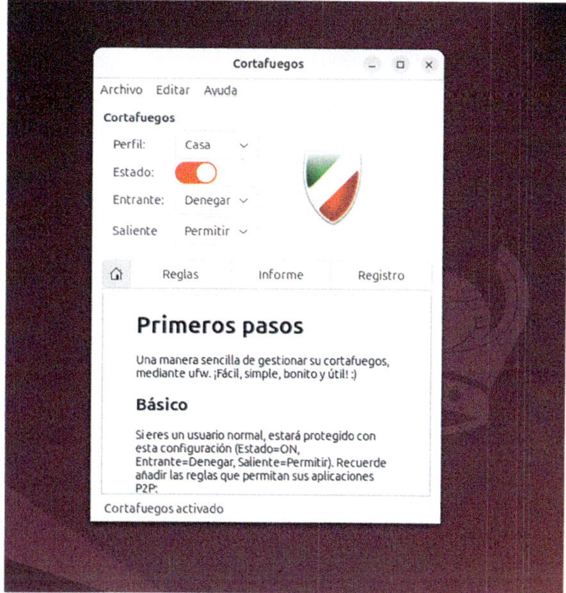

Cortafuegos o firewall en Ubuntu (© Imagen: muyseguridad / muyseguridad.net)

Usar *antimalware*

Aunque se debe partir de que ***Linux* no es un objetivo para el *malware*,** nunca está de más disponer de herramientas *antimalware,* sobre todo si el equipo *Ubuntu* convive en red con equipos *Windows.* Aunque generalmente el *malware* generado para *Windows* es incompatible para *Ubuntu,* actualmente se están desarrollando *malwares* independientes de la plataforma, de tal forma que se hace mucho más latente el riesgo implícito. Una buena idea en *Ubuntu* es descargarse e instalar *ClamTK,* un *antimalware Open Source* y totalmente gratuito que puede ser localizado en la tienda *Software de Ubuntu.* Un ejemplo puede verse a continuación:

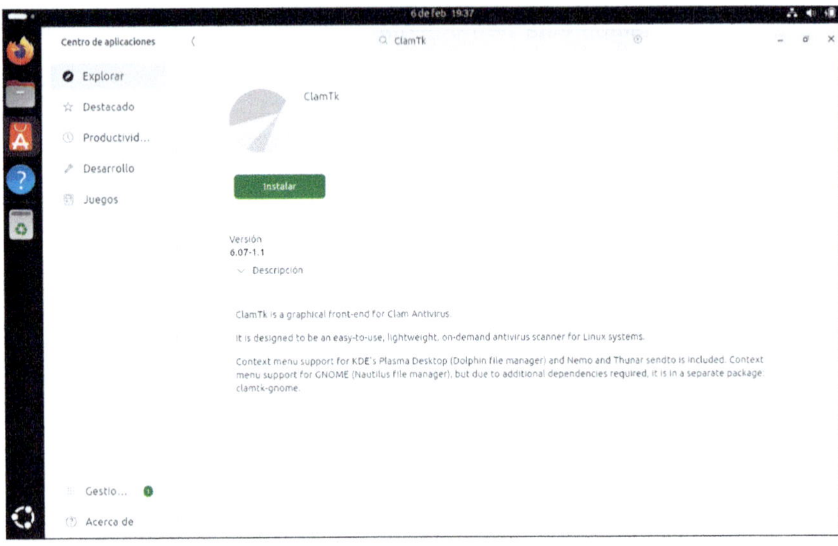

Adquisición de ClamAV desde Software de Ubuntu (© Imagen: muyseguridad / muyseguridad.net)

Una vez descargado e instalado, el aspecto que tendría el *antimalware* sería el siguiente:

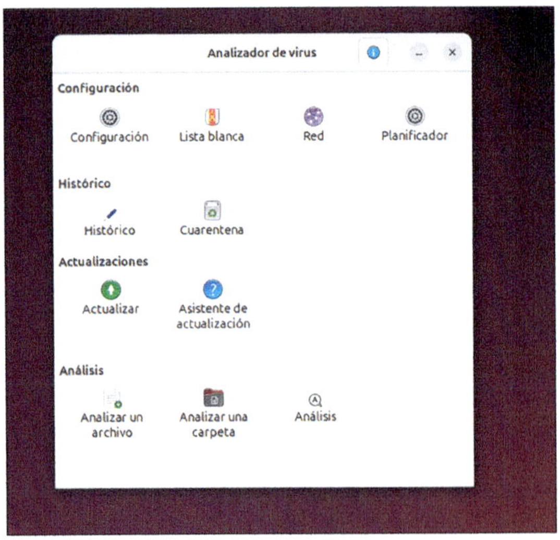

Ventana principal de ClamTK en Ubuntu
(© Imagen: muyseguridad / muyseguridad.net)

Carpeta de usuario

Aunque es cierto que, para modificar o cambiar cualquier aspecto del sistema donde está instalado *Ubuntu,* se requiere la contraseña del administrador, se debe poner especial interés en la carpeta o espacio del usuario, dado que no está ni cerrada ni protegida y es posible ejecutar programas y aplicaciones. No debemos olvidar que hay un tipo de *malware* que se centra en daños al usuario, con lo cual aprovechar esta "puerta" es muy fácil para este tipo de *malware.* Para evitar esta clase de situaciones, se recomienda instalar programas o aplicaciones de las que tengamos conciencia de su origen y que sean fiables.

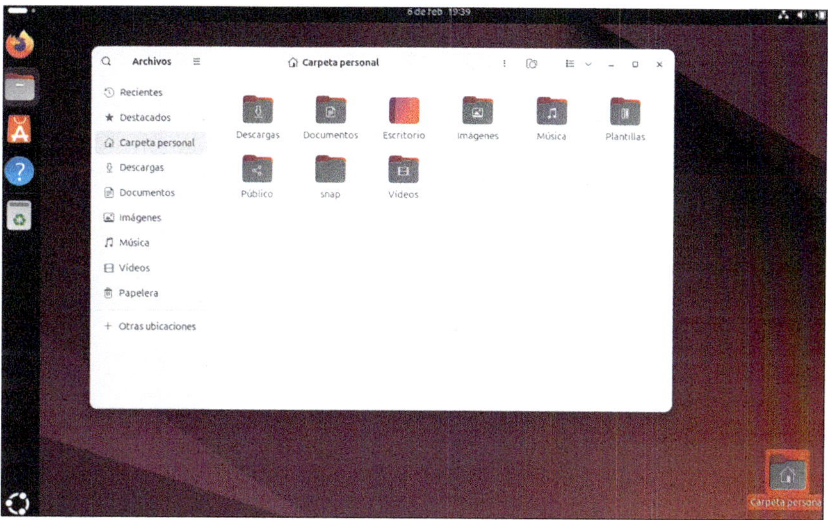

Ejemplo de la carpeta usuario en Ubuntu (© Imagen: Trastetes / trastetes.blogspot.com)

7.3. Seguridad en *Android*

No debes obviar este sistema operativo, dado que es el rey entre los dispositivos (móviles o *Smartphones,* tabletas...). Para su utilización se pueden tomar las siguientes medidas de seguridad.

Establecer contraseña

Proteger nuestro terminal o *Smartphone Android* tiene que ser un objetivo primordial para nosotros con el fin de evitar su uso inapropiado por parte de terceros. Para poder dotar a nuestro terminal de contraseñas, en *Android* debes ir a **Ajustes del Sistema** -> **Seguridad y ubicación** -> **Bloqueo de pantalla** -> **Contraseña.**

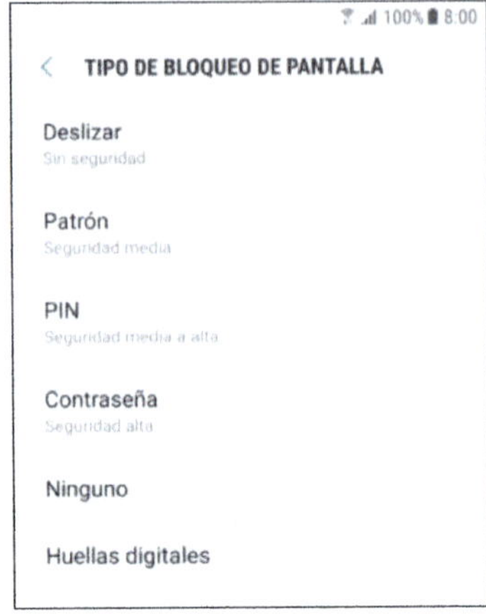

Ajustes de contraseña en Android
(© Imagen: android jefe / androidjefe.com)

Aunque la contraseña es uno de los métodos más seguros, *Android* pone a nuestra disposición esos tipos de bloqueo de pantalla.

Ocultar aplicaciones, mensajes y otros archivos

Aunque se dote a nuestro dispositivo *Android* de alguna de las contraseñas explicadas anteriormente, no siempre suele ser suficiente o necesario para mantener a salvo la información almacenada en dicho dispositivo. Para ello, hay aplicaciones que nos permiten ocultar fotos, vídeos, mensajes y aplicaciones en *Android*. Veamos algunas de ellas:

- ***AppLock.*** Se corresponde con una aplicación fácil de usar y muy completa, que permite añadir un método de bloqueo a las aplicaciones seleccionadas. Es totalmente gratuita, pero requiere de *Android 6.0* o superior para poder trabajar con el desbloqueo de huella digital.

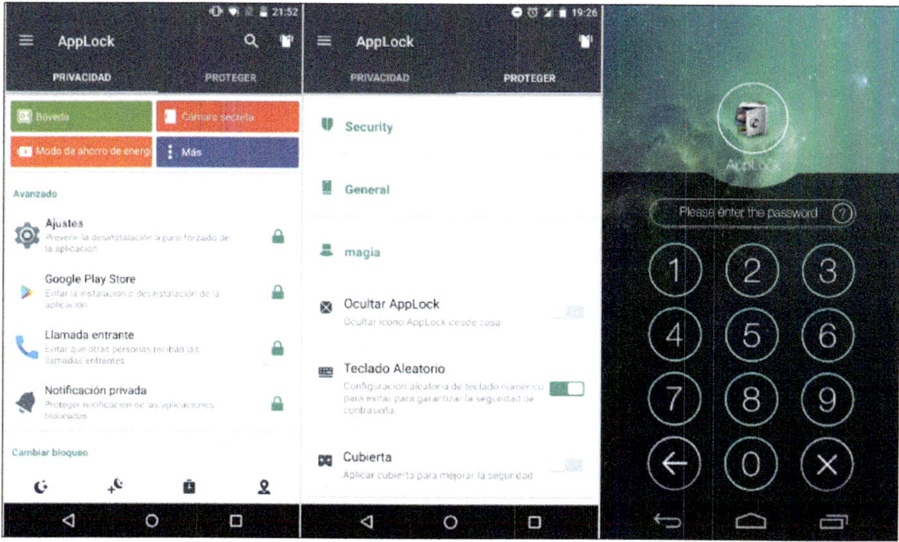

Ejemplo de la app AppLock (© Imagen: andro4all./ andro4all.com)

- ***EvieLauncher.*** Si instalamos esta aplicación, podemos elegir qué herramientas vamos a ocultar. Para ello, debes ir a **Ajustes** -> **Ocultar aplicaciones** y escoger las aplicaciones que vamos a ocultar.
- **Método manual.** Para realizarlo de forma manual, lo primero de todo es acceder a un explorador de archivos (un ejemplo de esta aplicación es *ES File Explorer).* A continuación, en la carpeta que quieras ocultar, debes crear un archivo llamado ".nomedia" (con esto se le indica a *Android* que el contenido de dicha carpeta no debe ser mostrado, es decir, debe permanecer oculto).

Localizador del dispositivo móvil

Otra opción, si te roban el móvil o lo pierdes, es intentar localizarlo para su posible recuperación. Si tienes *Android,* puedes hacerlo de dos formas:

- Usar aplicaciones del tipo *Cerberus,* disponibles en *Play Store* para su descarga y con funciones antirrobo como: localizar el teléfono, bloquear el acceso al contenido, realizar fotos para poder capturar el rostro de la persona que usa el terminal o hacer sonar una simple alarma.
- Emplear la opción **Encontrar mi dispositivo** que *Google* te brinda como usuario de *Android.* Además de mostrarte la localización exacta de dónde se encuentra el móvil, también permite el bloqueo del mismo, hacerlo sonar durante 5 minutos o borrar todos los datos almacenados en él.

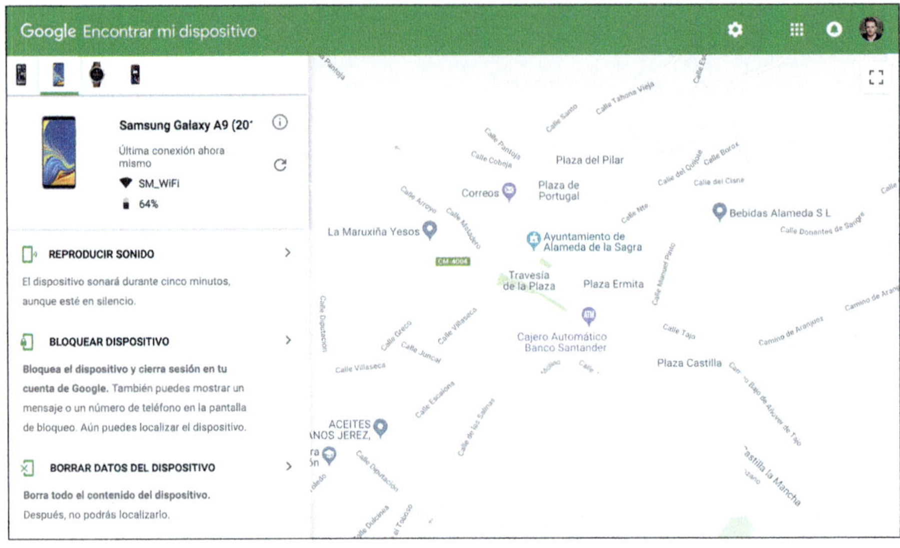

Ejemplo de localización del terminal con Google (© Imagen: andro4all./ andro4all.com)

El antivirus

Debemos insistir en que el mejor antivirus es nuestro propio razonamiento. El *Play Google* no está libre de la presencia de virus, pero por mucho antivirus que tengamos instalado, si este detecta la presencia de virus o *malware* y nosotros nos saltamos la restricción de seguridad, ya tendremos el problema. Lo mejor es observar las indicaciones ayudándonos de nuestro **sentido común** y, en el momento de ver algo anómalo, abortar la operación que se esté realizando.

Borrar historial de *Google*

Actualmente *Google* ofrece una cantidad enorme de servicios que usamos mientras manejamos nuestro terminal sin ser conscientes de la cantidad de datos sobre nosotros que se almacenan. Para controlar la información que *Google* obtiene (o incluso borrar dicha información) debemos acceder al Historial de *Google* en *Android.* Para ello, bastaría con acceder a la aplicación de *Google,* localizar el botón **Más** (situado normalmente en la esquina inferior derecha) y, dentro de este menú, localizar **Tus datos en la búsqueda** y pulsar **Eliminar tu actividad en la búsqueda.** De esta forma, borramos los datos que *Google* almacena sobre nuestras búsquedas en su navegador. Aparte, en este menú se pueden establecer más configuraciones para gestionar la privacidad de nuestras cuentas *Google.*

Bloquear por IMEI en caso de robo

En el caso de que suframos un robo del terminal móvil, lo primero de todo es bloquear el teléfono por IMEI. El IMEI es un número identificado (al estilo del DNI para los españoles/as) que identifica a nuestro terminal y que es distinto para cada dispositivo. Puedes localizar el IMEI en el propio teléfono, en la caja donde adquieres el terminal, en la factura o bien te lo puede proporcionar el proveedor de telefonía móvil. Una vez aplicado este bloqueo, el terminal robado se bloquea y no se puede trabajar con él.

Eliminación de virus

Si te aparece publicidad que no has consultado en la barra de notificaciones, se agota la batería de forma muy rápida cuando antes no sucedía esto o las aplicaciones no son capaces de descargarse, es muy probable que el dispositivo *Android* esté infectado con algún tipo de virus o *malware*. Lo primero de todo es eliminar las aplicaciones que resulten sospechosas. Normalmente con este paso suele solucionarse el problema, pero en otras ocasiones este persiste. En este caso lo mejor es restaurar el móvil al estado en que lo compraste, pero debes ser consciente de que pierdes los datos y contactos almacenados en él. Para llevar a cabo este proceso, debes ir a **Ajustes** -> **Sistema** -> **Restablecer de fábrica,** y así habremos solucionado de forma radical el problema, despreocupándonos del virus o *malware*.

VÍDEO

Dado que actualmente trabajamos y almacenamos mucha información en los dispositivos móviles *Android*, en el siguiente enlace puedes obtener información de cómo llevar a cabo o realizar copias de seguridad de nuestros datos en *Android:*

https://redirectoronline.com/ifct100po0306

ACTIVIDAD COMPLEMENTARIA

6. Localiza todas las versiones existentes de *Android* hasta la fecha. Una vez localizadas dichas versiones, ¿qué característica comparte el nombre de cada versión con respecto del resto?

TAREA 7

Carlos tiene dos portátiles; en uno tiene instalado el sistema operativo *Windows 11* y en otro, la versión 24.04.1 LTS de *Ubuntu*. Hace días que ha detectado que ambos equipos tardan mucho en la carga del sistema operativo y que, una vez iniciado (y sobre todo en *Windows)*, para abrir una carpeta puede estar casi 10 minutos esperando.

¿Qué consejo puedes darle para que lo aplique de forma inmediata?

TAREA 8

Ana tiene un dispositivo móvil con *Android* instalado y, a la hora de instalarse un determinado juego a través de *Play Store*, su sistema operativo no lo admite. Ana no sabe qué tiene que hacer para poder tener el juego instalado en su equipo.

Ayuda a Ana comentándole qué pasos puede dar para instalar el juego en su dispositivo.

8. Resumen

Actualmente contamos con una gran variedad de sistemas operativos frente a hace algunos años, cuando solamente teníamos tres *(Windows, Linux/ Unix y Mac)*. Estos se pueden clasificar en función de:

- Sistemas operativos
- Sistemas operativos de dispositivos móviles

Dentro de los sistemas operativos, podemos destacar:

Y dentro de los segundos (sistemas operativos de dispositivos móviles), destacamos *Android* e IOS.

Se han realizado dos actividades guiadas consistentes en la instalación y puesta en marcha de los sistemas operativos *Windows 11, Ubuntu 24.04 LTS y Debian.*

En *Windows* tenemos las siguientes opciones de seguridad disponibles:

- Protección antivirus y contra amenazas
- Protección de cuentas
- *Firewall* y protección de red
- Control de aplicaciones y navegador
- Seguridad del dispositivo
- Rendimiento y estado del dispositivo

Sin embargo, para *Ubuntu* disponemos de las siguientes opciones de seguridad:

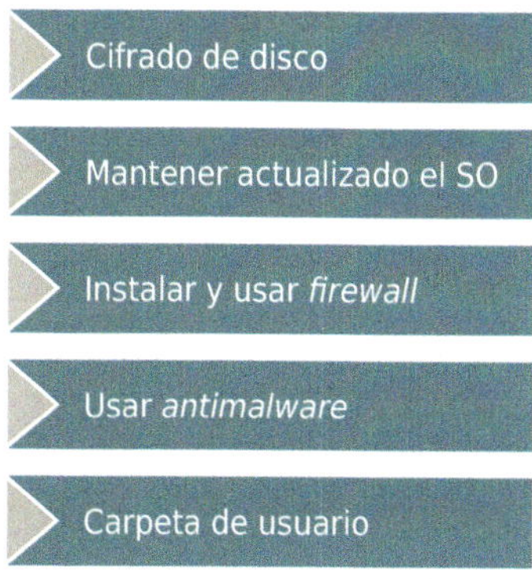

En el caso de *Android,* lo ideal para mantener la seguridad es tener en cuenta lo siguiente:

- Establecer contraseña
- Borrar historial de *Google*
- Ocultar aplicaciones, mensajes y otros archivos
- Bloquear por IMEI en caso de robo
- Localizador del dispositivo móvil
- Eliminación de virus
- El antivirus

Ejercicios de autoevaluación Unidad de Aprendizaje 4

1. ¿Cuál de las siguientes opciones tiene como objetivo principal iniciar y comprobar que el *hardware* del sistema o equipo informático donde se encuentra insertado funciona correctamente y, mediante un gestor de arranque, dar paso a la carga del sistema operativo en el dispositivo o equipo informático?

   a. Sistema operativo
   b. *Malware*
   c. BIOS
   d. *Windows*

2. El *software* que nos permite emular un sistema operativo dentro de otro se denomina:

   a. UEFI
   b. BIOS
   c. Máquina virtual
   d. Sistema operativo

3. Determina si la siguiente oración es verdadera o falsa: "Si queremos realizar una instalación de *Windows 11,* lo primero es pasar por la tienda *online* de *Windows* para adquirir dicho sistema operativo".

   - Verdadero
   - Falso

4. El Centro de Seguridad lo podemos localizar en:

   a. *Windows*
   b. *Ubuntu*
   c. *Android*
   d. IOS

5. Cuando se realiza el proceso de instalación de este sistema operativo, este nos permite escoger el cifrado de disco. Hablamos de:

a. *Windows*
b. *Ubuntu*
c. *Android*
d. IOS

6. El sistema operativo que se caracteriza por tener un gran conjunto de programas que trabajan en serie es:

a. *Windows*
b. *Unix*
c. *Linux*
d. IOS

7. Determina si la siguiente oración es verdadera o falsa: *Android* fue diseñado para implementarse en dispositivos móviles con pantalla táctil, tales como *Smartphones,* tabletas, relojes inteligentes, televisiones...

- Verdadero
- Falso

8. El antivirus que nos proporciona *Microsoft* en *Windows* se denomina:

a. *Norton*
b. *Defender*
c. *Avast*
d. Essed Nod32

9. Un *antimalware OpenSource* y totalmente gratuito para *Ubuntu* se corresponde con:

a. *Norton*
b. *Defender*
c. *Avast*
d. *ClamAV*

10. Relaciona los siguientes sistemas operativos con sus tipos:

a. *IOS*
b. *Android*
c. *Mac OS*
d. *Linux/Unix*
e. *Windows*

__ Sistema operativo
__ Sistema operativo móvil

Unidad de aprendizaje 5

Malware total

Contenido

1. Introducción
2. *Malware* infeccioso
3. *Malware* oculto
4. *Malware* para obtener beneficios
5. *Malware* para robar información personal
6. Ataques distribuidos
7. Programas *antimalware*
8. Métodos de protección
9. Resumen

Objetivos

El objetivo general de esta Unidad de Aprendizaje es:

- Identificar y clasificar el *malware* actual.

Los objetivos específicos de esta Unidad de Aprendizaje son:

- Reconocer el *malware* infeccioso.
- Identificar el *malware* oculto.
- Utilizar programas *antimalware.*
- Conocer e identificar los métodos de protección.
- Identificar el *malware* oculto y utilizar programas *antimalware.*

1. Introducción

El término *malware* se corresponde con un acrónimo del inglés *Malicious software,* que significa "código malicioso". El *malware* se corresponde con programas diseñados con el fin de adentrarse en un sistema informático para realizar diversas operaciones que iremos viendo a lo largo de esta unidad.

El *malware* puede centrarse en los siguientes aspectos:

- Dañar nuestro equipo.
- Robar datos o información de usuario.
- Infectar el equipo para que se propague la infección.

Y se puede localizar los diferentes tipos de *malware* en: virus, *spyware,* gusanos, troyanos, *bots* maliciosos y *adware.*

Para conocer todos estos conceptos, a lo largo de la unidad nos basaremos en CGS (CiberGestores Seguridad), S. L., cuyo momento más difícil vivido a lo largo de toda su trayectoria en mantenimiento de equipos informáticos tuvo lugar cuando, en uno de ellos, detectaron cerca de cuatro mil programas *malware.*

Actualmente esta empresa ofrece a sus clientes el *pack* "Tranquilidad total", que consiste en la configuración, puesta en marcha y actualizaciones de antivirus y *antimalware,* todo realizado *online* por la empresa a sus clientes.

2. *Malware* infeccioso

HILO CONDUCTOR

En CGS (CiberGestores Seguridad), S. L., llevan varios años luchando contra los *malware* infecciosos. Saben que, cuanto antes se detecten en el sistema, antes pueden combatirse, dado que este tipo de *malware* se expande de forma muy rápida sin apenas darnos cuenta.

El término *"malware* infeccioso" se usa para denominar a aquellos *malware* que tienen la capacidad suficiente para infectar con su **código malicioso** y hacer que no funcionen las aplicaciones o programas que hay instalados en el equipo informático. Dentro del *software* infeccioso puede haber dos variantes bien diferenciados, que son:

Virus	Gusanos
- Se denomina virus informático a aquel programa que, al ejecutarse, se propaga infectando a otros *softwares* ejecutables dentro del mismo equipo informático. Otra modalidad de los virus puede ser el borrado o modificación de archivos, de tal forma que se quedan eliminados o bien corruptos y no pueden ejecutarse o acceder a su información.	- Se denomina gusano informático a un programa que se transmite a sí mismo, buscando y explotando las vulnerabilidades del equipo informático donde reside y, si dicho equipo forma parte de una red de ordenadores, infectará al resto de equipos expandiéndose por la red. Al igual que los virus, los gusanos pueden contener código dañino. El principal objetivo de un gusano es infectar al mayor número posible de usuarios o equipos.

2.1. Características de virus y gusanos

Los virus y los gusanos afectan radicalmente al **sistema operativo de *Windows*,** siendo esto una de las razones por las que los usuarios emigraron a sistemas operativos del tipo *Linux/Unix* (tenían un menor impacto de virus y gusanos).

A continuación, se explican algunos ejemplos, los más relevantes, en torno a virus y gusanos informáticos.

I Love You

Se corresponde con un *malware* infeccioso, en concreto con un gusano que ha sido desarrollado en *Visual Basic Script* y cuyo fin es la propagación a través de correo electrónico e IRC *(Internet Relay Chat)*. Gracias a esta forma de propagación, miles de usuarios han sido afectados, incluyendo grandes empresas y multinacionales. Su apariencia bajo un correo electrónico consiste en un mensaje con el tema I LOVE YOU, y un fichero adjunto denominado LOVE-LETTER-FOR-YOU.TXT.vbs que, tal y como se puede observar, lleva la extensión .vbs correspondiente a *Visual Basic Script*. Pero algunas configuraciones de *Windows* pueden ocultar las extensiones de los archivos, de modo que se quedaría como un simple fichero de texto (engañando a simple vista). Una vez que se abre el archivo infectado, nuestro ordenador se contagia automáticamente y el gusano intenta usar nuestra agenda de *Outlook* para propagarse e infectar a otros usuarios.

Pero, ¿qué daños causa *I Love You* en nuestro sistema si resultamos infectados?

- Los archivos con extensiones *.VBS y *.VBE son reescritos con el código maligno del *I Love You*.
- Los archivos con extensiones *.JS, *.JSE, *.CSS, *.WSH, *.SCT y *.HTA son eliminados por la infección, creando otros con el mismo nombre y extensión donde se introduce el código maligno.
- Los archivos con extensión *.JPG, *JPEG, *.MP3 y *.MP2 son eliminados del disco duro y reemplazados por archivos con el nombre del archivo más la extensión *.VBS.

Es muy fácil sobrescribir el código fuente de dicha infección; de hecho, aparecieron gran cantidad de variantes pero con otros fines.

VÍDEO

Ahora puedes ver un vídeo sobre el gusano *I Love You:*

https://redirectoronline.com/ifct100po0505

Blaster (Lovsan o Lovesan)

Se corresponde con un virus que se propaga casi de forma exponencial debido a que hace uso de una vulnerabilidad que hay en los sistemas operativos *Windows NT, 2000, XP y 2003.* Dicha vulnerabilidad se denomina "vulnerabilidad de desbordamiento de búfer en RPC DCOM". Para los usuarios de los sistemas operativos nombrados anteriormente, en junio de 2003 *Microsoft* puso a su disposición un parche de seguridad para evitar dicha vulnerabilidad. Este virus hace uso del puerto TCP 135 para expandirse o propagarse y su objetivo se centra en lanzar ataques de denegación del servicio de *Windows update* y provocar con ello inestabilidad en el sistema infectado.

Mydoom

Se corresponde con una variante del *malware* MIMAIL que se propagó masivamente a través del correo electrónico y de la red P2P KaZaa. Este *malware* se caracteriza por usar asuntos, textos y nombres de adjuntos que van variando en los correos electrónicos en los que se envía, por lo que resulta complicado identificarlo o filtrarlo por parte del *firewall* y los *antimalware.* Además, resulta muy peligroso potencialmente porque dispone de puerta trasera que permite a un usuario remoto controlar el ordenador o equipo informático infectado (obviamente, dependiendo de la configuración de red y del sistema del equipo infectado). En el caso de resultar infectados por este *malware,* podemos usar alguna de las muchas herramientas que hay en internet para poder eliminarlo, por ejemplo, *Symantec.*

Además, *Microsoft* pone a nuestra disposición una herramienta totalmente gratuita que puede usarse para la eliminación de *malware* (entre otros, elimina el *malware* comentado en este punto).

SobigWorm

Consiste en un gusano que tiene el objetivo de enviar de forma masiva correo electrónico cuya propagación se realiza mediante todas las direcciones de correo electrónico que se localizan dentro de los ficheros con extensiones ⋆.txt, ⋆.eml, ⋆.html, ⋆.html, ⋆.dbx y ⋆.wab. Tiene la característica de que, en el correo en que se propaga el gusano, aparece como si fuera enviado por big@boss.com. Este gusano es capaz de realizar copias de sí mismo en máquinas remotas a través de los recursos compartidos de la red en cuestión.

Code Red

Se corresponde con un virus cuyo objetivo es el ataque de configuraciones más complejas, las cuales no son implementadas por usuarios finales y que destaca por dos versiones existentes: Codered C y Codered D (que usan la misma técnica variando la carga destructiva).

CIH (Chernobyl)

Se trata de un virus cuyo código fuente es capaz de modificar la BIOS y dejar a la máquina o equipo totalmente inoperativo. Su código fuente está disponible íntegramente en internet, con lo cual son muchos los aficionados que crean muchas variantes de este tipo de virus con el peligro que esto conlleva. Es posible descargar un *software* llamado *Free detector Cih* para saber si estamos infectados con este tipo de virus y tomar las medidas oportunas.

Klez

Es un virus muy peligroso, sobre todo de cara a los usuarios de *Internet Explorer,* dado que se aprovecha de una vulnerabilidad mediante la cual es capaz de autoejecutarse él solo y visualizar el correo electrónico que llega con adjunto. Este virus es capaz de inhabilitar el arranque del dispositivo infectado y de inutilizar ciertos programas o aplicaciones.

Sasser

Se corresponde con un gusano que intenta propagarse a otros equipos aprovechando una vulnerabilidad conocida como LSASS *(Local Security Authority Subsystem).* Afecta a equipos con sistema operativo *Windows 2000, XP* y *Windows Server 2003* sin actualizar.

Win32/Simile

Se corresponde con un virus de tipo híbrido que es capaz de atacar tanto a sistemas operativos *Windows* como *Linux.* Es muy fácil caer en él, dado que, con solo abrir el correo, ya resultamos infectados, incluso si se previsualiza el mensaje recibido.

Melissa

Virus más comúnmente conocido con el nombre de W97M_Melissa o Macro.Word97.Melissa. Infecta al programa *Microsoft Word* y a todos los archivos que abra dicha aplicación, realiza cambios en ciertas configuraciones para permitir dicha infección y tiene la capacidad de poder autoenviarse por correo electrónico. Normalmente suele crear un mensaje de correo que consta de un archivo adjunto y que suele enviarse bajo el nombre de "Happy99". Dicho mensaje contiene un asunto en inglés del tipo: "Importantmessagefrom...", y en el cuerpo del mensaje algo como "Hereisthatdocumentyouaskedfro... Dont't show anyoneelse...".

Blage (Beagle)

Se trata de un gusano que se difunde mediante el envío masivo de correos electrónicos que capturan diversos ficheros de la máquina infectada. Se hace pasar por un mensaje de prueba con un fichero adjunto que usa el icono de la calculadora de *Windows,* lo que puede llevar a pensar que el correo recibido es inofensivo cuando la realidad es todo lo contrario.

Nimda

Este virus consiste en un gusano/troyano que usa tres métodos de propagación distintos: a través de correo electrónico, mediante las carpetas de red o bien en servidores que tengan instalado IIS *(Internet Information Server).*

ACTIVIDAD COMPLEMENTARIA

7. Localiza la fecha en la que se produjeron los siguientes ataques y las consecuencias asociadas a los mismos:

    - Ayuntamiento de Sevilla
    - Clinic de Barcelona.
    - The Phone House.

APLICACIÓN PRÁCTICA

Hace varios días, Alicia recibió un correo un poco raro en cuyo asunto ponía: "Importante: ha ganado 10 millones de euros". Aún no lo ha abierto porque no es capaz de averiguar quién es el remitente, pero ve necesario abrirlo porque trae archivos adjuntos y puede que sea cierto, ya que ella hace apuestas en Lotería Nacional. ¿Debería abrirlo?

Solución

Si el mensaje fuera de Lotería Nacional, vendría perfectamente indicado el remitente. En este caso lo mejor es proceder a eliminar el mensaje y pasar un antivirus y *antimalware* para asegurarse de que no se ha infectado su ordenador (en el caso de resultar infectado, debe tomar las medidas correspondientes para la desinfección del equipo).

3. *Malware* oculto

HILO CONDUCTOR

En CGS (CiberGestores Seguridad), S. L., llevan años trabajando con clientes que, antes de realizar determinado trabajo informático, por política de empresa, realizan un escaneo tanto con un antivirus como con un *antimalware*. Los resultados han sido increíbles en clientes que nunca pensarían que tendrían algún tipo de *software* oculto maligno en sus equipos informáticos o redes de ordenadores.

Para que un *software* con código malicioso pueda llevar a cabo sus objetivos (sean cuales sean) es primordial que pase **desapercibido para el usuario** o usuarios del equipo o dispositivo informático infectado. Es lógico; si un usuario, por cualquier motivo, localiza un programa malicioso, lo más normal es que acabe borrando o eliminando este tipo de *software* antes de que lleve a cabo sus objetivos (o incluso cuando ya los ha llevado a cabo). El *malware* aprovecha que está oculto para instalarse en nuestros equipos o dispositivos informáticos.

Dentro del *malware* oculto pueden destacarse los troyanos o caballos de Troya, que se suelen usar para poder administrar remotamente un equipo o dispositivo informático de forma que el usuario o usuarios de dicho equipo no llegan a enterarse ni dan su consentimiento a otros usuarios no autorizados del equipo.

Del mismo modo que el caballo de Troya ocultaba en su interior a guerreros para combatir, el correo electrónico recibe troyanos que ocultan virus o malware.

Dentro del *malware* oculto podemos encontrar los siguientes tipos:

- **Puertas traseras:** conocidas con el nombre ingles de *backdoor,* son un método usado para saltarse los procedimientos habituales y normales de autenticación cuando se lleva a cabo una conexión con un equipo o dispositivo informático. Una vez que el sistema se ha comprometido es cuando se lleva a cabo el proceso de instalación de una puerta trasera para permitir el control remoto del dispositivo de cara al futuro. Los *crackers* suelen hacer uso de este método dado que, *a priori,* les mantiene ocultos de cara al usuario del equipo o dispositivo.
- ***Drive-by download:*** gracias a los motores de búsqueda de los navegadores, y sobre todo al navegador de *Google,* se ha descubierto que hay muchas webs que han sido analizadas profundamente y que contienen lo que se denomina *drive-by downloads* o descargas automáticas que, al fin y al cabo, no dejan de ser sitios que instalan *spyware* o código que capta información de los equipos sin que los usuarios puedan percatarse de ello. Un ejemplo se puede ver cuando buscamos un producto por internet y, después de unos días, realizamos una búsqueda y este nos ofrece anuncios del producto buscado anteriormente (aunque en este caso no se trata de código malicioso, nos viene bien para entender la idea). Este ataque *drive-by download* se produce de forma automática: el sitio busca

alguna vulnerabilidad en el equipo que lo visita y, una vez localizada dicha vulnerabilidad, la explota automáticamente. Ante esta situación los navegadores web están incluyendo bloqueadores *antiphishing* y *antimalware.*

- ***Rootkits:*** consiste en un método para poder alterar o modificar el sistema operativo de un equipo o dispositivo informático para permitir el paso del *malware* y que este permanezca oculto de cara al usuario o usuarios del equipo. Este tipo de modificaciones hacen imposible que un ordenador infectado por *malware* pueda dar indicios. Uno de los más famosos es el diseñado por *Sony BMG Music Entertainment,* que evitaba la copia de algunos CD de música a dispositivos informáticos.
- **Troyanos:** suele usarse este término para definir los *malware* que permiten la administración remota de un equipo, de forma oculta y sin que su usuario pueda percibirlo, por parte de otro usuario no autorizado en el sistema. Normalmente los troyanos suelen estar "disfrazados" con algún tipo de *software* atractivo para los usuarios, de tal forma que, cuando se ejecuta, se produce la infección. Hace unos años, en los inicios de internet, esto sucedía cuando se descargaban las imágenes de las páginas web.
- ***Spyware:*** se corresponde con un *software* maligno cuyo principal objetivo consiste en la recopilación de información y datos del equipo infectado con el fin de transmitirlos después a una entidad externa sin el consentimiento ni la autorización del propietario del equipo infectado. Los *spyware* se instalan en los equipos de forma totalmente automática y silenciosa, y se ejecutan cada vez que se arranca el equipo. Además, se caracterizan por usar recursos de CPU y memoria RAM, reduciendo la estabilidad del equipo infectado. Los *spyware* son capaces de analizar el uso de internet y, en consecuencia, mostrarnos publicidad relacionada con nuestras búsquedas. Un *spyware* se caracteriza fundamentalmente porque no se reproduce ni se replica en otros equipos.
- ***Adware:*** hay determinados autores que consideran este tipo de *software* como oculto y otros que no. Su funcionamiento es el siguiente: se trata de un *software* malicioso que, de forma automática, muestra al usuario del equipo infectado determinados anuncios publicitarios. De esta forma, los anunciantes obtienen normalmente ciertas ganancias por estas publicidades maliciosas. Los *adware* se suelen dividir en dos tipos: los legítimos (por los que no hay que preocuparse) y los no deseados (especialmente peligrosos, porque obtienen información del usuario del equipo infectado para trabajar con ella).

ACTIVIDAD COMPLEMENTARIA

8. Indica al menos dos troyanos que hayan causado muchos daños a nivel informático tanto a usuarios como a empresas.

   ¿Qué troyano, de los nombrados, ha sido o es el más destructivo?

4. *Malware* para obtener beneficios

HILO CONDUCTOR

Desde el Departamento de Seguridad en CGS, tienen muy claro que el *malware* se divide en función de sus objetivos, aunque esto pase totalmente desapercibido para los usuarios. No es lo mismo un *malware* que captura los sitios web que visitamos para ofrecernos publicidad que un *malware* que capture nuestras pulsaciones de teclado para hacerse con nuestras contraseñas.

Actualmente el *malware* está diseñado y enfocado para la obtención de un beneficio. Pero no hay que olvidar todo el mercado que existe alrededor de este concepto. No se puede evidenciar la existencia de *malware* por motivos económicos, pero tampoco militares, sociopolíticos, personales...

A continuación, nos centraremos en el *malware* para la obtención de beneficios:

- ***Spyware:*** como ya se ha comentado, los programas *spyware* se diseñan con el fin de recopilar información, datos o actividades realizadas por un usuario en un equipo informático. Normalmente el fin de esta información es su venta a agencias de publicidad u otro tipo de organizaciones interesadas en dicha información. Lo usual es que los *spyware* recojan datos como las direcciones web que visitan los usuarios, recopilen direcciones de correo electrónico, usen *cookies* para publicidad... en el mejor de los casos; en el peor, pueden capturar datos personales, datos médicos e incluso datos bancarios.
- ***Adware:*** se corresponde con programas *spyware,* cuyo objetivo es mostrar información al usuario de forma masiva e intrusiva a través de las ventanas emergentes, más conocidas como *pop-up* (en el mercado hay

programas que sirven para bloquear los *pop-up* y evitar sus molestias), o mediante otros medios. Algunos programas, sobre todo los denominados *shareware,* muestran cierto tipo de publicidad a cambio de usar el programa, pero estos no deben confundirse con *malware,* dado que es un pacto o contrato entre una empresa de publicidad y una empresa de *software,* y bajo ningún concepto se toman o manipulan los datos del usuario.

- ***Hijacking:*** se corresponde con una técnica que se basa en la modificación o alteración de la configuración del navegador web que usa el usuario del equipo infectado. El más conocido por todos es aquel que cambia la página de inicio y nos redirige a páginas de publicidad, páginas pornográficas... Dentro de este tipo de *software* maligno se debe hacer especial mención al *pharming,* técnica basada en la suplantación de DNS de un determinado sitio web con el fin de redirigirlo a otro sitio ilegal y poder imitar al original, con el fin de engañar a los usuarios dirigiéndolos a la web ilegal para obtener copia de sus datos.
- ***Keyloggers y stealers:*** son *software* de tipo malicioso que han sido creados para el robo de información sensible y personal de usuarios, principalmente. Suelen generar beneficios económicos y la principal diferencia entre estos dos tipos de *software* malicioso es la forma de obtener la información.

    - Los *keyloggers* se encargan de realizar monitoreos de las teclas pulsadas en el teclado por el usuario y las almacena en ficheros que posteriormente son enviados al creador del *malware.* Por ejemplo, pueden obtener nuestro nombre de usuario y contraseña de acceso al banco, o bien nuestro número de tarjeta bancaria, su caducidad y el código CVV... Pero si las contraseñas son gestionadas automáticamente por el navegador web, es decir, el usuario no tiene que escribirlas, es más complicado que un *keylogger* pueda almacenarlas.
    - En el otro punto tenemos a los *stealers,* que se encargan de recopilar la información privada que se encuentra en el equipo que está infectado. En este caso, si hay contraseñas guardadas en el equipo (por ejemplo, de los navegadores web o de los clientes de mensajería o de acceso a una determinada aplicación), serán capturados por este *software* para posteriormente enviarlos a su creador o desarrollador.

- ***Dialers:*** se corresponde con *software* malicioso, que toma el control del antiguo módem realizando llamadas a números de tarificación especial o internacionales y dejando la línea abierta el máximo tiempo posible con el sobrecoste económico que conlleva para el usuario afectado. La forma más habitual de infectarse de este tipo de *software* es a través de páginas de contenido gratuito que solo permiten el acceso con conexión telefónica. Hoy en día, gracias al uso de los *routers,* este tipo de *software* está muy desactualizado.

- **Ataques distribuidos:** aunque se verán con más profundidad más adelante, se trata de un conjunto de ordenadores en red que están infectados y que son controlados remotamente con el fin de realizar diversas tareas; ejemplos de estas tareas pueden ser un envío masivo de *spam,* lanzamiento de ataques DDoS contra organizaciones o empresas para impedir su correcto funcionamiento en su sitio web... El motivo de todo esto es obtener el anonimato por parte de los ordenadores infectados, que son controlados de forma remota.
- ***Rogue:*** se trata de un *software* maligno que, una vez que ha infectado un sistema, hace creer a su usuario o usuarios que dicho equipo está infectado de algún virus u otro *software* maligno. Para ello, induce al usuario a descargar determinado contenido con el fin de poder eliminar dicho virus o *software* maligno. Entonces es cuando se produce la verdadera infección en el equipo del usuario, al descargarse este *software* que no se necesita pero que, por ignorancia, la mayoría de las veces es descargado.
- ***Ransomware:*** es un *software* malicioso también conocido con el nombre de *criptovirus,* dado que son programas cuyo objetivo es cifrar los archivos de datos importantes para el usuario, de tal forma que se vuelven inaccesibles al estar cifrados y el usuario desconocer dicho cifrado; se pide un rescate para descifrar dichos datos, normalmente mediante el envío de una contraseña que permite la recuperación de los archivos. Un ejemplo de *ransomware* muy famoso y popular fue el llamado “virus de la policía”.

Ejemplo de infección de ransomware

- ***Cookie:*** se trata de ficheros que contienen información enviada por un sitio web y que es almacenada en el navegador del usuario; de esta forma, el sitio web puede consultar la actividad previa del usuario. En algunos sitios web maliciosos, es posible que nos creen *cookies* malignas.
- ***Spam:*** también conocido con el término de "correo basura", el *spam* es correo no deseado y no solicitado cuyo remitente es desconocido (normalmente se suele tratar de correos anónimos) y de carácter publicitario. Este tipo de mensajes se caracterizan por que son enviados en grandes cantidades y masivamente, intentando perjudicar de una o varias formas al receptor.
- ***Phising:*** se trata de un término informático ideado para representar un abuso informático a través de algún tipo de ingeniería social; se caracteriza por intentar adquirir información confidencial de forma fraudulenta.

5. *Malware* para robar información personal

HILO CONDUCTOR

En CGS (CiberGestores Seguridad), S. L., siempre recomiendan, tanto a sus clientes grandes como a los clientes particulares, realizar al menos de entre dos o tres escaneos a la semana en busca de *malware* en nuestros dispositivos informáticos, sobre todo si somos grandes usuarios de internet.

La mayoría de los ataques informáticos que reciben nuestros dispositivos o equipos tienen como finalidad el **robo de información.** Los usuarios suelen pensar, ¿qué valor puede tener mi información? Esta pregunta implica una gran dejadez en torno a la seguridad informática de los equipos de los usuarios, dejando todo en manos de quien nos quiera robar dicha información.

Hoy en día todos somos usuarios de internet, y deberíamos tomarnos muy en serio la seguridad, casi como un reto, a pesar de no tener una formación específica en informática. Por ejemplo, piensa en los siguientes escenarios:

- La vivienda que se pretende robar dispone de alarma, iluminación exterior e interior, varios perros de considerable tamaño, rejas, puertas blindadas y personal de seguridad.
- La vivienda no cuenta con ninguna medida de seguridad.

Seguramente los ladrones escojan la opción 2, pues la situación es idónea para perpetrar un robo. Si extrapolamos este ejemplo al uso de internet, quizá ahora sí tenga más sentido esforzarse en conocer más sobre determinadas medidas de seguridad.

Aun así, viendo las cosas desde el punto de vista de la seguridad, podemos pensar, ¿para qué va a querer alguien mi información?

En la mayoría de los casos, la información robada se usa en el mercado negro. De hecho, hay empresas de dudosa reputación que se dedican a comprar "paquetes" de datos robados con el fin de realizar estudios comerciales o para el envío de publicidad. Este sería el mejor de los escenarios posibles; el peor de todos puede conllevar daños de extrema gravedad para una persona. No se trata de que nos roben la información, sino de lo que puedan hacer con dicha información.

Veamos ahora cuáles son los medios para llevar a cabo todo esto:

Dumpster diving	- Consiste en una técnica en la que se buscan archivos de papel que haya arrojados en las papeleras, contenedores donde se tira información, CD, DVD, USB, discos duros..., incluso aunque hayan sido eliminados los documentos, hay formas de recuperarlos.
Phishing	- Se basa en el envío de correos electrónicos fraudulentos y que suplantan la identidad de terceras entidades de nombre reconocido con el fin de engañar al usuario y poder obtener así sus datos de acceso.

Continúa en página siguiente >>

<< Viene de página anterior

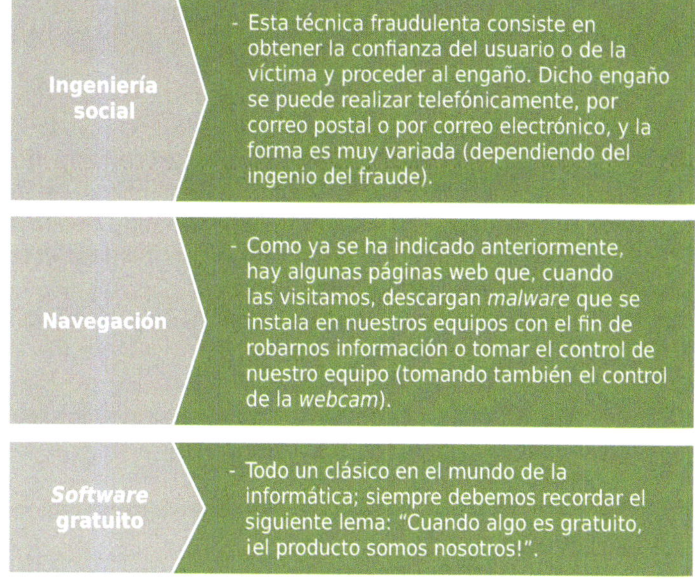

Pero, ¿qué podemos hacer para proteger nuestra información personal como usuarios digitales? Vamos a tratarlo desde cuatro puntos de vista posibles:

- **Mundo físico:** se pueden tomar las siguientes medidas de seguridad que nunca están de más:
  - Asegurarnos de la destrucción de documentos que contengan algún tipo de información personal, tales como: extractos bancarios, fotocopias de DNI o tarjetas bancarias, facturas, presupuestos...
  - Si nuestro equipo o dispositivo dispone de *webcam*, lo ideal es, en la medida de lo posible, taparla si no la estamos usando; si alguien se hace con el control de nuestro equipo, puede tomar imágenes o controlarnos por este dispositivo *hardware*.
  - No facilitar nunca información personal ni aunque se nos requiera vía telefónica.
- **Navegando:** siguiendo una serie de consejos de seguridad a la hora de navegar por internet, podemos evitar algunas sorpresas de mal gusto. Algunas de estas recomendaciones son:
  - Usar siempre páginas seguras, que son aquellas cuya dirección web comienza con https://...; fundamentalmente porque este protocolo de internet ofrece cifrado para realizar transacciones en modo seguro.

- Revisar la configuración del navegador instalado en el equipo y llevar a cabo una serie de tareas, tales como:
  - Borrar el historial periódicamente.
  - Eliminar las *cookies* de forma regular.
- En dispositivos o equipos informáticos de carácter público o que sean compartidos por otros usuarios, debemos usar el modo "incógnito" en la navegación y cerrar sesiones cuando terminemos nuestro trabajo; de lo contrario, el usuario que use después el equipo podrá acceder a nuestra información.
- No manejar información personal, ni médica, ni bancaria... cuando nos conectamos a redes wifi públicas.

- **Mundo digital:** siempre conviene tomar las siguientes recomendaciones de seguridad para evitar sorpresas futuras:
  - Usar un antivirus y *antimalware,* además de tenerlos correctamente actualizados.
  - Asegurarnos de que tanto el sistema operativo del dispositivo como las aplicaciones instaladas en él se encuentran actualizadas.
- **Hábitos seguros:** del mismo modo, también se recomienda tomar una serie de hábitos para evitar posibles problemas de seguridad de cara a un futuro, como:
  - Aprender a detectar sitios web y correos *phishing.* Se recomienda la comprobación de los enlaces web, no abrir los correos sospechosos y sobre todo no facilitar información sensible por este medio.
  - No descargar ni ejecutar adjuntos de los que no tengamos claro su procedencia. Además, debes prestar especial atención si abres un correo de la carpeta *spam.*
  - Usar contraseñas robustas y, a ser posible, diferentes en cada uno de los servicios que usemos en internet. Lo más probable es que si nos capturan una contraseña, dicha contraseña la prueben en todos los servicios de internet contratados.
  - Usar el doble factor de autenticación para obtener una capa más de seguridad.

ACTIVIDAD COMPLEMENTARIA

9. Investiga en qué consiste el término "doble factor de autenticación". Una vez que tengas claro en qué consiste.

6. Ataques distribuidos

HILO CONDUCTOR

En CGS (CiberGestores Seguridad), S. L., cuando orientan a grandes clientes o empresas en cuestiones de seguridad, suelen darles nociones sobre ataques perpetrados con el fin de bloquear los sitios web. Una vez que los clientes son conscientes de las pérdidas y problemas asociados a los ataques, es cuando deciden tomar medidas para evitarlos.

En seguridad informática, cuando se habla de un ataque distribuido se está haciendo referencia al concepto de "ataque de denegación de servicio", también conocido con el nombre de sus siglas en inglés DoS *(Denial of Service).* Este consiste en un ataque a equipos o dispositivos informáticos en red que hace que uno o más servicios (recursos) sean **inaccesibles a los usuarios legítimos.** Normalmente este tipo de ataques suelen causar una caída de la red o su desconexión porque consumen todo el ancho de banda de dicha red.

Los ataques DoS suelen atacar mediante la saturación de puertos enviando mucha información, tanta, que el puerto es incapaz de gestionarla y pasa al estado de bloqueo por su propia seguridad; esto deriva en que no pueda prestar su servicio o lo que se conoce como "denegación de servicio".

Esta herramienta DoS es empleada por los *crackers* o piratas para dejar KO a un servidor determinado, por ejemplo, para redirigir a los usuarios a otro servidor pirateado y obtener sus contraseñas mediante técnicas *phishing.*

Ejemplo de ataque DoS

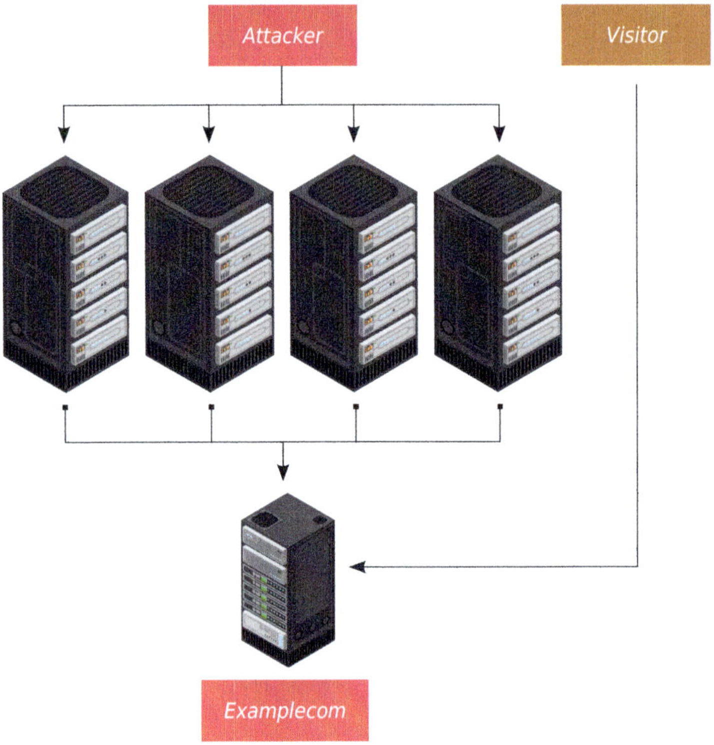

Actualmente una variación del ataque DoS es el conocido como DDoS *(Distributed Denial of Service)*, y se caracteriza por que se lleva a cabo por varios piratas informáticos a la vez (o bien por *botnets)* y se realiza a través de internet. Estos ataques se centran en generar un tráfico elevadísimo a un determinado servidor hasta que al final este último cae víctima por no poder procesar todo el tráfico y termina por bloquearse (en el mejor de los casos).

A continuación, se ven los diferentes tipos de ataques DDoS que existen:

- **Ataque pitufo:** denominado así por hacer uso del protocolo ICMP *(Internet Control Message Protocol)* o *ping*. Consiste en obligar al servidor a responder solicitudes que no son reales hasta que se consigue el objetivo: saturar el ancho de banda del servidor.
- ***Ping Flood:*** este ataque es muy similar al anterior, aunque en este caso se procede a atacar mediante el envío de paquetes ICMP masivos, de tal forma que se impide que se realicen nuevas conexiones con el servidor porque no es capaz de gestionarlas.

- ***SYN Flood:*** denominado así porque se procede a atacar mediante el envío de conexiones SYN, se envía una confirmación AYN/ACK y se espera a que el cliente lo confirme mediante la respuesta ACK. En el caso de que las respuestas no sean enviadas, la conexión se queda residente en la memoria del servidor, con lo cual llegará un momento en que, si se hace masivamente, el servidor se sature en su memoria.
- ***UDP Flood:*** llamado así por el envío masivo de solicitudes usando para ello el protocolo UDP con destinos al azar y falsos, los cuales hacen que el servidor, al intentar resolverlos, no tenga éxito y se sature de tanto intento.
- ***Ping* de la muerte:** este tipo de ataques se aprovechan de un fallo en el protocolo IP de forma que, cuando se procede a enviar un *ping* con un tamaño superior a los 64 kb, se causa en el servidor un error en el sistema de desbordamiento del búfer.
- **Ataque *LAND:*** este tipo de ataques basa su uso en paquetes SYN, utilizando el protocolo TCP en el que el origen y el destino son el mismo: el propio servidor, lo que acaba en un bucle infinito de paquetes SYN/ACK que acaban dejando inactivo e inservible al servidor.

¿Cómo podemos protegernos de este tipo de ataques en nuestros equipos o sistemas informáticos? Para ello, podemos seguir una serie de consejos:

Bloquear IP

- En las redes de ordenadores hay listas negras de ordenadores infectados que forman parte de la *botnet*. Si bloqueamos estas listas negras en nuestro servidor, no podremos recibir solicitudes maliciosas y, por lo tanto, no se gastará tiempo en atenderlas o darles una solución.

Aplicar filtros

- En los diferentes tipos de ataques vistos anteriormente hemos podido ver cómo se hace uso de diferentes protocolos para el envío del ataque. Si se configuran los filtros correspondientes para omitir el tráfico a través de estos protocolos, en caso de haber un ataque, este no será efectivo.

SYN cookies

- Esta técnica de seguridad se encarga de enviar al cliente una *cookie* con la información SYN, de tal forma que esta información se encuentra cifrada, evitando que se pueda saturar la memoria del servidor al dejar los datos almacenados.

Continúa en página siguiente >>

<< Viene de página anterior

Balanceo de carga

- Si en vez de usar un servidor, repartimos la carga de trabajo entre dos o más servidores balanceando la carga de cada uno, en el caso de que uno sufra un ataque, la carga se redistribuirá entre el resto de servidores.

CDN *(Content Delivery Network)*

- Conjunto de ubicaciones que redistribuyen localmente el contenido de los servidores y guardan en caché los archivos que no necesitan actualización permanente. La idea consiste en que este CDN actúe como un servidor intermedio impidiendo que al servidor principal lleguen los ataques de los piratas informáticos.

7. Programas *antimalware*

HILO CONDUCTOR

En CGS (CiberGestores Seguridad), S. L., son totalmente conscientes de que el *malware* de cualquier tipo puede pasar inadvertido a sus clientes por muy expertos que sean. Por eso llegan a acuerdos con las empresas en las que remotamente ejecutan *software antimalware* en sus jornadas fuera del ámbito laboral para garantizar que los equipos de sus clientes no se infecten.

Actualmente, a diferencia de hace diez años, se cuenta con numerosas aplicaciones *software* para la gestión del *malware* en diferentes versiones, gratuitas y de pago. No hace falta invertir grandes cantidades de dinero en este tipo de aplicaciones, ya que con el combinado de algunos de los *softwares* que se presentan a continuación, junto con un buen sistema antivirus, tendremos cubiertas las necesidades de seguridad de nuestros equipos o sistemas informáticos.

A continuación, se ven las principales herramientas de seguridad en torno a los *malware* según la popularidad de los usuarios de internet:

- ***Malwarebytes Antimalware:*** se trata de un *software* muy popular entre los usuarios de internet; su característica principal es la cantidad de *malware* que es capaz de detectar. Además, es totalmente incapaz de bloquear al antivirus y funciona de forma totalmente independiente a este, con lo cual no hay conflicto entre ambos. Disponemos de dos versiones: una gratis (con funcionalidades limitadas) y otra de pago (que destaca por disponer de modo residente, es decir, tiene capacidad de analizar en tiempo real las amenazas que pueden afectar al equipo). El *software* se puede descargar desde: <https://es.malwarebytes.com/>.

Página principal de Malwarebytes

- ***Spybot-Search & Destroy:*** es un *software* que cuenta con una gran experiencia dentro del sector del *spyware,* debido al tiempo que lleva operando la aplicación. Destaca sobre todo la posibilidad de usar su modo residente y la vacunación del equipo para evitar que nuevas amenazas infecten el sistema donde se encuentra instalado. Al igual que *Malwarebytes,* está disponible en dos versiones: una gratuita y otra de pago. La versión gratuita da soporte para *antimalware* y *antispayware,* y la de pago ofrece además un antivirus. Este *software* puede obtenerse en el siguiente enlace: <https://www.safer-networking.org/>.

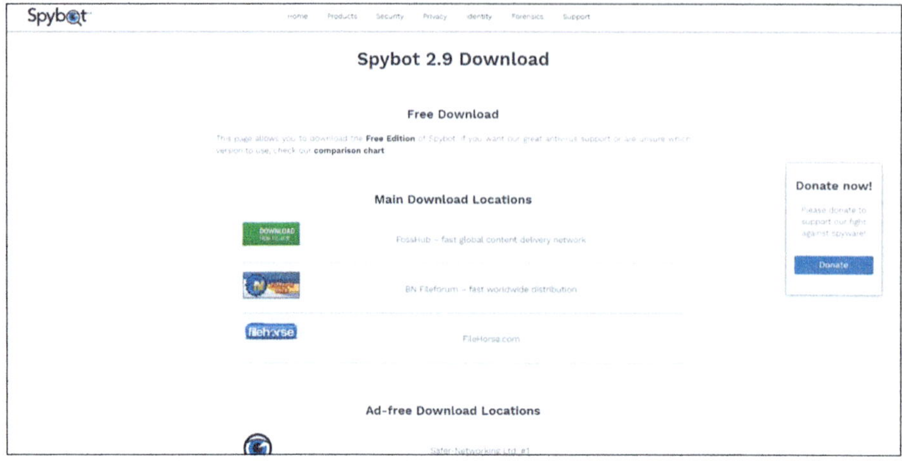

Página principal de Spybot-Search & Destroy

- ***Ad-Aware Free:*** se trata de una renovación del *software Ad-Aware AntiSpyware,* pues cuenta con un antivirus que antes no se ofrecía. Este *software* brinda soporte contra el *software* espía y es ideal para aquellos usuarios que requieren de protección adicional. Hay que tener presente que, como trae antivirus incorporado, no se recomienda tener dos o más antivirus instalados en un mismo sistema, sobre todo porque interferirán unos con otros en su funcionamiento. Este programa puede detectar URL maliciosas, ofrece protección contra descargas de archivos e incorpora el "SandBox", que permite la detección de nuevas amenazas que no han sido clasificadas aún en las firmas de virus. Desde el siguiente enlace puede descargarse este *software:* <https://www.adaware.com/es>.

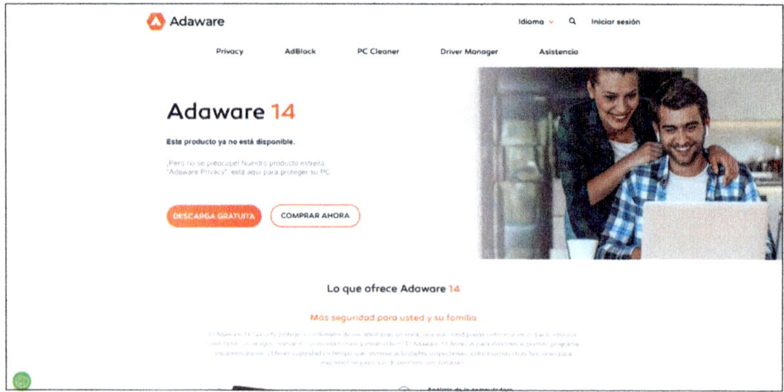

Página principal de Ad-Aware Free

- ***HijackThis:*** se trata de un *software* que sirve para la detección y eliminación de programas que modifican el registro de *Windows* o incluso el código de los navegadores. La mayoría de los usuarios suelen realizar una combinación de este *software* junto con *Malwarebytes Antimalware* para llevar a cabo una completa limpieza del sistema. Además, *HijackThis* tiene la característica de que proporciona un informe o reporte bastante completo donde nos deja ver las rutas de los archivos detectados, con lo cual se puede tratar el problema de raíz.

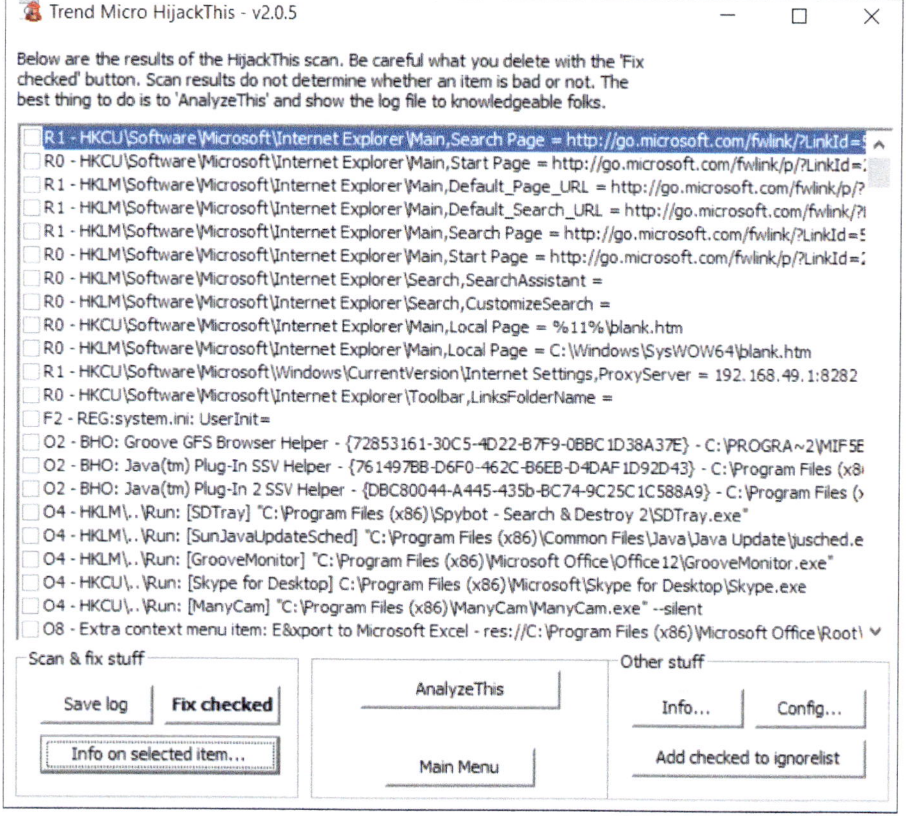

Pantalla principal de HijackThis

- ***Windows Defender:*** es un *software* suministrado por *Microsoft* en sus sistemas operativos con el fin de poder detectar y eliminar virus y *antimalware.* No se puede considerar como una de las mejores soluciones para el *malware,* sobre todo por una razón fundamental; *Microsoft* no se dedica a las herramientas de seguridad, sino a los sistemas operativos y otras soluciones tecnológicas. Por ello, este antivirus se caracteriza por tardar mucho más en realizar los escaneos a los archivos que el resto de soluciones *software* para seguridad. Además, son muchos los usuarios y expertos que aseguran que no detecta muchos de los *softwares* espía que existen.

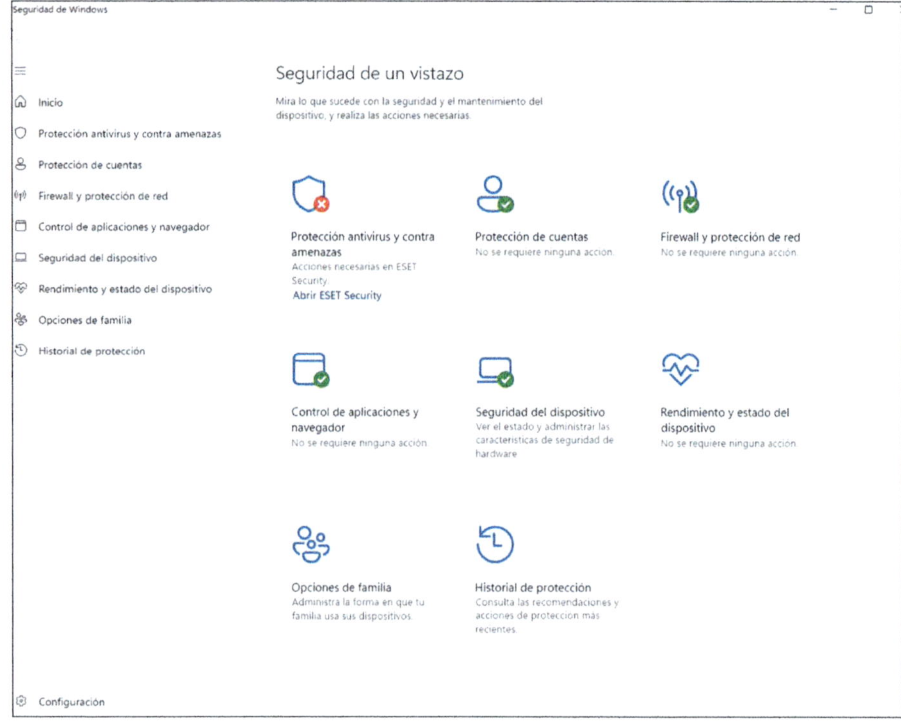

Pantalla principal de Windows Defender

- ***SUPERAntiSpyware:*** se trata de un *software* de reciente creación si se compara con el resto de *software,* pero que cuenta con más de 55 millones de descargas entre los usuarios de internet (con lo cual está más que demostrada su aceptación entre los usuarios). Se caracteriza por la cantidad de *malware* que es capaz de detectar, llegando incluso a detectar *Rootkits, Rogue y Ramsonware.* Cuenta con dos versiones: de pago y gratuita. En la versión de pago se pueden realizar escaneos y eliminar las detecciones que se hayan localizado en el equipo donde está instalado el *software.* La versión de pago ofrece protección en tiempo real y la posibilidad de enviar notificaciones por *e-mail* sobre ciertas aplicaciones o acciones que puedan darse en el sistema o equipo informático. Como curiosidad, anotar que cuenta con una función para recuperar la conexión a internet.

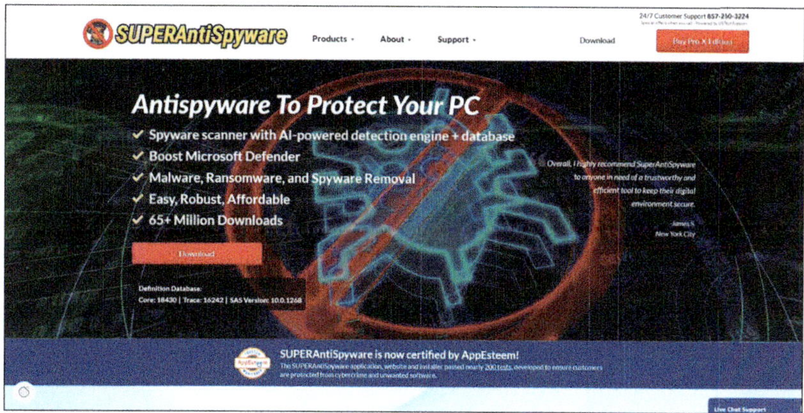

Portada principal de SUPERAntiSpyware

- ***SpywareBlaster:*** este *software* tiene la capacidad de detectar *malware,* pero un tipo en concreto: *spyware.* Cuenta con la peculiaridad de que se instala en nuestro sistema y nos brinda protección en tiempo real (entre sus ventajas destaca que, antes de que se instale el *malware,* se detecta y se procede a su eliminación del sistema para evitar infecciones). Este *software* puede interactuar sin problema alguno con más tipos de *software* de detección, con lo cual se puede combinar con otras herramientas o tecnologías para aumentar la seguridad del equipo donde se instalen. Se caracteriza por ser totalmente libre y gratis (se mantiene gracias a las donaciones que realizan algunos de los usuarios de este *software).*

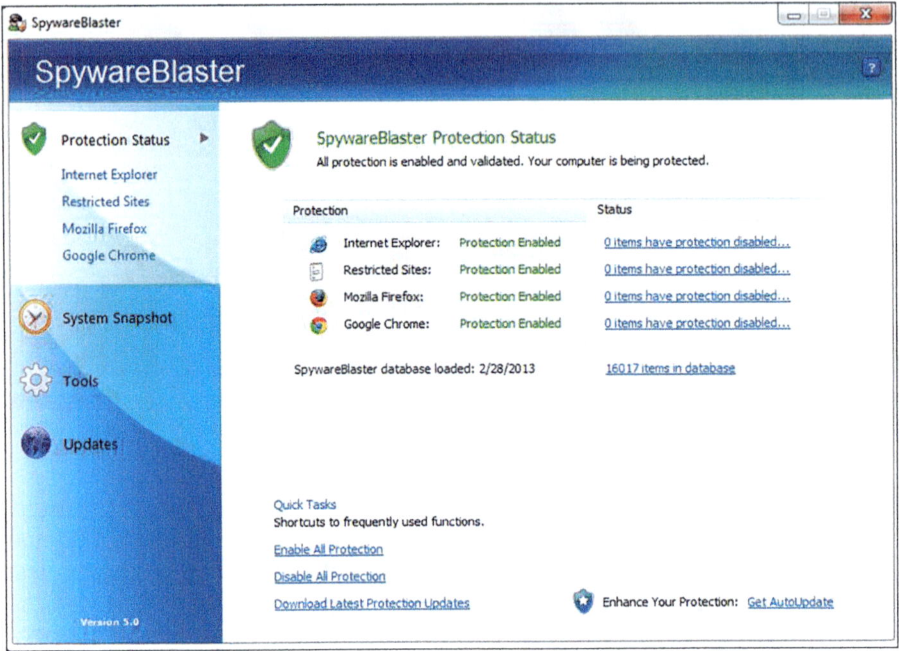

Pantalla principal de SpywareBlaster

- ***Spyware Terminator:*** se trata de un *software* gratuito para obtener protección en los sistemas o equipos informáticos sobre *malware,* y nos sirve tanto para su detección como para su eliminación; además, cuenta con protección en tiempo real. Se caracteriza por su sencillo funcionamiento y una interfaz que nos ofrece tres tipos de análisis:
  - **Rápido:** se encarga del análisis de las partes en común y de las más propensas a infectarse de *malware.*
  - **Completo:** realiza un escaneo completo al sistema en busca del *malware.*
  - **Personalizado:** en este último se pueden escoger las rutas de directorios o archivos a los cuales realizar un escaneo. Por ejemplo, imagina que sospechamos de un directorio en particular; lo incluiremos para realizar el escaneo de modo personalizado y no tendremos que esperar a que se complete el escaneo sobre todo el sistema.

El único punto en contra de esta aplicación es que nos muestra publicidad en su versión gratuita.

Pantalla principal de Spyware Terminator

- ***SpyDefense:*** se trata de una interfaz *software* para aquellos usuarios que no tengan grandes conocimientos en *malware* ni en seguridad informática, en general. Permite la eliminación de amenazas localizadas en el sistema o equipo donde se encuentra instalado, de forma rápida, fácil y con un simple botón. Además, cuenta con una interfaz para usuarios avanzados que permite controlar el *malware* que se detecta en el equipo (por ejemplo, da la posibilidad de poner los archivos o ficheros en cuarentena para poder analizarlos o estudiarlos en este periodo de tiempo).

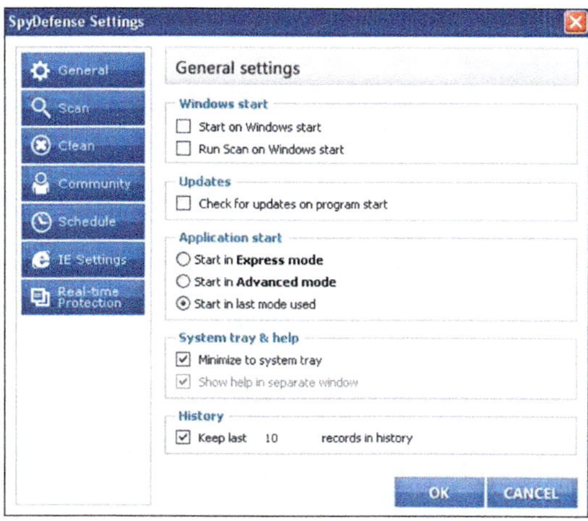

Pantalla principal de SpyDefense

7.1. ¿Cómo detectar *malware* en tu equipo?

En este apartado vamos a explicar cómo hacer un escaneo en busca de *malware*. Para ello, vamos a usar un dispositivo portátil, un sistema operativo *Windows 11 Pro* de 64 bits y la herramienta *Spybot-Search & Destroy*.

En primer lugar, hay que descargarse la herramienta desde su página oficial y evitar cualquier otra web que no sea dicho sitio oficial. Desde este enlace puede obtenerse: <https://www.safer-networking.org/download/>.

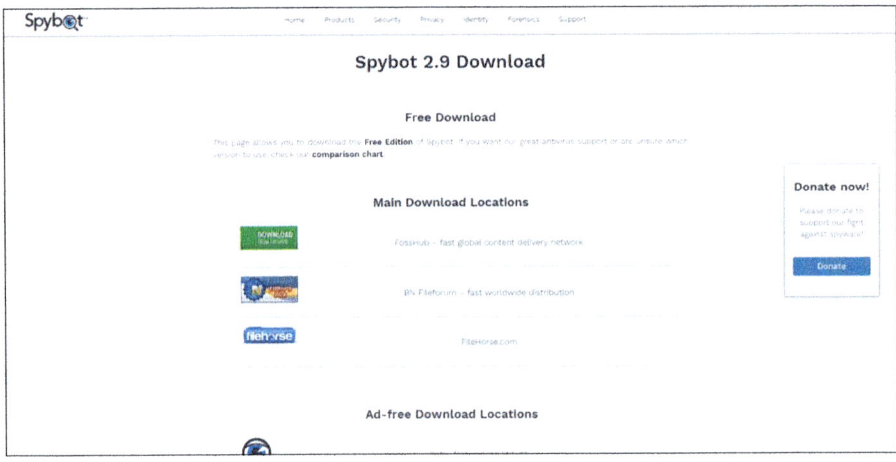

Sitio web oficial desde donde descargar la herramienta antimalware

Haz clic en la opción **FossHub - fast global content delivery network** para obtener la siguiente pantalla:

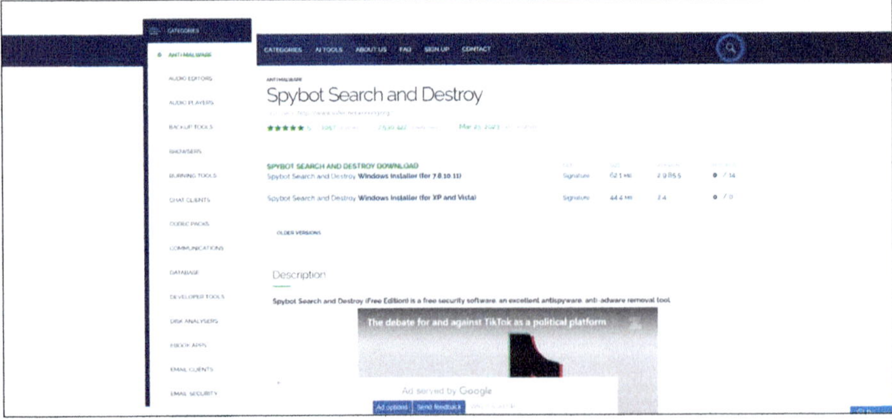

Descarga de la herramienta antimalware

Escoge la opción **Spybot Search and Destroy Windows Installer (for 7, 8, 9, 10, 11)**, haciendo clic; luego espera a que el archivo "spybotsd-2.7.64.0.exe" se descargue en tu equipo.

Una vez descargado, puedes ejecutarlo para dejar instalada la herramienta.

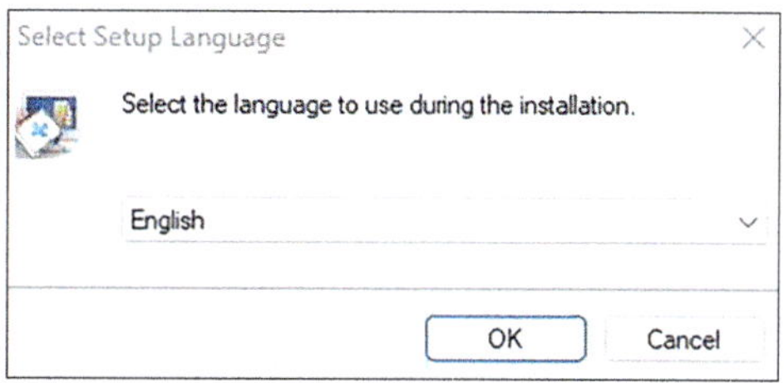

Elección de idioma

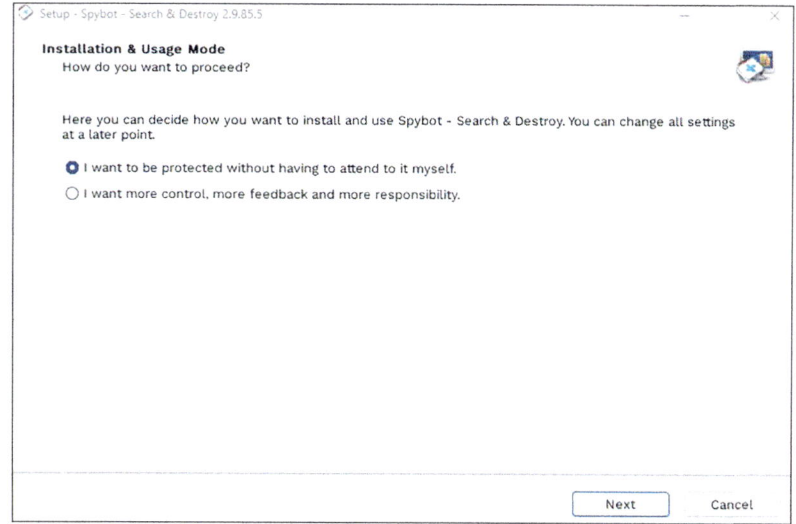

En la imagen anterior escoger la primera opción de todas para instalar la protección y pulsar en **Next** para obtener:

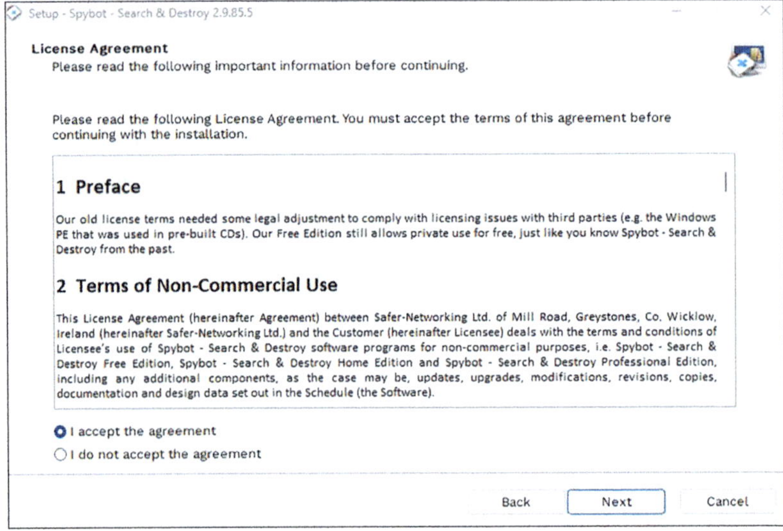

En la ventana anterior seleccionamos la aceptación de la licencia y pulsar en **Next** para obtener:

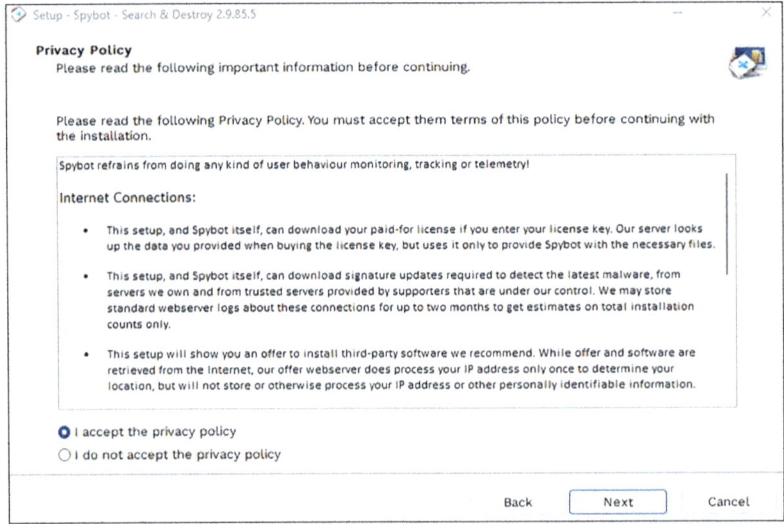

En la ventana anterior pulsar en la primera opción para aceptar la política de privacidad y pulsar en **NEXT** para obtener la siguiente ventana:

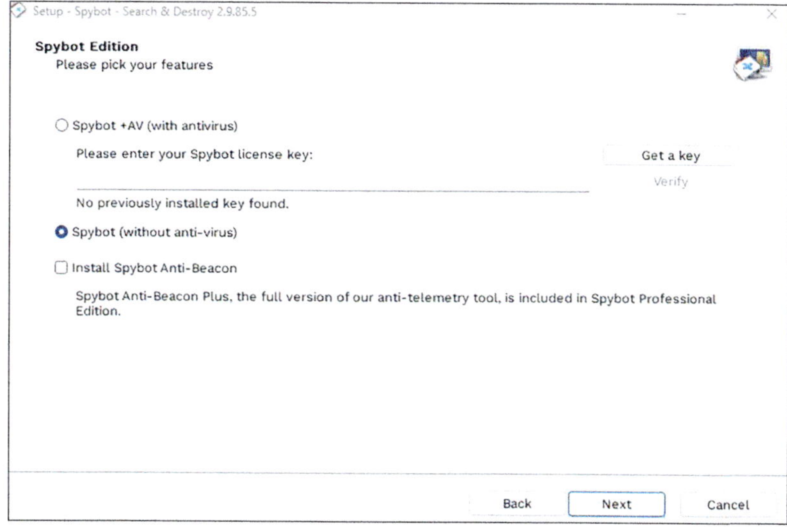

En la pantalla anterior escoger la segunda opción de solo instalación de *SpyBot* y pulsar en **NEXT** para obtener:

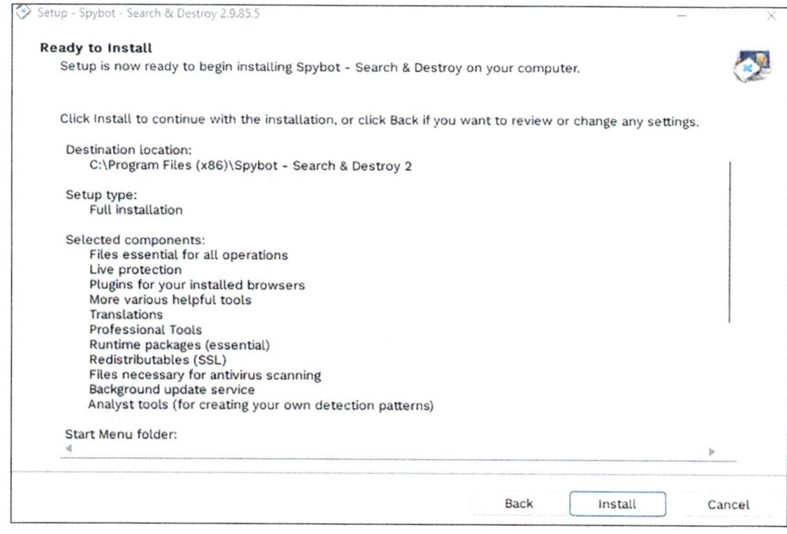

En la ventana anterior pulsar en **INSTALL** para llevar a cabo el proceso de instalación tal y como se puede observar:

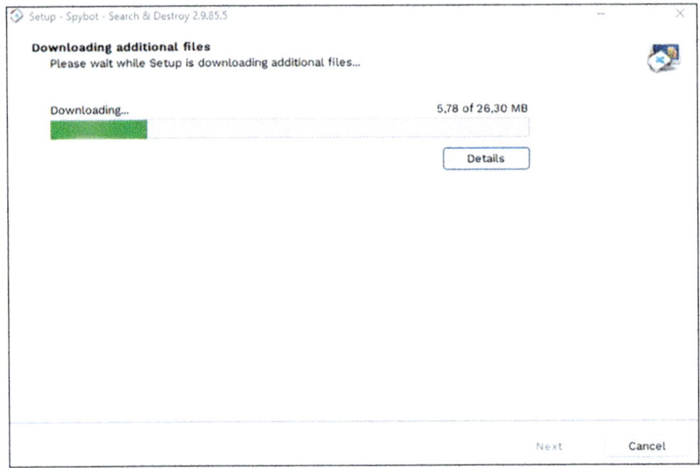

Antes de terminar el proceso de instalación, se realizará una actualización del *software* tal y como se puede observar a continuación:

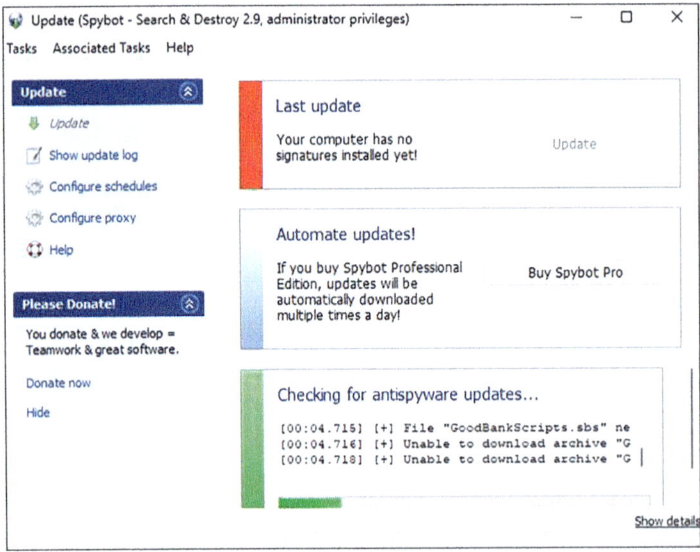

Una vez instalado en el equipo, si se procede a su ejecución, obtenemos la siguiente pantalla:

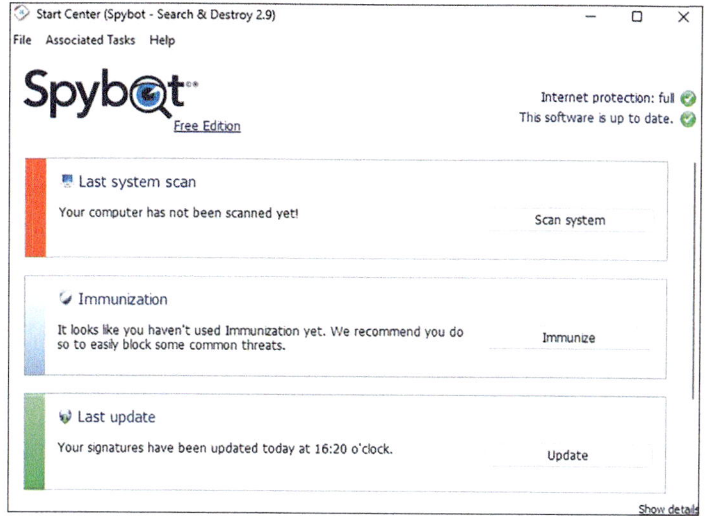

Para empezar nuestro análisis bastará con pulsar en **Scan system** para obtener la siguiente pantalla:

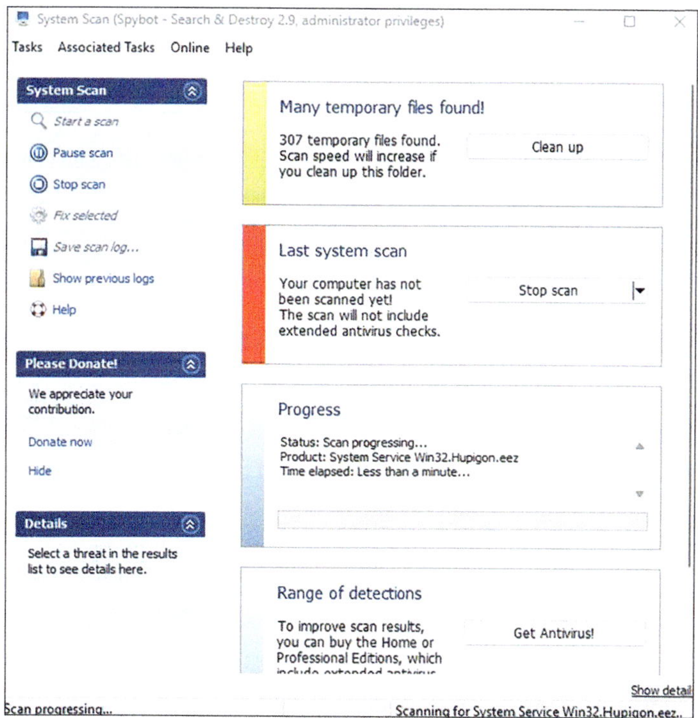

Ahora debemos de ser pacientes hasta que el escaneo termine y nos muestre los resultados que se ven en la siguiente imagen:

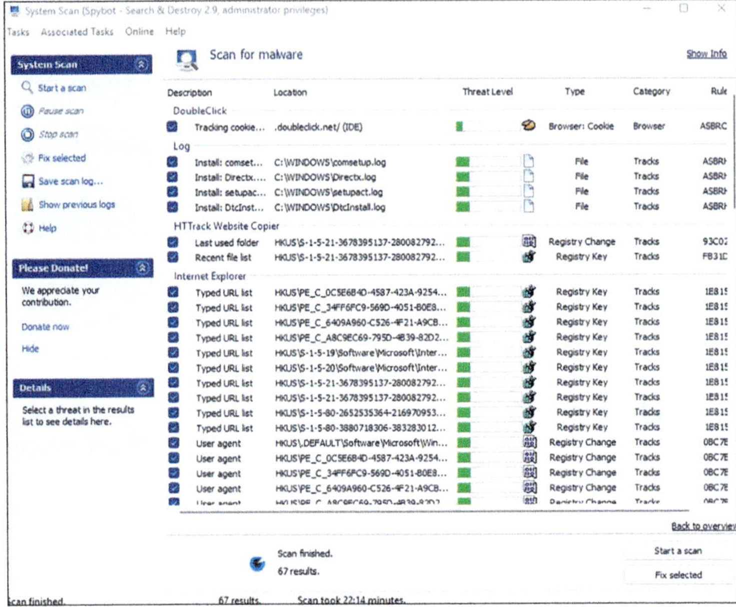

Tal y como se puede ver en la imagen anterior se ha localizado *malware* el cual se puede quitar del sistema pulsando el botón **Fix Selected** para obtener la siguiente pantalla:

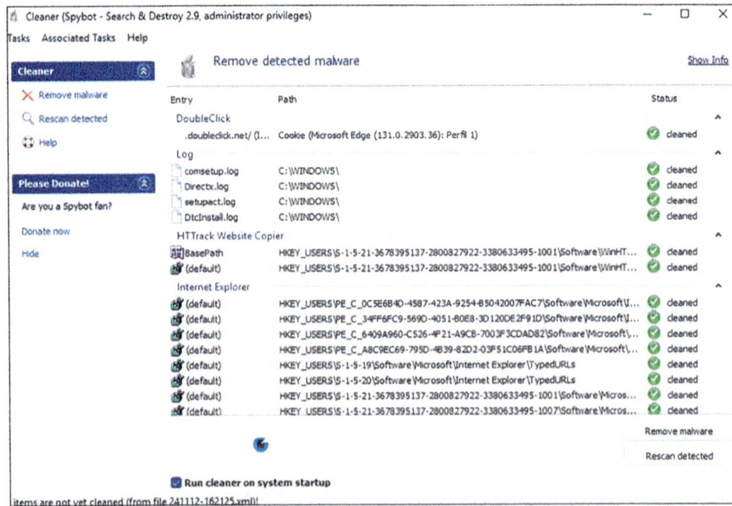

Y en la pantalla anterior pulsar en **Remove malware** para eliminar del sistema el *malware* que ha sido localizado en la fase de escaneo.

8. Métodos de protección

HILO CONDUCTOR

En CGS (CiberGestores Seguridad), S. L., siempre que reciben a un nuevo cliente le entregan un *pack* de bienvenida sobre seguridad informática que, entre otras cosas, incluye la mayoría de métodos de protección con ejemplos para configurar los equipos informáticos.

No existe una fórmula que aplicar para solucionar un problema del *malware;* si resultamos infectados, tendremos que analizar la situación y buscar la herramienta adecuada para dicho *malware.* Pero antes de llegar a ese punto, podemos establecer una serie de medidas para evitar que nuestro equipo resulte infectado.

8.1. Consejos para usar *software* contra *malware*

Siempre que se manejen herramientas *antimalware* conviene tener presente los siguientes consejos:

- No ejecutar dos o más herramientas contra el *malware* al mismo tiempo; lo único que se va a obtener es que unas interfieran con otras y no funcionarán de forma correcta y eficiente. Es preferible primero ejecutar una, esperar los resultados del escaneo, tomar las decisiones adecuadas, cerrar y ejecutar otra aplicación *malware.*
- Es imprescindible que la herramienta *antimalware* que escojamos disponga de actualizaciones; sin ellas no se estará al día con los nuevos *malware* y corremos el riesgo de ser contagiados por nuevas infecciones.
- Asegurarnos de que la herramienta *antimalware* se actualice de forma automática con cierta frecuencia para que su base de *malware* se encuentre actualizada y no se corran riesgos.
- Si nuestra herramienta *antimalware* contiene la opción **Siempre en alerta,** la habilitaremos para saber en tiempo real si estamos infectados, sobre todo a la hora de navegar por internet.

- Realizar, planificar o programar escaneos cada cierto tiempo. No hace falta hacerlo todos los días, pero sí sería aconsejable realizar al menos uno por semana.

8.2. Evitar *malware* y ataques *phishing*

No todo es instalar una herramienta antimalware en el equipo y pasar frecuentemente un escaneo. Muchas veces, más vale prevenir que luego curar; en la seguridad informática ocurre lo mismo:

- Siempre que sea posible, actualizar a la última versión el sistema operativo que tiene nuestro dispositivo o equipo informático. La mayoría de los sistemas operativos cuentan con un mecanismo de actualizaciones automático, simplemente bastaría con comprobar que está activado y configurado correctamente.
- Mantener todo el *software* instalado en el equipo o dispositivo informático actualizado al día en la medida de nuestras posibilidades. En el caso de tener que usar instaladores, asegurarnos siempre de que se obtienen de los sitios oficiales y no de terceras fuentes o entidades.
- Revisar frecuentemente en el equipo o dispositivo informático el *software* que no se use. Si no utilizamos alguna herramienta, la mejor opción es desinstalarla, dado que el *software* que se queda obsoleto es el que mayores problemas de seguridad puede presentar.
- Mejorar la seguridad del navegador que se use en el equipo y evitar que ejecute automáticamente programas, puesto que algunos pueden ser potencialmente peligrosos para nuestros equipos.
- Poner especial cuidado con los correos electrónicos recibidos. Si el origen es desconocido, lo mejor es no abrir el correo, ya que lo más probable es que suframos alguna infección.

8.3. Proteger el *Smartphone* o tableta

Hoy en día todos tenemos al menos un teléfono móvil de última generación y dispositivos portables. Se recomienda seguir los siguientes consejos respecto al *malware:*

> Mantener el sistema operativo actualizado, así como las aplicaciones instaladas.

Continúa en página siguiente >>

<< *Viene de página anterior*

- Instalar únicamente desde fuentes oficiales como *Play Store* de *Google* o *App Store* de *Apple*.
- Leer los permisos que solicitan las aplicaciones cuando son instaladas o cuando las estamos usando por primera vez.
- En el caso de que sea posible, instalar en el dispositivo una herramienta *antimalware*.
- Desinstalar las aplicaciones que no se usen con frecuencia.

8.4. Recuperarse del *malware*

En el caso de que resultemos infectados por *malware,* lo primero de todo es desconectarse de todas las redes en las que estemos conectados, tanto inalámbricas como Ethernet, datos móviles, *bluetooth* o cualquier otra. Esto evitará que el *malware* pueda **propagarse a otros dispositivos** y, sobre todo, que no pueda enviar nuestra información. Es muy importante tener mucho cuidado con los dispositivos de almacenamiento USB si consideramos que el equipo está infectado: lo mejor es no insertarlo, dado que lo más probable es que el USB se infecte nada más conectarlo. Tal y como se comentó anteriormente, no hay una fórmula, pero sí podemos seguir una serie de pasos si consideramos que estamos infectados con *malware:*

- Realizar un escaneo completo sobre el equipo con la herramienta *antimalware.*
- Si estamos en un portátil o PC de sobremesa, lo ideal sería reiniciarlo con un disco de rescate contra *malware* y luego desechar la unidad USB usada en dicho disco de rescate.
- Si tenemos la opción de restablecer nuestro dispositivo a la **Configuración de fábrica original,** lo mejor es realizar una copia de seguridad de nuestros archivos y datos importantes. No se debe realizar nunca una copia del *software,* y hay que tener un cuidado extremo a la hora de manejar el soporte donde se saca la copia de seguridad.
- Si estamos con un portátil o PC de escritorio, se puede reinstalar el sistema operativo por completo una vez realizados los respaldos de datos correspondientes (nunca aplicaciones).

8.5. Cortafuegos

El cortafuegos es el primer *software* del sistema operativo en recibir los datos entrantes de internet, siendo también el último en gestionar los datos salientes hacia la red. Lo ideal es realizar una configuración del cortafuegos acorde a nuestras necesidades como usuarios.

8.6. Evitar conexiones de red no fiables

Siempre debemos tener en cuenta los siguientes prerrequisitos al conectarnos a redes:

- Si tenemos una red en nuestro hogar, instalar y habilitar el uso de cortafuegos.
- Asegurarnos de que el *router* o punto de acceso a la red tenga un cortafuegos habilitado.
- Instalar únicamente el *software* necesario para realizar el trabajo oportuno.
- Inhabilitar los servicios del sistema como intercambio local de archivos.
- Desconectar el equipo de internet cuando no se use.
- No compartir contraseñas de nuestro dispositivo con nadie.

APLICACIÓN PRÁCTICA

Últimamente estás notando que tu dispositivo informático tarda mucho tiempo en realizar la carga del sistema operativo y que resulta caótico intentar trabajar con él, dado que va muy lento y, en abrir un navegador web, puede tardar más de media hora. ¿Qué harías ante esta situación?

Solución

La mejor opción es que arranques el ordenador en modo a prueba de fallos o con algún *liveCD* (en el caso de tratarse de un sistema operativo tipo *Linux/Unix)* y realizar un escaneo con un programa *antimalware*, dado que el equipo tiene toda la pinta de estar infectado.

TAREA 9

Hoy se ha incorporado un nuevo compañero de trabajo a tu departamento. Como es su primer día y no conoce a nadie, en su tiempo de desayuno se ha conectado a *torrents* desde su equipo informático de trabajo para descargarse películas y series, y las ha copiado en un *pen* para poder llevárselas a su casa.

Indica razonadamente en qué no está obrando correctamente este nuevo compañero en lo que a seguridad informática y *malware* se refiere.

TAREA 10

Carlos trabaja como programador y experto en seguridad informática en una empresa privada. Su responsable le pide que elabore una guía clasificatoria del *malware* que actualmente se puede localizar y, en cada clasificación, adjuntar dos programas *software* para poder combatir dicho *malware*.

Lo que quiere su responsable es tener un documento al que recurrir en caso de que en alguno de los equipos de la empresa aparezca un *malware*, para poder limpiarlo de forma rápida accediendo a los programas recomendados.

Ayuda a Carlos a elaborar dicho documento.

9. Resumen

El término *"malware* infeccioso" se usa para denominar aquellos *malware* que tienen la capacidad suficiente para infectar con su código malicioso y hacer que no funcionen con normalidad las aplicaciones o programas que hay instalados en el equipo informático. Dentro del *software* infeccioso, puede haber dos variantes bien diferenciadas, que son:

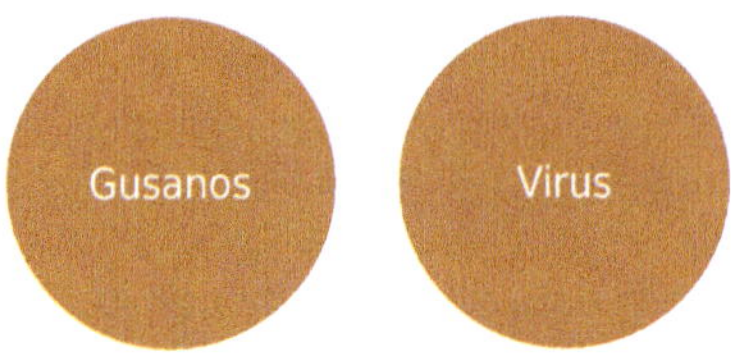

Dentro del *malware* oculto, podemos encontrar los siguientes tipos:

- Puertas traseras
- *Drive-by download*
- *Rootkits*
- Troyanos

El *malware* asociado a la obtención de beneficios es el siguiente:

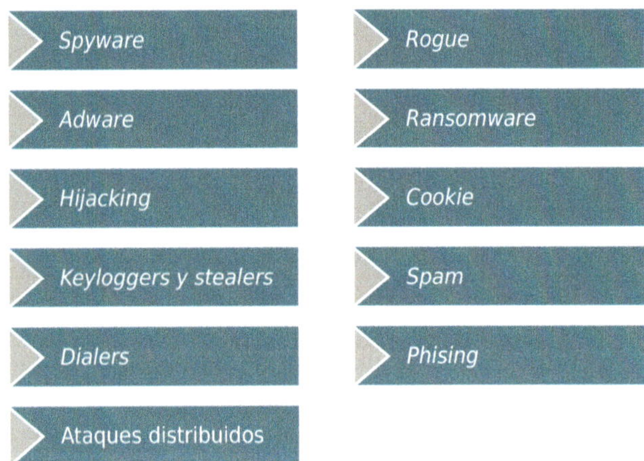

El *malware* destinado a robar información personal hace uso de una serie de técnicas o herramientas:

- *Dumper diving*
- *Phishing*
- Ingeniería social
- Navegación
- *Software* gratuito

Los ataques distribuidos DDoS pueden clasificarse en:

- Ataque pitufo
- *Ping Flood*
- *SYN Flood*
- *UDP Flood*
- *Ping* de la muerte
- Ataque *LAND*

Algunos programas empleados para la desinfección de *malware* son los siguientes:

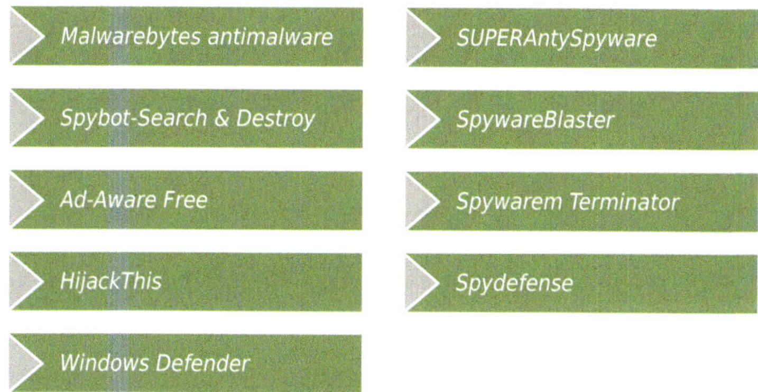

Algunos métodos para no tener que usar este *software* (o usarlo lo mínimo) son:

- Consejos para usar *software* contra *malware*
- Evitar *malware* y ataques *phishing*
- Proteger el *Smartphone* o tableta
- Recuperarse del *malware*
- Cortafuegos
- Evitar conexiones de red no fiables

Ejercicios de autoevaluación Unidad de Aprendizaje 5

1. **Indica cuáles de las siguientes opciones corresponde a virus y cuáles gusanos:**

    a. *I Love You*

    - Virus
    - Gusanos

    b. *Blaster (Lovesan)*

    - Virus
    - Gusanos

    c. *SobigWorm*

    - Virus
    - Gusanos

    d. *Code Red*

    - Virus
    - Gusanos

2. **Determina si la siguiente oración es verdadera o falsa: "Para que un *software* con código malicioso pueda llevar a cabo sus objetivos (sean cuales sean), es primordial que pase desapercibido para el usuario o usuarios del equipo o dispositivo informático infectado".**

    - Verdadero
    - Falso

3. **Señala cuál de los siguientes elementos no se clasifica dentro del *malware* oculto:**

    a. Puertas traseras
    b. *Drive-by download*
    c. *Rootkits*
    d. *Dialers*

4. Indica cuál de los siguientes elementos no se corresponde con *malware* para obtener beneficios:

a. Puertas traseras.
b. *Spyware.*
c. *Keyloggers.*
d. *Dialers.*

5. Determina cuál de los siguientes hábitos no se corresponde con un hábito seguro:

a. Aprender a detectar sitios web y correos *phishing.* Se recomienda la comprobación de los enlaces web, no abrir los correos sospechosos y, sobre todo, no facilitar información sensible por este medio.
b. No descargar ni ejecutar adjuntos que no tengamos claro su procedencia, su origen o la persona que nos los envía. Además, debe ponerse especial atención si se abre un correo de la carpeta spam.
c. Usar contraseñas robustas y, a ser posible, diferentes en cada uno de los servicios que usemos en internet. Lo más probable es que si nos capturan una contraseña, dicha contraseña la prueben en todos los servicios de internet contratados.
d. No usar el doble factor de autenticación para obtener una capa más de seguridad.

6. La técnica que consiste en buscar archivos de papel que haya arrojados en las papeleras, contenedores de información, CD, DVD..., se corresponde con:

a. *Dumpster diving*
b. *Drive-by download*
c. *Rootkits*
d. *Dialers*

7. El ataque a equipos o dispositivos informáticos en red que hace que uno o más servicios sean inaccesibles se denomina:

a. *Malware* infeccioso
b. *Malware* oculto
c. Ataques distribuidos
d. Ataques centralizados

8. Indica cuál de los siguientes no es un ataque relacionado con DDoS:

a. Ataque pitufo
b. *SYN Flood*
c. *UPD Flood*
d. *Ping Flood*

9. La técnica que consiste en poner delante de nuestro servidor otro servidor para que reciba y filtre los ataques se conoce con el nombre de:

a. Bloquear IP
b. Aplicar filtros
c. Balanceo de carga
d. CDN

10. Determina si la siguiente oración es verdadera o falsa: "Siempre que sea posible, debemos actualizar a la última versión el sistema operativo que tiene nuestro dispositivo o equipo informático. La mayoría de los sistemas operativos no cuentan con un mecanismo de actualizaciones automático, simplemente bastaría con comprobar que está activado o configurado correctamente".

- Verdadero
- Falso

Unidad de aprendizaje 6

La seguridad física y del entorno

Contenido

Objetivos

El objetivo general de esta Unidad de Aprendizaje es:

- Aplicar la seguridad física y del entorno que rodea a los dispositivos informáticos.

Los objetivos generales de esta Unidad de Aprendizaje son:

- Identificar las fases de las que se compone un plan de contingencia.
- Reconocer el entorno físico del *hardware.*
- Identificar la seguridad del edificio.

1. Introducción

Actualmente, todos los usuarios de los equipos y dispositivos informáticos contamos con ciertas medidas de seguridad, pero, ¿son estas suficientes? Cuando se trata de una empresa, las reglas cambian un poco y se debe asegurar la seguridad física.

A nivel de empresa hay que garantizar tanto la seguridad de los dispositivos o equipos informáticos con los que cuenta la empresa como de los edificios o sedes donde esta resida. Es importante la protección de los equipos informáticos, pero si no se toman las medidas oportunas, quizá resulte mucho más fácil acceder a la empresa de forma física e ilegal y hacer una copia de los datos, en vez de realizar ataques informáticos.

Es por ello que las empresas siempre deben contar con un plan de seguridad física del edificio, que no solo contemple la seguridad, sino cómo deben disponerse los equipos informáticos (no situarlos frente a ventanas para evitar observaciones indeseadas), si es conveniente que estén al lado de conductos electrónicos o de agua... Asimismo, también se toman determinaciones frente a desastres naturales como pueden ser las inundaciones, los terremotos, las tormentas eléctricas...

Para ello, nos basaremos en CGS (CiberGestores Seguridad), S. L., una empresa líder en su sector tanto a nivel particular como a nivel empresarial, que además cuenta con una amplia experiencia en el asesoramiento a empresas sobre seguridad física y el entorno idóneo para sus dispositivos o equipos informáticos.

2. La seguridad del edificio

HILO CONDUCTOR

CGS (CiberGestores Seguridad), S. L., ha asesorado a numerosas empresas a la hora de tomar medidas de seguridad físicas. Muchas de ellas han seguido sus observaciones y otras no, teniendo que volver estas últimas de nuevo a CGS para solventar los problemas pendientes de la primera vez.

Imagina que tenemos la empresa más segura del mundo informáticamente hablando: se pueden prevenir ataques, es imposible que el servidor se caiga y los usuarios siempre pueden realizar su trabajo. Pero, si en la sede de nuestra empresa se produce un incendio, ¿con qué medidas de seguridad tenemos que contar al respecto?

Tan importante es vigilar la seguridad de los dispositivos informáticos como las instalaciones en las que residen o se encuentran instalados, por ejemplo, para el caso de los servidores. Este ámbito de estudio se corresponde directamente con el concepto de ***seguridad física*** y tiene la desventaja de ser uno de los aspectos menos valorados y planificados a la hora de concebir un sistema informático.

Seguridad física
Aplicación de barreras físicas y procedimientos de control adecuados y necesarios, como medidas de prevención y contramedidas ante amenazas a los recursos e información confidencial.

2.1. Tipos de desastres

Siempre se tiene que partir del concepto de que cada equipo informático es único y, por lo tanto, necesitará de unas determinadas políticas de seguridad que otro equipo no necesitará. Este concepto también se puede aplicar a los edificios donde se alojan los equipos informáticos, pues dependiendo del lugar geográfico donde se halle, serán necesarias unas políticas u otras.

Por ejemplo, si la sede de una determinada empresa se localiza en Los Ángeles (EE. UU.), estaría muy bien pensar en un plan o política de seguridad frente a los terremotos; pero si la empresa se localiza en Madrid, no estaría de más contemplar dicha política de seguridad ante terremotos, pero no sería tan prioritaria como en el primer ejemplo citado.

Las principales amenazas que se prevén en la seguridad física giran en torno a:

Desastres naturales

- Los desastres naturales tienen su origen en las fuerzas de la naturaleza. Estos desastres, la mayoría de las veces, son impredecibles y no solo afectan a la información que se puede contener en los sistemas informáticos, sino también representan una amenaza a la integridad del sistema completo: a la infraestructura, a las instalaciones, a los componentes e incluso a los equipos. Entre los diferentes tipos de desastres naturales se pueden mencionar inundaciones, terremotos, incendios, huracanes, tormentas eléctricas..., los cuales pueden llegar a provocar cortocircuitos, destrucción total o parcial de los dispositivos informáticos o alteraciones físicas, implicando que el equipo no sea operativo. Por ello, es siempre preciso realizar un estudio o análisis geográfico del punto donde se va a llevar a cabo la instalación de la empresa para saber realmente a qué amenazas de tipo natural hay que enfrentarse. Adicionalmente hay que considerar también la importancia del cableado no solo de datos, sino también de las redes de energía eléctrica y suministro de agua, pues de manera indirecta también puede afectarnos. Para esto las empresas suelen diseñar los planes de contingencia.

Amenazas procedentes del propio usuario

- Muchas veces, y ocurre en numerosas empresas de renombre, se invierte una cantidad exagerada en seguridad informática, pero incomprensiblemente no se forma a los trabajadores o usuarios de dicho sistema. Cuando hablamos de formar nos referimos a darles los mecanismos mínimos de seguridad informática, dado que en la seguridad informática los usuarios son el eslabón más débil de todo el mecanismo. Por ejemplo, imagina la siguiente situación: un trabajador se conecta a la red wifi de la empresa y abre su correo personal, ve un mensaje que le informa que le ha tocado un millón en la lotería y decide abrirlo; las consecuencias: probablemente una infección en toda la red de la empresa. Si este usuario o trabajador hubiera sido formado, no se le ocurriría acceder a su correo personal desde la red de la empresa para la que trabaja. Por eso, en seguridad informática, la mayoría de los desastres provienen de la mano del hombre; que casi nunca tiene la formación necesaria en seguridad informática.

Disturbios, sabotajes internos y externos

- En el caso de grandes empresas, pensar en este tipo de amenazas no es del todo ilógico. Un empleado puede sacar una copia de la información que hay en la empresa y luego distribuirla a la competencia. Mediante políticas de seguridad se puede intentar impedir este tipo de acciones, pero no erradicarse al 100 %.

Cuando se habla de la seguridad del edificio, debemos tener en mente los siguientes conceptos:

- **Incendios:** un incendio puede venir causado por distintos factores como pueden ser el uso inadecuado de combustibles, fallos en las instalaciones eléctricas defectuosas, almacenamiento incorrecto o inadecuado, traslado de sustancias peligrosas... El fuego es un elemento que se corresponde con una amenaza para la seguridad, dado que se considera el enemigo número uno de un sistema informático: arrasa con todo y lo peor es que destruye fácilmente la información y programas. Actualmente contamos con sistemas antifuego o cortafuego que pueden ser instalados en las salas donde se encuentran los equipos para, en caso de detección de humo, tomar las medidas adecuadas. Pero, además, se deben tener presentes otros factores, tales como:

  - El lugar destinado al material informático debe ser un área que no sea combustible o inflamable.
  - El lugar destinado no debe situarse encima ni debajo ni adyacente a zonas donde se procese, fabrique o almacenen materiales inflamables, explosivos, gases tóxicos o sustancias radioactivas.
  - Al ser posible, las paredes del local donde se va a destinar el material informático deben fabricarse a base de materiales incombustibles, del mismo modo que techos y suelos.
  - Para una mejor seguridad se contempla la creación de un falso piso instalado sobre el piso real, realizado a base de materiales incombustibles y resistentes al fuego.
  - No se permite fumar.
  - El material que se use debe ser incombustible y a ser posible metálico. Evitar en la medida de lo posible el uso de plásticos y otros materiales altamente inflamables.
  - El piso y el techo del local o edificio deben ser impermeables.

  Los dispositivos informáticos han de estar protegidos y ser accesibles únicamente por el personal permitido. Además, se debe contar con mecanismos de ventilación y detección de incendios y tener en cuenta las siguientes recomendaciones:

  - La temperatura no debe sobrepasar los 18 °C y el límite de humedad se establece en torno al 65 % para evitar deterioros.
  - Hay que instalar extintores manuales (portátiles a ser posible) o automáticos, más conocidos con el nombre de rociadores.

Además, se recomiendan las siguientes acciones frente a los incendios:

- El personal destinado a extinguir el incendio o fuego debe tener entrenamiento suficiente para ello.
- Si se cuenta con sistemas de detección de fuego que activan el sistema de extinción, el personal debe estar preparado para interferir lo mínimo en este proceso automático.
- Las paredes protectoras pueden actuar a modo de cortafuegos.
- Proteger los sistemas para daños contra el humo; en algunas ocasiones este humo puede ser muy dañino, denso y muy costosa la operación de limpieza del mismo.
- Suministrar información lo antes posible a las autoridades competentes (bomberos) sobre la situación de fuego o incendio y evitar que sean avisados por terceros. De esta forma, si el equipo de emergencias tiene constancia de lo que se va a encontrar, podrá trabajar más eficientemente en las labores de extinción.

- **Inundaciones:** se entiende por inundación una invasión de agua por exceso de escurrimientos superficiales o por acumulación en terrenos planos, derivado de la falta de drenaje (bien de forma natural o artificial). Además, se debe contemplar la necesidad de una inundación provocada como consecuencia de la necesidad de apagar un incendio en un piso superior al nuestro. Las medidas que se pueden tomar al respecto son instalar y acondicionar puertas que contengan el agua que pudiera bajar de las escaleras, por ejemplo.
- **Climatología:** por regla general solemos recibir información por adelantado ante tormentas, tempestades, tifones, huracanes o catástrofes sísmicas. Dependiendo del lugar geográfico del mundo donde estemos, sufriremos unas determinadas condiciones atmosféricas, que suelen estar documentadas (tanto la propia condición del fenómeno como cada cuánto tiempo ocurre). La frecuencia y la severidad deben tenerse muy presentes a la hora de escoger el edificio; obviamente si estamos en una zona sísmica, se recomienda primordialmente que el edificio esté preparado para superar un terremoto.
- **Señales de radar:** tanto las señales como los rayos de radar pueden interferir en el funcionamiento de un sistema informático. Son muchas las investigaciones realizadas al respecto, pero las últimas han llegado a la conclusión de que las señales de radar pueden impedir el procesamiento electrónico de la información si la señal que alcanza al dispositivo informático es superior a 5 volts por metro.
- **Instalaciones eléctricas:** trabajar con dispositivos informáticos implica el hecho de trabajar con la electricidad; sin ella no funcionan los orde-

nadores. Dentro de la seguridad física, las instalaciones eléctricas son el área principal. Nos centraremos en los siguientes aspectos:

- Picos y ruidos electromagnéticos. Se corresponde con subidas y bajadas de tensión que se producen en la red eléctrica y que pueden ser perjudiciales y letales para los equipos informáticos. Pero, además, se debe tener también en cuenta la presencia de ruido que interfiere en el correcto funcionamiento de los componentes electrónicos de los sistemas informáticos (el ruido interfiere entre los datos y permite la escucha electrónica).
- Cableado. Los cables usados para las redes pueden variar desde un simple cable telefónico a un cable coaxial o de fibra óptica. Algunos edificios sí cuentan con los cables correctamente instalados para evitar perder tiempo y dinero posteriormente; pero otros no. Debemos tener en cuenta los siguientes riesgos si se trabaja con cableado:

    - Interferencia. Estas modificaciones pueden estar generadas por los cables de alimentación de maquinaria pesada o por equipos de radio o microondas. Los cables de fibra óptica no se ven alterados por este problema en contraposición a los cables metálicos, que sí.
    - Corte del cable. Si se produce un corte, lo primero que sucede es que la conexión se pierde o se rompe, lo que impide que el flujo de datos circule por el cable.
    - Daños en el cable. Un problema que debe tenerse en cuenta es el apantallamiento que preserva la integridad de los datos transmitidos, lo que hace que las comunicaciones dejen de ser fiables.

    Pero además si hacemos uso de cables de red, debemos pensar en los siguientes riesgos:

    - Desviar o establecer una conexión no autorizada en la red. Para ello, se debe contar con un sistema de administración y procedimiento de identificación de acceso adecuado, que hará mucho más complicados los accesos no autorizados.
    - Realizar escuchas sin establecer conexión; los datos pueden ser seguidos y verse comprometidos.

- Cableado de alto nivel de seguridad. Este tipo de cableado de red se recomienda usarlo para las instalaciones militares. Su objetivo es impedir que se produzcan infiltraciones y monitoreos de la información que circula por el cable. Para ello, este sistema cuenta con una serie de tubos, que se caracterizan por estar herméticamente cerrados y porque en su interior circula aire a presión y el cable por donde viaja la información. A lo largo de este tubo se disponen una serie de sensores, de tal forma que, si detectan algún tipo de variación en la presión, se dispara un sistema de alarmas.

- Pisos de placas extraíbles. Los cables de alimentación, comunicaciones, interconexión de equipos, receptáculos de equipos informáticos y de procesamiento de datos se pueden alojar en los pisos de placas extraíbles, debajo de las mismas.
- Sistema de aire acondicionado. Se debe prever tanto el uso de calefacción como de ventilación y aire acondicionado por separado y que llegue al cuarto de equipamiento informático y equipos de proceso de datos. Además, dado que los aires acondicionados son causa potencial de incendios e inundaciones, se recomienda proteger el sistema de cañería tanto interior como exterior, el uso de detectores y extinguidores de incendio, monitores y alarmas efectivas.
- Emisiones electromagnéticas. Actualmente se están llevando a cabo estudios que aseguran que algunos periféricos realizan emisiones a muy baja frecuencia que son perjudiciales para el ser humano. Aunque esta afirmación no está constatada al 100 %, se recomienda el uso de filtros adecuados para el rango correspondiente de radiofrecuencias. Para ello, además, se debe revisar constantemente los equipos y controlar el envejecimiento de los mismos y sus componentes.

- **Ergometría:** se trata de una disciplina cuyo fin es estudiar la forma de interacción entre el cuerpo humano con los elementos que lo rodean, buscando que la interacción sea lo menos agresiva y traumática posible. Básicamente se reduce a adaptar los métodos, objetos, maquinarias, herramientas, instrumentos, medios y condiciones de trabajo a la anatomía y fisiología del operador/a que los va a usar. Algunos problemas derivados son:

  - Problemas óseos o musculares. Son muy fáciles de producirse, sobre todo por movimientos repetitivos y rutinarios, agravándose mucho más si se realizan en una posición incorrecta o antinatural.
  - Problemas visuales. Los ojos son una de las partes más afectadas por el uso de dispositivos informáticos. La pantalla emite una fuente de luz que incide directamente sobre el ojo, y con exposiciones prolongadas puede causar el típico cansancio visual, irritaciones, lagrimeos, cefaleas y visiones borrosas.
  - Ambiente luminoso. Estudios científicos y empresariales demuestran que una oficina mal iluminada es causa principal de pérdida de productividad en las empresas y un gasto energético excesivo, además de provocar dolores de cabeza y perjudicar a la vista.
  - Temperatura y humedad del ambiente. La temperatura correcta para una oficina con dispositivos informáticos se comprende entre los 18 y los 21 °C; estableciéndose además una humedad relativa del aire

entre el 45 y el 65 %. Se recomienda no adquirir equipos que suministren un nivel superior a los 55 dB.

Acciones hostiles

Pero, además, debemos contar con una serie de acciones hostiles que no deben pasar inadvertidas, como:

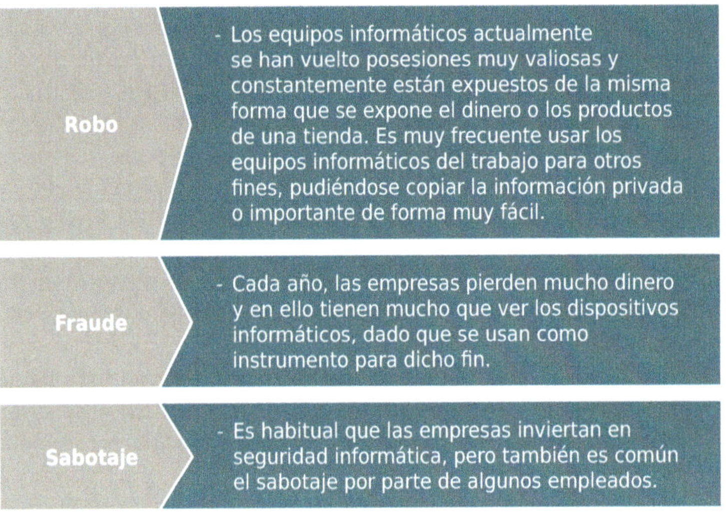

Controles de acceso

A todo lo anterior hay que sumar el control de acceso. Este no solo requiere de identificación, sino también de apertura o cierre de puertas, permitir o negar accesos a determinadas zonas de la empresa, etc.

Para el control de acceso vamos a tener en cuenta las pautas que se exponen a continuación.

Guardias

O servicio de vigilancia, se corresponden con el personal encargado del control de acceso de todas las personas al edificio. Este servicio distribuye o coloca estratégicamente a sus guardias para que cumplan sus objetivos y puedan controlar el acceso del personal al edificio en todo momento, sin dejar hueco para que nadie pueda colarse. No está de más que las personas que sean ajenas a la empresa o al edificio rellenen un formulario donde se recojan sus datos personales, los motivos de la visita, la hora de ingreso y de salida... También se debe facilitar, en la medida de lo posible, el uso de credenciales de identificación, a fin de poder realizar los controles eficaces de ingreso y salida del personal en los distintos sectores o áreas de la empresa. Para ello, la persona debe identificarse, por ejemplo, con una tarjeta. Las credenciales pueden ser de diversos tipos:

- Normal o definitiva, que serán entregadas al personal permanente dentro de la empresa.
- Temporal, que serán entregadas a aquellas personas que normalmente son contratados durante un periodo determinado.
- Visitas, que serán entregadas a todas las personas ajenas a la empresa, que por diversas razones deben acceder a la misma.

Además, si hay tránsito de entrada y salida de vehículos en la empresa, se recomienda al personal de seguridad anotar en una plantilla los datos personales de los ocupantes del vehículo, la marca o patente del mismo, la hora de ingreso y la de salida de la empresa.

Por otro lado, hay que tener en cuenta que la principal desventaja de este tipo de seguridad es que algún trabajador de seguridad puede recibir un soborno con el fin de que un tercero consiga acceso a sitios o áreas donde no tiene accesibilidad.

Detectores de metales

Es un elemento muy práctico a la hora de realizar una revisión a las personas, dado que nos pueden ofrecer muchas ventajas frente a la palpación manual. La sensibilidad de estas herramientas es configurable o regulable, de tal forma que se puede establecer un volumen mínimo metálico a partir del cual la alarma se activará. Se recomienda que este tipo de detección se realice con todo el personal, sin distinción alguna, como medida disuasoria.

Sistemas biométricos

La biometría se corresponde con una parte de la biología que estudia en forma cuantitativa la variabilidad individual de los seres vivos usando para ello métodos estadísticos. Por tanto, es una tecnología que realiza mediciones en forma electrónica, las guarda y compara con características únicas para la identificación de personas. Para esto último se usa un patrón conocido y almacenado en una base de datos de las características físicas de cada persona (manos, ojos, huellas digitales o voz). El mayor beneficio que aporta el uso de tecnología biométrica es la eliminación de tarjetas de acceso o identificación, y se basa en los siguientes factores:

Verificación automática de firmas (VAF)

Reproducir una firma con total exactitud es muy complicado. Las VAF usan emisiones acústicas durante el proceso de escritura de la firma. La secuencia sonora de emisión acústica constituye un patrón que es único en cada individuo y que además contiene información sobre la manera en que se ejecutó la firma.

Animales

Generalmente se recurre a ellos cuando hay que controlar grandes extensiones de terreno, dado que tienen sentidos mucho más desarrollados que los nuestros y pueden avisarnos ante cualquier problema que surja. Su coste y mantenimiento no son muy caros, pero hay que tener cuidado porque la vigilancia de estos animales puede ser burlada para lograr el acceso deseado, por ejemplo, con comida infectada.

Protección electrónica

Un robo, un asalto o un incendio pueden ser detectados mediante sensores conectados a una central de alarmas. Estas centrales tienen conectados elementos de señalización que son los encargados de hacer saber al personal qué está ocurriendo bajo su vigilancia o si surge una situación de emergencia. Cuando un dispositivo sensor detecta un riesgo, este transmite inmediatamente una señal a la central; esta procesa la información recibida y ordena una respuesta normalmente con señales sonoras o luminosas para alertar de dicha situación. Los sistemas más usados son los siguientes:

- Barreras infrarrojas y de microondas. Permiten la transmisión y recepción de haces de luces infrarrojas y de microondas, los cuales son codificados por medio de pulsos con el fin de evitar el sabotaje. Las barreras se componen de un transmisor y un receptor externos, de tal forma que, cuando el haz es interrumpido, se activa el sistema de alarma.

- Detector ultrasónico. Usado para utilizar ultrasonidos en un campo de ondas. De esta forma, cualquier movimiento realizado por un cuerpo genera una perturbación en dicho campo que acciona la alarma correspondiente. La cobertura de este tipo de sistema puede llegar a los 40 m^2.
- Detectores pasivos sin alimentación. Estos dispositivos o elementos se caracterizan por la ausencia de alimentación, tanto externa como interna; únicamente se conectan a la central para el envío de información de control. Se pueden encontrar los siguientes tipos de detectores pasivos sin alimentación:

  - Detector de aberturas.
  - Detector de roturas de vidrios.
  - Detector de vibraciones.

- Sonorización y dispositivos luminosos. Dentro de este tipo podemos clasificar a las sirenas, campanas, timbres, balizas, luces intermitentes... Se deben colocar de forma que sean percibidos a los oídos o vista del personal encargado de la vigilancia. Además, se ha de codificar correctamente la sonorización para saber con claridad si se trata de robo, intrusión, asalto...
- Circuitos cerrados de televisión. Permiten el control de absolutamente todo lo que está sucediendo en cada planta del edificio, gracias a que se han colocado las cámaras de seguridad estratégicamente. Los monitores de estos circuitos se deben situar en un sector o área de alta seguridad; las cámaras de seguridad pueden estar a la vista de los usuarios o bien ocultas a estos.
- Edificios inteligentes. La infraestructura de los edificios también se ha ido adaptando al paso de las nuevas tecnologías. Se considera un edificio inteligente aquel que se define como una estructura que facilita a usuarios y administradores herramientas y servicios integrados a la administración y comunicación. Una característica muy importante de los edificios inteligentes es la capacidad que tienen para asumir modificaciones de manera conveniente y económica.

El plan de contingencia

El plan de contingencia es un **documento que recoge los pasos necesarios que seguir durante un desastre, riesgo o amenaza** para poder recuperar la funcionalidad del sistema donde se ha producido dicho desastre, riesgo o amenaza.

Para la **elaboración de un plan de contingencia** se siguen estas fases:

1. **Planificación:** en esta fase se llevarán a cabo las siguientes tareas: diagnóstico, organización estructural y funcional, servicios y bienes producidos, servicios y materiales utilizados, inventario informático y planificación.
2. **Identificación de riesgos:** en esta fase se llevarán a cabo tareas como la identificación de riesgos y procesos críticos junto con el análisis de los procesos.
3. **Identificación de soluciones:** esta fase se centra en lo que se denomina "matriz de planificación de contingencia". Dicha matriz es un apoyo visual para poder identificar rápidamente y de una sola vez el tipo de riesgo al que nos estamos enfrentando. A continuación puedes ver un ejemplo de definición de una matriz de planificación de contingencia:

Consecuencias \ Probabilidad	Raro	Poco probable	Posible	Muy probable	Casi seguro
Despreciable	bajo	bajo	bajo	medio	medio
Menores	bajo	bajo	medio	medio	medio
Moderadas	medio	medio	medio	alto	alto
Mayores	medio	medio	alto	alto	muy alto
Catastóficas	medio	alto	alto	muy alto	muy alto

Como puedes apreciar, se establecen varios escenarios, siendo el color verde el escenario ideal y el rojo, el más peligroso de todos.

4. **Estrategias:** en esta fase se definirán otras opciones o alternativas para poder tratar el problema que se ha generado.
5. **Documentación del proceso:** en esta fase se documentará todo el proceso mediante un manual al cual se puede acudir en caso de riesgos o problemas.
6. **Realización de pruebas:** en esta fase se crean un conjunto de pruebas con las que se va a comprobar que todo lo anterior funciona correctamente, para no llevarse sorpresas cuando se produzca el riesgo o problema.
7. **Monitoreo:** en esta fase se establecen nuevas soluciones que se pueden aportar o se validan los casos anteriores de testeo o pruebas.

PARA SABER MÁS

Accede al siguiente enlace donde puedes consultar un PDF con un plan de contingencia al completo:

https://redirectoronline.com/ifct100po0601

Activos en la empresa

A día de hoy, los activos más importantes para una empresa se centran en **la información.**

En cualquier momento, una determinada empresa puede quedarse total o parcialmente sin su **activo más importante: la información** con la que trabaja. Esto sucederá si se produce un desastre inesperado, y la tarea que habrá que llevar a cabo será la **recuperación del sistema al estado en el que estaba** antes del desastre lo más rápido posible.

Cuando se produce un desastre y una empresa se queda sin la información con la cual trabaja, normalmente cabe preguntarse:

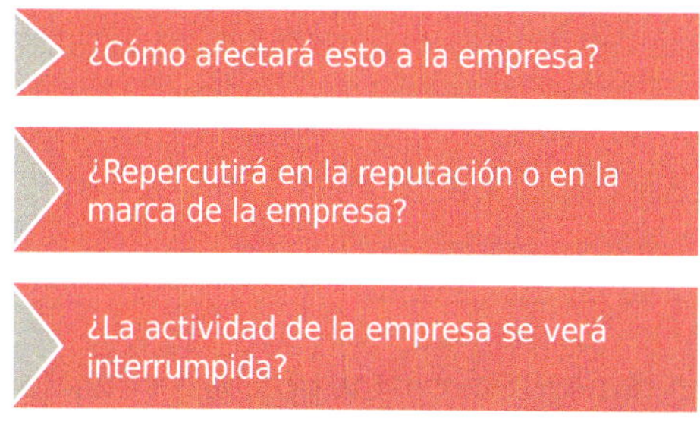

Continúa en página siguiente >>

<< Viene de página anterior

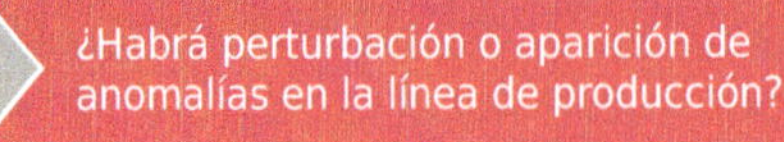

¿Se producirán pérdidas económicas, de reputación y de tiempo?

EJEMPLO

Un ejemplo de esto lo podemos localizar en el Ayuntamiento de Sevilla y en el Clinic de Barcelona. Hace poco tiempo sus sistemas informáticos fueron cifrados con un *ransonware* dejando en jaque a toda su infraestructura informática.

PARA SABER MÁS

Puedes consultar en el siguiente enlace como fue la crónica sufrida por el Clinic de Barcelona y su famoso ataque.

https://redirectoronline.com/ifct100po0602

Estrategias y plan de contingencia

Una **empresa debe prever estas posibles situaciones,** así como las consecuencias de la pérdida total o relativa de información necesaria para su trabajo diario.

Por lo tanto, la **estrategia que habrán de seguir** las empresas para que puedan garantizar su propia continuidad en caso de un desastre sería la siguiente:

- **Servicios de consultoría:** estos servicios de consultoría se usan para la elaboración de un plan de contingencia, el cual debe estar correctamente descrito, probado o testeado y actualizado convenientemente. Además, el plan de contingencia debe contener todos los pasos que se realizarán en caso de producirse un determinado desastre o riesgo en la empresa, con el objetivo de reducir las consecuencias del desastre o lograr un riesgo mínimo.
- **Servicio de *backup* alternativo:** un *backup* es una copia o grabación de los datos con los que normalmente trabaja la empresa y que permite recuperarlos en caso de que se produzca un desastre o riesgo.
  Si, además de realizar un *backup* que puede almacenarse físicamente en la propia empresa, se cuenta con el mismo *backup* pero en otro sitio alternativo a la corporación, se dispondrá de mayores posibilidades para poder recuperar los datos ante un desastre. Hoy en día se puede contratar almacenamiento web para disponer de un *backup* alternativo *online* para la empresa.
- **Servicios de alta disponibilidad:** la alta disponibilidad hace referencia a los sistemas y redes que conforman la empresa y que siempre deben estar disponibles para que la empresa o sus clientes o usuarios puedan realizar operaciones en ella. El caso más claro lo podemos localizar en el sistema de red bancaria que tienen los bancos distribuidos por nuestro territorio; casi siempre, el 99,9 % de las veces, tenemos disponible la opción de sacar dinero; pero si se produce un fallo en el que no se puede asegurar la identidad del usuario, entonces no se podrá disponer de efectivo hasta que se solucione el problema asociado.

El plan de recuperación es un proceso de recuperación mediante el cual alcanzamos objetivos como datos, *hardware* y *software* crítico cuando se produce un desastre o riesgo y con la garantía de que el comercio electrónico puede seguir operando con normalidad como si no hubiera ocurrido desastre alguno.

En la elaboración de un **plan de recuperación** ante desastres se identifican **tres fases:**

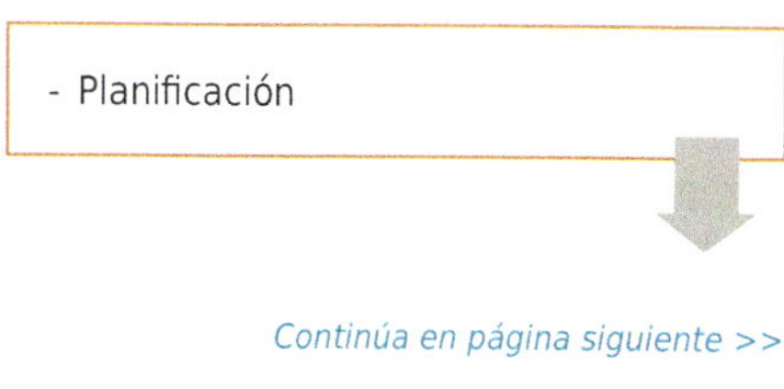

Continúa en página siguiente >>

<< Viene de página anterior

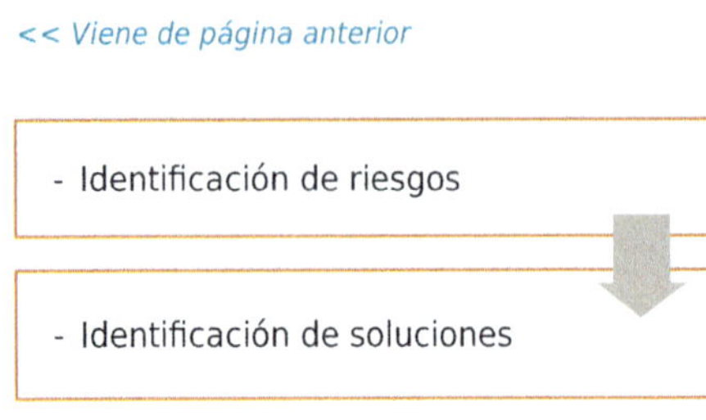

Fase 1: planificación

En la fase de planificación se realiza un estudio de lo que la empresa tiene implantado y de cómo pueden afectar los principales riesgos (por ejemplo, si nuestra empresa se localiza en una zona geográfica donde los movimientos sísmicos son frecuentes, deberíamos realizar un estudio o análisis de cómo nos puede afectar como empresa dichos movimientos de tierra).

Dentro de esta fase, a su vez, se pueden encontrar las siguientes:

- **Diagnóstico:** se trata de dar una solución a un problema propuesto. Para ello, se llevará a cabo la revisión de todos los componentes de los sistemas; el objetivo es que la situación que se pretende simular o emular sea lo más realista posible.
- **Estructura y funcionamiento:** se deberán conocer de antemano las secciones, sedes o departamentos en los cuales se subdivide la empresa, así como los productos o servicios que producen (si se da el caso).
- **Servicios:** si la empresa ofrece servicios, se contará con un informe en el que se puede saber qué clientes consumen más y menos servicios; adjuntar un análisis de mercado de servicios siempre es aconsejable.
- **Recursos informáticos:** se elaborará un inventario, que como mínimo contará con las siguientes secciones:
    - Ordenadores.
    - Programas.
    - Aplicaciones informáticas.
- **Replanificación:** en esta fase o etapa es donde realmente se realiza la planificación, en la que hay que desarrollar los siguientes puntos:
    - Definición integral del alcance del problema.
    - Definición del plan de eventos (qué hacer antes, durante y después del problema).
    - Definición de una planificación de continuidad en el tiempo.

- Identificación y asignación de grupos de trabajo y tareas correspondientes a los mismos.
- Identificación de roles y responsabilidades.
- Duración, metas y objetivos.
- Realización de pruebas o test que ayuden a identificar problemas.

Fase 2: identificación de riesgos

Esta fase tiene como objetivo principal **minimizar lo máximo posible el riesgo** que se produzca. Para ello, se llevarán a cabo los siguientes pasos:

Procesos críticos

- A la hora de identificar los procesos críticos, lo mejor es realizar una lista de todos los riesgos que pueden amenazar a un determinado proceso y una vez elaborada esa lista, priorizarla.

Análisis y evaluación de riesgos

- Este análisis se debe realizar desde dos puntos de vista:
    - Entidades con un plan de contingencia y sin soluciones adecuadas. Se tendrá en cuenta:
        - Impacto de los procesos críticos.
        - Certificaciones de proveedores.
        - Priorización de proyectos.
        - Identificación de los cambios afectados.
        - Guardar copia de seguridad de todo.
    - Entidades que no tienen previsión de plan de contingencia. Se llevarán a cabo las siguientes tareas:
    - Análisis integral del sistema informático y de comunicación.
        - Lista de servicios.
        - Identificación de procesos de los servicios.
    - Identificación de procesos críticos de los servicios.

Fase 3: identificación de soluciones

La importancia de un plan de recuperación ante desastres es directamente proporcional a la complejidad, importancia, costes del servicio y riesgos del mismo.

Normalmente esta fase se suele subdividir en tres subfases:

- **Reducción de riesgos:** la reducción de riesgos tiene por objetivo disminuir los riesgos existentes en la empresa y evitar la aparición de otros nuevos que puedan perjudicarnos.

- **Recuperación de contingencia:** la recuperación o plan de contingencia es un documento que se elabora en las empresas con el objetivo de que estas puedan continuar con sus operaciones informáticas con normalidad.
- **Organización de un sistema de alerta ante fallos:** este sistema será el encargado de avisarnos cuando se detecte un problema en algún sistema, de tal forma que seremos nosotros los responsables de tomar las medidas ante el mismo. Se puede asemejar a lo que sería una monitorización de los sistemas de la empresa.

PARA SABER MÁS

Accede al siguiente enlace en el cual puedes consultar un plan de recuperación en caso de siniestros, con plantillas que puedes usar.

https://redirectoronline.com/ifct100po0603

ACTIVIDAD COMPLEMENTARIA

10. Imagina que una determinada empresa nos ha encargado la elección de un sistema para las caídas de electricidad. Esta situación no sucede muy a menudo, pero cuando ocurre (pese a que dura muy poco tiempo, alrededor de cuatro minutos), es un caos porque todos los equipos y dispositivos informáticos se reinician y se pierde más de media hora hasta que se recupera el ritmo normal de trabajo. Aconseja a dicha empresa qué solución adoptar.

APLICACIÓN PRÁCTICA

Imagina que formas parte de la ejecutiva de una gran empresa que, justo la semana pasada, ha sufrido un problema de seguridad muy grave: varias personas han accedido a la sucursal principal de Madrid y han causado daños en un servidor, en concreto, en el que usan los clientes para llevar a cabo sus trabajos. Ante este escenario, ¿qué harías?

Solución

Se podría disponer de personal de seguridad. Esto hubiera evitado que las personas que han accedido llegaran a causar un mal mayor a los equipos de la empresa.

3. El entorno físico del *hardware*

HILO CONDUCTOR

En CGS (CiberGestores Seguridad), S. L., a la hora de ejecutar medidas de seguridad física, no solo toman como referencia el edificio y los departamentos de la empresa, sino que asesoran cómo hay que tener el *hardware* y los equipos o dispositivos informáticos para que su vida sea mucho más duradera.

Por "entorno físico del *hardware*" se entiende todo el entorno en el que se sitúa el *hardware,* dispositivos de red y centros de computación. Además, también se contempla dentro del entorno físico el acceso físico que las personas o usuarios puedan hacer de este, el cableado que interconecta el *hardware* o al que provee (suministra) energía, el control de las temperaturas y otras condiciones ambientales donde se encuentra localizado el *hardware.* En concreto, vamos a centrarnos en los siguientes aspectos:

- Suministro de energía para el *hardware.*
- Comunicación: interconexión de redes y sistemas.
- Acceso físico al *hardware.*
- Localización física del *hardware.*
- Control de acceso al *hardware.* Control de acceso al personal.

- Interacción del *hardware* con el suministro de energía y agua.
- Sistemas de control del *hardware* y su integridad.
- Seguridad contra incendios y otros desastres *hardware*.
- Planes de evacuación de *hardware* y equipos.
- El entorno de trabajo del personal y su interacción con el *hardware*.
- Planificación de espacio para *hardware* y dispositivos.
- Control de la temperatura y la humedad del entorno.
- Máquinas y dispositivos de escritorio.
- Servidores y dispositivos concentradores, enrutadores y pasarelas.
- Cableado eléctrico.
- Cableado de telefonía.
- Cableado de red.
- Sistemas distribuidos dentro del edificio.
- Llaves, cerraduras y armarios.
- Cámaras de seguridad y su monitorización.
- Control de ventanas y visibilidad desde el exterior.
- Control de desechos y basura.

3.1. Suministro de energía para el *hardware*

Una vez que se ha llevado a cabo el estudio de energía del edificio, hay que realizar el estudio del suministro de energía a los centros donde se encuentra el material informático. Es imprescindible garantizar un **suministro estable y continuo** de energía eléctrica al *hardware* (para que este pueda funcionar correctamente y realizar su trabajo sin problema alguno). Para garantizar que el suministro es estable y continuo, se puede hacer uso de sistemas UPS (sistemas de suministro ininterrumpido de energía) o SAIS, que regularán la tensión evitando los picos de voltaje que pueda traer la red de electricidad, al mismo tiempo que proporcionan un determinado tiempo de autonomía a través de sus baterías en caso de que se sufra corte en el suministro eléctrico.

Ejemplo de un UPS o SAIS

Se recomienda encarecidamente no depender de un único sistema UPS para todo el *hardware* que se pretende proteger; es mejor instalar varios UPS que puedan suministrar energía a parte del sistema en caso de que otro UPS sufriera algún tipo de fallo. Además, se deben tener en cuenta estudios de protección contra fusibles, automáticos y diferenciales que tengamos instalados en nuestra sala o edificio.

3.2. Comunicación: interconexión de redes y sistemas

En este punto vamos a centrarnos en la estructura física general de la red y no en los dispositivos en concreto que la forman o que están distribuidos por esta. Lo primero de todo será realizar el estudio de diseño de la red en el edificio, observando qué redes pueden ser troncales o cuáles comunicarán diferentes plantas y secciones del edificio.

Una red típica en un edificio consta de uno o varios enrutadores, que son los encargados de proporcionar la conexión del edificio con el exterior; un concentrador por planta será el encargado de distribuir el tráfico y varios concentradores más reducidos realizarán las conexiones de los diferentes departamentos.

El siguiente paso de estudio será buscar fallos en la red que puedan provocar su caída, haciendo por tanto que nuestro edificio no tenga conexión al exterior. Para ello, nos podemos centrar en los dispositivos enrutadores, vigilando que realizan correctamente sus funciones y que disponen de suministro continuo y estable de energía.

Otro paso que debe darse es el estudio del cableado de red, comenzando por la red que nos conecta al exterior del edificio. Una vez estudiado el cableado de red, se pasará a analizar los concentradores que interconectan las redes locales con los concentradores que dan salida al exterior del edificio.

Además, para todos los dispositivos se registrará su ubicación, así como el acceso que un intruso pueda tener a ellos.

Ejemplo con edificios conectados a un campus universitario

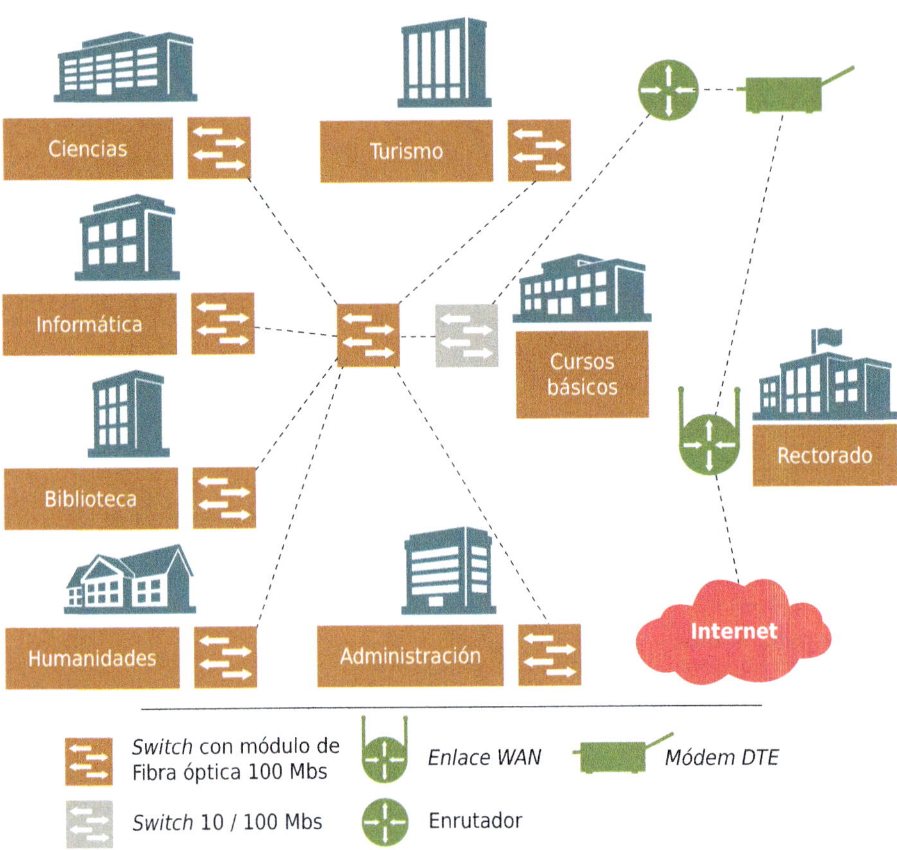

3.3. Acceso físico al *hardware*

El acceso físico al *hardware* debe ser restringido, pero contando con las necesidades que pueden tener los departamentos y sus usuarios. Se debe realizar una separación entre los equipos de red, los servidores y las máquinas finales de usuario.

Los equipos de red, tales como *routers*, pasarelas y concentradores, deben situarse en lugares donde exista un **control de acceso.** De cada acceso deberá tomarse nota en una entrada, que puede hacerse de forma manual apuntando los datos en un libro o bien de forma digital mediante el uso de algún programa o herramienta *software*.

Para los servidores se contará con las mismas premisas que para los dispositivos o equipos de red y además se tendrá en cuenta la localización física de estas máquinas.

Medidas como la **monitorización continua** de estos dispositivos son muy eficaces. Los administradores de estos dispositivos deberán vigilar y buscar fallos para tomar las medidas oportunas al respecto.

Hay que añadir que las máquinas de usuario final son las más difíciles de proteger, dado que están situadas en el entorno de este; por tanto, los errores o manipulaciones fallidas de un usuario poco cuidadoso o mal formado (informáticamente hablando) pueden ser letales para un administrador o las personas encargadas de la seguridad.

3.4. Localización física del *hardware*

Este aspecto puede afectar directamente a la seguridad física de un sistema, debido a que las máquinas están expuestas a la manipulación por parte de usuarios finales o intrusos que pueden alcanzar estos sistemas. Es muy aconsejable mantener los dispositivos de red y servidores **centralizados en una sala,** a la cual se le pueden aplicar las medidas de seguridad física y poder saber en un momento dado quién ha hecho uso y por qué de los dispositivos.

Además, se recomienda el uso de **armarios ignífugos** con su correcta ventilación a base de *racks* donde se instalarán los dispositivos de red junto con los servidores, realizando correctamente el cableado de los mismos y teniendo en cuenta la seguridad física de dichos cableados. Estos armarios deben contar con sistemas para impedir el acceso de intrusos, normalmente a base de cerraduras. Conviene desarrollar políticas de acceso a los armarios, de forma que, cada vez que se acceda a un armario, se anote quién lo ha hecho, así como la hora y fecha de entrada y salida, motivos de la apertura de dicho armario, anotaciones del material *hardware* que se sustituye y por qué se sustituye.

Operador trabajando sobre el rack server

3.5. Control de acceso *hardware.* Control de acceso al personal

Es altamente recomendable que el control de acceso al *hardware* se lleve a cabo por personal que verifique, mediante identificaciones, qué personas tienen permiso para acceder al *hardware.* Es muy útil disponer de una política que nos indique quién, cómo, cuándo y para qué puede tener acceso al *hardware.* Pero, además, esta política debe ser conocida por todo el personal de la empresa y ha de estar visible para que cualquier usuario pueda consultarla en caso de duda.

Siempre será preferible la intervención de personal encargado del acceso al *hardware* (que contará con la utilización de determinados mecanismos de acceso al mismo) para garantizar que se hace lo que se debe hacer.

Los dispositivos que se sitúen fuera de los centros de datos o zonas de la empresa deberán ser **protegidos adecuadamente** para evitar accesos no autorizados por parte del personal no identificado. Además, se deberá implementar una política en la empresa de acceso a estos sistemas.

Es importante mantener siempre a una persona al frente del control de acceso al *hardware,* el cual se responsabilizará de todos los accesos al *hardware* que se produzcan y de la anotación de los mismos de forma manual o digital.

Es necesario tener en cuenta cómo debe actuar el personal de mantenimiento del edificio o de la empresa cuando tenga que acceder a los sistemas de control de acceso donde físicamente están las maquinas. Para ello, lo mejor es realizar una política asociada a la limpieza y el mantenimiento, y que esta tarea se realice siempre bajo la **supervisión de un empleado de seguridad** para evitar posibles riesgos (por ejemplo, que alguien de seguridad copie datos o algo tan simple como que se conecte una aspiradora y se deje sin suministro eléctrico a la sala de cómputo de datos y control).

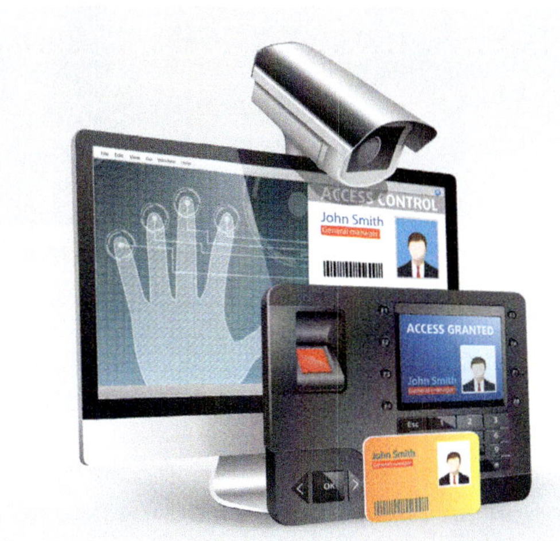

Ejemplo de hardware de acceso del personal

3.6. Interacción del *hardware* con el suministro de energía y agua

La seguridad física del edificio ya tiene en cuenta la seguridad asociada a las canalizaciones de energía y agua. Pero las canalizaciones de energía pueden dar lugar a cortocircuitos o fallos que deriven en incendios. Por otra parte, las canalizaciones de agua pueden romperse sin previo aviso y dañar el *software* (en el mejor de los casos). Por tanto, se debe analizar que las canalizaciones, tanto de energía como de agua, están **ajustadas a la normativa del país correspondiente.**

Algunas empresas hacen uso de dispositivos de monitorización como pueden ser los detectores de humo o de líquidos, los cuales deben situarse estratégicamente para que realicen correctamente su trabajo.

Los sistemas de copia de seguridad y almacenamiento de datos deben localizarse en zonas seguras dentro del edificio de la empresa y, sobre todo, lejos de las canalizaciones de energía y de agua.

Los dispositivos hardware no llevan muy bien el contacto con el agua.

3.7. Sistemas de control del *hardware* y su integridad

Los sistemas de control del *hardware* suelen integrarse en los armarios de comunicaciones o *racks* que se usan a modo de protección para el *hardware*. Es habitual que dichos armarios cuenten con prestaciones como informar sobre la temperatura del lugar, la humedad relativa en el ambiente... Los sistemas UPS o SAIS suelen tener alguna **monitorización remota** usando SNMP.

La integridad del *hardware* debe ser revisada y vigilada; normalmente se usará el *software* de monitorización o de gestión de redes. Por esta razón es sumamente importante que los dispositivos dispongan de funcionalidad SNMP.

NOTA

El protocolo SNMP se corresponde con un protocolo simple de administración de red *(Simple Network Management Protocol)* y es un protocolo de la capa de aplicación que facilita el intercambio de información de administración entre los dispositivos de red.

3.8. Seguridad contra incendios y otros desastres *hardware*

Aunque ya hemos abarcado el tema de los incendios y otros desastres naturales, ahora se va a tratar relacionándolo con el *hardware* informático, dado que antes se ha hecho de forma general ante un edificio. Contra el fuego lo más habitual es proteger el *hardware* en armarios de comunicaciones o *racks* que se caracterizan por ser ignífugos. Aun disponiendo de este tipo de material, se recomienda encarecidamente la realización de **copias de seguridad** cada cierto tiempo y, al menos, guardar una de las copias de seguridad realizada fuera de los ámbitos del edificio de la empresa (por ejemplo, en almacenamiento en la nube).

La implantación de sistemas de seguridad contra incendios, inundaciones, terremotos y demás desastres naturales deberá ser muy severa cuanto más importantes o críticos sean los datos o información que se va a proteger.

Ejemplo de un ordenador quemado

3.9. Planes de evacuación de *hardware* y equipos

Aunque no suele ser una medida muy habitual, puede ser que en ocasiones se requiera que el *hardware* tenga que ser evacuado de la empresa por las razones que sean necesarias (por ejemplo, desastres naturales, incendios, traslado de la sede de la empresa...). Para prever este escenario se hace uso de los **planes de evacuación del *hardware*** que nos indican cómo hemos de realizar dicho proceso en tiempo y forma.

Por norma general, uno de los aspectos más importantes para una empresa son los datos corporativos. Estos pueden ser: datos de la empresa, de facturación, de contabilidad, del personal que trabaja en la empresa, de los clientes y de los proveedores. Todos estos datos se almacenan bajo dispositivos informáticos.

Por tanto, el plan de evacuación debe contemplar la forma de mover todos estos datos. Generalmente, para ello se realizan las **copias de seguridad** que pueden moverse de forma mucho más cómoda y rápida que la información almacenada en los equipos informáticos. La capacidad para el almacenamiento de las copias de seguridad en dispositivos externos (USB) ha crecido exponencialmente en los últimos años.

3.10. El entorno de trabajo del personal y su interacción con el *hardware*

Es muy importante la formación en seguridad informática que tenga el personal que va a trabajar con los equipos y dispositivos de la empresa. Es necesario garantizar que los usuarios tengan los conocimientos mínimos para mantener con seguridad el entorno del *hardware* físico. Esto hace que diferenciemos entre dos tipos de personal:

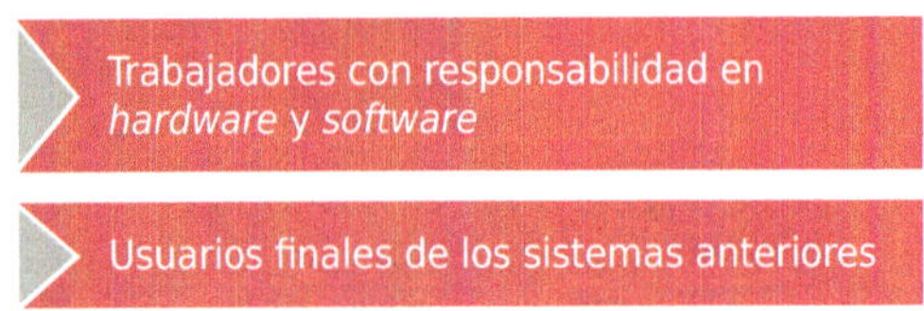

Para los trabajadores con responsabilidad en *hardware* y *software* se deberán crear unas **normas de acceso** y uso de los servidores y de la red. Estas normas deben ser totalmente inamovibles una vez que se hayan definido y aprobado de la forma que la empresa lo estime oportuno.

Para los usuarios finales de los sistemas se debe proceder con la creación de normas para el uso de la red y del *hardware;* estas reglas indicarán de forma clara y fácil las normas que seguir para el uso de dispositivos *hardware* y red operativa de empresa. No se debe descartar que este tipo de usuarios requieran de cierta especialización, lo que implicará por parte de la empresa la impartición de cursos, seminarios o cualquier otra forma de actualización de la formación de sus trabajadores.

3.11. Planificación de espacio para *hardware* y dispositivos

Es importante dedicar una buena planificación en cuanto al espacio destinado a recibir nuestro *hardware,* equipos o dispositivos informáticos, dado que se puede caer en prácticas que desencadenen en una deficiente seguridad física.

Es muy aconsejable ser previsible de cara a un futuro, en el sentido de que, si se compra algo, se tenga la capacidad de pensar en **futuras ampliaciones sobre la pieza** que se adquiere; por poner un ejemplo, un armario de comunicaciones o *rack.* En este caso, si la compra de dicho componente no se hace con la suficiente planificación, lo más seguro es que en menos de un año tengamos que realizar la adquisición del mismo componente pero con mayores ampliaciones respecto al comprado en un primer momento: todo por no planificar.

Además, no planificar puede conllevar pérdidas de tiempo y dinero a la empresa por no poder realizar correctamente sus operaciones. Un fallo muy importante consiste en instalar los UPS o SAIS fuera de los armarios de comunicaciones o *racks;* se recomienda su instalación dentro de ellos para garantizar así la protección de dicho componente.

Ejemplo de ampliación hardware

3.12. Control de la temperatura y la humedad del entorno

Un punto muy destacable y a tener en cuenta en las empresas es la instalación de dispositivos que nos permiten controlar la **temperatura y la humedad** del entorno o edificio en el que nos encontramos. La temperatura juega un papel crucial en los equipos y dispositivos informáticos, siendo la humedad una protagonista secundaria (pero no deja de ser importante por ello).

Para prevenir temperaturas excesivas se recomienda una correcta ventilación; pero si el habitáculo cuenta con numerosos dispositivos, lo mejor es recurrir a la instalación de aires acondicionados. Es fundamental que los equipos y dispositivos informáticos tengan una ventilación interior suficiente; con esto se hace referencia a ventiladores de discos duros, de tarjetas gráficas, fuentes de alimentación...

En el caso de los armarios de comunicaciones o *racks*, dado que están compuestos (por norma general) por numerosos componentes informáticos, suelen incluir un sistema de ventilación para que estos funcionen de forma óptima.

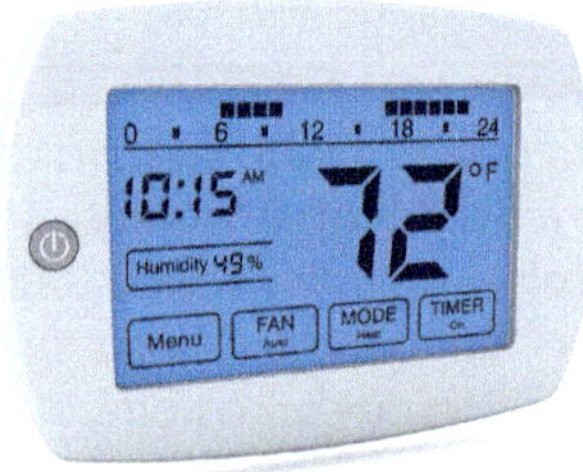

Ejemplo de medidores de temperatura y humedad

3.13. Máquinas y dispositivos de escritorio

Desde el ámbito de la seguridad física, los equipos, impresoras, faxes, concentradores... son los puntos más difíciles de controlar, pues dependen directamente de un buen o mal uso por parte del usuario final sobre ellos.

Ante este escenario surgen las políticas aplicables a los usuarios finales sobre el uso de los dispositivos que tienen a su cargo y que se encuentran implementadas en todas las empresas actuales. Es habitual que el usuario que está al cargo de un determinado *hardware* se responsabilice ante un mal uso del mismo o si lo hace con fines distintos a los de la empresa.

Además, es altamente recomendable que los usuarios finales no puedan acceder al *hardware* de los equipos informáticos; pero en el caso de que puedan hacerlo (por los motivos que sean), se creará una **política de uso**

del *hardware*, con el fin de que el usuario final sepa qué es lo que puede y no puede hacer (eso sí, siempre bajo su responsabilidad total).

Diferentes dispositivos y materiales que se usaban hasta hace unos años frente a los que se utilizan en la actualidad

3.14. Servidores y dispositivos concentradores, enrutadores y pasarelas

La seguridad física aplicable a este tipo de dispositivos es directamente proporcional a la importancia que estos tengan. No es lo mismo un concentrador que da soporte a un departamento que el concentrador principal que proporciona conexión a internet. Tampoco se puede comparar un servidor de copias de seguridad con un servidor de ficheros.

Por lo tanto, debemos ser realistas a la hora de proteger estos dispositivos, dándoles la importancia que realmente tienen. Para los dispositivos considerados críticos, la mejor opción de todas es alejarlos del personal o de intrusos, aplicando una fuerte seguridad y control de acceso, así como temperaturas de funcionamiento y otras condiciones óptimas para mejorar su vida útil.

Para los dispositivos que no sean clasificados como críticos, se pueden implementar más cerca de los usuarios finales, situándolos en armarios cerrados o *racks* de comunicaciones con la seguridad correspondiente y ya descrita anteriormente.

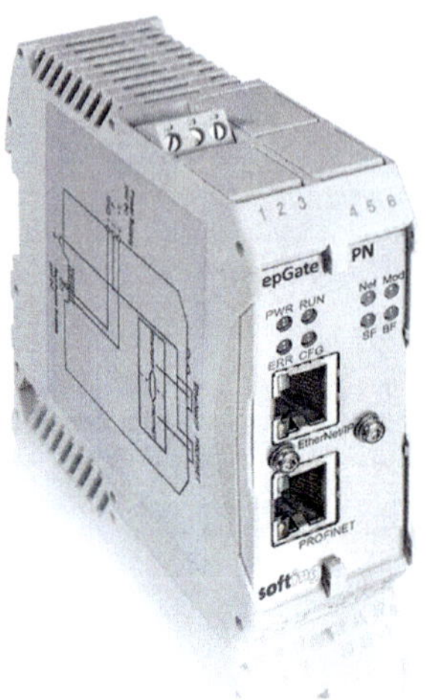

Ejemplo de pasarela multiprotocolo en informática

3.15. Cableado eléctrico

En la seguridad física el cableado eléctrico juega un papel importante que vamos a abordar desde dos puntos de vista. En el primero de ellos, debemos ver el cableado eléctrico como un elemento que suministra energía a nuestros sistemas informáticos y dispositivos de red y que debe cumplir con las normas del país donde se encuentre instalado; normalmente se suele regir por el reglamento de baja tensión. Algunas recomendaciones son **mantener apartado el cableado eléctrico de conducciones de agua y gas,** o que los enchufes y clavijas destinados al cableado eléctrico cumplan y se ajusten a las normativas aplicables, además de comprobar que nunca salten chispas.

El segundo punto de vista se refiere a las conducciones ajenas a nuestros sistemas informáticos y que pueden afectar negativamente a estos en cuanto a su funcionamiento. El cableado eléctrico con una gran carga de energía (mucha potencia) puede causar daños a los equipos informáticos que se encuentren cerca de él.

En el caso de instalaciones eléctricas, lo mejor es consultar o contratar a personal especializado que pueda realizar correctamente su trabajo, ajustándose a la normativa vigente del país en que se está realizando dicha conducción.

Ejemplo del cableado eléctrico en una empresa

3.16. Cableado de telefonía

Cuando se trabaja con cableado de teléfono se debe garantizar su calidad y sobre todo que esté homologado por la normativa del país donde nos encontremos realizando la instalación. Es ideal mantener este tipo de cableado alejado de aquel otro que transporte mucha potencia.

Al igual que el cableado de red, que se verá a continuación, se recomienda que este tipo de cable esté protegido mediante alguna forma con el fin de que nadie sabotee el cable y nos deje sin comunicaciones. Asimismo, se considera imprescindible realizar comprobaciones de cableado mediante herramientas destinadas a tal fin (de esta forma se puede localizar y aislar para su futuro tratamiento por roturas o seccionamientos en el cable).

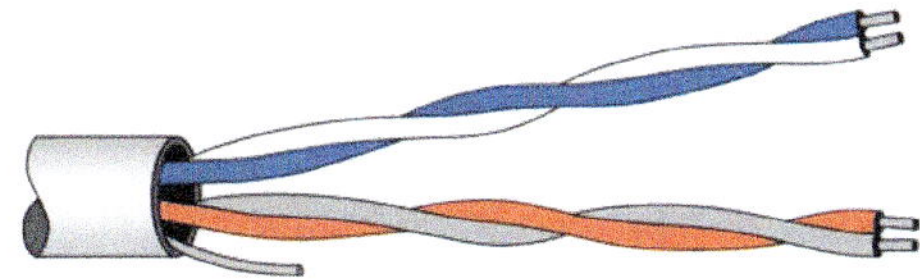

Ejemplo del cableado telefónico

3.17. Cableado de red

El cableado de red se caracteriza por ser muy sensible a las perturbaciones electromagnéticas si es comparado con otro tipo de cableados, como por ejemplo el de la telefonía; esto es debido a que se usa una mayor frecuencia en estos cables para poder transmitir datos en ellos.

Es altamente recomendable sustituir el antiguo cable coaxial, bien por cable Ethernet (cada día más en desuso) o bien por cableado de fibra óptica (por el que están apostando los proveedores de comunicaciones en nuestro país).

Si se usa cable Ethernet, se recomienda protegerlo mediante entubados o que sea integrado en la estructura del edificio; además, se deberá **alejar de conducciones de alta potencia** por las interferencias que se crean.

Es sumamente importante que el cableado y los conectores estén siempre **homologados,** que cumplan con la normativa vigente en el momento de la instalación y que sean de la máxima calidad posible (de esta forma, durarán mucho más y nos evitarán tener que pensar en futuras modificaciones de cableado).

Ejemplo del cableado de red

3.18. Sistemas distribuidos dentro del edificio

Algunas empresas cuentan con sistemas informáticos que se distribuyen a lo largo de un edificio, pero se debe tener en cuenta, en estos casos, la **conectividad entre los distintos nodos** (conllevará un estudio de la red pública o privada que se usa para la comunicación, así como los dispositivos de red empleados para dicha comunicación).

Es realmente importante asegurar la conectividad entre los sistemas finales que han de usar los servicios proporcionados por el sistema distribuido (sin conectividad, el sistema distribuido funciona sin problema, pero no se puede hacer ningún tipo de operación sobre él; al no haber conectividad, no le llegan los datos o información).

Además, por motivos de seguridad, se recomienda encarecidamente realizar un estudio de la seguridad física de cada nodo que compone el sistema distribuido y, sobre todo, observar si la caída en concreto de ese nodo pone en jaque a la estabilidad del sistema distribuido.

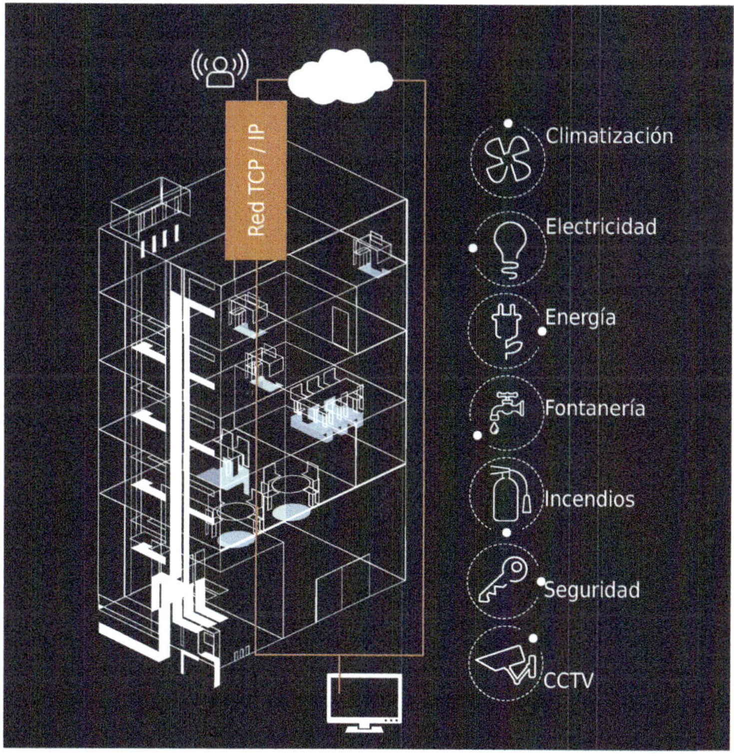

Ejemplo de edificio bien planificado

3.19. Llaves, cerraduras y armarios

Debemos tener presente la seguridad física de los armarios y *racks*. Básicamente, su seguridad se fundamenta en el uso de cerraduras y llaves, siendo muy poco probable que un atacante reviente un armario o *rack* para acceder a su interior.

Tampoco debemos confiarnos sobremanera en las llaves y cerraduras, dado que son muy simples y cualquiera con conocimientos y material adecuado puede abrirlas sin necesidad de hacer uso de las llaves. En internet se pueden localizar numerosas guías sobre cómo abrir armarios o *rack* de determinadas marcas, por lo que lo mejor es hacer uso de **llaves de varios cilindros,** que son las que se encuentran implantadas en las puertas blindadas.

Ejemplo de armario o rack en informática

3.20. Cámaras de seguridad y su monitorización

Las cámaras de seguridad son dispositivos muy útiles para la protección frente a intrusos o *hackers*. Obviamente, las cámaras de seguridad y su monitorización atañen al personal de vigilancia.

Si en la empresa hay cámaras de seguridad, se debe tener en cuenta la privacidad del personal de la empresa, y además habrá que poner en su conocimiento la existencia de las mismas, su localización y la función de vigilancia que realizan.

Ejemplo de aviso de zona de videovigilancia

3.21. Control de ventanas y visibilidad desde el exterior

Un error muy común en la seguridad física en torno a los edificios es que, desde el exterior de estos, se pueda observar los monitores y teclados de los usuarios que están trabajando dentro del edificio. Se trata de un fallo muy grave de seguridad, dado que cualquier persona desde el exterior puede observar a través de las ventanas del edificio y obtener *passwords*, datos de acceso y más información privada de la empresa.

La solución en este caso es muy sencilla: buscar una localización para los monitores y teclados fuera del alcance de alguien que pueda observar desde el exterior al edificio. No se recomienda la instalación de cortinas o sistemas parecidos si no es realmente imprescindible.

Ejemplo de una disposición de los equipos y puestos de trabajo

3.22. Control de desechos y basura

¿A quién puede importar los desechos o basura que genera una empresa? Se debe tener en cuenta que continuamente se producen fallos de seguridad en las empresas por medio de ataques que tienen como origen una mala gestión de los desechos y la basura en las empresas.

Si nos paramos a pensar en un contenedor de basura de una empresa, es probable que haya información valiosa como documentación sin destruir, números y claves de empleados, números de seguridad social, planos de empresa, planos de red, datos de técnicos de redes..., en definitiva, datos, datos y datos. Alguien puede dar con esta información y realizar dañinas campañas de *hacking* social contra la empresa. Aunque suene un poco a película de ciencia ficción, actualmente este tipo de ataques de *hacking* social son cada vez más comunes y, por tanto, comprometen la seguridad física de las empresas.

Todos los documentos internos de la empresa **deben destruirse** mediante la maquinaria adecuada; además, lo mejor es elegir maquinaria que desintegre por completo la documentación y que no haga tiras anchas de papel, pues es posible que se pueda consultar parte de la información.

Ejemplo de maquinaria destructora de papel

ACTIVIDAD COMPLEMENTARIA

11. Consulta al menos dos armarios de comunicaciones o *racks* para ser implementados en un colegio de primaria, ya que la empresa para la que trabajamos realiza mantenimientos para la junta de nuestra comunidad autónoma.

    Una vez escogidos los dos armarios, realiza una comparativa entre ellos y escoge el que más prestaciones ofrezca, independientemente de su precio.

TAREA 11

Rubén ha sido elegido en su empresa para la adecuación de una de las nuevas sedes. Para ello, se requiere la rehabilitación de todo un edificio. El mecanismo es fácil: hay una sala con equipos informáticos y los usuarios entran, hacen una consulta y a escasos segundos tienen a su disposición el libro que han elegido.

Ayuda a Rubén y realiza un informe en el que se recojan las medidas de seguridad que debe reunir el edificio en función del uso que se le va a dar. Razona cada justificación que hagas al respecto.

Continúa en página siguiente >>

<< Viene de página anterior

TAREA 12

Ana quiere situar su empresa de telecomunicaciones en Huelva capital, concretamente cerca del Polo Químico (grupo de instalaciones e infraestructuras de empresas químicas). ¿Crees que es un buen lugar?

Realiza un análisis de riesgos que abarque los riesgos existentes en dicho entorno.

4. Resumen

La seguridad física es la aplicación de barreras físicas y procedimientos de control adecuados y necesarios, como medidas de prevención y contramedidas ante amenazas a los recursos e información confidencial. Las principales amenazas que se prevén en la seguridad física giran en torno a:

- Desastres naturales
- Amenazas procedentes del propio usuario
- Disturbios, sabotajes internos o externos

Cuando se habla de seguridad del edificio, se debe pensar en los siguientes conceptos:

Para el control de acceso vamos a tener en cuenta las siguientes pautas:

- Guardias

- Detectores de metales
- Sistemas biométricos
- Verificación automática de firmas (VAF)
- Animales
- Protección electrónica

Si se produce un desastre, riesgo o amenaza, lo ideal es recurrir al plan de contingencia, donde se recopilan los pasos necesarios que se deben seguir en caso de desastre. La elaboración de un plan de contingencia recoge las siguientes fases:

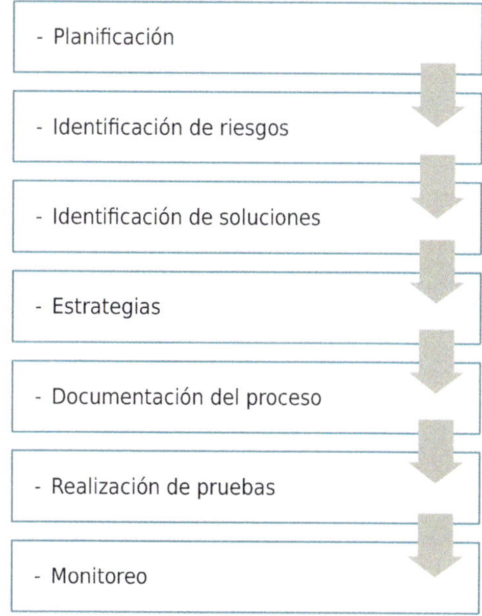

El entorno donde se sitúa el *hardware,* los dispositivos de red y los centros de computación se conocen bajo el nombre de "entorno físico del *hardware*". A lo largo de la unidad se han visto los siguientes aspectos relacionados:

- Suministro de energía para el *hardware.*
- Comunicación: interconexión de redes y sistemas.
- Acceso físico al *hardware.*
- Localización física del *hardware.*
- Control de acceso al *hardware.* Control de acceso al personal.
- Interacción del *hardware* con el suministro de energía y agua.
- Sistemas de control del *hardware* y su integridad.
- Seguridad contra incendios y otros desastres *hardware.*
- Planes de evacuación de *hardware* y equipos.

- El entorno de trabajo del personal y su interacción con el *hardware*.
- Planificación de espacio para *hardware* y dispositivos.
- Control de la temperatura y la humedad del entorno.
- Máquinas y dispositivos de escritorio.
- Servidores y dispositivos concentradores, enrutadores y pasarelas.
- Cableado eléctrico.
- Cableado de telefonía.
- Cableado de red.
- Sistemas distribuidos dentro del edificio.
- Llaves, cerraduras y armarios.
- Cámaras de seguridad y su monitorización.
- Control de ventanas y visibilidad desde el exterior.
- Control de desechos y basura.

Ejercicios de autoevaluación Unidad de Aprendizaje 6

1. **Determina si la siguiente oración es verdadera o falsa: "Tan importante es vigilar la seguridad de los dispositivos informáticos como las instalaciones en las que se encuentran instalados".**

    - Verdadero
    - Falso

2. **¿Cuál de las siguientes opciones no se considera un tipo de desastre?**

    a. Inundaciones.
    b. Tormentas.
    c. Terremotos.
    d. Plaga de ratas.

3. **Indica cuál de las siguientes fases no está presente en la elaboración de un plan de contingencia:**

    a. Identificación de riesgos.
    b. Identificación de soluciones.
    c. Monitoreo.
    d. Resolución de desastres.

4. **Determina si la siguiente oración es verdadera o falsa: "El plan de recuperación es un proceso de recuperación mediante el cual alcanzamos objetivos tales como datos, *hardware* y *software* crítico cuando se produce un desastre o riesgo y con la garantía de que el comercio electrónico puede seguir operando con normalidad como si no hubiera ocurrido desastre alguno".**

    - Verdadero
    - Falso

5. **Indica cuál de los siguientes conceptos no está presente en un plan de recuperación:**

    a. Testeo de riesgos.
    b. Planificación.

c. Identificación de riesgos.
d. Identificación de soluciones.

6. ¿En qué fase se realiza un estudio de aquello que la empresa tiene implantado y de cómo pueden afectar los riesgos más importantes?

a. Testeo de riesgos.
b. Planificación.
c. Identificación de riesgos.
d. Identificación de soluciones.

7. Si se usa un cable Ethernet, se recomienda...

a. ... tirarlo en línea recta al dispositivo para consumir menos cable.
b. ... entubarlo o integrarlo en la estructura del edificio.
c. ... acercarlo a conducciones de alta potencia.
d. ... acercarlo a conducciones o canalizaciones de agua.

8. Si en la empresa hay cámaras de seguridad, se tendrá en cuenta la privacidad del personal y además se deberá...

a. ... poner en su conocimiento la existencia de dichas cámaras, su localización y la función de vigilancia que realizan.
b. ... poner en su conocimiento la existencia de dichas cámaras.
c. ... poner en su conocimiento la existencia de dichas cámaras y su localización.
d. ... poner en su conocimiento la existencia de dichas cámaras y las grabaciones para el visionado de los usuarios que son grabados.

9. La importancia de un plan de recuperación ante desastres es directamente proporcional a la complejidad, importancia, costes del servicio y...

a. ... riesgo.
b. ... amenazas.
c. ... seguridad.
d. ... información.

10. La segunda fase de identificación de riesgos se caracteriza por:

a. Maximizar lo máximo posible el riesgo.
b. Minimizar lo mínimo posible el riesgo.
c. Minimizar lo máximo posible el riesgo.
d. Maximizar lo mínimo posible el riesgo.

Unidad de aprendizaje 7

Seguridad de la informática en la empresa

Contenido

1. Introducción
2. ¿Qué es *OSSIM?*
3. Componentes y herramientas integradas en *OSSIM*
4. Conceptos básicos
5. Resumen

Objetivos

El objetivo específico de esta Unidad de Aprendizaje es:

→ Identificar la seguridad informática de la empresa.

Los objetivos específicos de esta Unidad de Aprendizaje son:

→ Reconocer los componentes y herramientas de *OSSIM.*

→ Identificar los conceptos básicos de *OSSIM.*

1. Introducción

Hoy en día cualquier equipo informático suele estar conectado a otra red junto con más dispositivos. Aunque seas cauteloso para no tener *malware* o virus, esto no quiere decir que el resto de usuarios actúen igual y puedes conectarte a una red que esté infectada de *malware* o virus.

Si nos conectamos a una red a nivel doméstico, seremos nosotros mismos los responsables de su mantenimiento; pero imagina que se trata de una red de empresa: en este caso, habría que garantizar la seguridad e intentar eliminar el *malware* y los virus y realizar una configuración correcta de la red.

Para los gestores o supervisores de redes existe un *software* denominado *OSSIM* que nos va a permitir monitorizar la red y adelantarnos a las situaciones de más riesgo. Pero antes tendremos que conocer cómo se maneja esta herramienta.

Para ello, nos basaremos en CGS (CiberGestores Seguridad), S. L., una empresa líder en su sector tanto a nivel particular como a nivel empresarial, que ofrece todo tipo de soluciones en seguridad informática a pequeña y a gran escala. Cada seis meses suelen realizar unas jornadas de seguridad en las que se centran en los conocimientos mínimos para saber manejar la herramienta *OSSIM*.

2. ¿Qué es *OSSIM*?

HILO CONDUCTOR

En CGS (CiberGestores Seguridad), S. L., siempre que una gran empresa les comunica que tienen problemas en su red, lo primero que hacen es aconsejarles implementar un *host* o cliente con un *software OSSIM* instalado para monitorizar la red y descubrir qué está sucediendo en ella.

OSSIM se corresponde con las siglas del inglés *Open Source Security Information Managament,* "gestión de información de seguridad de código abierto", y está integrado por un conjunto de herramientas *software* que se caracterizan por tener en común la licencia GPL.

El objetivo de este proyecto es poner en juego una herramienta que facilite la administración de determinados eventos correspondientes a la seguridad informática, haciendo uso para ello de un motor de correlación y del conjunto de herramientas *software Open Source,* de las que se ayuda el administrador para generar informes o análisis relativos a la seguridad de su infraestructura.

Además, *OSSIM* cuenta con la posibilidad de poder ser configurado como un **sistema de prevención de intrusos,** herramienta de seguridad muy útil en los tiempos que corren.

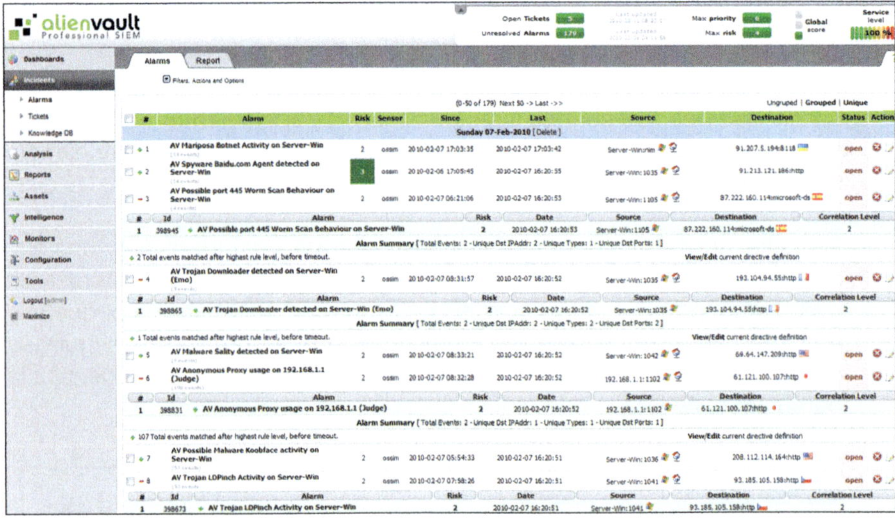

Pantallazo de la herramienta OSSIM (© Imagen: Wikipedia / es.wikipedia.org)

Antes de continuar con *OSSIM,* vamos a hacer un breve inciso para saber qué son las licencias GPL, "licencias públicas generales" más conocidas por su nombre en inglés, GNU, asociadas a licencias de derechos de autor, muy empleadas en el *software* libre y de código abierto. Dichas licencias garantizan a los usuarios finales del *software* la libertad de usar, estudiar, compartir y modificar el *hardware.*

El propósito de una licencia GPL puede verse desde dos puntos de vista:

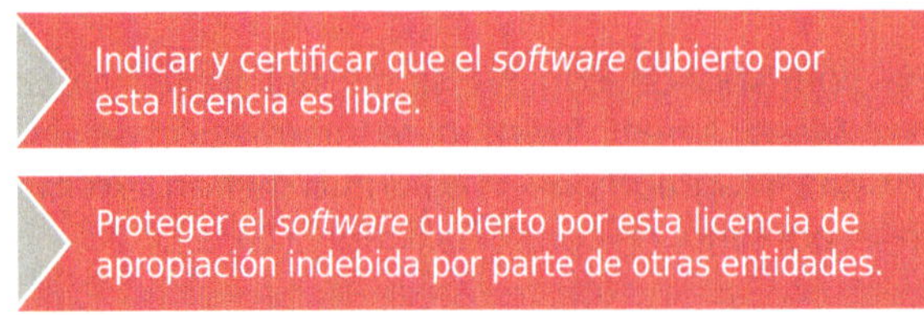

La *Free Software Foundation* pone la GPL a disposición de quien quiera proteger los derechos de sus usuarios finales (derechos tales como usar, compartir, estudiar y modificar el *software)* y ofrecer a los usuarios de los dispositivos o equipos informáticos un *software* con los derechos de *software* libre.

A día de hoy la seguridad en las redes, y sobre todo en redes de empresa, está avanzando a un ritmo increíble, tanto, que muchas veces las redes generan una cantidad de información que es imposible gestionar si no se disponen de otras tecnologías más avanzadas. Hemos de pensar que cualquier dispositivo conectado a la red (servidores, ordenadores portátiles, ordenadores de escritorio, *firewalls,* tabletas...) generan eventos de seguridad que se van almacenando en ficheros de texto de extensión *.log.

Esta tarea es llevada a cabo por un tipo de *software* determinado que se conoce con el nombre de SIM *(Security Information Managament),* con lo cual SIM tendrá como objetivo la recolección de todos los eventos de una red usando para ello los agentes.

DEFINICIÓN

Agente
Pequeño programa *software* desarrollado o escrito específicamente para un determinado equipamiento de nuestra red.

OSSIM se corresponde con una distribución de tipo *Linux, Open Source* y que se puede descargar como una imagen ISO. Una vez descargada, tenemos la siguiente opción:

> Copiarla a un USB *pen* con el fin de instalarla en otro equipo o máquina virtual.

Una vez instalada la herramienta *OSSIM,* se pueden realizar monitoreos para analizar la seguridad de la red en la que estamos conectados. Las prestaciones con las que vamos a contar una vez que tenemos instalada *OSSIM* son las siguientes:

- Acceso vía web.
- Detección de copia anormal de ficheros en nuestra red.

- Detección de cambios en el sistema operativo de los *host* o equipos conectados a la red.
- Exceso de tráfico o de conexiones.
- Uso de recursos de la red en horarios anormales.
- Escaneo de las vulnerabilidades.
- Monitorización de máquinas y perfiles de usuario.
- Mecanismo de prevención de intrusiones en la red.

2.1. Sistemas de detección y prevención de intrusos

Un sistema de prevención de intrusos (IPS) es un ***software* que toma el control de acceso** en una determinada red informática para proteger sus recursos y contestar frente a ataques y abusos en la misma.

Se puede afirmar que se trata de un dispositivo de seguridad de red, entre cuyas funciones se encuentra el **monitoreo de dicha red en busca de actividades maliciosas** (para intentar pararlas).

Los **IPS se pueden clasificar** del siguiente modo:

- **Basados en la red LAN:** se encargan de monitorear la red LAN para localizar el tráfico que, *a priori,* puede resultar sospechoso para trabajar con él.
- **Basados en redes *Wireless:*** se encargan de monitorear la red inalámbrica en busca del tráfico que, a priori, puede resultar sospechoso para trabajar con él.
- **Análisis de comportamiento de red:** su función es examinar el tráfico de red para identificar las posibles amenazas o ataques y tomar determinaciones ante estos.
- **Basados en *host:*** en estos se instalan determinados paquetes de *software* con el fin de que monitoreen a un solo *host* en busca de actividades maliciosas.

Los IPS presentan diferencias en la **forma en que detectan el tráfico malicioso,** pudiendo hacerlo en función de los siguientes criterios:

- **Detección basada en firmas:** la firma puede reconocer una determinada cadena de *bytes* en un cierto contexto, y ante esto, lanzar una alerta si fuera necesario. Para ello, se debe contar con una actualización constante de las firmas, dado que no sirve de nada si no están actualizadas. Un ejemplo puede encontrarse en los ataques a los servidores web en forma de URL.

- **Detección basada en políticas:** para esta detección, el IPS necesita de una definición de políticas de seguridad informáticas (si no están definidas, es imposible pensar su uso), el IPS reconoce el tráfico que se genera fuera del perfil y lo descarta. Un ejemplo puede encontrarse en determinados *host* que pueden tener comunicación o no con ciertas redes (en función de las políticas de seguridad establecidas).
- **Detección basada en anomalías:** este tipo de detección pone muchas alertas en marcha, pero que haya alertas no significa que exista un problema real, dado que es altamente difícil determinar cuándo se está siendo atacado. Para ello, se basa en dos opciones: detección estadística y no estadística.
- **Detección estadística de anomalías:** el IPS analiza el tráfico de red durante un determinado periodo de tiempo con el fin de obtener un patrón de comparación. Cuando el tráfico varía respecto a este patrón, es cuando se genera la alarma.
- **Detección no estadística de anomalías:** aquí el administrador es el encargado de definir el patrón de tráfico para que, cuando se detecte que varía, salte la alarma correspondiente (suele generar falsos positivos de alarmas muy frecuentemente).

ACTIVIDAD COMPLEMENTARIA

12. Localiza al menos dos soluciones *software* que permitan la detección y prevención de intrusos.

3. Componentes y herramientas integradas en *OSSIM*

HILO CONDUCTOR

En CGS (CiberGestores Seguridad), S. L., son muy conscientes de que el conjunto de herramientas de *OSSIM* es muy complejo para adquirir sus conocimientos de una vez, por eso aconsejan a sus clientes que aprendan escalonadamente el uso de dicha herramienta.

Tal y como se definió anteriormente, *OSSIM* es un conjunto o colección de herramientas de licencia GPL diseñadas para ayudar a los administradores de red.

3.1. Clasificación de herramientas de *OSSIM*

Ese conjunto de herramientas se pueden clasificar de la siguiente forma.

Arpwatch

Herramienta caracterizada por su sencillez y cuyo objetivo principal es la detección de intrusos. *Arpwatch* controla y observa las MAC que existen en una red, manteniéndolas en un archivo con su correspondiente IP asociada; además, en este archivo también se almacena la última conexión de la MAC/IP a la red y se generan notificaciones en caso de que haya cambios. Con esta forma de trabajo es posible averiguar o detectar si una IP que está asociada a una MAC ahora se encuentra asociada a otra MAC. Si se produce esto, se clasifica como sospechoso, dado que en una red de ordenadores o dispositivos móviles lo normal es que los *host* o máquinas conectadas a ellos conserven la misma IP durante largos periodos de tiempo. Por otro lado, con esta herramienta es posible la detección de ataques "Man in the Middle", conocer la suplantación de *proxies, servers* DNS, HTTP...

```
[root@tecmint-rockylinux ~]# systemctl enable arpwatch
Created symlink /etc/systemd/system/multi-user.target.wants/arpwatch.service → /usr/lib/systemd/system/arpwatch.service.
[root@tecmint-rockylinux ~]# systemctl start arpwatch
[root@tecmint-rockylinux ~]# systemctl status arpwatch
● arpwatch.service - Arpwatch daemon which keeps track of ethernet/ip address pairings
   Loaded: loaded (/usr/lib/systemd/system/arpwatch.service; enabled; vendor preset: disabled)
   Active: active (running) since Fri 2023-03-03 03:54:19 EST; 5s ago
     Docs: man:arpwatch(8)
 Main PID: 11001 (arpwatch)
    Tasks: 1 (limit: 36044)
   Memory: 1.7M
      CPU: 41ms
   CGroup: /system.slice/arpwatch.service
           └─11001 /usr/sbin/arpwatch -u arpwatch -F -C

Mar 03 03:54:19 tecmint-rockylinux systemd[1]: Started Arpwatch daemon which keeps track of ethernet/ip address pairi>
Mar 03 03:54:20 tecmint-rockylinux arpwatch[11001]: Running as uid=77 gid=77
Mar 03 03:54:20 tecmint-rockylinux arpwatch[11001]: listening on enp0s3
```

Ejemplo de funcionamiento de Arpwatch en Linux (© Imagen: Youtube / youtube.com)

P0f

Se corresponde con las siglas de *Passive OS Fingerprinting* y se trata de una herramienta cuyo objetivo es la detección pasiva, obteniendo para ello el *fingerprinting* de los sistemas operativos sin enviar paquetes a la red.

Además, con esta herramienta también es posible establecer mapeos de la red para saber qué sistemas operativos están usando los *host* o equipos conectados a ella.

```
root@bt:~# p0f -i eth0 -vt
p0f - passive os fingerprinting utility, version 2.0.8
(C) M. Zalewski <lcamtuf@dione.cc>, W. Stearns <wstearns@pobox.com>
p0f: listening (SYN) on 'eth0', 262 sigs (14 generic, cksum 0F1F5CA2), rule: 'all'.
<Mon Feb 24 22:15:22 2014> 192.168.1.108:1041 - Windows XP SP1+, 2000 SP3
  -> 192.168.1.111:80 (distance 0, link: ethernet/modem)
<Mon Feb 24 22:15:23 2014> 192.168.1.108:1041 - Windows XP SP1+, 2000 SP3
  -> 192.168.1.111:80 (distance 0, link: ethernet/modem)
<Mon Feb 24 22:15:23 2014> 192.168.1.108:1041 - Windows XP SP1+, 2000 SP3
  -> 192.168.1.111:80 (distance 0, link: ethernet/modem)
```

Funcionamiento de POF en un Linux/Unix (© Imagen: Null Byte / null-byte.wonderhowto.com)

Pads

Sus siglas se corresponden con *Passive Asset Detection System* y se trata de un sistema de detección pasiva de activos. En realidad, estamos frente a un *sniffer* que, a través de los *signatures,* detecta activos. Un activo puede ser un dispositivo de la red o un servicio que se ejecuta en la red. Su funcionamiento es muy básico y simple: lo que hace es escanear *(sniffear)* la red y mediante las *signatures* va descubriendo y detectando servicios y *host* disponibles en la red, los loguea. De esta forma crea un mapeo de red sin apenas generar tráfico en la misma. Del mismo modo hay que indicar que este tipo de detección es menos precisa que un escaneo activo, que sí genera tráfico en la red.

OpenVas

Open Source Vulnerability Assessment Scanner está diseñado a partir del motor de *Nessus 2* (que era totalmente libre). El propósito general de esta herramienta es el mismo que el de *Nessus:* la localización de vulnerabilidades y su posible tratamiento. Se debe anotar que esta herramienta tiene algunas limitaciones respecto a *Nessus,* pero, como contrapartida, los *plugins* disponibles en *Nessus* se pueden usar en esta.

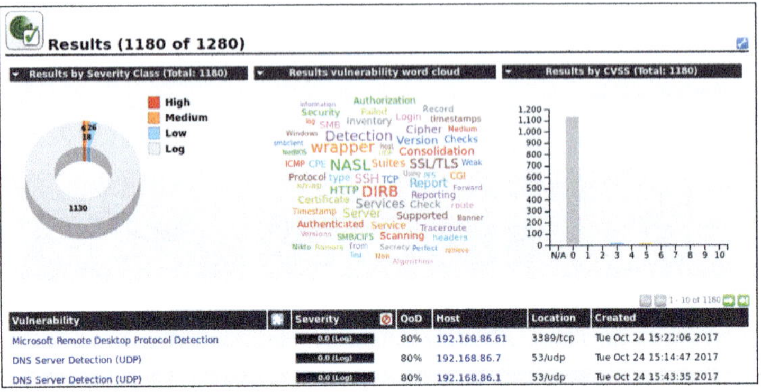

Ejemplo de localización de vulnerabilidades con OpenVas

Snort

Se corresponde con un IDS usado por *OSSIM;* cuando hablamos de IDS nos estamos refiriendo al sistema de detección de intrusos. Un IDS se basa en el uso de distintas técnicas de análisis para, en caso de detectar acciones sospechosas, avisar al administrador. Un NIDS es exactamente lo mismo que un IDS, pero la "N" hace referencia a "Network", es decir, los NIDS se encargan además de analizar el tráfico de la red. El modo de funcionamiento es simple: "snortsniffea" la red y, mediante el uso de un conjunto de reglas, decide si el tráfico es o no sospechoso. Las reglas en las que se basa contienen información que debería tener un paquete de red para ser clasificado como sospechoso.

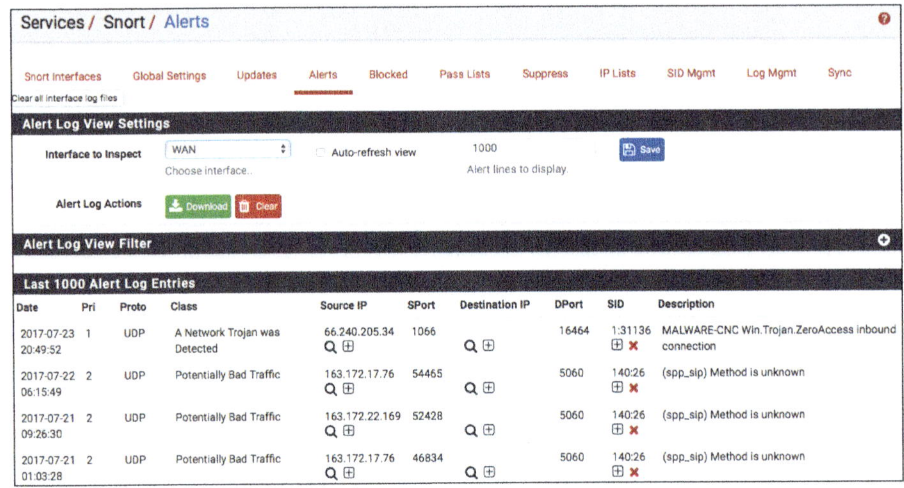

Ejemplo del análisis del tráfico de red con Snort

Tcptrack

Esta herramienta es más conocida por los usuarios de *Linux/Unix* como el comando "top" de conexionado TCP. Se trata de un *sniffer* cuyo objetivo es mostrar información de las conexiones TCP de una determinada interfaz. Su funcionamiento es en modo pasivo, observando las conexiones TCP y siguiendo el rastro de su estado.

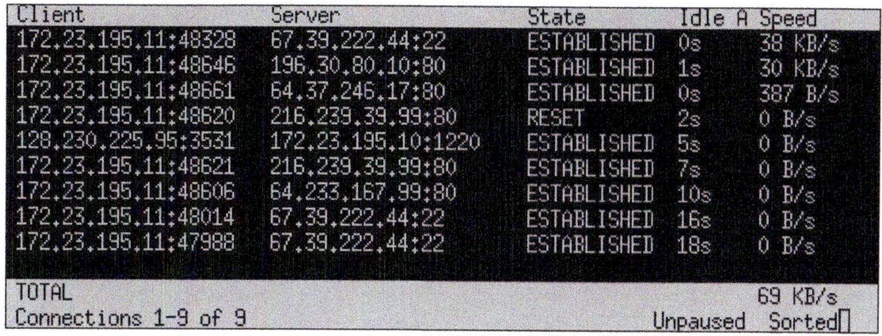

Ejemplo del uso de Tcptrack (© Imagen: Dev4sec / dev4sec.blogspot.com)

Ntop

Es otra herramienta totalmente orientada a la red, cuyo nombre se corresponde análogamente con el comando "top" de *Unix*. Dicho comando nos permite conocer datos como el uso de memoria, CPU, estado de los procesos... Además, esta herramienta es capaz de leer los datos que circulan por la red, almacenarlos y a partir de estos archivos almacenados generar gráficos e informes que están disponibles a través del puerto 3000 (por defecto) en la web. Todo lo que se puede realizar con esta herramienta lo podemos resumir en los siguientes puntos:

- Ordenar el tráfico de una red en función de determinados protocolos.
- Mostrar el tráfico de una red en función de determinados criterios.
- Mostrar las estadísticas del tráfico de una red.
- Almacenar en disco duro estadísticas del tráfico de la red en formato RRD *(Round RobinDatabase).*
- Identificar los *host* de los usuarios conectados a la red.
- Identificar pasivamente el sistema operativo de los usuarios.
- Mostrar el tráfico IP entre varios protocolos.
- Analizar el tráfico IP y ordenarlo en función de la fuente/destino.
- Mostrar la matriz de tráfico IP de una subred.
- Recolectar el flujo de la red para los flujos generados por los *routers* o *switches.*

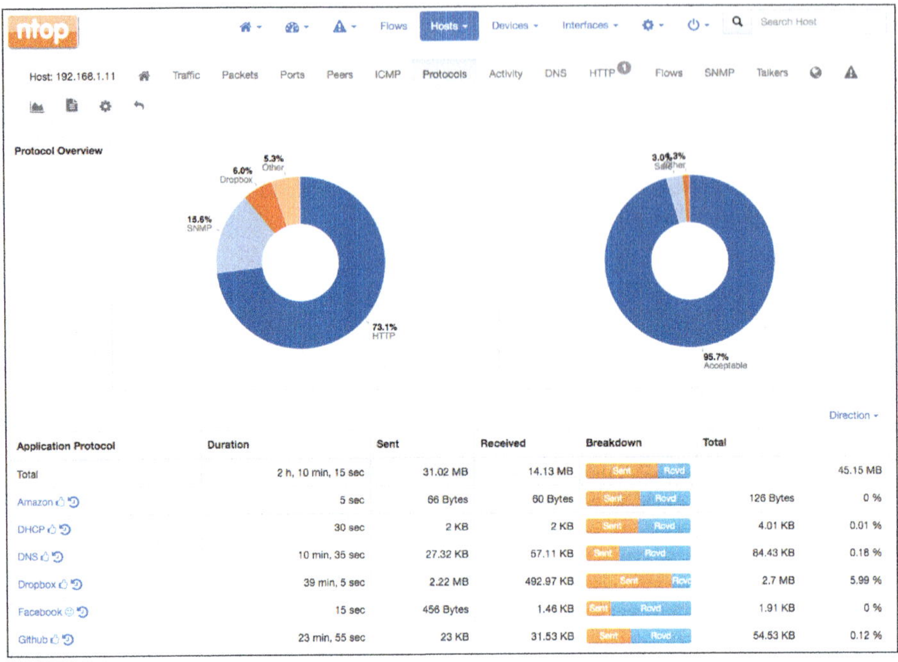

Ejemplo de funcionamiento de la herramienta Ntop de OSSIM (© Imagen: Ntop / ntop.org)

DEFINICIÓN

Round Robin

Se trata de un algoritmo de planificación de procesos para la CPU de un equipo informático. Su objetivo es la planificación de procesos más simples dentro de un sistema operativo, de tal forma que se asigna a cada proceso una porción de tiempo equitativa y ordenada. Por tanto, Round Robin es un sistema de todos contra todos, un sistema de competición, en el que los participantes (procesos) se enfrentan divididos en grupos por obtener el procesador del equipo y poder ejecutarse.

Nagios

Es una de las herramientas más complejas para la customización y mantenimiento del monitoreo de redes. A pesar de su complejidad, *Nagios* permite a los administradores tener una visión general sobre los *host* conectados a la red. Mediante el monitoreo de los *host,* se pueden detectar fallos y enviar alertas acordes a dicho fallo; además, esta herramienta posee *front-end web*, desde la cual se puede consultar o analizar el estado de la red. *Nagios* basa su uso en un demonio central que está recibiendo datos, almacenándolos correctamente en una base de datos. Toda la configuración del sistema se realiza a base de ficheros o archivos de texto y no se incluyen mecanismos para el chequeo de *host* y servicios de la red (este trabajo se deriva a los *plugins*). Por tanto, el demonio es el encargado de ejecutar los *plugins*, recibir los resultados, procesar los resultados y tomar las acciones necesarias al respecto.

Ejemplo de funcionamiento del sistema de plugins en Nagios

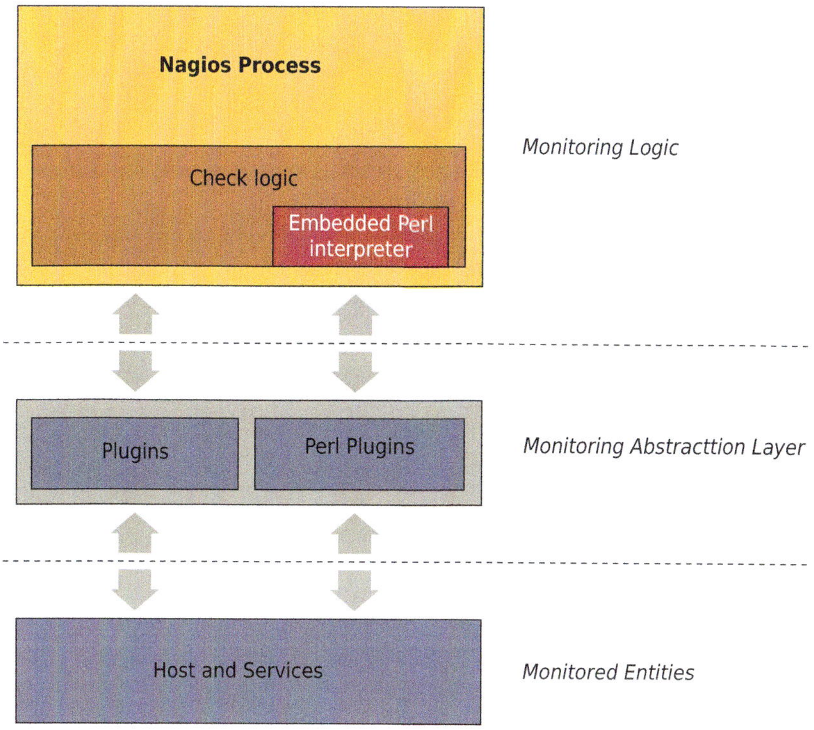

nfSen

El nombre de esta herramienta proviene de *Netflow Sensor*, y se basa en un *front-end* para las herramientas de flujo de red *nfdump*. A través del *front-end*, se puede acceder a gráfico de flujos, paquetes y *bytes* usados por RRD (base de datos *Round Robin*). Ofrece, además, la posibilidad de crear alertas o programar *plugins* para el proceso de flujo de red. nfdump es un conjunto de herramientas que son usadas para recolectar y procesar los flujos de datos que hay en las redes a través de la línea de comandos de sistemas *Unix/Linux*. Está compuesto por un conjunto de herramientas que son las siguientes:

- nfcapd. Demonio encargado de la captura del flujo de red. Lee los datos que hay circulando en la red y se encarga de almacenarlos en archivos de texto que van rotando automáticamente cada cierto periodo de tiempo.
- nfdump. Esta herramienta se usa para visualizar los datos almacenados por nfcapd y su sintaxis de uso es muy similar al comando tcpdump.
- nfprofile. Se encarga de leer los datos almacenados por nfcapd, los cuales pasan a través de un conjunto de filtros y estos (los filtrados) son almacenados en nuevos archivos o ficheros.
- nfreplay. Su objetivo es realizar *forward* de los datos almacenados por nfcapd hacia otros *host* de la red.
- nfclean. Sirve para poder eliminar/borrar datos con cierta antigüedad.
- ft2nfdump. Se ocupa de la conversión de datos de herramientas de flujo desde archivos o de stdin al formato nfdump.

```
[root@neteye ~]# nfdump -M /var/lib/neteye/nfsen/flows-data/live/DMZ_BZ1 -T -R 2015-08-24/nfcapd.201508240000:2015-08-24/nfcapd.201508240400 -n 10 -s
port:proto/bytes -N
Top 10 Port all flows ordered by bytes:
Date first seen          Duration Proto       Port   Flows(%)      Packets(%)       Bytes(%)        pps    bps  min_bps  max_bps   bpp
2015-08-23 23:59:10.136 14705.776 17          8116      980( 0.2) 10359025(25.3) 694504986( 5.2)   704  377813   73695   115289    67
2015-08-23 23:58:59.672 14758.048 6            443  136763(24.3)  2710589( 6.6) 560289138( 4.2)   183  303719     384  2298449   206
2015-08-23 23:58:59.008 14738.760 6             80   71633(12.7)  2786411( 6.8) 413110183( 3.1)   189  224230     294  1319576   148
2015-08-23 23:59:02.008 14750.592 50             0    5360( 1.0)  1984820( 4.9) 397188080( 3.0)   134  215415    3250   267575   200
2015-08-23 23:59:17.520 14735.912 6          49154    1475( 0.3)   315514( 0.8) 344863857( 2.6)    21  187223     765   762221  1093
2015-08-23 23:59:26.072 14727.360 6          57739     249( 0.0)   209103( 0.5) 246722953( 1.8)    14  134021     221   253208  1179
2015-08-23 23:59:03.160 14683.432 6             25    5651( 1.0)   204644( 0.5) 175087344( 1.3)    13   95393    1111  4972533   855
2015-08-23 23:59:02.200  8637.152 6          62030      63( 0.0)   251456( 0.6) 148767649( 1.1)    29  137793     454  1319576   591
2015-08-23 23:59:47.136 14663.984 17         16397     981( 0.2)  1468881( 3.6)  88132968( 0.7)   100   48081    1166    53144    60
2015-08-23 23:59:46.584 14659.040 6          63016     250( 0.0)    76350( 0.2)  87383301( 0.7)     5   47688     555   762221  1144

Summary: total flows: 562074, total bytes: 13340050048, total packets: 40872324, avg bps: 7231053, avg pps: 2769, avg bpp: 326
Time window: 2015-08-23 23:58:58 - 2015-08-24 04:04:57
Total flows processed: 562074, Blocks skipped: 0, Bytes read: 92201548
Sys: 0.378s flows/second: 1483271.8  Wall: 0.377s flows/second: 1489446.7
[root@neteye ~]#
```

Ejemplo de uso de la herramienta nfdump en sistemas Linux/Unix

Osiris

Se trata de una herramienta del tipo HIDS (sistema de detección de intrusos en un *host)* centrada en monitorizar la integridad del *host*. Gracias a esta herramienta se pueden saber los cambios que sufre una red *host* a través del tiempo, incluyendo la posibilidad de enviar estos cambios a los administradores de red para que puedan analizarlos. Su modo de funcionamiento es tomar capturas periódicas del sistema y almacenarlos en una base. Además, es posible monitorizar usuarios, listas de grupos y módulos del *kernel*. La arquitectura de esta herramienta se basa en:

Consola de administración

- Es necesario realizar su instalación sobre un *host* de la red que sea totalmente confiable y seguro, dado que en él se va a almacenar la información sobre los *host*, configuraciones, *logs* y bases de datos.

Agente de escaneo

- Es un proceso que se ejecuta en cada *host* que se monitorea y su misión es escanear el sistema de ficheros y enviar los datos al host o consola de administración.

Aplicación de administración CLI

- Esta herramienta es empleada por el administrador (consola) para la gestión de los detalles de los *host* que se han escaneado. Tiene comunicación directa con la consola de administración.

Snare

Se corresponde con una colección de herramientas que recopilan los datos de registros de auditorías de una variedad de sistemas operativos y aplicaciones que se usan para facilitar un análisis de registros. A día de hoy, son cientos de miles las personas y empresas que usan esta solución para cumplir con las reglas de seguridad de información local y estatal asociadas con las auditorías y recolección de datos. Esta aplicación está disponible para *Windows, Linux, Solaris, OSX, MSSQL, Unix* y otros *Servers.*

OSSEC

Se corresponde con otro IDS incluido en *OSSIM,* en este caso un HIDS, sistema de detección de intrusos basado en el *host,* encargado de analizar los datos del *host* y detectar mediante el análisis de estos si es víctima de algún ataque. Para ello, se recurre al análisis de logs, monitoreos del registro de *Windows* y detección de *rootkits,* todo ello en tiempo real. Esta herramienta está formada por un administrador central de monitoreo (también conocido con el nombre de mánager), el cual recibe la información de los agentes, syslog, bases de datos y los dispositivos sin agentes. El mánager almacenará las bases de datos, los logs, los eventos y las auditorías en el sistema. Los agentes se corresponden con programas *software* que se instalan en los sistemas que van a monitorearse y cuyo objetivo es la recolección en tiempo real para enviárselos al mánager y ser analizados por este.

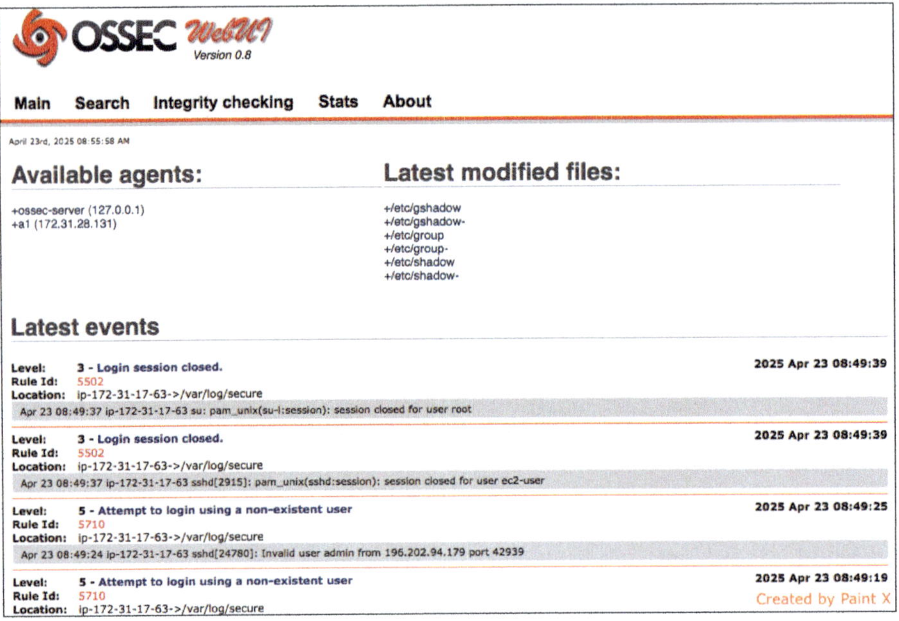

Ejemplo del administrador en OSSEC

NessusV

Esta herramienta pasa de una detección pasiva a una activa en un momento determinado. Se corresponde con un programa de escaneo para la localización y detección de vulnerabilidades y, por tanto, tiene como objetivo principal el escaneo de los *host* que el usuario elija. Para ello, detectará primero los puertos que hay abiertos y luego enviará un test a dichos puertos para comprobar cuáles de ellos son vulnerables. El resultado de dicho test será un informe detallado de las vulnerabilidades localizadas o detectadas en cada *host* (se describe la vulnerabilidad encontrada, el nivel de riesgo asociado y la forma de eliminarla). *Nessus* permite agregar test de vulnerabilidades, pero con el requisito de que tienen que estar escritos en NASL *(NessusAttack Scripting Language)*, un lenguaje de *scripting* optimizado para interaccionar con la red. Además, esta herramienta nos permite la auditoría de contraseñas y verificar el nivel de parches que hay aplicados en una máquina con un sistema operativo *Windows*. Se debe destacar que, a partir de 2005 y de su tercera versión, esta herramienta dejó de ser libre, pasando a comercializar sus *plugins* (la mayoría de ellos). Para que *OSSIM* pudiera trabajar con *Nessus* llevó a cabo su propio conjunto de *plugins* gratuitos y bajo licencias GPLv2.

SysLog

Se corresponde con un estándar usado para el envío de mensajes de registro en una red informática. Por *SysLog* se entiende tanto al protocolo de red como la aplicación o biblioteca que envía los mensajes de registro. Un mensaje de registro se caracteriza por que suele contener la información sobre la seguridad del sistema, aunque también puede contener otra información, como la fecha y la hora del envío. Resulta muy útil para obtener información del tipo:

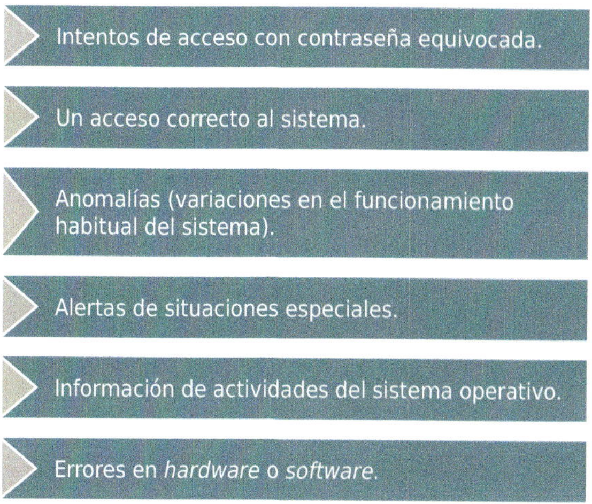

El protocolo de *SysLog* es muy simple: consta de un ordenador servidor que ejecuta el servidor de *SysLog*, más conocido el demonio por *syslogd*. El cliente envía un mensaje de texto por vía UDP al puerto 514 (lo más común). Este mensaje se compone de tres campos, que son: prioridad, cabecera y texto. Estos tres campos se caracterizan por que, como mucho, pueden sumar 1.024 bytes entre los tres.

ACTIVIDAD COMPLEMENTARIA

13. Realiza una clasificación de las herramientas que hay integradas en *OSSIM* en función de lo que son capaces de hacer.

4. Conceptos básicos

HILO CONDUCTOR

En CGS (CiberGestores Seguridad), S. L., siempre comentan a sus clientes que *OSSIM* realmente se divide en tres partes fundamentales que son: Servidor, *Framework* y el Agente. Sabiendo su funcionamiento, se comprenderá mucho mejor en qué consiste esta herramienta.

Antes de continuar con el uso habitual de trabajo en *OSSIM,* se van a ver algunos conceptos básicos con el fin de entender cómo funciona esta herramienta. *OSSIM* se divide en tres partes o componentes fundamentales, que son:

OSSIM-Server

- Se trata de un servidor que tiene como objetivo el almacenamiento en su base de datos de los registros que se producen en la red enviados por los agentes instalados en los *host* o servicios. Se encarga también de la correlación de *logs*, catalogación crítica, recolección de *logs*, evaluación de posibles riesgos, alarmas de eventos...

OSSIM-Framework

- Es un demonio que tiene como fin la ejecución de comandos, así como leer o escribir archivos en el sistema de ficheros del equipo/*host* o servicio, evitando hacerlo directamente en el servidor web OSSIM.

OSSIM-Agent

- Es un agente que se instala en los equipos/*host* o servicios con los sistemas operativos, y es capaz de enviar información sobre los eventos que se producen en el servidor.

4.1. Instalación *OSSIM*

A continuación, vamos a ver cómo podemos instalar la herramienta *OSSIM* en un equipo o dispositivo informático al que luego conectaremos a una red. Para ello, vamos a usar el siguiente *software:*

Archivo ISO con la instalación de *OSSIM;* dicho archivo se puede descargar en la siguiente dirección web: https://www.alienvault.com/products/ossim/download.

Software para emular, en nuestro caso usaremos *Oracle VM VirtualBox,* que se puede descargar desde la siguiente dirección: https://www.virtualbox.org/wiki/Downloads.

Una vez que hemos descargado el archivo ISO, procederemos a instalar y configurar una máquina *Linux* en *VirtualBox* y le agregamos el archivo ISO que nos hemos descargado al arranque de la unidad DVD, de tal forma que, si arrancamos la máquina virtual, vemos la siguiente imagen:

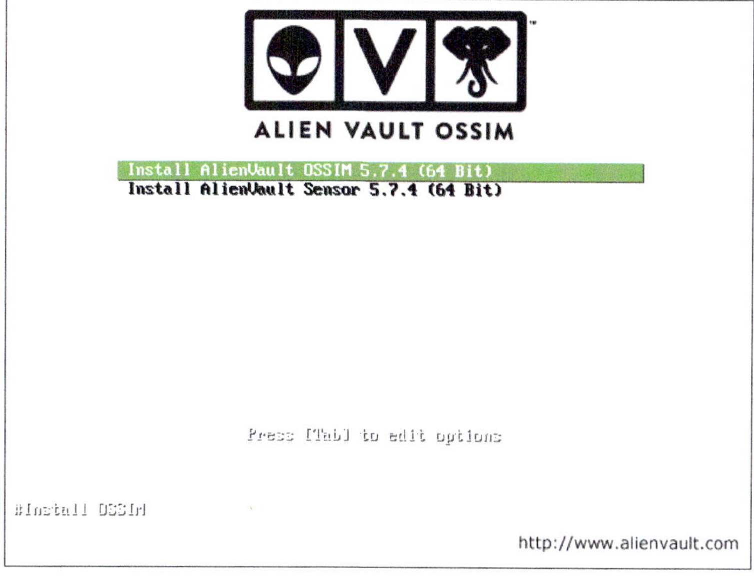

Principio de instalación de OSSIM en un dispositivo informático

Haz clic en Install Alien Vault OSSIM 5.7.4 (64 Bit) y pulsa **Enter.**

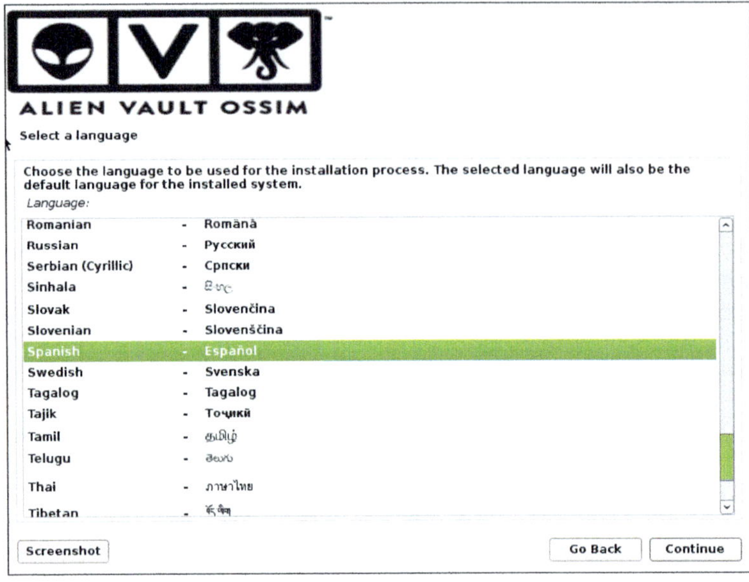

Elección del lenguaje de instalación de OSSIM

Localiza el idioma (Español) y pulsa **Continue.**

Elección del país, territorio o área

Selecciona la opción **España** y pulsa **Continuar.**

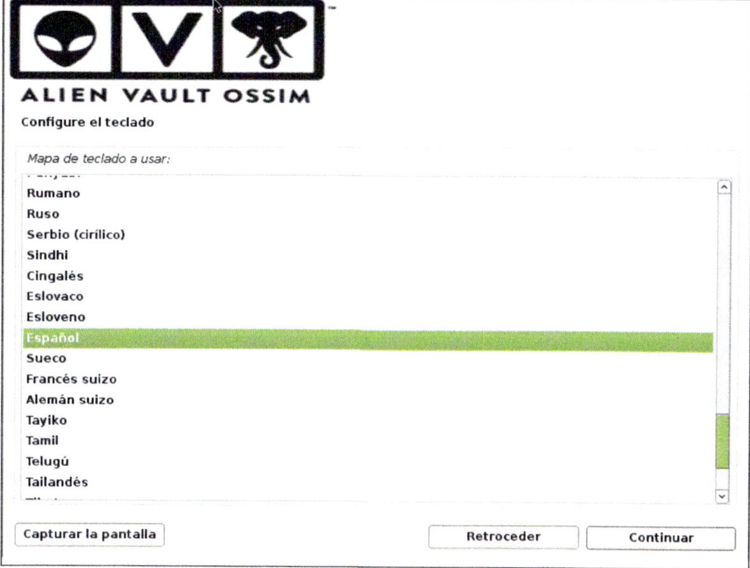

Elección de la configuración de teclado

De nuevo, selecciona la opción **España** y pulsa **Continuar.**

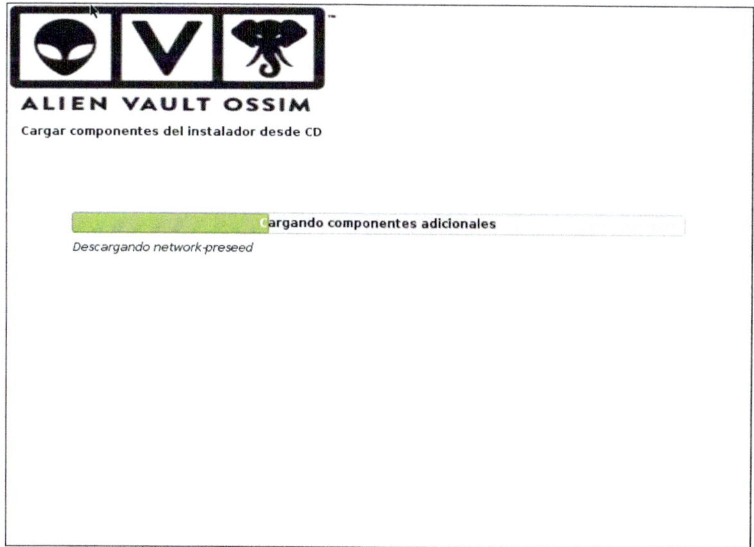

Proceso instalación de componentes básicos

A continuación, deja que automáticamente *OSSIM* configure los principales componentes.

Establecimiento de la IP de acceso al front-end proporcionado por OSSIM

Introduce una dirección IP en función de la red donde vayas a conectarte a *OSSIM;* es importante introducir una IP válida y adaptada a la red, porque si no es así, después no se puede acceder al *front-end* proporcionado por *OSSIM*. Una vez introducida la IP, pulsa **Continuar.**

Configuración de la máscara de red

Deja, por defecto, la máscara de red proporcionada por el instalador de *OSSIM* (que será compatible al 100 % con la IP introducida anteriormente). Luego pulsa **Continuar.**

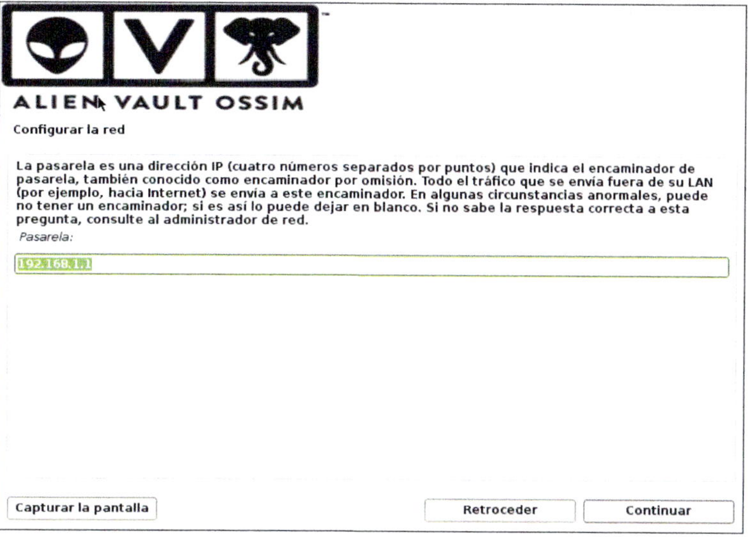

Elección de la pasarela IP

Para establecer la configuración para la pasarela IP, por defecto, deja la IP que suministra el instalador de *OSSIM* y pulsa **Continuar.**

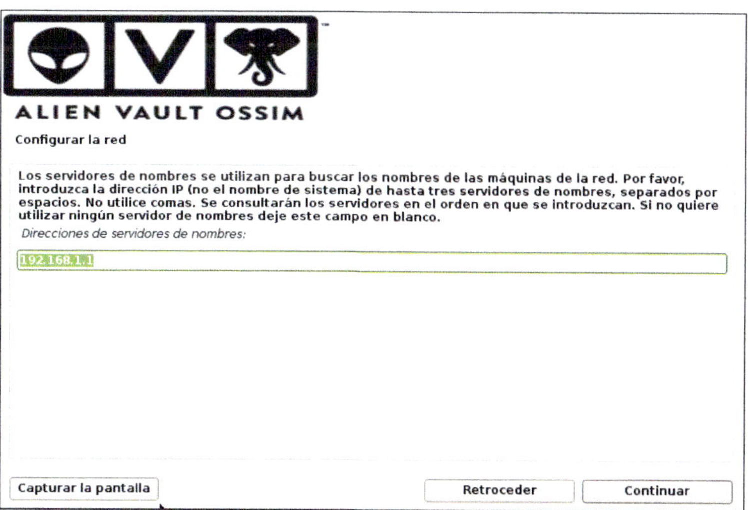

Elección de la IP correspondiente al servidor de nombres

Ahora puedes establecer la IP asociada al servidor de nombres; por defecto, deja la que introduce el instalador de *OSSIM* y pulsa **Continuar.**

Configuración de la red de OSSIM

Espera a que el Instalador de *OSSIM* configure de forma automática la red. Una vez configurada, aparece el siguiente aviso:

Establecimiento de la contraseña para el superusuario de OSSIM

Establece la contraseña asociada al *root* (recuerda introducir una contraseña de la que posteriormente te acuerdes, porque hará falta para el acceso a *OSSIM).* Una vez introducida por duplicado la contraseña, pulsa **Continuar.**

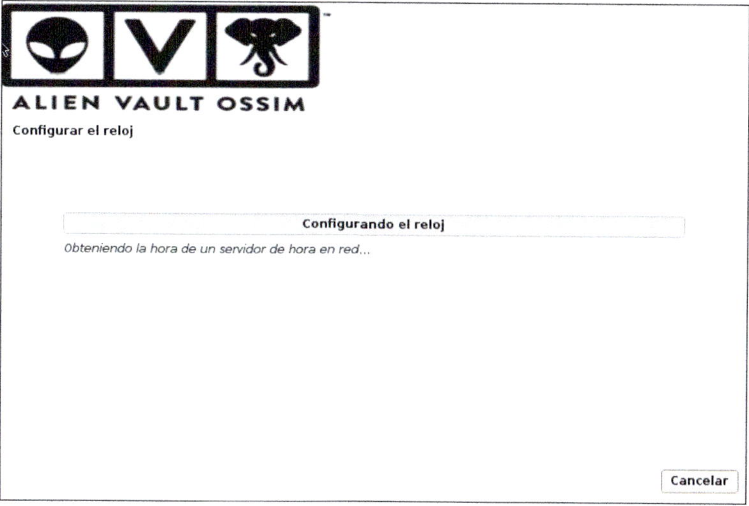

Configuración del reloj del sistema OSSIM

A continuación, el instalador de *OSSIM* configurará el reloj del sistema de forma automática.

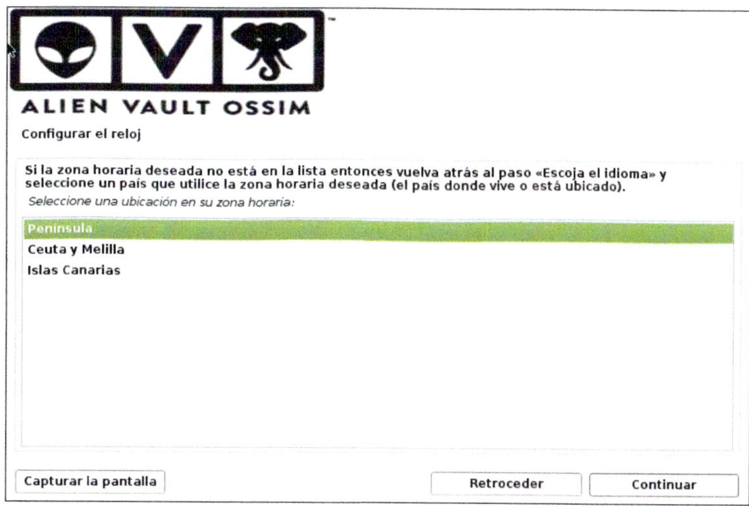

Configuración de la zona del reloj

Escoge la zona horaria para la zona geográfica en la que te encuentres (Española) y pulsa **Continuar.**

Formateo y creación del sistema de ficheros

Espera a que se terminen de realizar automáticamente las tareas básicas (formateo de disco duro, instalación del sistema de ficheros...); a continuación se instalará el sistema base.

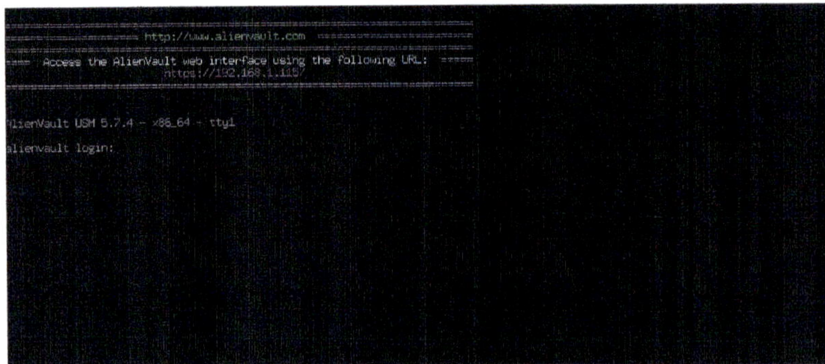

Acceso como usuario de OSSIM al servidor

Para acceder como superusuario, debes teclear primero ***root*** y después la contraseña que se haya elegido en el proceso anterior de instalación de *OSSIM*. Una vez identificado, verás la siguiente pantalla:

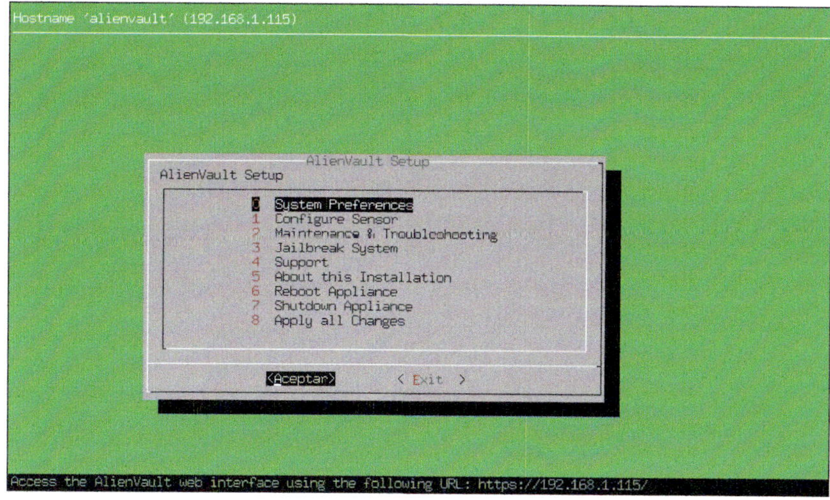

Pantalla principal de OSSIM

La pantalla anterior se corresponde con el servidor principal *OSSIM* que acabas de instalar; en concreto, estás en su consola de administración. El acceso vía web es tan fácil como abrir un navegador y escribir la dirección que has facilitado en el proceso de instalación del servidor *OSSIM* y pulsar **Intro.**

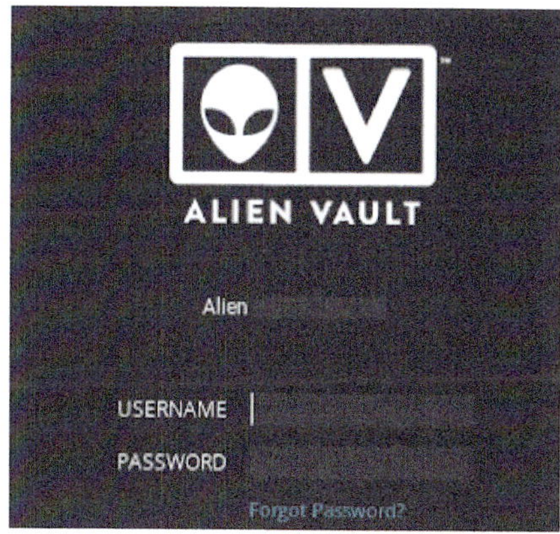

Acceso vía web al servidor OSSIM (© Imagen: The hacking day / blog.thehackingday.com/)

VÍDEO

A continuación, puedes acceder a dos enlaces en los que verás un videotutorial sobre una instalación completa de la herramienta *OSSIM* en un equipo informático, y otro sobre la instalación de *OSSIM* mediante el uso de máquinas virtuales.

Un consejo: para estos tutoriales se recomienda escoger la versión de *OSSIM* adecuada a nuestro sistema (32 o 64 bits).

En la pantalla de acceso, introduce tu usuario y contraseña para acceder a la ventana principal del servidor *OSSIM* vía web.

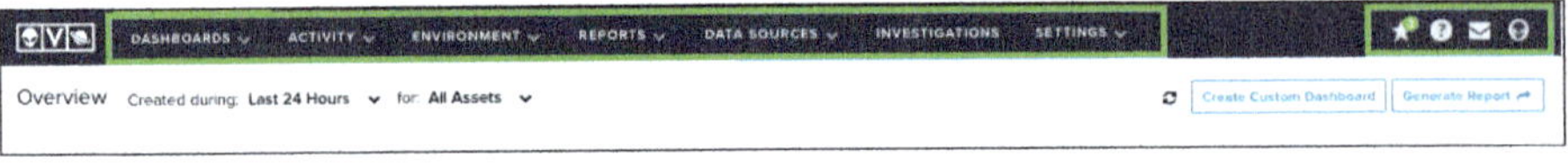

Ventana principal de OSSIM vía web (© Imagen: Alien vault /alienvault.com)

En la pantalla anterior se pueden identificar dos zonas principales, que son las siguientes:

- **Menú primario:** desde aquí se tendrá acceso a las funciones principales de *OSSIM,* entre las que se incluyen las siguientes:

- Tableros de visualización. Mediante los cuales, visualmente a través de tablas, gráficos e informes, se mostrará la información que se recibe en función de los sensores que haya instalados.
- Actividad. Este panel da opción de búsqueda, clasificación, selección filtrada y visualización de alarmas y eventos.
- Ambiente. Este panel permite la visualización y administración de activos, grupos de activos, vulnerabilidades y problemas de configuración.
- Informes. Este panel permite la visualización y administración de informes.
- Fuentes de datos. Con este panel podemos ver y administrar los sensores que haya implementados, así como los posibles *plugins.*
- Configuraciones. Este panel permite ver y administrar credenciales y eventos del sistema, así como a usuarios.

- **Menú secundario:** desde este menú se podrá acceder a la configuración del sistema, información del perfil del usuario, enlace de ayuda y a una serie de elementos:

  - Icono estrella. Permite acceder y ver alamas, eventos o activos que el usuario ha marcado.
  - Icono de ayuda. Incluye las siguientes opciones:

    - Documentación.
    - Soporte.
    - Foros.
    - Acerca de.

  - El icono de correo. Nos proporciona mensajes y notificaciones, como información de mantenimiento de *OSSIM* y actualizaciones de productos.
  - El icono Alien. Muestra la configuración del usuario que ha iniciado sesión en el servidor *OSSIM.*

A continuación, vamos a centrarnos en el menú primario para ir desglosando cada una de las opciones que lo componen.

Dashboards

Desde esta pestaña situada en el menú primario, podemos acceder a muchas funcionalidades, pero vamos a centrarnos en las que más se usan, que son las siguientes:

- **Dashboards** -> **Overview** -> **Executive.** Desde esta opción es posible visualizar la imagen en la que se aprecian los distintos eventos que se han ido generando por los diferentes dispositivos o servicios conectados en la red que se está monitorizando. A continuación, puede observarse una imagen en la que se aprecia el movimiento de tráfico de un recurso llamado CISCO, otro con mucho menor tráfico llamado SUDO, SSH y del propio *OSSIM*, conocido como ALIENVAULT NIDS; el resto de dispositivos no genera tráfico.

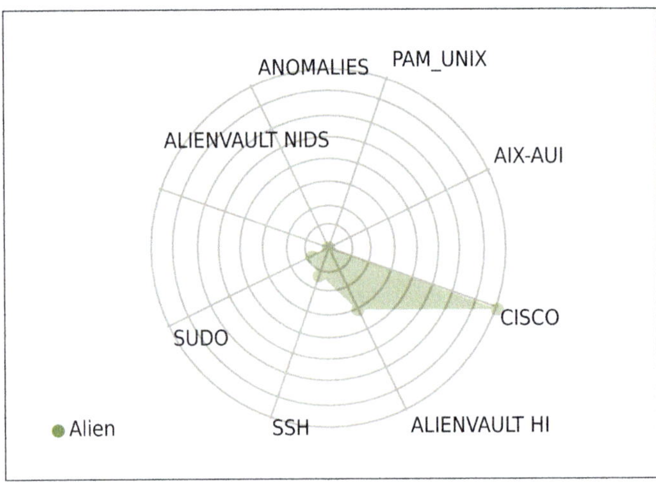

Movimiento del tráfico de red en OSSIM

- **Dashboards** -> **Overview** -> **Security.** Desde aquí se puede obtener un top 10 de los *host* o servicios con mayor número de eventos de seguridad que hay en la red. Es una herramienta muy eficaz, sobre todo visualmente, que nos permite conocer si un determinado equipo o servicio tiene alguna anomalía y si es necesario tomar medidas sobre el mismo. A continuación, puedes observar una imagen de esta herramienta:

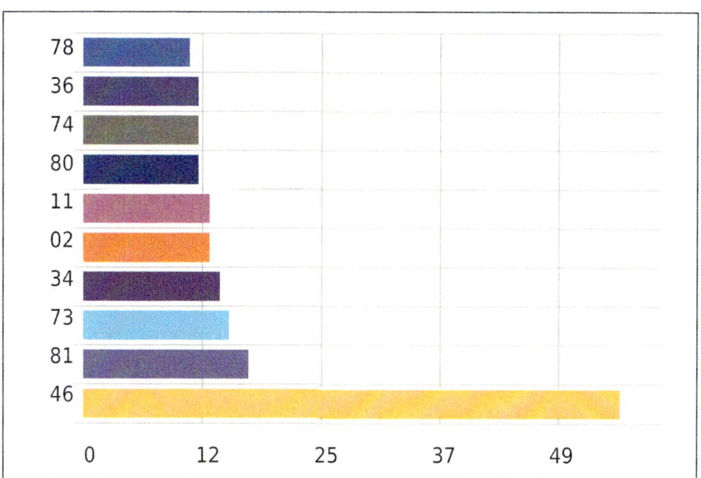

Top 10 de equipos o recursos con mayor número de eventos de seguridad en OSSIM

- **Dashboard -> Open Threat Exchange.** Desde esta opción se pueden observar todas las direcciones IP públicas que han sido catalogadas por el sistema como posibles IP maliciosas. Si no se tiene interacción con estas IP públicas, se pueden cerrar los *firewalls* y así prevenir intrusiones u otro tipo de comportamientos maliciosos.

Ejemplo de funcionamiento de la opción Open Threat. (© Imagen: The hacking day /blog.thehackingday.com)

Activity

Desde este menú se nos proporcionan opciones de búsqueda, clasificación, selección de filtros y visualización de alarmas y eventos. Una alarma consta de uno o más eventos que pueden ser los siguientes:

- Una o más reglas realizadas por el motor de correlación, que es el encargado de analizar los eventos en busca de los patrones de comportamiento. Cuando el motor identifica un patrón, entonces se genera una alarma que requiere la atención e investigación.
- Una regla de orquestación, que se diseña para que genere una alarma cuando se encuentra un tipo particular de evento.
- Para clasificar las alarmas se hace uso de una serie de estados, que son los siguientes:
    - Abierto. La alarma está buscando patrones y analizándolos.
    - En revisión. La alarma ha saltado y tiene que ser revisada.
    - Cerrado. La alarma no está detectando.

Environment

Desde esta opción se puede acceder a la visualización y gestión de activos, grupos de activos, vulnerabilidades y problemas de configuración.

Reports

Desde esta opción se puede acceder a la visualización y administración de informes, los cuales son el resultado de datos de exportación que se pueden localizar en activos, grupos de activos, alarmas, eventos, vulnerabilidades y problemas de configuración. Hay posibilidad de escoger el formato: HTML o CSV.

Data Sources

Gracias a esta opción se pueden ver y administrar los sensores implementados, los *plugins* y aplicaciones de sensores.

Investigations

Desde esta opción se dan opciones para organizar la información del entorno.

Settings

Con esta opción se pueden ver y administrar los credenciales y eventos del sistema. Existen más opciones de administración para los usuarios: campos de activo, estado del sistema, programación de trabajos y administración de reglas de orquestación.

APLICACIÓN PRÁCTICA

Imagina que nos piden instalar *OSSIM* en una red para llevar a cabo una monitorización de la misma y todo de forma muy rápida, debido a que se trata de una red privada de un banco que se cree que ha sido pirateada. Nos informan que no es posible instalar ningún equipo externo, pero tampoco tienen ninguno libre. Dada esta situación, ¿cómo podrías proceder?

Solución

Dado que en el banco nos comentan que no se pueden instalar o introducir equipos en la red, es posible usar un equipo que esté ya conectado en la red, instalar un *software* de máquina virtual y, en dicha máquina virtual, instalar *OSSIM*. Una vez configurados correctamente *OSSIM* y la máquina virtual, se puede llevar a cabo el monitoreo de la red.

TAREA 13

Antonio, experto informático, está experimentando sobre seguridad en redes y recientemente ha leído en varios medios digitales sobre la herramienta *OSSIM* para la monitorización de redes y seguridad en las mismas. Nos ha estado comentando las numerosas herramientas de las que dispone y qué puede hacer con cada una de ellas, pero no sabe cómo ejecutar dicha herramienta.

Ayúdale y explícale qué debe hacer para integrar *OSSIM* en una red de ordenadores.

TAREA 14

Andrés se dedica al mantenimiento y programación de servidores web, y necesita ayuda para monitorizar la cantidad de servidores que tiene, ya que, algunas veces, gestionar los problemas puede llegar a ser un poco complicado. Quiere saber cómo puede llevar a cabo ese proceso sin tener que adquirir un nuevo equipo informático, así como qué herramientas tiene disponibles para ello.

Ayuda a Andrés y explícale de forma razonada qué solución le darías.

5. Resumen

El nombre de la herramienta *OSSIM* se corresponde con las siglas de *Open Source Security Information Managament,* "gestión de información de seguridad de código abierto", y está integrada por un conjunto de herramientas *software* que se caracterizan por tener en común la licencia GPL.

Una vez que tenemos instalado *OSSIM* en una máquina virtual o en un equipo o dispositivo informático, podemos hacer uso de las herramientas que trae integradas, que son las siguientes:

- Acceso vía web.
- Detección de copia anormal de ficheros en nuestra red.
- Detección de cambios en el sistema operativo de los *host* o equipos conectados a la red.
- Exceso de tráfico o de conexiones.
- Uso de recursos de la red en horarios anormales.
- Escaneo de las vulnerabilidades.
- Monitorización de máquinas y perfiles de usuario.
- Mecanismo de prevención de intrusiones en la red.

OSSIM se divide en tres partes o componentes fundamentales, que son:

- *OSSIM-Server*
- *OSSIM-Framework*
- *OSSIM-Agent*

Y se compone de las siguientes herramientas:

Arpwatch	*P0f*	*Pads*	*OpneVas*	*Snort*
Tcptrack	*Ntop*	*Nagios*	*nfSen*	*Osiris*
Snare	*OSSEC*	*OSSIM*	*Nessus*	*SysLog*

Ejercicios de autoevaluación Unidad de Aprendizaje 7

1. **Determina si la siguiente oración es verdadera o falsa: "SIM tendrá como objetivo la recolección de todos los eventos de una red usando para ello a los agentes (a modo de introducción se puede decir que un agente es un pequeño programa *software* desarrollado o escrito específicamente para un determinado equipamiento de nuestra red)".**

   - Verdadero
   - Falso

2. **El *software* que toma el control de acceso en una determinada red informática para proteger sus recursos y contestar frente a ataques y abusos en la misma se denomina:**

   a. *OSSIM*
   b. *IPS*
   c. *SPI*
   d. *PSSIM*

3. **Controla y observa las MAC que existen en una red, manteniéndolas en un archivo con su correspondiente IP asociada; además, en este archivo también se almacena la última conexión de la MAC/IP a la red y se generan notificaciones en caso de que haya cambios. Nos referimos a:**

   a. *Arpwatch*
   b. *P0f*
   c. *Pads*
   d. *OpenVas*

4. **Indica cuál de las siguientes herramientas se usan para la detección de vulnerabilidades:**

   a. *KeyLoggers*
   b. *Nessus*
   c. *Arpwatch*
   d. *P0f*

5. **Señala cuál de las siguientes afirmaciones no se puede realizar con la herramienta *Ntop:***

    a. Ordenar el tráfico de una red en función de determinados protocolos.
    b. Mostrar el tráfico de una red en función de determinados criterios.
    c. Mostrar las estadísticas del tráfico de una red.
    d. Identificar activamente el sistema operativo.

6. **¿Cuál de las siguientes opciones tiene como objetivo realizar *forward* de los datos almacenados por nfcapd hacia otros *host* de la red?**

    a. nfcapd
    b. nfdump
    c. nfreplay
    d. nfclean

7. **¿Cuál de las siguientes opciones es un proceso que se ejecuta en cada *host* que se monitorea y su misión es escanear el sistema de ficheros y enviar los datos al *host* o consola de administración?**

    a. Agente de escaneo.
    b. Consola de red.
    c. Consola de administración.
    d. Aplicación de administración CLI.

8. **Determina cuál de las siguientes herramientas se usa para auditorías:**

    a. *KeyLoggers*
    b. *Snare*
    c. *OSSEC*
    d. *Nessus*

9. **¿Cuál de las siguientes opciones se corresponde con un demonio y que tiene como fin la ejecución de comandos, leer o escribir archivos en el sistema de ficheros del equipo/*host* o servicio?**

    a. *OSSIM-Server.*
    b. *OSSIM-Framework.*

c. *OSSIM-Agent.*
d. *OSSIM-WorkStation.*

10. Determina si la siguiente oración es verdadera o falsa: "El *software OSSIM* no puede ser instalado en máquinas virtuales".

- Verdadero
- Falso

Unidad de aprendizaje 8

Seguridad web

Contenido

1. Introducción
2. Tipos de ataques
3. *WarGames*
4. *Hacking Google*
5. Resumen

Objetivos

El objetivo general de esta Unidad de Aprendizaje es:

→ Gestionar la seguridad web.

Los objetivos generales de esta Unidad de Aprendizaje son:

→ Identificar los ataques web que se pueden sufrir.

→ Usar *WarGames* para afianzar conceptos de seguridad web.

→ Reconocer el buscador *Google* como principal *hacking* de internet.

1. Introducción

Hoy en día hacemos uso de internet para realizar cualquier tarea cotidiana de nuestra vida, pero no somos conscientes muchas veces de los datos o información sensible que enviamos a la red y que puede ser localizada e interceptada por otro usuario con unas nociones de seguridad avanzadas.

Internet está plagado de miles de riesgos y amenazas de seguridad, con lo cual durante el desarrollo de esta unidad se verán los tipos de ataques más frecuentes usados en la red. De este modo, siempre habrá que estar actualizado con las herramientas antivirus y *antimalware* casi a diario, dado que todos los días aparecen nuevas amenazas o amenazas antiguas mejoradas.

No existe un manual con los pasos que dar para garantizar la seguridad web (tanto de usuarios como de servidores u otro tipo de equipos informáticos), sino que es la propia experiencia (junto con algunas nociones de seguridad mínimas) la que nos va a ir marcando nuestras pautas de seguridad en internet.

Para ello, nos basaremos en CGS (CiberGestores Seguridad), S. L., que tienen una amplia experiencia en asesoramiento de internet. Esta empresa, dado que ha evolucionado conforme lo ha ido haciendo internet, conoce los riesgos y amenazas que se pueden localizar. Es por este motivo por el que su departamento de seguridad elaboró una guía de ataques en internet de tal forma que, si un cliente da parte de un ataque, este se estudia y se aplica lo recomendado en la guía elaborada, con el fin de ser más rápidos a la hora de solucionar el ataque.

2. Tipos de ataques

HILO CONDUCTOR

En CGS (CiberGestores Seguridad), S. L., cuentan con la edición de un libro que entregan a sus clientes, sobre todo a los que se centran en seguridad informática. Sin embargo, les explican que este manual no recoge todos los que peligros que acechan en internet, dado que es imposible abarcar todos los ataques que hay en la red.

El mundo de la seguridad informática está en constante evolución diaria y sería imposible nombrar una lista de ataques reales; pero sí podemos ver los **ataques más comunes y conocidos** por usuarios de la web. A continuación, vamos a ver una serie de tipos de ataques y, en algunos casos y de forma generalizada, cómo solventar dicha situación:

- Ataques DoS
- *Ping Flood*
- *Ping* de la muerte
- Escaneo de puertos
- ARP *Spoofing*
- ACK *Flood*
- Ataque FTP *Bounce*
- TCP *SessionHjiacking*
- Ataque *Man-In-The-Middle*
- Ataque ingeniería social
- *OS FingerPrinting*
- *KeyLoggers*
- ICMP *Tunneling*
- Ataque LOKI
- Ataque de secuencia TCP
- CAM *TableOverflow*
- Ataques a aplicaciones web
- Virus
- Gusanos
- *Malware*
- *Adware*
- *Spyware*
- Troyanos
- *Root kit*

2.1. Ataque DoS

Se trata de un tipo de ataque conocido como **"denegación de servicio"** (DoS). Su funcionamiento se basa en que un atacante evade la legitimidad por parte de los usuarios de acceso a servicios o información. Un ejemplo muy usual de este tipo de ataques consiste en inundar una determinada red informática con información, o bien enviar muchas solicitudes a un determinado servidor con el fin de que este se sobrecargue al ser capaz de atender solo un cierto número de solicitudes. Son dos claros ejemplos simples y básicos de denegación de servicio. Pero, ¿cómo saber si estamos siendo víctimas de un ataque de denegación de servicio? Para ello, podemos observar factores tales como:

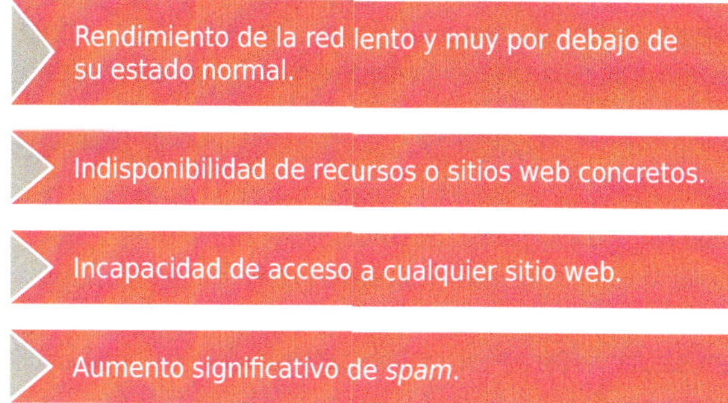

Dado que bajo "denegación de servicio" se engloban numerosas amenazas, estas se pueden clasificar en los siguientes tipos de ataque:

- **Ataque pitufo:** denominado así por hacer uso del protocolo ICMP "Internet Control MessageProtocol", o *ping*. De esta forma se obliga al servidor a responder a solicitudes que no son reales de *ping* hasta que se consigue el objetivo: saturar el ancho de banda.
- ***Ping Flood:*** este ataque es muy similar al anterior, aunque en este caso se procede a atacar mediante el envío de paquetes ICMP masivos, de tal forma que se impide que se realicen nuevas conexiones con el servidor porque no es capaz de gestionarlas.
- ***SYN Flood:*** denominado así porque se procede a atacar mediante el envío de conexiones SYN; se envía una confirmación AYN/ACK y se espera a que el cliente lo confirme mediante la respuesta ACK. En el caso de que las respuestas no sean enviadas, la conexión se queda residente en la memoria del servidor, con lo cual llegará un momento que, si se hace masivamente, el servidor se satura en su memoria.
- ***UDP Flood:*** denominado así por el envío masivo de solicitudes, usando para ello el protocolo UDP con destinos al azar y falsos, los cuales hacen que el servidor, al intentar resolverlos, no tenga éxito llegando a saturarse de tanto intento.
- ***Ping* de la muerte:** este tipo de ataques se aprovechan de un fallo en el protocolo IP, de forma que, cuando se procede a enviar un *ping* con un tamaño superior a los 64 kb, causa en el servidor un error en el sistema de desbordamiento del búfer.
- **Ataque LAND:** este tipo de ataques basa su uso en paquetes SYN, usando el protocolo TCP donde el origen y el destino son el mismo: el propio servidor, lo que acaba en un bucle infinito de paquetes SYN/ACK que acaban dejando inactivo e inservible al servidor.

Ping Flood

Este tipo se basa en enviar a la víctima objeto del ataque una **cantidad enorme y abundante de paquetes *ping;*** por ejemplo, en sistemas *Linux/Unix* existe el comando *ping,* que también está disponible en *Windows* pero con menos opciones de funcionamiento. El objetivo del ataque consiste en tener un ancho de banda mucho mayor que el de la víctima atacada.

Ping de la muerte

Este tipo de ataque basa su funcionamiento en el **envío de un paquete ICMP** que se caracteriza por tener un tamaño de más de 65.536 bytes. ¿Por qué precisamente este tamaño? La respuesta es obvia: el sistema operativo no sabe cómo manejar un paquete de tal peso y lo más probable es que, al intentar usarlo, se congele, se cuelgue o se quede pillado. Los sistemas operativos actuales ya están protegidos frente a este tipo de ataques; la solución es fácil: **programar el rechazo de ese tipo de paquetes.** Dentro de esta clase de ataques, el más significativo de todos es DDoS *(Distributed Denial of Service).*

El ataque DDoS se basa en el uso de un ordenador o dispositivo informático capturado por un atacante para usarlo en el ataque a otro ordenador o dispositivo informático. Para poder realizar esta acción, se hace uso de las vulnerabilidades del ordenador sobre el que el atacante toma el control. Un ejemplo de su uso ha sido el envío de grandes cantidades de datos, o bien para enviar correo no deseado a direcciones de correo electrónico en concreto. Además, este tipo de ataque se caracteriza por que **puede ser distribuido,** es decir, el atacante puede usar el control no permitido de varios ordenadores o dispositivos informáticos para llevar a cabo el ataque DDoS. Pero, ¿cómo podemos prevenirnos de este tipo de ataques? Es tan simple como adoptar las siguientes medidas de seguridad:

- Aplicación de un filtro en el *router.*
- Bloquear las direcciones IP que no se usen.
- Permitir acceso a la red únicamente del tráfico deseado.
- Deshabilitar los servicios de red que no sean necesarios y no se estén usando.
- Actualizar el antivirus frecuentemente.
- Usar políticas de contraseñas.
- Limitar el uso del ancho de banda de la red.
- Filtrar acceso a la red.

2.2. Escaneo de puertos

Este tipo de ataque consiste en un escaneo de puertos con el fin de **descubrir los servicios que se encuentran expuestos a posibles ataques.** Todas las máquinas o dispositivos conectados a una red LAN (red de área local) ejecutan servicios cuyo fin es escuchar los puertos conocidos y otros no tan conocidos. Los atacantes lo que hacen es enviar un mensaje a cada puerto, uno por uno, con el fin de conocer si hay respuesta o no y así saber si dicho puerto está "a la escucha". Se pueden clasificar los puertos en:

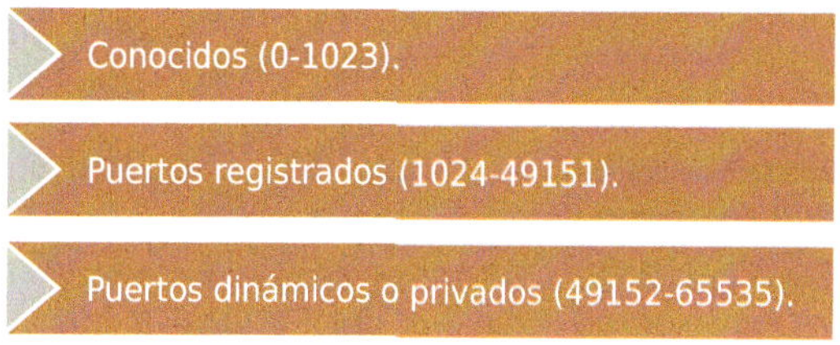

2.3. ARP *Spoofing*

Este tipo de ataque consiste en una técnica llevaba a cabo para el ataque de redes cableadas o inalámbricas. Para ello, permite que un atacante pueda detectar *frameworks* de datos en las redes de área local, modificar el tráfico o incluso detener dicho tráfico. Para poder realizar este ataque la red tiene que usar ARP y no otro método de resolución de direcciones. Algunos ejemplos de este tipo de ataque son los siguientes:

- **Ataque de inundación MAC:** este ataque basa su objetivo en un determinado *hardware* que son los *switch*, los cuales inunda con paquetes, cada uno con direcciones de origen MAC diferentes con el fin de consumir la memoria limitada de estos dispositivos y no poder almacenar la tabla de traducción de puerto físico a MAC correctamente, dando como resultado el bloqueo del dispositivo. Son más conocidos con el nombre de "apertura fallida", donde todos los paquetes se emiten en todos los puertos.
- **Envenenamiento de caché DNS:** consiste en proporcionar datos a un servidor de nombres de almacenamiento en caché que no se originó en fuentes autorizadas del DNS (sistema de nombres de dominio). Dado que los servidores DNS reciben los datos no auténticos y los almacenan para un mejor rendimiento futuro, estos se envenenan e incluso son facilitados a los clientes del servidor.
- **IP *Spoofing*:** referido a la suplantación de la IP y relacionado con la creación de paquetes de protocolo de internet (IP) mediante un forjado de la IP de origen. Es por esto que se denomina "suplantación de identidad"

para ocultar la identidad del remitente o simplemente hacerse pasar por otro equipo o dispositivo informático.

2.4. ACK *Flood*

Este tipo de ataque se basa en una técnica que envía a su objetivo **paquetes TPC/ACK de forma muy frecuente,** pero con la característica de que la dirección IP es falsificada. Este tipo de ataque es muy parecido a los denominados TCP/SYN.

2.5. Ataque FTP *Bounce*

El atacante tiene como objetivo **conectarse a los servidores FTP** *(File Transfer Protocol)* con la intención de enviar archivos a otros usuarios o máquinas, los cuales se caracterizan por usar el comando PORT. El objetivo es que el servidor FTP envíe dichos archivos a otras máquinas, usando para ello un determinado puerto que debe estar abierto. Pero, ¿y si tenemos un sistema *firewall* montado en la red? Como el *firewall* permite las conexiones FTP, en este caso la transferencia de archivos se llevaría a cabo correctamente como si nada hubiera pasado. En la actualidad casi todos los servidores activos están implementados con el puerto PORT desactivado para evitar este tipo de ataques.

2.6. TPC *SessionHijacking*

Este tipo de ataque es más conocido con el nombre de "secuestro de sesión", y consiste en la **explotación de un ordenador para obtener accesos no autorizados o servicios.** Su funcionamiento se basa en el robo de *cookies* para autentificar a un usuario en un servidor remoto. Los desarrolladores de aplicaciones web deben poner especial atención en este tipo de ataque y, sobre todo, en adoptar medidas para que no se lleve a cabo. Dentro de este tipo de ataques podemos diferenciar los siguientes:

- ***Firesheep:*** este tipo de ataque tuvo lugar en octubre de 2010 y sucedió debido a que *Mozilla Firefox* puso a disposición de los usuarios (liberó) una extensión llamada *Firesheep,* la cual permitió que los secuestradores de sesión atacarán las wifi públicas sin encriptar. Algunos atacados fueron *Facebook* y *X;* los cuales optaron unos meses más tarde por la implantación de HTTP Seguro (HTTPS) en todos sus accesos a los servidores para evitar este tipo de ataques (a día de hoy, aún continúan manteniendo este acceso).

- **_Sniffer de WhatsApp:_** se corresponde con una aplicación que apareció en Google Play en mayo de 2012, mediante la cual se muestran los mensajes de otros usuarios de *WhatsApp,* con una característica en común: estar conectados a la misma red tanto el usuario de *Sniffer* como el usuario al que se ataca: *WhatsApp. WhatsApp* en estas fechas tenía un problema muy grave de seguridad al usar una infraestructura XMPP *(Extensible Messaging and Presence Protocol,* "protocolo extensible de mensajería y comunicación de presencia").
- **_DroidSheep:_** se corresponde con una herramienta o aplicación disponible en el sistema operativo *Android* mediante la cual se pueden realizar secuestros de sesión. Para ello, basa su funcionamiento en la escucha de paquetes HTTP enviados a través de las redes inalámbricas; una vez capturado el paquete se localiza la ID de sesión de dicho paquete con el fin de reutilizarla posteriormente con otros fines. Esta herramienta es totalmente válida para redes abiertas (sin encriptación), redes con encriptación WEP y WPA/WPA2 (PSK).
- **_CookieCadger:_** se corresponde con una herramienta o aplicación desarrollada en Java y que basa su funcionamiento en el secuestro de sesiones mediante la repetición de peticiones HTTP GET inseguras. Esta aplicación basa su funcionamiento en la localización de fugas de información desde las aplicaciones que utilizan peticiones HTTP GET no seguras.

2.7. Ataque *Man-In-The-Middle*

Este tipo de ataque tiene lugar cuando la comunicación entre dos sistemas cualesquiera es **interceptada por un tercero** (entidad), externo a dicha comunicación, de tal forma que no solo pueden "escuchar" nuestras conversaciones, sino también dirigir la información dentro de los dispositivos.

EJEMPLO

Estamos en 1880 y Juan decide enviar una carta a María expresándole su amor. Envía la carta por correo, y es recogida por un cartero; dicho cartero se entromete, abre la carta, descubre cuáles son los sentimientos de Juan hacia María y decide cambiar la carta por otra de mal gusto, que es la que verdaderamente llega a María, y no la original que escribió Juan. Este ejemplo equivaldría a un ataque *Man-In-The-Middle* en la actualidad.

Pero, ¿cómo podemos prevenirnos de los ataques *Man-In-The-Middle?* A continuación, se aportan algunos consejos:

S/MIME

- Se trata de extensiones que son usadas en el correo de internet seguro. Para ello, se encriptan los correos electrónicos garantizando que solo los destinatarios tienen acceso al mensaje o correo y que se deja al margen a los piratas informáticos. Además, MIME da acceso a la firma digital del correo mediante el uso de un certificado digital único para cada persona, vinculando así la identidad virtual a nuestro correo electrónico y ofrecer garantías de que el correo que recibe el destinatario procede de nosotros. Todo este proceso complica la vida a los que quieran capturar nuestros mensajes, dado que tendrán que desencriptarlos para poder acceder a la información que contiene el correo.

Certificados de autenticación

- Para hacer posible que los piratas informáticos no puedan acceder a los sistemas, se usa la implementación de autentificación basada en certificados para todas las máquinas y dispositivos conectados. De esta forma solo los puntos finales certificados pueden acceder a los dispositivos y redes.

2.8. Ataque ingeniería social

Se puede definir **ingeniería social** como la técnica o herramienta para manipular usuarios con el fin de que renuncien a su información confidencial y poder obtenerla de ellos. El tipo de información confidencial puede variar de unos ataques a otros, pero normalmente suele ser información de tipo bancario; en ocasiones, este ataque instala un *malware* en nuestros equipos para, desde esa posición, **obtener los datos de los usuarios infectados** de forma totalmente ilegal. Debemos pensar que es mucho más fácil perpetrar ataques de ingeniería social para obtener los datos de los usuarios que intentar piratear sus contraseñas (algunas contraseñas serán débiles y muy fáciles de piratear, pero otras pueden ser muy complicadas de romper).

La seguridad trata de discernir sobre en quién confiar y en quién no, saber cuándo se debe hacer y cuándo no. Aunque la persona sea quien dice ser, ¿podemos confiar en ella?

Si preguntamos a cualquier experto en seguridad informática, nos comentará que el eslabón más débil de todos en esta cadena de seguridad corresponde al usuario.

EJEMPLO

Imagina que vivimos en una casa equipada con las últimas tecnologías de seguridad y además contamos con rejas en todas las ventanas. Pero de qué sirve toda la seguridad anterior si no conectamos las alarmas y además dejamos abiertas las ventanas... Lo mismo ocurre con el usuario; al fin y al cabo, es quien decide si acepta o no (siendo o no consciente) el ataque de ingeniería social.

Algunas técnicas que pueden adoptarse frente a este tipo de ataques son las siguientes:

- **Lentitud:** los ataques de ingeniería social se basan en la rápida actuación por parte de los usuarios, de forma que será posteriormente cuando se evalúe y se reflexione sobre los hechos acometidos. Si estamos ante una sensación de urgencia, presiones u otro tipo de tácticas, lo mejor es no tomar una decisión sin pensar en las consecuencias.
- **Investigar:** si recibimos un mensaje que ni siquiera esperamos, lo mejor de todo es investigar dicho correo usando para ello un motor de búsqueda y ver qué resultados nos ofrece dicha búsqueda.
- **Eliminar solicitudes:** cualquier solicitud de claves o información personal nunca se realizará por correo electrónico, y mucho menos escribiremos nuestras claves o información personal para luego enviarlas. Lo mejor es rechazar todo este tipo de mensajes porque claramente son una estafa y provienen de campañas de ingeniería social.
- **Rechazar ayudas:** si nosotros, como usuarios, no pedimos ayuda a una determinada empresa u organización, esta, por sí misma, es incapaz de detectar nuestra ayuda y mucho menos enviarnos correos para ayudarnos. Lo mejor es evitar este tipo de correos para evitar caer en estafas de ingeniería social.
- **Controlar enlaces:** debemos controlar por donde navegamos a través de un motor de búsqueda para asegurarnos de que realmente visitamos la web de nuestra entidad bancaria y no un portal montado para obtener nuestras claves.
- **Secuestro de correos electrónicos:** una vez que nuestro correo es controlado por otra persona mediante el uso de ataques con ingeniería social, el siguiente paso es aprovecharse de nuestra lista de contactos

para "garantizar" confianza. De esta forma, la víctima recibe un correo con nuestras credenciales, pero la diferencia es que el correo está "envenenado" con ingeniería social.

- **Cuidado con las descargas:** ante las descargas cuyo remitente es desconocido o simplemente no aparece, la mejor decisión de todas es no descargar en nuestro equipo dicho archivo o enlace para evitar posibles sorpresas de cara al futuro.
- **Ofertas falsas:** si recibimos correos electrónicos con ofertas de loterías, sorteos, dinero prometido..., se trata claramente de una estafa mediante la cual se pretende la recolección de datos personales o de otro tipo.
- **Filtros de *spam*:** los programas o aplicaciones de correo electrónico poseen filtros para trabajar con el *spam* o correo basura; lo mejor es acceder a su configuración y aplicar niveles altos para evitar así, en la medida de lo posible, el correo *spam* o basura (de esta forma tenemos menos posibilidades de caer infectados por un ataque de este tipo).
- **Asegurar los dispositivos:** para asegurar los dispositivos se pueden llevar acciones como la instalación de un antivirus, cortafuegos, filtros de correo electrónico, *antimalware*... Lo más importante de todo no es instalarlos, sino mantenerlos debidamente actualizados para poder hacer frente a la cantidad de amenazas nuevas que surgen todos los días en internet.

2.9. OS *FingerPrinting*

Su traducción en castellano sería "huella digital del sistema operativo", y con ella nos referimos a cualquier método que se use para saber **qué sistema operativo se ejecuta en un determinado dispositivo o equipo informático.** Para ello, se llevan a cabo análisis de protocolos, opciones y datos de los paquetes que el dispositivo envía a la red a la que está conectado. Detectando el sistema operativo que está usando una máquina es mucho más fácil lanzar ataques personalizados y obtener mayor éxito en ellos (si no se usara esta técnica, habría que lanzar ataques hasta dar con uno que hiciera daño a la víctima).

Algunos tipos de ataques de OS *FingerPrinting* son los siguientes:

OS *FingerPrinting* activo	OS *FingerPrinting* pasivo
- Se lleva a cabo mediante el envío de paquetes diseñados para una determinada máquina de destino; a continuación se procede a estudiar la respuesta y se analiza la información recopilada con el fin de poder averiguar el sistema operativo que está usando la máquina a la que se está atacando.	- Consiste en detectar u "olfatear" los rastros del sistema operativo que se pretende atacar. Para ello, se usan *sniffers* con el fin de obtener los paquetes de la máquina que se quiere atacar y, mediante ellos, poder detectar el sistema operativo que está usando.

2.10. *KeyLoggers*

Un *KeyLoggers* es un programa o *software* (también puede ser *hardware,* aunque es menos probable) cuyo objetivo es **registrar las pulsaciones de un usuario en el teclado** de su equipo con el fin de enviarlas remotamente y poder obtener contraseñas, números de cuentas bancarias, mensajes, correos electrónicos y, en definitiva, todo lo que el usuario pulse en su teclado.

Aunque un *KeyLogger* puede ser *software* o *hardware,* este último es más complicado de usar dado que **requiere acceso físico al dispositivo** por parte del atacante frente al *software,* que puede ser mucho más fácil de "colar" al usuario. Es por ello que nos vamos a centrar en los *KeyLoggers Software.* Este tipo de ataque se caracteriza por que se ejecuta en un segundo plano sin notificaciones al usuario, con lo cual hace más difícil por parte de este su detección y posible tratamiento.

Pero, ¿cómo podemos prevenirnos frente a los *KeyLoggers?* En internet se pueden localizar cientos de herramientas para detectar y eliminar *KeyLoggers* tipo *software.* Dado que el *KeyLogger* es básicamente *malware,* también se puede hacer uso de un antivirus o *antimalware* de protección en tiempo real. Además, se recomienda siempre, en la medida de las posibilidades, usar los teclados en línea (un ejemplo de teclado en línea lo encuentras cuando accedes a la web de tu banco, para no teclear en nuestro teclado nuestros credenciales y contraseña; en la propia web con el ratón podemos realizar las mismas operaciones que con el teclado).

2.11. ICMP *Tunneling*

Este tipo de ataque es usado para **saltarse los *firewalls*** o cortafuegos que no bloquean los paquetes ICMP, o para el establecimiento de conexiones cifradas y de difícil rastreo sin necesidad de entrar directamente a la red. Un túnel ICMP es una conexión entre dos equipos remotos (cliente y *proxy*), que se caracteriza por estar encubierta, usando para ello solicitudes ICMP.

Para evitar este tipo de ataques se recomienda:

- Permitir usar mensajes ICMP libremente
- Permitir gran tráfico de ICMP

2.12. Ataque LOKI

LOKI es un *software* cliente/servidor que se encarga de demostrar que los datos pueden ser transmitidos por una red, de forma que pasen desapercibidos escogiendo para ello el tráfico que no tenga cargas significativas. La presencia de LOKI en un sistema nos indica que anteriormente dicho sistema se ha visto comprometido en medidas de seguridad.

2.13. Ataque de secuencia TCP

Este tipo de ataque consiste en **adivinar el número de secuencia usado para identificar los paquetes en una conexión TCP,** aunque también se emplean para duplicar los paquetes que conducen al secuestro de sesión. El escenario es el siguiente: el atacante, durante cierto tiempo, dejaría inhabilitado el otro sistema de la comunicación, sirviéndose de este último para realizar el objetivo de ataque.

Como se averigua la siguiente secuencia del paquete IP que espera el *host* de confianza, el atacante crea un paquete con la dirección IP esperada de origen por el sistema de confianza y con el número averiguado; de esta forma, cuando el paquete llegue a destino es cuando comienza el ataque con el fin de **obtener una vía de acceso** al *host* de confianza.

Pero, ¿cómo podemos prevenirnos de este tipo de ataques de secuencia TIP? La solución se tomó en 2012, implantando un nuevo y mejorado algoritmo para la generación de números de secuencia inicial para la comunicación TCP. Los desarrolladores de sistemas operativos también modificaron la generación de números de secuencia para evitar estos fallos en sus sistemas. Además, otra de las posibles soluciones consiste en bloquear paquetes enrutados de origen y paquetes de datos con direcciones dentro de la propia red.

2.14. CAM *TableOverflow*

La tabla CAM normalmente se localiza en los conmutadores y suele contener información sobre la red, como las direcciones MAC que hay disponibles, los puertos físicos del conmutador, los parámetros de VLAN en caso de existir... Cuando se produce un desbordamiento *(overflow)* de la tabla CAM, sucede porque una entrada de direcciones MAC ha inundado la tabla y se alcanza su límite, pasando en ese momento de actuar como un conmutador a actuar como un concentrador, inyectando en la red tráfico por todos los puertos.

Dentro de este tipo de ataque podemos diferenciar:

Ataques de redireccionamiento ICMP

- Los mensajes de redirección ICMP son usados para el control de un *host* de origen usando para ello una puerta de enlace diferente que puede estar más próxima al destino. Estos mensajes se envían por la puerta de enlace y el *host* de origen debe adaptar el reenvío. Los redireccionamientos ICMP van de la mano de ataques tales como: SMURF, FRAGGLE o *Man-In-The-Middle.*

Ataque de transferencia de zona DNS

- Una solicitud de transferencia de zona de un servidor DNS nos devuelve una lista con todos los nombres del *host* y direcciones IP que se encuentran bajo un dominio determinado. Los atacantes pueden consultar servidores DNS con el fin de obtener una lista de posibles *host* para realizar sus ataques.

Pero, ¿es posible evadir este tipo de ataques de CAM *overflow?* Para ello, basta con cambiar el puerto de acceso en el que se emite la comunicación. También se puede asignar la máxima cantidad de direcciones MAC que se almacenarán en la tabla CAM. Cuando el atacante intente generar X direcciones MAC asociadas al puerto que hemos cerrado, el *switch* apagará dicho puerto, y si hay algún tipo de ataque, generará un informe que será entregado al administrador para que tome medidas en el ataque.

2.15. Ataques a aplicaciones web

Cuando se ataca un servidor con el fin de obtener datos confidenciales de las aplicaciones web que dicho servidor aloja, deberemos distinguir entre varios tipos de ataques. Estos se especifican a continuación.

Inyección SQL

Conocido también con el sobrenombre de "ataque de inserción SQL", basa su funcionamiento en que un atacante **inyecta código SQL** en la capa de la base de datos de la aplicación que va a *hackear* con el fin de obtener datos confidenciales o incluso comprometer a la aplicación.

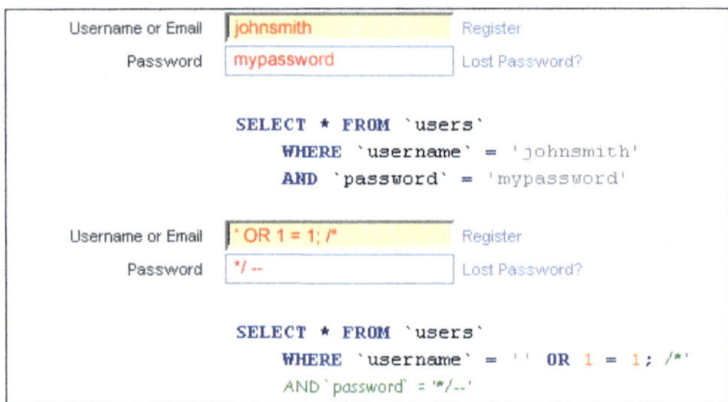

Ejemplo de inyección SQL sobre un determinado sistema (© Imagen: Itinford / itinford.blogspot.com)

Cross-SiteRequest

Se corresponde con un ***exploit* malicioso** de un sitio web mediante el cual se transmiten comandos no autorizados a un usuario que es fiable en el sitio web. En definitiva, se trata de una falsificación de solicitudes entre sitios web, que es también conocida con el nombre de CSRF o XSRF.

1. La víctima se loguea con sus datos.
2. La víctima visita el sitio con el código malicioso y que se ejecuta sobre el portal donde estamos logueados.
3. La víctima envía la petición. transfiere el dinero.
4. La aplicación web valida la petición porque la víctima sigue logueada.
5. La víctima se pregunta que ha pasado en su cuenta.

Ataque de envenenamiento de *cookies*

Este tipo de ataques lleva implícita la modificación del contenido de una determinada *cookie* (la cual contiene información personal almacenada por un determinado sitio web en el equipo o sistema del usuario) para evitar o eludir los mecanismos de seguridad. Con este tipo de ataques se puede obtener información no autorizada sobre un usuario y posible robo de su identidad.

Robo de *cookies*

Esta clase de ataques se llevan a cabo mediante el uso de *scripts* en el lado del cliente, usando para ello herramientas tales como JavaScript. De este modo, cuando el usuario hace clic en un determinado enlace, el *script* busca la *cookie* asociada en la memoria del ordenador o equipo y la envía al atacante con la información personal de dicha *cookie* de usuario.

Ataques de *phishing*

El *phishing* es una técnica fraudulenta que se basa en la adquisición de información personal o confidencial de un usuario, del tipo: nombre de usuario, contraseña, tarjetas de crédito/débito... Para obtener estos datos, el atacante *phishing* se hace pasar por entidades reales con el fin de que el usuario caiga en el engaño y facilite los datos que le interesan al atacante.

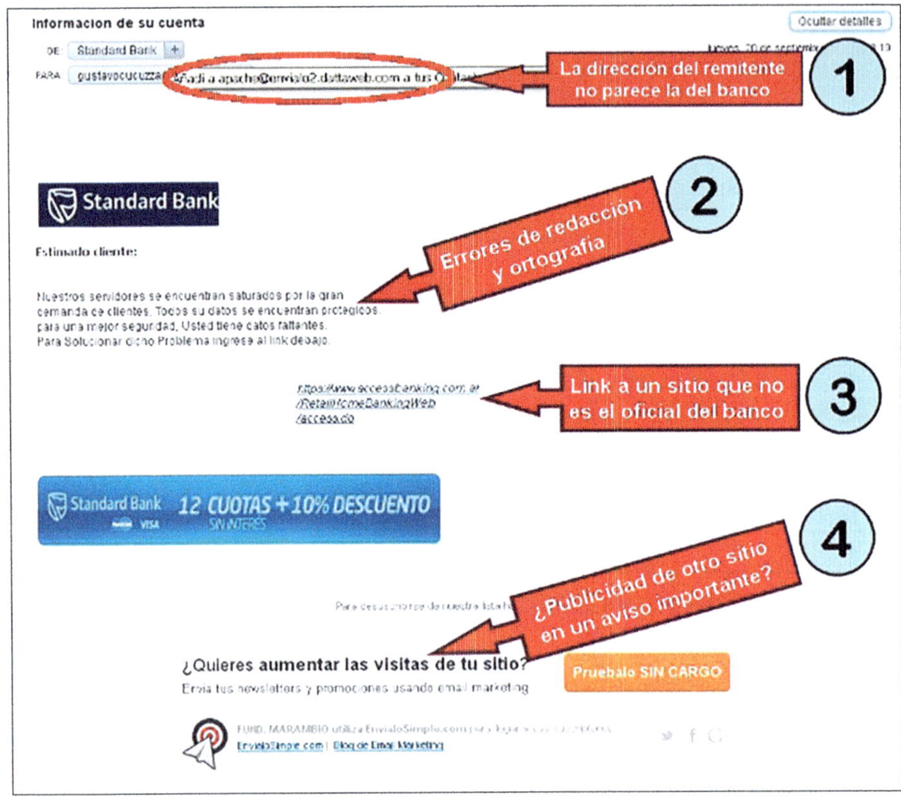

Explicación de los conceptos clave en un correo phishing

Web Defacement

Este tipo de ataque consiste en desfigurar un sitio web o, lo que es lo mismo, cambiar el aspecto visual de dicho sitio web. Normalmente suelen ser los *crackers* los que llevan a cabo este tipo de ataques, entrando para ello en un servidor y reemplazando el sitio web original por uno propio que alojan en el mismo servidor. Por norma general, este tipo de ataques van centrados en hundir la reputación de determinadas empresas, compañías u organizaciones con presencia en la red de redes (internet).

Bufer Overflow

Más conocido con el nombre de **"desbordamiento de búfer",** se trata de una anomalía en un entorno en el que un proceso almacena datos en un búfer fuera de la memoria reservada para dicho búfer. Los datos se almacenan en una memoria adyacente al búfer (pero que no es memoria reservada para dicho búfer), y puede afectar a otros datos que se encuentren almacenados en la memoria (por ejemplo, pueden ser datos importantes para el manejo del sistema operativo). Esto puede acarrear problemas de memoria, resultados incorrectos, finalizaciones de programas inesperadas o violaciones de acceso a la seguridad del sistema. Este tipo de vulnerabilidades son responsabilidad de los programadores de las aplicaciones o de los sistemas operativos.

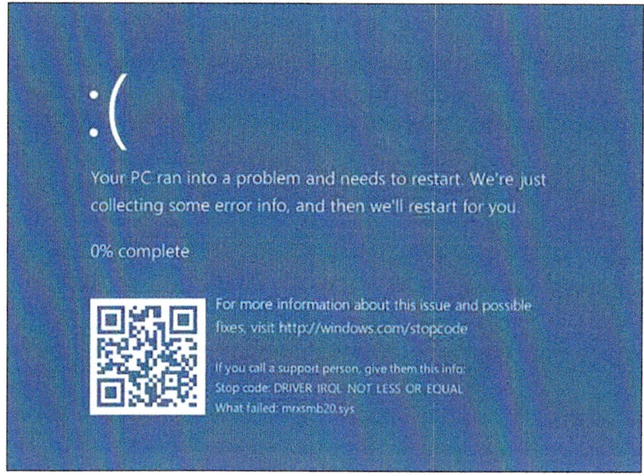

Ejemplo de un error en Windows 11. Fuente: https://unaaldia.hispasec.com/2017/02/vulnerabilidad-0-day-en-windows.html

Navegación forzada

Se corresponde con un ataque que tiene por objetivo la enumeración y el acceso a los recursos de una determinada aplicación. Por ejemplo, los directorios de *config, backup, logs...* son típicos de este tipo de ataques, dado que contienen información muy relevante de aplicaciones, contraseñas, actividades de las aplicaciones...

División de respuesta HTTP

En este tipo de ataque, un atacante intenta introducir datos maliciosos en una determinada aplicación que es vulnerable. Una vez que los datos han sido introducidos, es la propia aplicación la que incluye los datos en un encabezado de respuesta HTTP. Este tipo de ataque en sí es totalmente inofensivo, pero bien es cierto que es el que abre las puertas a otro tipo de ataques posteriores.

Defectos de inyección

Esta clase de defectos son aprovechados por los atacantes para retransmitir el código malicioso a través de una aplicación web a otro sistema informático. Para realizar este tipo de ataques es normal que se recurra a llamadas al sistema operativo, uso de programas externos mediante el *Shell* del sistema operativo, llamadas a bases de datos... El código malicioso generalmente va asociado a un *script,* que lleva su implementación en Perl, Phyton u otro tipo de lenguajes usados en aplicaciones web.

¿Es posible prevenirnos de este tipo de ataques de inyección de aplicaciones web? Actualmente los programadores o desarrolladores de sitios o aplicaciones web disponen de herramientas para poder proteger sus sitios web. Pero, una vez inmersos en un ataque de estas características, se pueden adoptar una serie de soluciones como pueden ser:

- El uso de procedimientos almacenados con parámetros que se parametrizan automáticamente.
- La implementación de CAPTCHA, que asegura que un formulario o una solicitud determinada han sido enviados por una persona y no por un *bot.*
- Disponer y hacer uso de un cortafuegos de aplicación web, más conocido por las siglas WAF; el objetivo de este WAF es la supervisión y bloqueo de posibles ataques en la red informática.

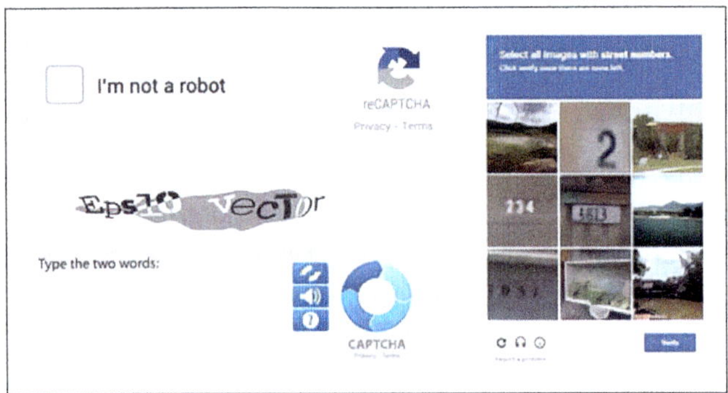

Ejemplo del uso de CAPTCHA en aplicaciones web para evitar los bots (© Imagen: Steemit / steemit.com)

2.16. Virus

Un virus informático es un programa o aplicación *software* que tiene la capacidad de **copiarse e infectar los equipos o dispositivos informáticos.** Normalmente se usa el término *virus* para referirse a otro tipo de *malware* (como, por ejemplo, *software* de tipo *adware* y *spyware,* que no tienen la capacidad de copiarse o reproducirse). El virus se caracteriza por que tiene la propiedad de que puede **propagarse** de una máquina o equipo a otro, inyectándose para dicho fin en código ejecutable. Un ejemplo son los virus que se almacenan en una unidad USB y que, cuando esta se conecta con otro equipo, directamente este equipo se infecta con los virus que haya en dicha unidad USB.

Normalmente los virus se caracterizan por corromper o modificar los archivos del equipo infectado.

2.17. Gusanos

Un gusano informático es una aplicación o *software* malicioso que, entre sus principales características, destaca la capacidad de ser **autorreplicante.** El gusano hace uso de una red informática para enviar una copia de sí mismo a otros nodos partícipes de la red, y se caracteriza por que lo hace sin ayuda alguna del usuario del equipo donde reside el gusano. La principal diferencia respecto a los virus es que un gusano no necesita inyectarse en código ejecutable para extenderse o expandirse a otros nodos de la red. Normalmente los gusanos realizan algún tipo de daño sobre la red, el más común de todos es el **consumo del ancho de banda** de la red.

2.18. *Malware*

Bajo el término *malware* se recoge todo aquel ***software* cuyo fin es malicioso.** No se debe confundir al *malware* con el *software* defectuoso; este último proviene de un *software* que es legítimo, pero que contiene errores de programación, frente al *malware* que incluye a los virus, gusanos, caballos de troya, *spyware, adware*...

¿Cómo podemos protegernos frente a *malware?* Para ello, podemos seguir una serie de pasos como los que se explican a continuación:

- **Instalar un antivirus / *antimalware:*** aunque resulte muy repetitivo aconsejar contar con una solución de antivirus y *antimalware,* son muchos los equipos conectados a la red que no disponen de ninguna de estas dos herramientas. Como primer paso, es imprescindible la instalación de estas herramientas para evitar contagiarnos de virus y otras amenazas.
- **Ejecutar escaneos con cierta regularidad:** instalar (y tener actualizada) alguna herramienta antivirus o *antimalware* es primordial, pero también lo es realizar con cierta frecuenta escaneos con estas herramientas con el fin de saber si nuestro sistema está infectado o está libre. Se recomienda, al menos, llevar a cabo un tipo de escaneo semanalmente y realizarlo cuando no estamos haciendo uso del equipo (se puede programar el día y la hora en la que realizar los escaneos prácticamente en cualquier herramienta antivirus y *antimalware).*
- **Asegurar la red:** hoy en día hacemos un uso continuado de la tecnología wifi, pero debemos siempre garantizar que nuestra red wifi dispone de una contraseña para su acceso y, además, que dicha contraseña sea fuerte (con el objetivo de que no pueda ser crackeada por otros sistemas o usuarios). Por ejemplo, disponemos del cifrado WPA o WPA2 para usar en la tecnología wifi (no se recomienda el WEP, dado que es altamente *crackeable).* Además, como medida de seguridad extra, se contempla ocultar el SSID (nombre de la red wifi) y establecer una contraseña distinta y fuerte para usuarios invitados.
- **Mantener bien segura nuestra información personal:** en esta era, la ingeniería social es un medio muy eficaz para el robo de información. Se debe poner especial atención en el uso de las redes sociales y bloquear todas las configuraciones de privacidad, evitando usar nuestro nombre real o identidad en dichos medios digitales.
- **Realizar copias de seguridad:** disponer de copias de seguridad de nuestros archivos o programas y tenerlas frecuentemente actualizadas nos evitará sufrir más de un quebradero de cabeza y, sobre todo, perder documentos importantes para nosotros. Se recomienda siempre que se trabaja con copias de seguridad tenerlas presente en al menos tres lugares, como:

    - En el mismo lugar (equipo o dispositivo) donde se trabaja con los datos.
    - En un dispositivo de almacenamiento totalmente ajeno al equipo o dispositivo donde están los datos.
    - En un sitio totalmente ajeno al entorno de trabajo del equipo o dispositivo de la copia de seguridad.

- **Mantener las actualizaciones:** lo primero de todo, tal y como se ha indicado anteriormente, es disponer de herramienta antivirus y *antimalware;*

pero mantenerlas actualizadas es primordial, dado que todos los días aparecen nuevos *malware* y virus en internet; de ahí que haya que estar actualizados siempre.

- **Mantener el sistema operativo actualizado:** sea cual sea el sistema operativo instalado en un dispositivo o equipo informático, nuestro objetivo es mantenerlo actualizado al día en la medida de nuestras posibilidades. Esto es debido a que los desarrolladores de sistemas operativos, con frecuencia, detectan vulnerabilidades en sus desarrollos, que se solucionan poniendo a disposición del usuario un *software* conocido como "parche de seguridad"; el usuario descarga y ejecuta este parche en su equipo para solucionar una determinada vulnerabilidad (que no fue tenida en cuenta en un principio o bien apareció de forma posterior al desarrollo e implementación del sistema operativo). Un factor muy importante es siempre realizar las descargas desde las fuentes oficiales de los sistemas operativos; por ejemplo, si usamos *Windows,* es lógico que la descarga sea desde la web de *Microsoft.*
- **Pensar antes de realizar los clics:** todos y todas conocemos sitios web que nos ofrecen material pirateado para instalar en nuestros equipos y saltarnos las licencias (conducta reprobable pero muy arraigada en la sociedad de internet). Se recomienda siempre evitar este tipo de sitios, dado que el *software* que nos ofrecen no es legítimo y, en la mayoría de los casos, está "modificado" de forma ilegal y probablemente el objetivo de dicha modificación sea insertar *malware* o algún tipo de ataque en nuestro equipo.
- **No usar un wifi abierto:** todos nos hemos conectado alguna vez a una red wifi abierta que hemos localizado en un determinado lugar, y sin usar contraseña ni cifrado alguno hemos establecido la conexión a dicha red con nuestro equipo o terminal. Seguramente si el acceso es libre, es porque hay premio: que nos infecten con algún tipo de *malware* de tal forma que tomen el control de nuestro equipo o dispositivo. Siempre se recomienda conectarse a redes wifi que sean de nuestra total confianza y nunca hacerlo en aquellas que no hayamos usado anteriormente.
- **Usar contraseñas fuertes:** siempre se recomienda no usar la misma contraseña de forma general para todos los accesos o servicios que se tengan en internet, dado que, si nos "cazan" dicha contraseña, pueden acceder a todos nuestros servicios. Del mismo modo, se recomienda crear contraseñas fuertes, es decir, aquellas que hacen uso de minúsculas, mayúsculas, números y símbolos, que son un poco más difíciles de memorizar pero mucho más complicadas de *hackear.*

Adware

Este tipo de *software* tiene su respaldo en la **publicidad,** de tal forma que lo que hace es mostrar o descargar en nuestro equipo publicidad que después, automáticamente, nos es mostrada cuando instalamos un determinado *software* o hacemos uso de él. Dicha publicidad suele estar integrada o viene ya fusionada con el *software* que estamos usando y que al mismo tiempo controla los sitios web de internet que buscamos para ofrecer publicidad personalizada a nuestras búsquedas.

Spyware

Es un *software* cuyo fin es **espiar;** para llevar a cabo este objetivo, dicho *software* espía se instala en los equipos y va recopilando información sobre los usuarios del sistema sin que estos sean conscientes de este escenario. Por norma general, la presencia de *spyware* pasa totalmente inadvertida a los usuarios de los equipos y es difícil su detección.

Troyanos

Más conocidos con el nombre de "caballos de Troya" se corresponden con ***malware* autorreplicante** que, de cara al usuario, parece totalmente inofensivo, pero que, sin que este se dé cuenta, está facilitando el acceso no autorizado al sistema donde reside de forma oculta a sus usuarios.

Root Kit

Se denomina así al *software* que está diseñado para **obtener el control a nivel administrativo** sobre un determinado sistema o equipo informático con la característica de que no es detectado. El objetivo es la realización de operaciones maliciosas en dicho equipo sin que los administradores puedan ser capaces de detectar esta situación. Un *Root kit* puede ser insertado en componentes *hardware* o *software,* en BIOS, cargadores de arranque, *kernel,* bibliotecas o aplicaciones.

ACTIVIDAD COMPLEMENTARIA

14. Localiza una herramienta de *software* libre que sirva para realizar un escaneo de los puertos del equipo que normalmente usas en internet y valora el riesgo existente en función de la cantidad de puertos abiertos.

APLICACIÓN PRÁCTICA

Imagina que somos los encargados del mantenimiento de una base de datos de una aplicación comercial de una empresa privada. Normalmente, antes de irnos de nuestro puesto de trabajo, realizamos una copia de seguridad; pero hoy, al entrar a trabajar, hemos descubierto que la base de datos no tiene absolutamente nada de información almacenada. ¿A qué puede deberse?

Solución

Dado que no sabemos cómo se ha diseñado la aplicación que maneja la base de datos que estamos manteniendo, lo que sí está claro es que se ha perdido toda la información y lo más probable es que haya sido un ataque de inyección SQL. Para comprobar esto podemos ver el registro de operaciones interno del SGBD y ver qué operación o sentencia SQL ha generado todo el problema. Mientras tanto, hay que restaurar la copia de seguridad para que la aplicación pueda continuar funcionando.

3. *WarGames*

HILO CONDUCTOR

El Departamento de Seguridad de CGS, S. L., cada 3 o 4 meses pone a sus trabajadores a "prueba" mediante la resolución de una serie de juegos de guerra, con el fin de intentar que estén siempre actualizados en lo que se refiere a materia de seguridad informática y ataques.

Por *WarGames,* "juegos de guerra", entendemos la recreación de **situaciones reales de seguridad informática** mediante la simulación de juegos, y con el fin de que el usuario aprenda conceptos y formas de protegerse informáticamente hablando. A los usuarios normales de internet y que no tienen conocimientos avanzados de informática o computación les suele resultar bastante complejo el concepto de *seguridad,* así como entender determinados ataques a aplicaciones y sistemas.

La forma más fácil de aprender es jugando. Este es el concepto en el que se basan los *WarGames:* en **aprender nociones de seguridad informática a través de juegos,** normalmente divididos en varios niveles de dificultad de menos a más. Por tanto, podemos considerar los *WarGames* como una opción para poder poner en práctica conocimientos de *hacking* sin necesidad de violar ninguna ley.

A continuación, vamos a ver un listado de *WarGames* y con su finalidad asociada:

- **Explotación de servicios:** disponemos de pwnable.tw cuya página principal se puede ver a continuación:

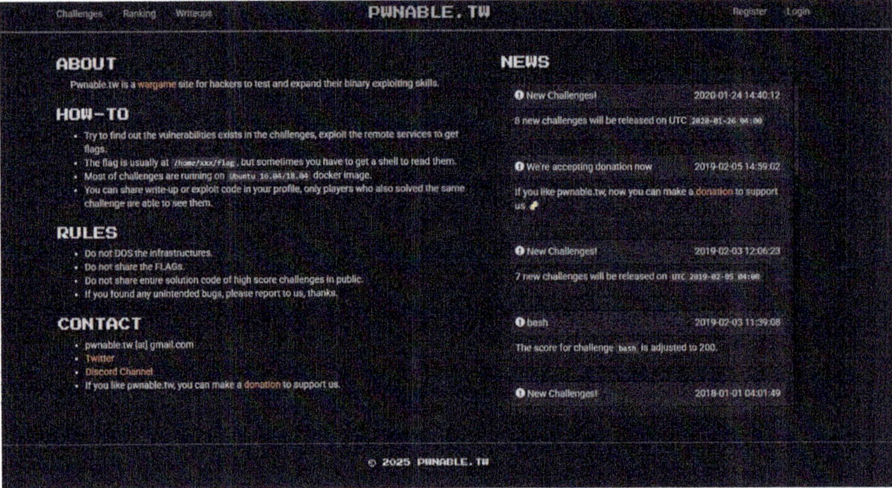

Página principal de pwnable.tw

- **Romper y probar la seguridad de un servidor:** para ello disponemos de la herramienta ctf365.com, cuya ventana principal es la siguiente:

Ventana principal de ctf365

- **Criptografía, estenografía, *cracking*...:** para ello disponemos del sitio web w3challs.com, cuya ventana principal es la siguiente:

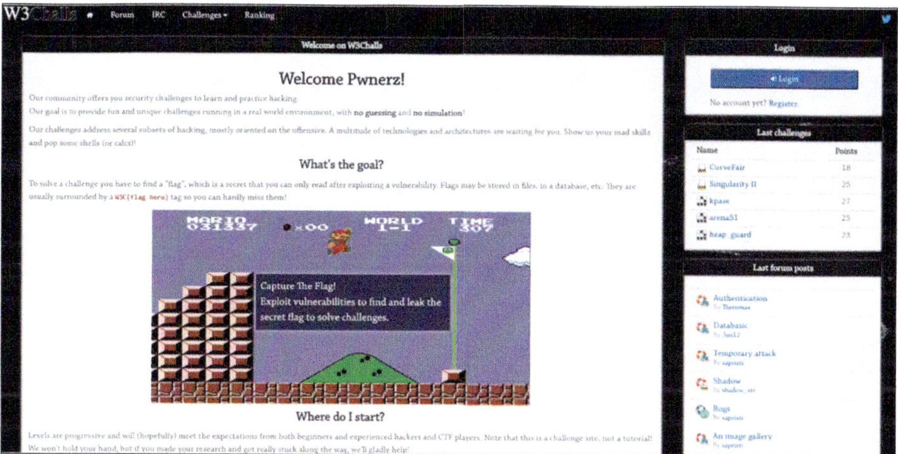

Ventana principal de w3challs.com

- **Piratear *software*:** disponemos de smashthestac.org cuya página principal se puede ver a continuación:

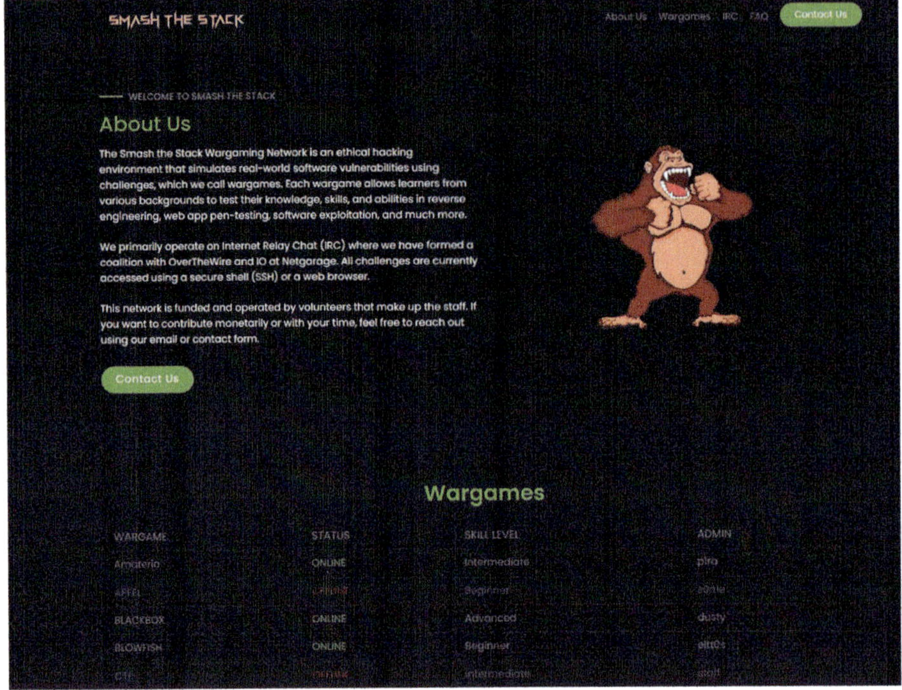

Acceso principal a los WarGames de smashthestack.org

- **Aprender de la ingeniería inversa:** disponemos de la siguiente herramienta:

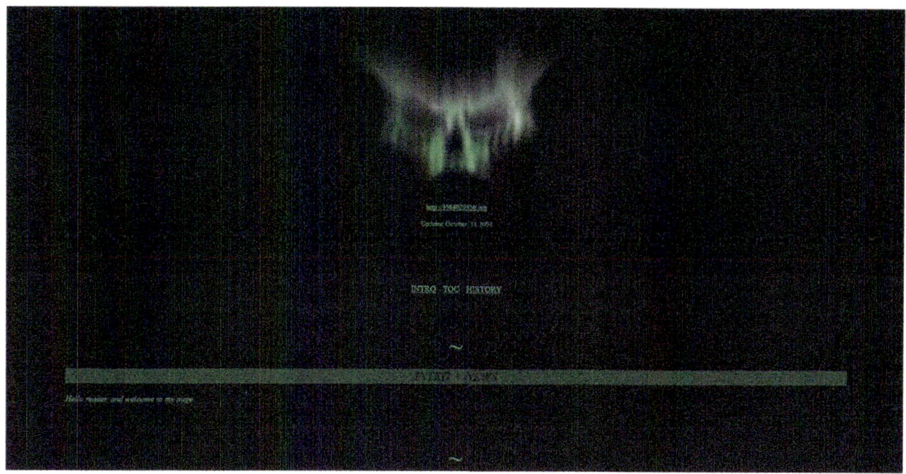

Ventana principal de 3564020356.org

- **Inyección XSS:** desde la siguiente herramienta se puede practicar la inyección XSS:

Ventana principal de hckthis.co.uk

En la siguiente web, root-me.org, hay más de 300 retos en línea, con más de 2.300 soluciones para aprender jugando; además, cuenta con una comunidad en la que poder compartir tus avances.

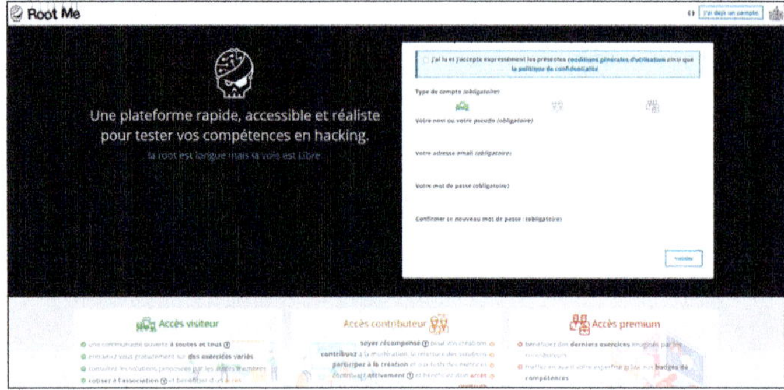

Página principal de root-me.org

Otro servidor de *WarGames*, esta vez en inglés (como la mayoría de documentación que existe), es *OverTheWire.*

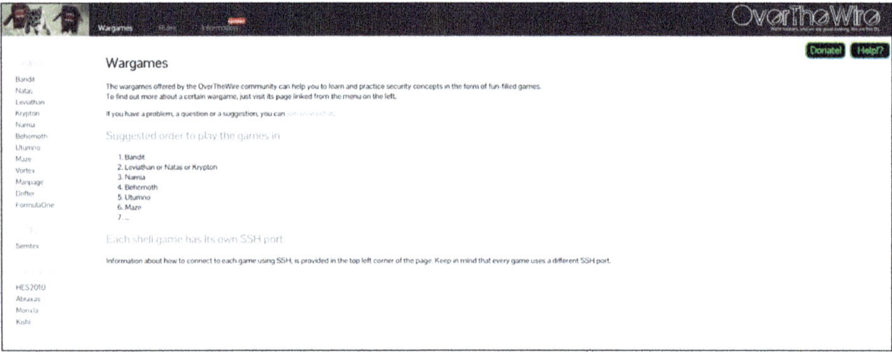

Ventana principal de overthewire.org/wargames/

ACTIVIDAD COMPLEMENTARIA

15. Ten en cuenta los siguientes datos para realizar esta actividad:

    Los niveles de Maze se llaman maze0, maze1, etc. y se puede acceder en maze.labs.overthewire.org a través de SSH en el puerto 2225.

Continúa en página siguiente >>

<< *Viene de página anterior*

Para iniciar sesión en el primer nivel, usa:

Username: maze0

Password: maze0

Los datos para los niveles se pueden encontrar en / maze /.

Mediante el uso del comando SSH en *Windows*, deberás realizar una conexión al juego de guerra anterior para iniciar sesión en una ventana de *Windows*.

4. *Hacking Google*

HILO CONDUCTOR

El Departamento de Seguridad de CGS, S. L., es consciente de que un servidor mal configurado puede dar lugar a muchos problemas de seguridad informática, dado que es posible usar *Google* para localizar servidores o máquinas con ciertas vulnerabilidades.

Google Hacking consiste en una técnica usada en informática que, mediante el uso de operadores, hace un filtro de la información en el buscador *Google*. Además, es posible localizar aplicaciones de agujeros de seguridad en la configuración y el código informático que se usa en las páginas web.

4.1. Operadores en *Google*

El cuadro o caja de búsqueda de *Google* admite, además de las búsquedas normales a las que estamos más que acostumbrados/as, el uso de algunos operadores que enriquecen y limitan los resultados del buscador.

Los operadores más utilizados son los siguientes:

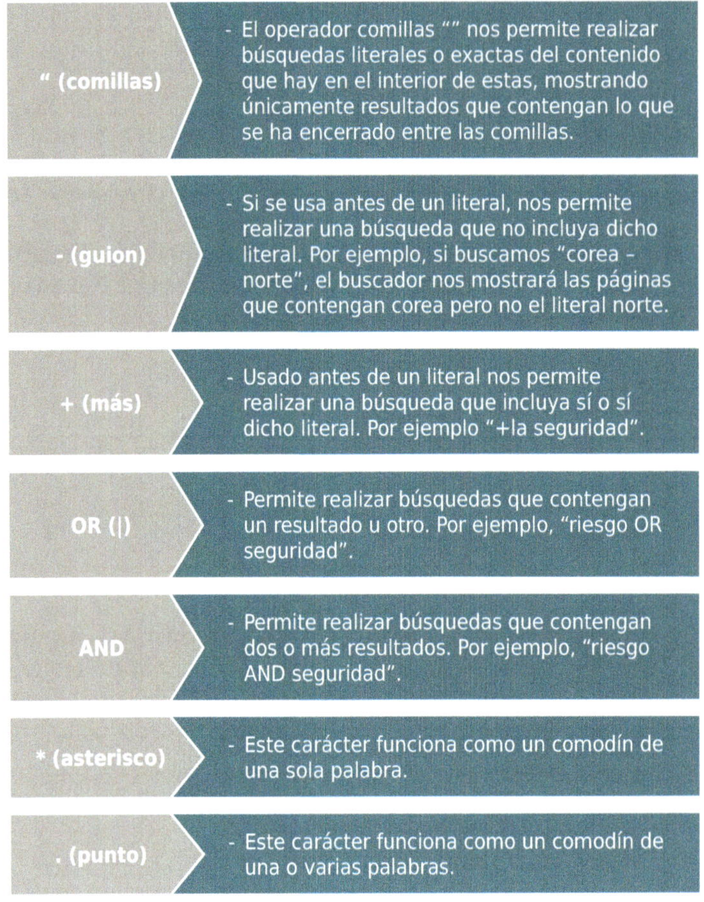

4.2. Comandos de *Google*

Estos operadores tienen como misión filtrar el contenido según los propios aspectos de la búsqueda. Se cuenta con muchos comandos, pero los más interesantes o principales se describen a continuación.

define:término

Este comando nos permite obtener la definición del literal buscado. Por ejemplo, con define:privacidad obtenemos el siguiente resultado:

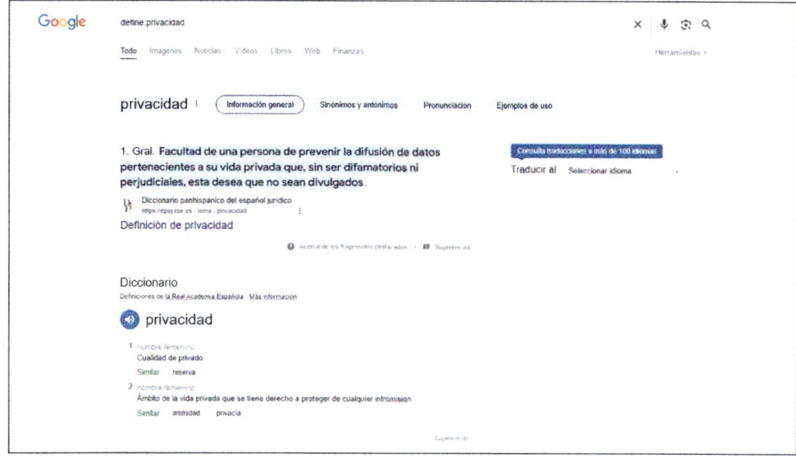

Ejemplo del uso del comando define con un literal

site:URL

Mediante este comando podemos buscar una página web específica. Resulta muy útil para la realización de búsquedas profundas, o para saber qué páginas tiene indexadas el buscador sobre otra página en concreto, las prioridades, etc. Un ejemplo es site:www.iceditorial.com, con el que obtenemos los siguientes resultados:

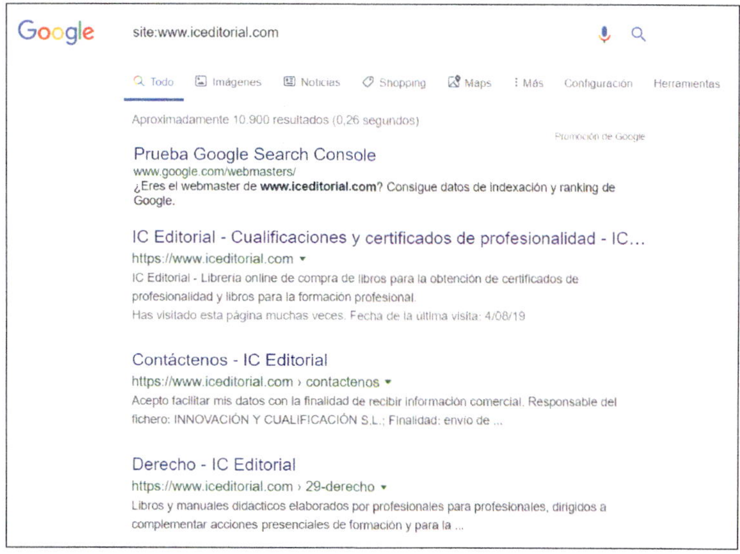

Ejemplo de uso del comando site

filetype:extensión

Gracias a este comando se pueden mostrar todos los resultados de una búsqueda con una extensión del archivo que se ha pasado mediante el comando. Esta opción tiene sentido cuando se usa en una búsqueda concreta como es el siguiente caso: fileype:pdf privacidad, y obtenemos los siguientes resultados:

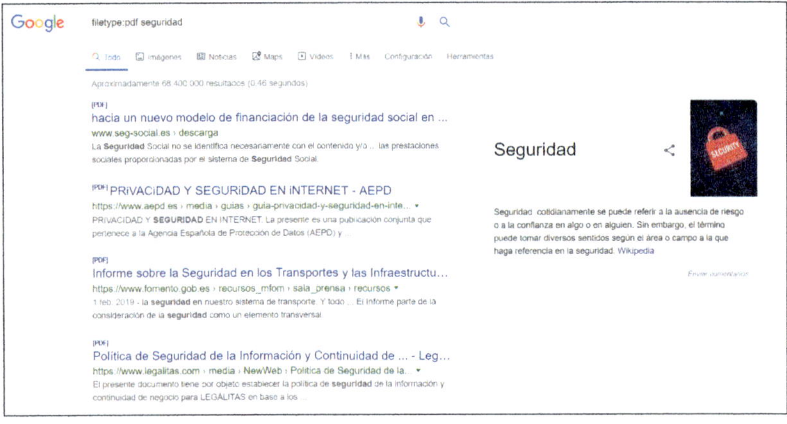

Ejemplo de búsqueda de PDF relacionados con la seguridad

related:URL

Mediante este comando se pueden mostrar páginas semejantes a la URL pasada como parámetro. Es bastante útil sobre todo de cara a generación de una base de páginas de cierta temática. Un ejemplo puede ser related:www.iceditorial.com, donde obtenemos los siguientes resultados:

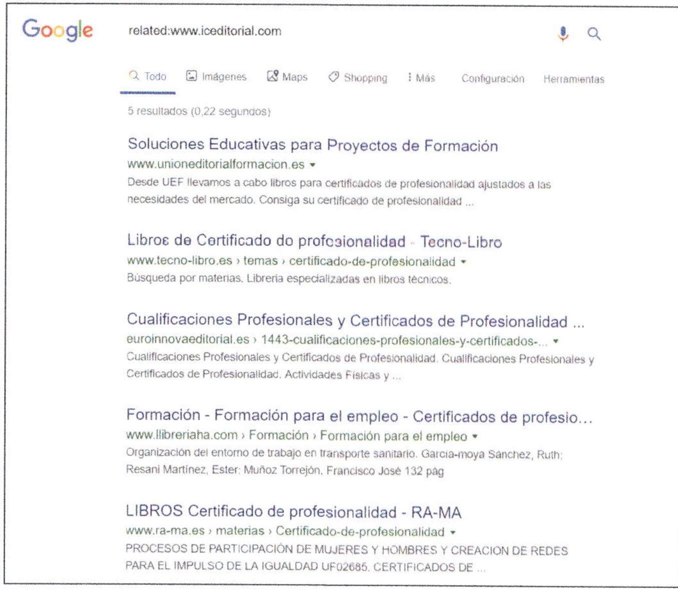

Resultados de competencia de IC Editorial

intitle:término

Con este comando se pueden mostrar las páginas cuyo título esté dentro del término elegido. Por ejemplo, intitle:seguridad mostrará los siguientes resultados en el navegador:

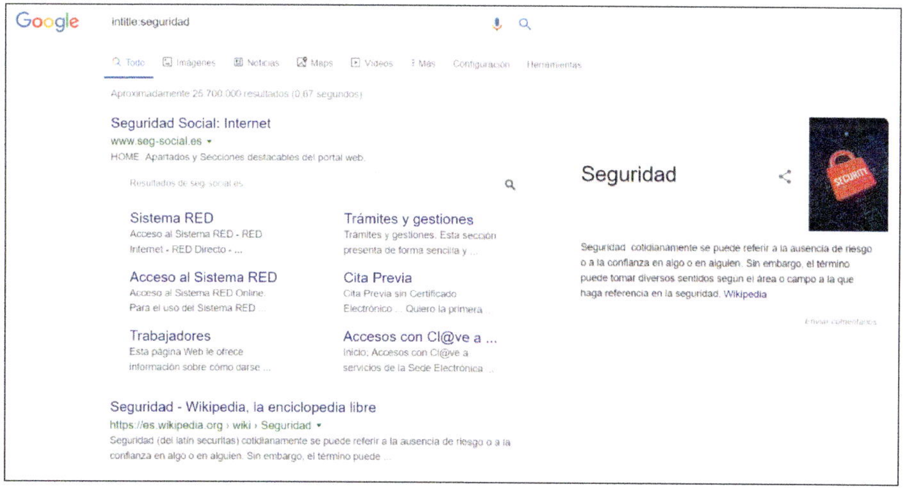

Uso del comando intitle y muestra de sus resultados

inurl:término

Mediante el uso de este comando se muestran páginas cuyo título está compuesto por el término elegido. Un ejemplo de uso de este comando es inurl:privacidad, con el que se obtiene el siguiente resultado:

Ejemplo del uso del comando inurl en el buscador Google

allianchor:término

Mediante el uso de este comando se muestran las páginas enlazadas en páginas de terceros, cuyo texto de enlace contenga el término elegido. Un ejemplo es allinanchor:privadidad, con el que se obtienen los siguientes resultados:

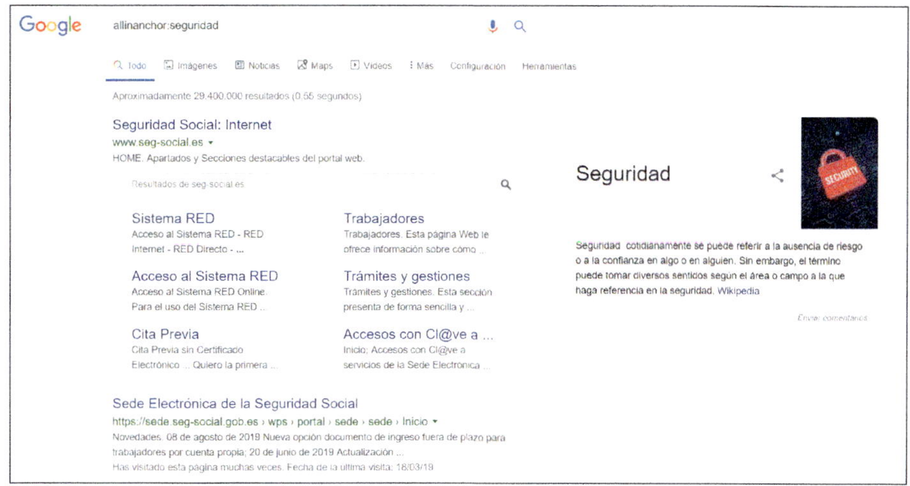

Uso del comando allinanchor en el buscador Google

Link:url

Con el uso de este comando se pueden obtener todos los enlaces de la página pasada como URL. Un ejemplo de este comando es link:www.iceditorial.com, que arroja los siguientes resultados:

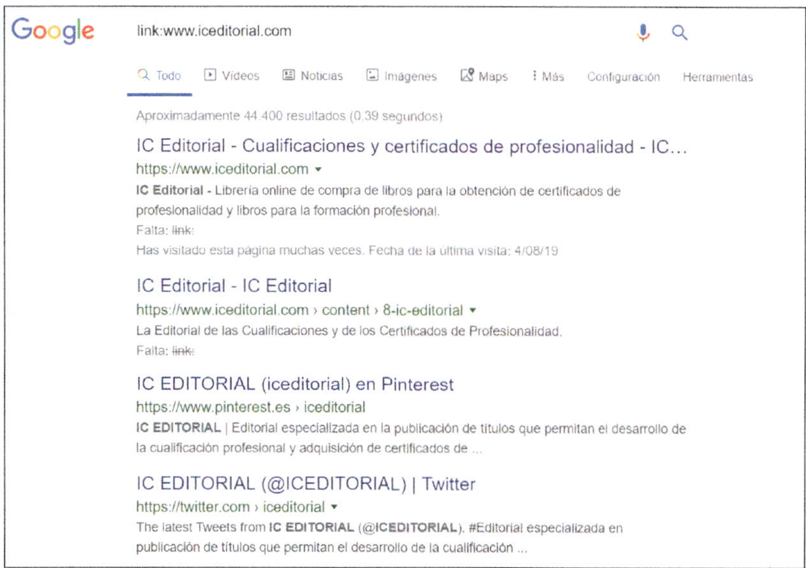

Uso del comando link en el buscador Google

cache:url

Mediante este comando se muestra el resultado en caché de *Google* para una determinada página web. Por ejemplo, si usamos caché:www.iceditorial.com, obtenemos el siguiente resultado:

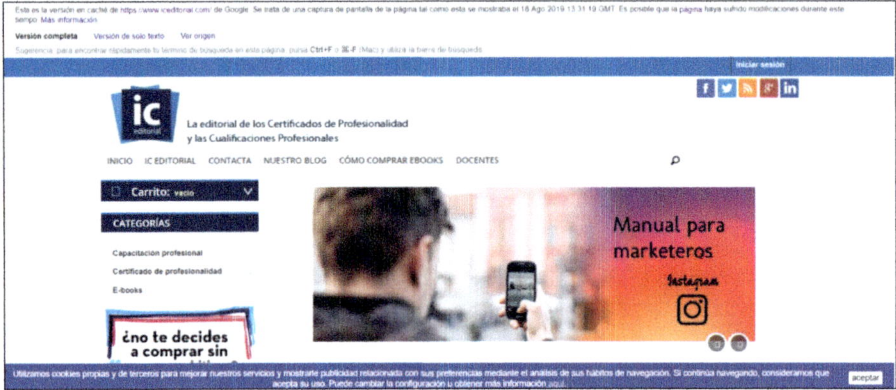

Ejemplo de uso del comando caché en el buscador de Google

Ahora que ya sabemos los operadores y comandos fundamentales, ¿qué podemos encontrar haciendo uso de *Google Hacking?* Podemos localizar:

- Dispositivos de *hardware online*
- Servidores con seguridad descuidada
- Nombres de usuario y contraseñas

4.3. Dispositivos de *hardware online*

El principal problema del internet de las cosas es que cualquier objeto dispone de conexión a internet (lavadoras, microondas, televisores...) y, por lo tanto, puede ser manejado por personas que no tienen conocimientos sobre seguridad informática, dejando las contraseñas por defecto y opciones de configuración con vulnerabilidades.

 EJEMPLO

Se puede acceder muy fácilmente a cámaras de seguridad y a impresoras (a un nivel muy simple y fácil para cualquier usuario).

4.4. Servidores con seguridad descuidada

Localizar en internet servidores que no lleven un mantenimiento preventivo y que no tengan el *software* instalado correctamente actualizado es muy fácil, lo que da lugar a la localización de **vulnerabilidades antiguas,** y hasta una persona con pocos conocimientos puede llevar a cabo un ataque.

 EJEMPLO

Si realizamos la búsqueda intitle:"Welcome to Windows Small Business Server 2003" en el buscador *Google*, podremos localizar servidores antiguos mediante *Google Hacking*.

4.5. Nombres de usuarios y contraseñas

Además de lo anteriormente explicado, es posible la obtención de datos, como el usuario y la contraseña, de ciertos servicios. Todo esto se deriva de una mala configuración del servidor.

 EJEMPLO

Podemos realizar una búsqueda con ext:pwdinurl:(service | authors | administrators | users) "# -FrontPage-" para obtener usuarios y contraseñas de administración de un sitio web.

TAREA 15

Susana ha descubierto hace unos meses el concepto de *Google Hacking* y quiere saber la cantidad de páginas que hay en internet, o que el buscador *Google* es capaz de localizar, que cuenten con autentificación, es decir, con usuario y contraseña de acceso a la web.

Ayuda a Susana y aclárale esa duda que tiene sobre *Google Hacking*.

TAREA 16

Manpage es un juego de guerra que ha sido rescatado de la desaparición de intruded.net, alojado anteriormente en manpage.intruded.net. ¡Muchas gracias a adc, morla y reth por su ayuda en la resurrección de este juego! Los niveles de *Manpage* se llaman manpage0, manpage1, etc., y se puede acceder a él en manpage.labs.overthewire.org a través de SSH en el puerto 2224.

Para iniciar sesión en el primer nivel, usa:

Username: manpage0

Password: manpage0

Los datos para los niveles se pueden encontrar en /manpage /.

Inicia sesión y comprueba los datos de los distintos niveles.

5. Resumen

Dado que es imposible centrarnos en todos los ataques que se producen o amenazas que hay en internet (fundamentalmente porque cada día que pasa aparecen nuevas o versiones de las ya existentes), nos hemos centrado en los siguientes ataques en internet:

- Ataques DoS
- *Ping Flood*
- *Ping* de la muerte
- Escaneo de puertos
- ARP *Spoofing*
- ACK *Flood*
- Ataque FTP *Bounce*
- TCP *SessionHjiacking*
- Ataque *Man-In-The-Middle*
- Ataque ingeniería social
- *OS FingerPrinting*
- *KeyLoggers*
- ICMP *Tunneling*
- Ataque LOKI
- Ataque de secuencia TCP
- CAM *TableOverflow*
- Ataques a aplicaciones web
- Virus
- Gusanos
- *Malware*
- *Adware*
- *Spyware*
- Troyanos
- *Root kit*

Los juegos de guerra, más conocidos con el nombre de *WarGames,* nos ayudan a aprender mediante el juego conceptos de la seguridad informática haciendo para ello uso de comandos.

Los *WarGames* giran en torno a los siguientes conceptos:

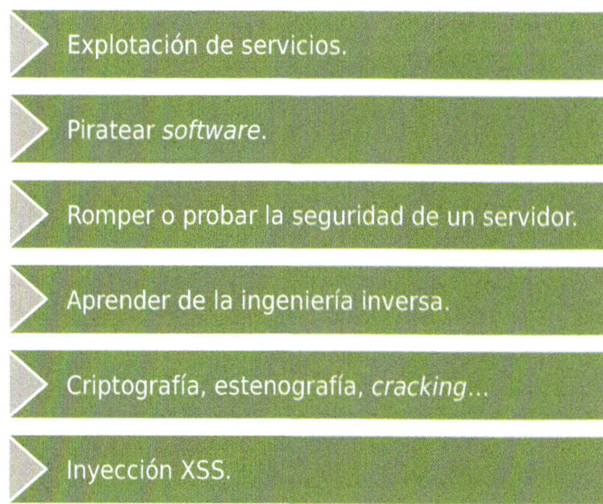

Google Hacking consiste en una técnica usada en informática que, mediante el uso de operadores, hace un filtro de la información en el buscador *Google.* Además, es posible localizar aplicaciones de agujeros de seguridad en la configuración y el código informático que se emplea en las páginas web.

Los operadores más usados son los siguientes:

- " (comillas)
- (guion)
- + (más)
- OR (|)
- AND
- (asterisco)
- . (punto)

Los comandos con los que contamos en *Google* son los siguientes:

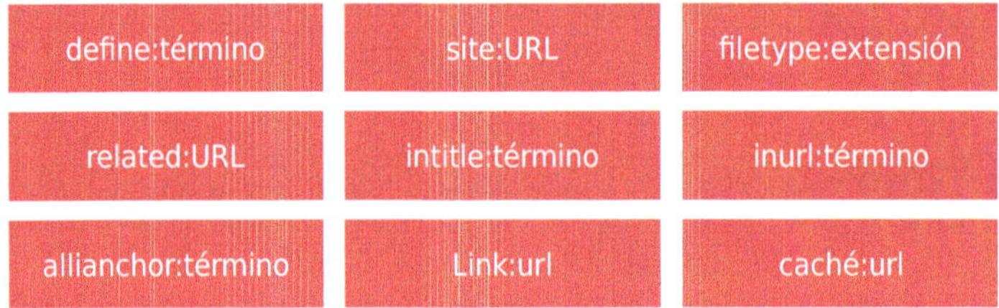

Ejercicios de autoevaluación Unidad de Aprendizaje 8

1. **Indica en qué tipo de ataque se clasifica un ataque LAND:**

    a. Gusano
    b. Virus
    c. Ataque DoS
    d. Ataque de secuencia TCP

2. **¿Cuál de las siguientes opciones es un ataque que basa su funcionamiento en el envío de un paquete ICMP que se caracteriza por tener un tamaño de más de 65.536 *bytes*?**

    a. *Ping* de la muerte
    b. Virus
    c. Ataque DoS
    d. Ataque de secuencia TCP

3. **El envenenamiento de caché DNS se clasifica dentro de:**

    a. *Ping* de la muerte
    b. ARP *Spoofing*
    c. Ataque DoS
    d. Ataque de secuencia TCP

4. **Señala cuál de las siguientes técnicas no pertenece a un ataque de ingeniería social:**

    a. Ofertas falsas
    b. Controlar enlaces
    c. Filtros de *spam*
    d. Rapidez

5. **¿Cuál de las siguientes opciones es un *software* o programa cuyo objetivo es registrar las pulsaciones de un usuario en el teclado con el fin de su envío *a posteriori*?**

    a. Gusano
    b. ICMP *Tunneling*

c. *KeyLoggers*
d. Ataque de secuencia TCP

6. ¿Cuál de las siguientes opciones es un programa o aplicación *software* que tiene la capacidad de copiarse e infectar los equipos o dispositivos informáticos?

a. Gusano
b. Virus
c. *KeyLoggers*
d. Ataque de secuencia TCP

7. La recreación de situaciones reales de seguridad informática mediante la simulación de juegos y con el fin de que el usuario aprenda conceptos y formas de protegerse, informáticamente hablando, se denomina:

a. *CrackGames*
b. *HackGames*
c. *ProGames*
d. *WarGames*

8. ¿Cuál de los siguientes comandos permite obtener la definición del literal buscado?

a. define:termino
b. filetype:extension
c. site:URL
d. related:URL

9. Si lo que queremos es obtener páginas web similares a una determinada URL, debemos usar el comando en *Google:*

a. define:termino
b. filetype:extension
c. site:URL
d. related:URL

10. Si queremos realizar una búsqueda filtrando por el título de la página, debemos usar el comando:

a. define:termino
b. filetype:extension
c. intitle:termino
d. related:URL

Unidad de aprendizaje 9

Seguridad en redes inalámbricas

Contenido

1. Introducción
2. Las redes inalámbricas
3. Riesgos de las redes inalámbricas
4. Mecanismos de seguridad
5. Guía básica de ataques *Wireless*
6. Wifi seguro
7. Resumen

Objetivos

El objetivo general de esta Unidad de Aprendizaje es:

- Clasificar los principales problemas de seguridad en redes wifi.

Los objetivos específicos de esta Unidad de Aprendizaje son:

- Identificar la seguridad de la red wifi.
- Identificar redes wifi seguras.
- Reconocer ataques *Wireless.*
- Conocer algunos mecanismos de seguridad.

1. Introducción

A día de hoy cualquier usuario que disponga de un dispositivo informático seguramente ha hecho uso de redes wifi, en casa o en el trabajo, o ha utilizado redes wifi públicas o abiertas que se pueden localizar si se realiza una búsqueda.

Por norma general, si hacemos uso de redes wifi más o menos conocidas, seguramente no estemos corriendo riesgo alguno; pero hemos de ser muy cautos con el uso de redes wifi abiertas, principalmente por dos motivos: si el wifi es abierto y no tiene clave de acceso, es porque probablemente cuente con *software* maligno para obtener todos nuestros datos; también puede ocurrir que, de la misma forma que nos conectamos nosotros a dicha wifi, se conecten personas con conocimientos avanzados en materia de seguridad informática y puedan obtener todos nuestros datos al compartir la red.

Hoy en día, se ha de ser cauto y contar con los mecanismos de seguridad suficientes para, por lo menos, ponérselo difícil o complicado a aquellos que quieran tomar nuestros datos sin nuestro consentimiento para usarlos de forma maliciosa.

Para estudiar todos estos puntos, nos basaremos en CGS (CiberGestores Seguridad), S. L., una empresa que cuenta a sus espaldas con más de 20 años en montaje tanto de redes Ethernet como redes wifi o inalámbricas. Disponen de un formulario para rellenar donde se recojan las necesidades del usuario del wifi para saber el nivel de seguridad que deben integrar en el mismo, aunque parten del concepto de que una red wifi 100 % segura no existe.

2. Las redes inalámbricas

Carlos, trabajador del Departamento de Redes de CGS, recuerda que, hace cuestión de 15 años, la instalación de redes incluía kilómetros y kilómetros de cables para poder llevar la señal de internet a todos los equipos de los colegios para los que informatizó sus aulas; en cambio, hoy en día, con un dispositivo wifi y una tarjeta de red wifi se evita esa cantidad de cableado.

Cada día son más los usuarios que deciden adquirir un ***router*** y montarlo en la empresa o en su propia casa. El proceso es fácil: se adquiere un *router* con el objetivo de conectarlo a internet, sin que muchas veces lo configuremos de forma segura para que no suframos ataques por parte de otros usuarios de internet.

El hecho de disponer de un *router* que no haya sido correctamente configurado da lugar a estar conectados a una red que podemos definir como **no segura.** En el mejor de los casos, se producirán accesos no deseados de usuarios próximos al *router* y que son capaces de localizar su señal wifi; pero en otros casos puede ser que las intenciones no sean benignas y nos veamos envueltos en problemas legales (otros usuarios pueden aprovechar nuestra conexión wifi para llevar a cabo delitos ciberinformáticos).

Por tanto, una vez que se instala un dispositivo *router* en una red, el siguiente paso que deberíamos dar sería configurarlo en cuanto a materia de seguridad se refiere. Para ello, tenemos que tratar dos **conceptos clave,** que serían:

2.1. Configuración del *router*

Pero, **¿cómo podemos montar una red inalámbrica?** Lo primero de todo sería la adquisición del dispositivo informático que nos permita conectarnos a internet, en nuestro caso, el *router.* Una vez adquirido dicho dispositivo, bastará con que conectemos la conexión de internet ofrecida por nuestro proveedor de servicios al puerto WAN del *router* (normalmente se suele llevar a cabo o bien con un cable telefónico de datos o bien, en el caso de fibra óptica, con el cable de la propia central telefónica):

Router con conexión de cable telefónico a su derecha

Una vez que tenemos conectado el dispositivo *router* a internet, el siguiente paso consiste en la **configuración de los parámetros de seguridad** antes de navegar o conectar dispositivos al wifi.

Red local
con router inalámbrico

192.168.0.11
192.168.0.13
192.168.0.12
Conexión wifi
192.168.0.1
Conexión WAN
Conexión WAN
192.168.0.14
192.168.0.15
192.168.0.16

Para la configuración de los parámetros de seguridad **se recomienda que nos conectemos al *router* desde algún dispositivo informático, usando para ello un cable;** es decir, conectar el dispositivo informático al *router* a través de un cable para poder acceder a él. Para ello, los puertos a los que nos podemos conectar usando dicho cable suelen venir resaltados en la parte trasera del *router*.

Modo de conectarse con cable al router

2.2. Cifrado de datos de la red inalámbrica

Una vez que tenemos conectado el dispositivo informático al *router* mediante el cable de datos, es cuando procedemos a establecer la configuración de seguridad de la red wifi. La forma que tendremos de acceder al *router,* generalmente, es abriendo un navegador de internet y, en la barra de direcciones, escribiendo la siguiente dirección de acceso al *router:* http://192.168.X.X, donde X.X son valores que nos debe suministrar el fabricante del *router.*

Cuando hemos accedido a dicha dirección, te pedirá que pongas un nombre de usuario y una contraseña (estas, por defecto, suelen ser admin-admin o admin-1234, dependiendo del fabricante del *router).*

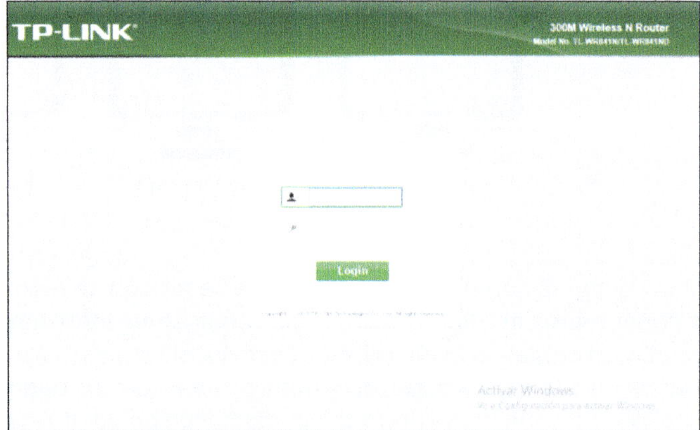

Página de entrada a un router del fabricante TP-Link

La **configuración mínima** de seguridad que debemos establecer en el *router,* una vez superado el acceso (nombre de usuario y contraseña), es la siguiente:

- **Modificar las credenciales de acceso al *router:*** lo primero de todo será cambiar tanto el nombre de usuario como el *password* que traen asociados por defecto el *router* (que suele venir etiquetado en la parte posterior). Es necesario cambiar el nombre de usuario y la contraseña para que nadie, excepto nosotros, podamos acceder al *router* y cambiar su configuración. Dependiendo del fabricante del *router,* este proceso se realizará de una determinada forma; lo mejor es consultar cómo hacerlo a través del manual de usuario que el fabricante suministra junto con el *router.*
- **Asignar una contraseña de acceso a la red:** se trata de establecer una contraseña de acceso a la red que podemos elegir nosotros; habrá que acceder al *router* para poder cambiarla.
- **Configurar el tipo de cifrado de la red:** lo más recomendable es tomar un cifrado WPA2 junto con una encriptación AES. De esta forma, nos aseguramos de que los datos o información que viaja por la red no puede ser leía por terceros que hayan conseguido acceder a la misma y estén monitorizándola.

PARA SABER MÁS

Dado que la seguridad en tecnología inalámbrica tiene muchos tipos de cifrados, lo ideal es que eches un vistazo a este documento donde se explica cada uno de ellos:

https://redirectoronline.com/ifct100po0901

APLICACIÓN PRÁCTICA

Juan acaba de comprarse un *router* nuevo, más potente que el anterior que tenía, en una tienda de informática. ¿Qué es lo primero que debería hacer con su *router*?

Solución

Cambiando las claves de acceso que, por defecto, traen asociados los *routers*, conseguimos ponerles las cosas más difíciles a aquellos que quieran acceder desde internet a nuestro *router;* además, de esta forma estamos mucho más seguros tanto a nivel de *router* como a nivel de red.

La configuración que hemos establecido anteriormente es solo una configuración mínima de seguridad. Pero podemos establecer una **configuración de seguridad avanzada** si ajustamos los siguientes conceptos:

- **Configuración del *firewall:*** previamente tendremos que comprobar que el *router* que tenemos es compatible con esta opción (aunque la mayoría de *routers* actuales lo soportan, hay otros modelos, más económicos, que no). Mediante la configuración del *firewall* podemos establecer qué servicios y puertos van a estar disponibles para acceder a la red externamente, es decir, desde internet a la red formada por el *router.*
- **Acceso al *router* por HTTPS:** frente al protocolo HTTP, HTTPS es mucho más seguro dado que implementa medidas de seguridad que el primero no contempla. Es posible habilitar la configuración de acceso al *router* a través del protocolo HTTPS y, de esta forma, evitamos que terceros puedan capturar nuestro usuario o contraseña de acceso al *router.*
- **Ocultar el SSID de la red:** el SSID se corresponde con un nombre que identifica a una única red wifi o inalámbrica. Desde el *router* tenemos la opción de ocultar esta SSID (por tanto, el nombre de nuestra red wifi) y así, por mucho que intenten buscarla, nunca llegarán a encontrarla.

ACTIVIDAD COMPLEMENTARIA

16. Localiza la red wifi a la que estás conectado e intenta ocultar su SSID al resto de usuarios. A continuación, cambia la contraseña de acceso que, por defecto, tenga establecida el *router.*

2.3. Identificación de redes wifi seguras

Actualmente, dada la necesidad de estar conectados a internet, son muchas las ocasiones en las que nos conectamos a redes inalámbricas sin saber lo que hay detrás de ellas. Aunque la red a la que nos conectemos sea privada, nunca somos conscientes de qué es lo que hay en dicha red, ya que es prácticamente imposible saberlo.

Entonces, **¿cómo podemos identificar qué redes son seguras y cuáles no?** Lo primero de todo es fijarnos si en la red a la que nos conectamos dispone de contraseña; en el caso de que **no dispusiera de contraseña,** esto sería un indicador para no conectarnos a ella. El segundo paso sería fijarnos en si usa algún tipo de cifrado; en el caso de no utilizar ningún **tipo de cifrado,** la información que enviemos a través de dicha conexión será visible por cualquier usuario o máquina conectada a esa red inalámbrica.

Propiedades

SSID:	Orange-551B
Protocolo:	802.11n
Tipo de seguridad:	WPA2-Personal
Banda de red:	2.4 GHz
Canal de red:	1
Dirección IPv4:	192.168.1.114
Servidores DNS IPv4:	192.168.1.1
Fabricante:	Intel Corporation
Descripción:	Intel(R) Dual Band Wireless-AC 7265
Versión del controlador:	19.50.1.6
Dirección física (MAC):	88-78-73-9D-F2-56

Ejemplo de una red inalámbrica con contraseña y cifrado (tipo de seguridad)

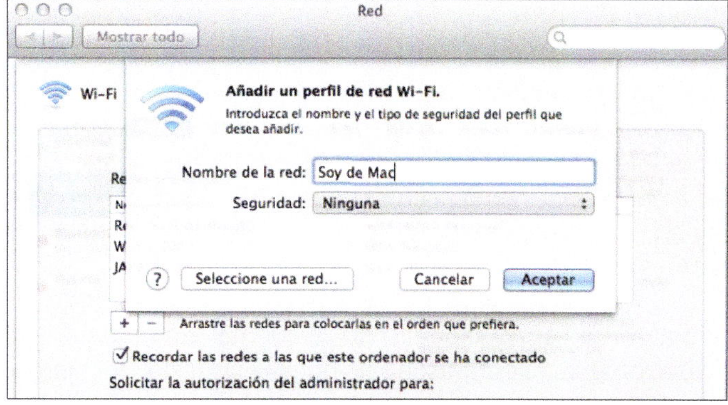

Creación de red wifi sin contraseña ni seguridad alguna

Imagina que se nos estropea el dispositivo *router* de nuestra red, y decidimos conectarnos a una página cualquiera de componentes informáticos de segunda mano para adquirir un *router*. ¿Qué es lo primero que tendríamos que hacer?

Solución

Dado que no estamos haciendo una nueva compra a un proveedor, sino que el dispositivo ya ha sido usado por otra persona, es posible que, si no hacemos el cambio de contraseñas (tanto de acceso al *router* como del nombre de la red y de la contraseña asociada), la persona que nos ha vendido el dispositivo de segunda mano, si cuenta con nociones suficientes, pueda conectarse remotamente al *router* y, por lo tanto, entrar en nuestra red.

3. Riesgos de las redes inalámbricas

HILO CONDUCTOR

El Departamento de Seguridad de CGS sabe perfectamente el riesgo que implica una red inalámbrica: no sabemos quién está conectado, por eso las redes inalámbricas siempre están asociadas a riesgos de seguridad y se recomienda tomar unas medidas mínimas.

A los riegos ya presentes en redes cableadas se deben añadir los riesgos que hay presentes en las redes inalámbricas o wifi. Cualquier persona o dispositivo informático que se encuentre dentro del alcance de estas puede llevar a cabo acciones maliciosas sobre las mismas. Los principales tipos de amenazas que se pueden localizar en las redes inalámbricas son los siguientes:

- **Violación de contraseña:** si no se cuenta con un sistema de seguridad fiable, obtener la contraseña de nuestra conexión inalámbrica puede ser lo suficientemente fácil para determinados tipos de usuarios o máquinas.

- **Clientes no autorizados:** con este tipo de redes wifi no podemos controlar, *a priori,* las intenciones de las personas o máquinas que se conectan a ella, es decir, estamos expuestos a tener invitados como ciberdelincuentes.
- **Implantación de *malware:*** cuando hacemos uso de las redes wifi públicas que no conocemos o no utilizamos con frecuencia, se puede caer en el riesgo de infectarnos con un *malware* sin darnos cuenta.
- **Interceptación:** si la red no está lo suficientemente bien configurada, se corre el riesgo de que sus comunicaciones privadas sean interceptadas por terceros.
- **Robo de datos:** de la misma forma, si no nos encontramos en una red configurada de forma segura, toda nuestra información está expuesta a terceros sin nuestro consentimiento.
- **Uso indebido o ilegal:** no nos debemos fiar mucho de los wifis públicos y abiertos porque pueden tener comunicaciones ilegales o bien ofrecer contenido que viole los derechos personales, de propiedad intelectual...
- **Malos vecinos:** cuantos más usuarios tengamos en nuestra red conectándose con distintos dispositivos, más probabilidades se corren de que alguno de ellos esté infectado con un virus y este se propague de forma rápida por toda la red.
- **Ataques:** en este apartado vamos a diferenciar entre los siguientes tipos de ataques:

  - Denegación de servicio. Tal y como se ha explicado en unidades anteriores, este tipo de ataques basan su objetivo en dañar la infraestructura inalámbrica, enviando peticiones masivas a los puntos de acceso, provocando que estos sean incapaces de atender dicha cantidad de solicitudes. De esta forma, se consigue que los usuarios legítimos no puedan hacer uso de los recursos porque no están disponibles.
  - *Man-In-The-Middle.* Este tipo de ataque es aquel en el que el atacante se sitúa entre el emisor y el receptor, suplantando a una de las partes y haciendo creer a la otra que está hablando con el verdadero emisor o receptor. Algunas veces puede llegar incluso a suplantarse el punto de acceso.
  - Ataques por fuerza bruta. Este método consiste en hacer uso de todas las posibles contraseñas que se puedan crear con el fin de averiguar cuál de ellas da acceso a la red wifi. En internet se pueden localizar cientos de herramientas de este tipo.
  - *Eavesdropping.* Consiste en capturar el tráfico de la red no autorizado, usando para ello algún tipo de herramienta como una antena de gran alcance. El objetivo es capturar la información, y luego comprobar si está cifrada o no; en caso de estar cifrada, se hace uso de algún mecanismo para descifrarla y acceder a la información.

  - MAC *Spoofing*. Este tipo de ataques se basan en la suplantación de la dirección MAC de un dispositivo.

- **Ataques enmascarados:** son todos aquellos en los que los ciberdelincuentes simulan que los equipos son legítimos, haciendo uso de falsificación de direcciones.
- **PA configurado incorrectamente:** una mala configuración de la conexión wifi o una mala seguridad implantada hacen que la red esté expuesta a grandes riesgos de seguridad y a ataques.

4. Mecanismos de seguridad

HILO CONDUCTOR

Dado que las redes inalámbricas no son capaces de ofrecer seguridad al 100 %, se crearon una serie de protocolos con el fin de poder dotarlas de mecanismos de seguridad; eso sí, algunos protocolos son más fáciles de saltárselos que otros. Todo depende de la seguridad que se necesite.

La seguridad en las redes wifi viene definida mediante el estándar IEEE 802.11, a través del cual se identifican varios servicios para poder crear un ambiente seguro de operación. Dentro de estos el protocolo más difundido es el **WEP** *(WiredEquivalentPrivacy),* que es usado para la protección (en el nivel de enlace de datos) durante una transmisión inalámbrica entre los clientes en el punto de acceso. Sin embargo, la principal desventaja del protocolo WEP es que no ofrece mecanismos de seguridad de punto a punto, únicamente en el enlace inalámbrico.

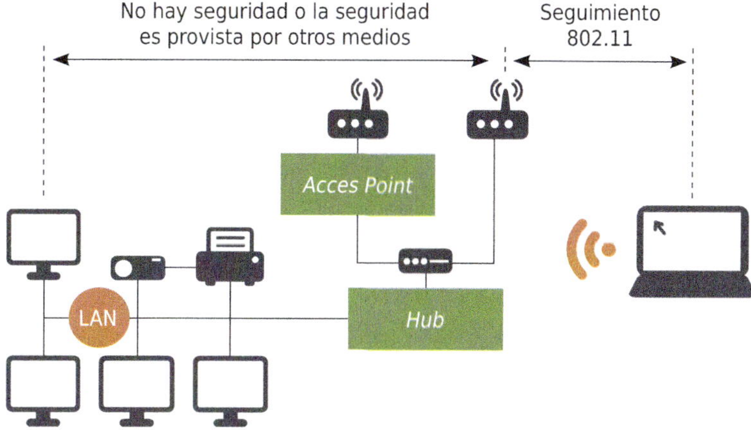

Ejemplo de una red inalámbrica con protocolo WEP

En concreto, se van a ver los siguientes mecanismos de seguridad relacionados con las redes inalámbricas:

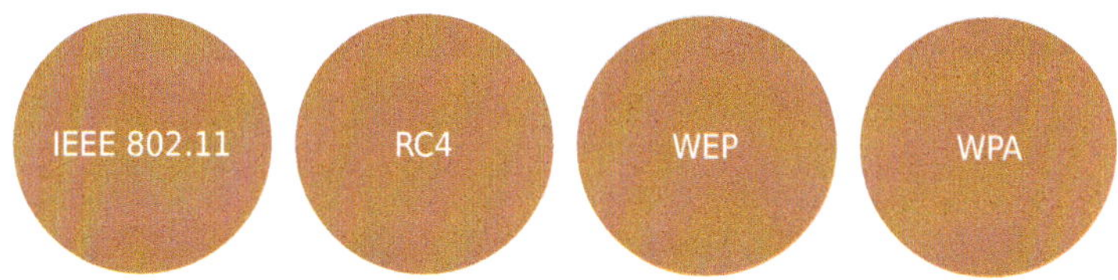

4.1. IEEE 802.11

Este estándar se encarga de la definición del uso de los dos niveles inferiores de la arquitectura del modelo OSI (en concreto, los niveles se corresponden con la capa física y la capa de enlace a datos). Para ello, especifica las normas de funcionamiento de una WLAN (red de área local inalámbrica). Sus siglas, IEEE, se corresponden con el Instituto de Ingenieros Eléctricos y Electrónicos *(Institute of Electrical and ElectronicsEngineers)* y apareció por primera vez en el año 1997.

La familia 802.11 consta de una serie de técnicas basadas en la modulación semidúplex usadas en el aire que usan el mismo protocolo básico. Al estándar 802.11 de 1997 le han continuado otros como el 802.11b, que fue ampliamente aceptado e implementado en redes. Además, también existen las versiones: 802.11a, 802.11g, 802.11n, 802.11ac...

Las versiones 802.11b y 802.11g usan una banda de 2,4 GHz, y es bueno saberlo porque esta banda de frecuencia puede sufrir interferencias con dispositivos como microondas, hornos o dispositivos *bluetooth*.

Conceptos generales de 802.11

Algunos conceptos generales son los siguientes:

Estaciones
- Se trata de los equipos o dispositivos con interfaz de red.

Medio
- Se pueden definir dos medios: la radiofrecuencia y los infrarrojos.

Punto de acceso
- Tiene la función de hacer de puente (conecta dos redes con niveles de enlace parecidos o distintos) y realiza las conversiones de tramas oportunas.

Sistema de distribución
- Es muy importante, dado que proporciona movilidad con los puntos de acceso (AP); ayudan en caso de tramas entre distintos puntos de acceso, ya que es el mecanismo que controla dónde está la estación para enviarle las tramas.

Conjunto de servicio básico (BSS)
- Se corresponde con el grupo de estaciones que se intercomunican entre ellas. Se pueden encontrar dos tipos:
  - Independientes: cuando las estaciones se intercomunican directamente.
  - Infraestructura: cuando se comunican todas a través de un punto de acceso

Conjunto de servicio extendido (ESS)
- Se corresponde con la unión de varios BSS.

Área de servicio básico
- Es muy importante en las redes 802.11, dado que indica la capacidad de cambio de ubicación de los terminales, variando la BSS.

Límites de red
- Los límites de red son altamente difusos, puesto que se pueden solapar diversas BSS.

El estándar 802.11 propone tres servicios básicos de seguridad para el entorno de las WLAN, que son los siguientes:

- **Autenticación:** hay que proveer servicios de seguridad para la verificación de la identidad entre las estaciones clientes que se comunican. Esto da lugar al control de acceso a la red, denegando el acceso a las estaciones clientes que no puedan ser autentificadas correctamente.
- **Confidencialidad:** hay que proveer privacidad, la misma que se logra con una red cableada Ethernet. Lo que se pretende es prevenir el compromiso de la información o datos ante un ataque pasivo a la red.
- **Integridad:** mediante este servicio se garantiza que los mensajes no son modificados en el camino entre un cliente y otro, clientes inalámbricos y un punto de acceso activo.

4.2. RC4

Se trata de un **sistema de cifrado de flujo** usado en las aplicaciones *software* de forma más generalizada. Además, también se usa para la protección del tráfico de internet como parte del SSL y se encuentra integrado en los sistemas operativos de *Microsoft Windows.* También puede ser localizado formando parte de los protocolos WEP y WPA.

Diseñado en 1987 por Ron Rivest, cuenta con un estado interno secreto que funciona como una permutación de todas las N=2n (con n=número de bits de las palabras asociadas con los índices). RC4 genera un flujo, el cual se caracteriza por ser pseudoaleatorio de bits (más conocido como *keystrem),* que se emplea para cifrar un texto combinándolo con la función XOR.

Para la generación del *keystream* se usa el algoritmo de cifrado, que tiene un estado interno secreto para la permutación de los 256 posibles símbolos que contenga un *byte* de longitud (que recibe el nombre de S) y de dos índices de 8 bits (denominados "i" y "j").

Para llevar a cabo la permutación se usa una **clave de longitud variable** (pero siempre varía entre los 40 y los 256 bits), la cual se obtiene mediante un KSA *(Key Scheduing Algorithm).* Posteriormente se genera un flujo de bits cifrados mediante un algoritmo PRGA *(Pseudo-Random Generation Algorithm).*

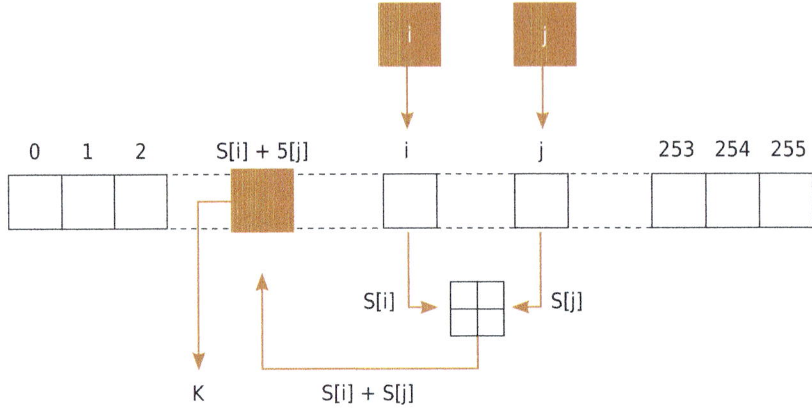

Ejemplo de uso de RC4

4.3. WEP

Wired Equivalent Privacy es el algoritmo principal que establece la norma o protocolo IEEE 802.11. El objetivo fundamental del WEP es proporcionar a los usuarios **confidencialidad, autentificación y control de acceso** a redes WLAN. El principal propósito de la encriptación WEP es incrementar la seguridad en los dispositivos que hagan uso de ella, con la finalidad de dotarla de la misma seguridad que las redes cableadas.

WEP se basa en el uso del algoritmo de cifrado **RC4 para garantizar la confidencialidad,** mientras que el **CRC-32 proporciona integridad.** El RC4 pone a disposición una semilla para generar una secuencia de números pseudoaleatorios de gran tamaño. Estos números se fusionan en el mensaje que enviará mediante el uso de operaciones XOR para dar lugar a un mensaje cifrado. Un problema que presenta este mecanismo es que una misma semilla no puede ser usada para cifrar dos mensajes diferentes; obtener la clave sería demasiado fácil a partir de los textos cifrados. Para evitar todo esto, WEP cuenta con un vector de iniciación de 24 bits que se modifica frecuentemente y se une a la contraseña.

El estándar WEP de 64 bits usa una llave de 40 bits que se enlaza con el vector de iniciación de 24 bits para dar lugar a la clave de tráfico RC4. A medida que se fue desarrollando este estándar, y por problemas criptográficos asociados, se comenzó a desarrollar el **estándar WEP 128 bits.** Todo esto dio lugar a que el estándar WEP de 64 bits tuviera poco uso.

El estándar WEP de 128 bits implica una cadena de 26 caracteres hexadecimales (0-9, a-f) introducidos por el usuario. Cada carácter anterior representa 4 bits de la clave; 4 × 26 = 104 bits. A estos bits hay que añadir el vector de iniciación y se obtiene la clave WEP de 128 bits.

Además, se cuenta con el estándar WEP de 256 bits; en este caso 24 bits pertenecen al vector de iniciación y se dejan 232 bits para usar como protección. El estándar se basa en el uso de 58 caracteres hexadecimales, 58 × 4 = 232 bits.

Hay que comentar que el estándar WEP está muy limitado, dado que es muy fácil interceptar paquetes; si se usa uno de 256 bits, se tardará más tiempo pero, de la misma forma, se puede romper la seguridad.

La autentificación en WEP se lleva a cabo de dos formas posibles:

Sistema abierto

- En este sistema el cliente WLAN no tiene que identificar el punto de acceso durante el proceso de autenticación. De esta forma es posible que cualquier cliente pueda verificarse en el punto de acceso y luego intentar conectarse a la red WLAN, sea cual sea su clave WEP. Estaríamos hablando del concepto de no autentificación. Una vez que se ha producido la autentificación y la asociación, es el propio sistema WEP el que se usa para el cifrado de los datos, siempre y cuando el cliente tenga las claves correctas.

Clave compartida

- Se usa WEP para la autentificación, pero, a diferencia del método anterior, este se subdivide en cuatro fases:
  - La estación cliente envía una petición de autenticación al punto de acceso.
  - El punto de acceso envía de vuelta un reto en texto claro.
  - El cliente tiene que cifrar el texto modelo, usando la clave WEP ya configurada y volver a enviarlo al punto de acceso en otra petición de autenticación.
  - El punto de acceso descifra el texto codificado y lo compara con el texto modelo que había enviado. Dependiendo del valor de esta comparación, el punto de acceso envía una confirmación o una denegación. Después de la autentificación y la asociación, WEP se usa para cifrar los paquetes de datos.

IMPORTANTE

Aunque el método de clave compartida parezca completamente seguro, es posible averiguar la clave WEP mediante la intercepción de los cuatro mensajes anteriores.

El principal problema que presenta WEP se localiza en que no implementa de forma correcta el vector de iniciación del algoritmo de RC4, además del problema de tamaño presente en los vectores de iniciación. Cuando se quiere atacar una red wifi, se suele hacer uso de los *sniffers* y WEP *crackers.* Para ello, se planifica un ataque que se basa en capturar la mayor cantidad posible de paquetes mediante el uso de *sniffers* y *crackers.* Una vez capturados los paquetes a través del uso de un *key cracker* (programa basado en matemáticas estadísticas que procesa los paquetes capturados para descifrar la clave WEP) es cuando se puede romper el cifrado de la red.

El principal motivo de uso de WEP es que es fácil de configurar y que cualquier sistema con el estándar 802.11 lo puede implementar. Otras soluciones, como WPA o WPA2, no son soportadas por dispositivos de red antiguos.

4.4. WPA

Son las siglas de *Wifi Protected Access,* "acceso wifi protegido". Se trata de un sistema usado en las redes inalámbricas y cuyo nacimiento surgió ante la necesidad de corregir las deficiencias asociadas a WEP. Desarrollado por WiFi Alliance, suele implementar la mayoría del estándar IEEE 802.11i.

WPA se diseñó para usar un servidor de autenticación que se encarga de la distribución de las claves diferentes a cada usuario usando para ello el protocolo 802.1X. La información, al igual que en WEP, se cifra con RC4 con una clave de 128 bits y un vector de inicialización de 48 bits (hay que recordar que WPA nació para solventar los problemas asociados a WEP, no para crear un nuevo diseño).

Respecto a WEP, WPA implementa un **protocolo de integridad de clave temporal,** más conocido con las siglas TKIP, que tiene como objetivo el cambio dinámico de las claves a medida que el sistema se usa. Si este mecanismo se conjunta con el vector de inicialización (que es mayor respecto a WEP), se incrementa la seguridad en cuanto a los ataques para la recuperación de la clave (que es en lo que falla WEP).

En lo que respecta a la autentificación y cifrado, WPA **mejora la integridad de la información cifrada.** Para ello, se hacen comprobaciones de redundancia cíclica (CRC) y, además, se implementa un MIC, "integridad del mensaje".

WPA2

Wifi Protected Access 2, "acceso wifi protegido 2", es un sistema para proteger las redes inalámbricas y cuya creación surgió de las deficiencias del estándar 802.11i. El uso de WPA2 otorga una seguridad extra a los usuarios de wifi; así los usuarios con autorización pueden acceder a los datos compartidos en la red.

Actualmente hay dos versiones de WPA2: la WPA2 Personal y la WPA2 Enterprise. La primera es usada para dar seguridad a través de la contraseña y la segunda para autentificar usuarios a través de un servidor.

Los fabricantes se basaron en la producción de puntos de acceso que usan el protocolo WPA2 junto con el algoritmo de cifrado AES. Como desventaja de este sistema de seguridad, hay que citar que su uso de la red no es plenamente eficiente, dado que implica una carga de trabajo extra para cifrar y descifrar.

Hay que destacar que el 16 de octubre de 2017 fue descubierta una vulnerabilidad de WPA2, y se demostró que, usando una nueva técnica de ataque, se podía leer la información que se supone estaba cifrada o encriptada de forma segura.

ACTIVIDAD COMPLEMENTARIA

17. Busca información sobre la vulnerabilidad descubierta vulnerabilidad del protocolo WPA2 descubierta en 2024.

    Realiza un breve esquema del uso de esa vulnerabilidad para poder realizar determinados tipos de ataques.

5. Guía básica de ataques *Wireless*

HILO CONDUCTOR

En el Departamento de Seguridad de CGS, mensualmente llevan a cabo la elaboración de una guía multimedia en la que tratan una amenaza en particular sobre las redes inalámbricas, de tal forma que quien quiera puede leer la información por si tiene que aplicarla a su red inalámbrica.

Todos, en algún momento, hemos usado una red wifi abierta proveniente de aeropuertos, cafeterías, restaurantes, algún vecino... sin preocuparnos de si la red era lo suficientemente segura. Algunas de estas redes están diseñadas para la recolección de los datos de los usuarios conectados, de tal forma que, si hemos hecho uso del wifi público con cierta frecuencia, probablemente hayan capturado nuestros datos.

Para poder llevar a cabo todo esto, se hace uso de:

Packet-sniffing
- Se trata de detectores de paquetes que son programas que buscan la información no encriptada que se envía o se recibe en las redes wifis y a continuación la almacena. Si estamos conectados a un wifi abierto y que no lleva cifrado por defecto, lo más normal es que las operaciones que realicemos en nuestro dispositivo aparezcan reflejadas en otro de otra persona distinta. Es posible que un pirata informático use la misma conexión wifi abierta espiando con *software* para capturar nuestros paquetes. Las visitas a las páginas web que realizamos, las pulsaciones de las teclas que pulsamos, las cookies y otros datos de inicio de sesión pueden ser algunos de los objetivos de los piratas informáticos. Una forma de evitar todo esto es usar cifrado SSL/TLS de extremo a extremo; para ello, bastaría con observar la dirección de los sitios que visitamos: si comienza con HTTPS, significa que es un sitio web seguro y que se usa el cifrado de extremo a extremo, con lo cual es mucho más complicado averiguar nuestros pasos (dado que existen herramientas para romper el cifrado HTTPS). - Las redes WEP cifradas también son un punto de vulnerabilidad, dado que su encriptación es muy fácil y simple de descifrar. Las redes WPA y WPA2 se consideran mucho más seguras respecto de la anterior (aunque también es posible obtener sus claves de acceso).

Continúa en página siguiente >>

<< Viene de página anterior

Wifi *Spoofing* y MITM

- Realizar *Spoofing* sobre una red significa, literalmente, copiarla. En este caso los atacantes crean una copia exacta de la red; para ello, etiquetan al enrutador exactamente igual que al nuestro y a la misma contraseña que nuestra red, de tal forma que cuando nos conectamos lo hacemos a esta copia de nuestra red sin darnos cuenta. En este caso el atacante estará atento para capturar la mayor cantidad de paquetes (datos o información). Es en este momento, cuando el atacante tiene otra red paralela con los usuarios, cuando se aprovecha para realizar un ataque *Man-In-The-Middle*. Como el atacante controla nuestro acceso a internet, lo que solicite seguramente ni lo recibamos nosotros. Si intentamos, por ejemplo, iniciar sesión en nuestra entidad bancaria, es probable que el atacante nos derive a un sitio web similar y de aspecto o diseño parecido al de nuestro banco con el fin de que ingresemos los datos de acceso, hacerse con ellos y usarlos ilegítimamente.

Ante el escenario anterior, podemos protegernos de las siguientes formas:

- **Obtener una VPN:** una VPN es una red privada virtual que tomará los datos enviados y recibidos, los encriptará y los mandará a través de un servidor a un determinado lugar; si bien no se garantiza al 100 % la protección, permiten que no seamos seleccionados como un objetivo de fácil alcance.
- **Instalar complementos:** se puede instalar un complemento que obliga a todos los sitios web a usar un cifrado de extremo a extremo si hay posibilidad. El *software* de detección de paquetes lo tiene más complicado con un paquete cifrado, aunque no podemos evitar que obtenga el origen y el final de donde parte y se entrega dicho paquete. Un ejemplo de este complemento se puede encontrar en Https Everywhere.
- **Visualizar:** para los usuarios es complicado detectar cuándo se conectan a una red original o cuándo lo hacen a una copia, pero siempre se dejan algunos flecos sueltos en los que se debe prestar especial atención: por ejemplo, si la dirección web de nuestro banco es http://mibanco.com/login y observamos que, de repente (aunque mantenga aspecto y diseño), la página pasa a ser http://midanco.com/login, lo mejor es ser sensatos, no dar nuestras credenciales de acceso y desconectarnos de la red wifi donde estemos conectados.

VÍDEO

En el siguiente vídeo se explica cómo obtener la clave wifi de una red con una serie de herramientas totalmente legales:

https://redirectoronline.com/ifct100po0910

6. Wifi seguro

HILO CONDUCTOR

Desde el Departamento de Seguridad de CGS, siempre advierten de los peligros de tener una red wifi pública, pues cualquier usuario puede conectarse y, con la ayuda de alguno de los muchos tutoriales que hay en internet, obtener las nociones suficientes para realizar ataques sobre el wifi.

Tener nuestra conexión wifi abierta implica que tenemos la conexión a internet compartida con cualquiera que quiera conectarse. Además, corremos otro tipo de riesgos, tales como:

- **Reducción del ancho de banda:** dependiendo de la cantidad de intrusos y del uso que hagan de nuestra red, pueden incluso llegar a impedirnos la conexión de nuestros equipos.
- **Robo de información:** si no disponemos de una configuración adecuada de nuestra red inalámbrica, estamos brindando a los atacantes el robo de la información que transmitimos; en el caso de ser empresa, se interesarán mucho más por nosotros.
- **Conexión directa a nuestros dispositivos:** un intruso en nuestra red, con los conocimientos informáticos suficientes, lo primero que hará

será investigar los problemas de seguridad o vulnerabilidades que haya disponibles para, desde este entorno, acceder a los equipos de la red. Si consigue acceder a los equipos de la red, estará accediendo directamente a nuestra información almacenada.

- **Responsabilidad ante acciones ilícitas:** cuando contratamos una conexión a internet, lo hacemos a través de un proveedor de servicios, que queda asociado a nosotros a través de una dirección IP que nos identifica en internet. Cualquier acción que se lleve a cabo desde esa dirección IP conduce a la persona que la ha contratado, es decir, a nosotros. Por eso hemos de tener cuidado de tener intrusos porque, con los conocimientos suficientes, pueden hacerse pasar por nosotros para realizar ataques a terceros, y lo peor de todo: sin darnos cuenta de ello.

IMPORTANTE

Siempre seremos los primeros y únicos responsables de las acciones cometidas bajo nuestra red wifi; por tanto, si un usuario no autorizado comete acciones ilegales mediante el uso de nuestra conexión wifi, esto puede acarrearnos serios problemas.

6.1. ¿Cómo pueden entrar en nuestra conexión wifi?

Para ello, los intrusos suelen aprovechar una incorrecta configuración de seguridad en el *router*. El método de seguridad que se use es un factor clave, pero si además cometemos alguno de los siguientes errores, podrá ser aprovechado por un intruso:

- **Wifi abierto:** actualmente no es tan frecuente dar con un wifi abierto, pero hace unos años era bastante habitual encontrar varias redes wifi abiertas. Una red wifi sin clave de acceso está disponible para cualquier usuario, cualquiera que quiera conectarse. Un wifi abierto es un riesgo tanto para el propietario de la red como para quien se conecta a ella.
- **Seguridad obsoleta:** algunos dispositivos de red, como el *router*, por defecto vienen configurados con el método WEP que, con el paso del tiempo, ha quedado débil e inseguro. Con algunos conocimientos informáticos (sobre los cuales hay miles de vídeos en internet, indicando paso a paso cómo realizar este proceso), se pueden obtener las claves en muy poco tiempo. Estas redes son tan inseguras como las abiertas.

- **Clave wifi débil:** aunque una red cuente con un buen sistema de protección, puede llegar a ser totalmente vulnerable si la clave de acceso no es lo suficientemente compleja.
- **Clave wifi por defecto:** en la mayoría de las ocasiones, el sistema de seguridad es el adecuado y la contraseña robusta, pero esta es la que viene por defecto por el proveedor (por ejemplo, del *router*). Actualmente es posible obtener esta clave de acceso por defecto de un modelo de *router*, con lo cual es altamente recomendable cambiar esta contraseña que nos proporciona el dispositivo.

VÍDEO

En el siguiente enlace puedes consultar un vídeo que nos explica cómo se generan contraseñas seguras, es decir, aquellas que son más difíciles de piratear o *crackear*.

https://redirectoronline.com/ifct100po0903

Ante este escenario, si lo que se desea es minimizar la probabilidad de tener ataques en nuestra red wifi, deberemos comprobar la **configuración de seguridad de nuestro dispositivo *router*,** dado que no siempre es la más apropiada. Lo ideal sería comprobar que nuestro *router* admite, como mínimo, el protocolo WPA como medida de seguridad; en caso de que no sea así, se recomienda de forma urgente cambiar el dispositivo *router* por otro que dé mejores coberturas de seguridad.

Para comprobar nuestro *router*, la mayoría de las veces basta con acceder a él usando nuestro navegador. Para ello, se escribe la dirección por defecto de acceso al *router*, que es 192.168.1.1, en la barra de direcciones del navegador (aunque es posible que esta dirección cambie según las preferencias del fabricante del *router*).

Las medidas de seguridad que deberíamos implementar son las siguientes:

Asignar el sistema de seguridad más avanzado

- Buscar en la configuración de seguridad para configurar un sistema de cifrado o de encriptación WPA2 con un cifrado AES.

Cambiar la contraseña por defecto

- Un sistema de seguridad deja de ser robusto en el momento en que la contraseña es trivial o sumamente adivinable. Se debe establecer una clave de acceso a la red wifi distinta a la proporcionada por el proveedor, y debe contar con al menos doce caracteres: letras en mayúsculas y minúsculas, números y símbolos.

Cambiar el nombre del wifi o SSID

- Normalmente el nombre de la red, más conocido por SSID, viene definido por el proveedor por defecto. Es recomendable cambiarlo por uno que no sugiera quién es nuestro operador/proveedor de acceso a internet y, sobre todo, que no guarde relación directa con la contraseña de acceso a la red.

Modificar la contraseña para el cambio de la configuración

- Para acceder al panel de configuración del dispositivo, se ha de contar con la contraseña de acceso, que normalmente se puede localizar en la información o manual de dicho dispositivo. Suelen ser claves sencillas del tipo "1234", "admin" o "root", y conviene cambiarla por otra para evitar que, si alguien se conecta al router, pueda acceder a su configuración.

Apagar el *router* si nos ausentamos un tiempo

- Si no vamos a estar presentes en casa durante un periodo de tiempo largo, lo mejor es dejar desconectado el wifi, así como el *router*. Además de un pequeño gesto de ahorro energético con el medioambiente, evitaremos que intenten aprovecharse de nuestra conexión en nuestra ausencia.

Habilitar restricciones MAC

- Es una de las características estrella que presentan los routers: restricción a la red de aquellos dispositivos o equipos con una dirección MAC concreta. Una dirección MAC identifica de forma única un dispositivo de red cualquiera. Es posible obtener la dirección MAC de un dispositivo de red y añadirlo al *router* como seguro, impidiendo así el acceso de cualquier otro dispositivo cuya dirección MAC no esté memorizada. Básicamente, se puede resumir en un filtrado de direcciones MAC.

¿Cómo podemos detectar intrusos en nuestra red? Un primer paso muy sencillo, y sin usar *software* ni *hardware,* consiste en desconectar todos nuestros equipos de uso y comprobar el parpadeo del *router.* Si continúa parpadeando, obviamente es porque alguien está haciendo uso de la conexión y ese alguien no somos nosotros.

Para revisar el estado de nuestra red podemos usar el programa *Wireless Network Watcher* para ver quién está conectado. Desde esta dirección: <http://www.nirsoft.net/utils/wireless_network_watcher.html>, es posible descargar el programa que se puede instalar en *Windows.*

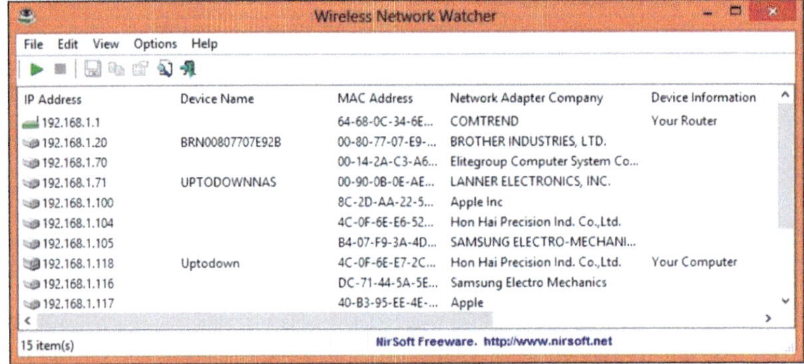

Programa para el escaneo de las redes wifi

PARA SABER MÁS

De la misma forma que se ha realizado en el sistema operativo *Windows,* tenemos disponible la app *Fing - Escáner de red* para llevar a cabo los mismos pasos, pero en el sistema operativo *Android.*

https://redirectoronline.com/ifct100po0904

6.2. ¿Qué es el WPS?

WPS es un mecanismo creado con el fin de **facilitar la conexión de dispositivos a nuestra red wifi.** Existen varios métodos, pero el más extendido de todos es el uso de un pin de intercambio. El dispositivo debe pasar un código numérico al *router* y, a cambio, este le envía los datos de acceso a la red.

Si nuestro *router* cuenta con la funcionalidad WPS y está habilitada, simplemente tenemos que enviar un código pin de ocho dígitos para que el *router* nos proporcione acceso directo a la red inalámbrica. Este código pin suele venir anotado en una etiqueta junto al *router,* pero también se puede obtener desde otras fuentes.

De hecho, aunque el WPS facilita mucho la conexión de dispositivos, no es muy recomendable su uso dado que se basa en un pin de ocho dígitos numéricos que, para un ciberdelincuente, es mucho más fácil y rápido de averiguar que una contraseña WPA2.

Para desactivar la funcionalidad WPS tendremos que acceder al *router* mediante el uso de un navegador y, generalmente, escribiendo la dirección 192.168.1.1. Una vez dentro del *router,* y dependiendo de su configuración, hay que localizar y deshabilitar la funcionalidad WPS.

Ejemplo del etiquetado de información de contraseñas del router

PARA SABER MÁS

Puedes ampliar más conocimientos sobre wifi seguro consultando la siguiente guía en PDF desarrollada por INCIBE (Instituto Nacional de Ciberseguridad), una institución muy importante en materia de seguridad informática.

Continúa en página siguiente >>

<< Viene de página anterior

https://redirectoronline.com/ifct100po0905

TAREA 17

Actualmente nuestra empresa está colaborando con el Instituto Nacional de Seguridad en la elaboración de una guía de seguridad wifi. En concreto, se han elaborado una serie de puntos que se han ido repartiendo entre el personal de la empresa. A nosotros nos ha tocado desarrollar el apartado sobre seguridad mínima y avanzada de las redes wifi.

Realiza un resumen indicando los dos conceptos anteriores.

TAREA 18

Imagina que tenemos que ir a una de las oficinas de Hacienda para realizar un trámite sobre un tributo que no nos han cobrado correctamente. Estando en la oficina esperando nuestro turno, nos damos cuenta de que el *router* de acceso a la red de dicha oficina de Hacienda tiene una etiqueta en la que vemos que hay un código QR para conectar rápidamente nuestro dispositivo móvil a la red. ¿Es este escenario recomendable en cuanto a seguridad informática?

Describe al menos dos posibles escenarios en los que se pueda ver comprometida la seguridad de la red. ¿Qué medidas se pueden tomar para que no vuelva a ocurrir la situación descrita?

7. Resumen

Una vez que se instala un dispositivo *router* en una red, el siguiente paso que deberíamos dar sería la configuración del mismo en cuanto a materia de seguridad se refiere. Para ello, es necesario tratar dos **conceptos claves,** que son:

- Configuración del *router*
- Cifrado de datos de la red inalámbrica

La **configuración mínima** de seguridad que debemos establecer en el *router,* una vez superado el acceso (nombre de usuario y contraseña), es la siguiente:

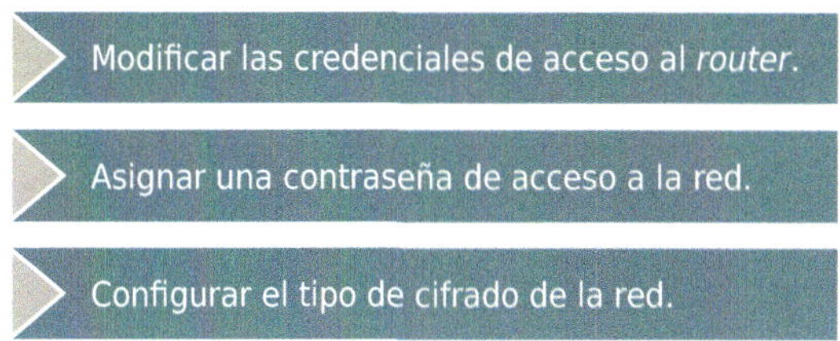

Además, podemos establecer una **configuración de seguridad avanzada** si ajustamos los siguientes conceptos:

- Configuración de *firewall*
- Acceso al *router* por HTTPS
- Ocultar el SSID de la red

Los principales tipos de amenazas que se pueden localizar en las redes inalámbricas son los siguientes:

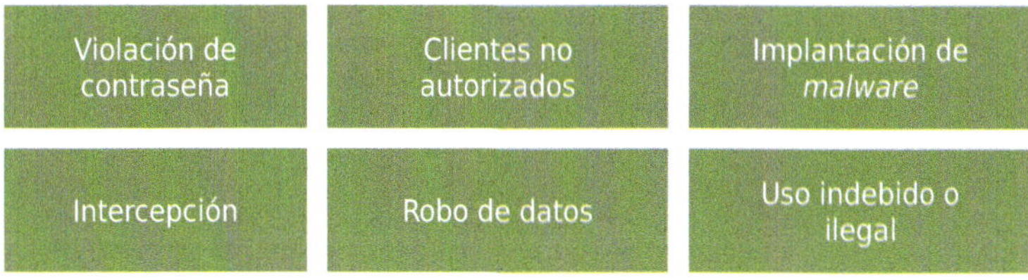

Continúa en página siguiente >>

<< Viene de página anterior

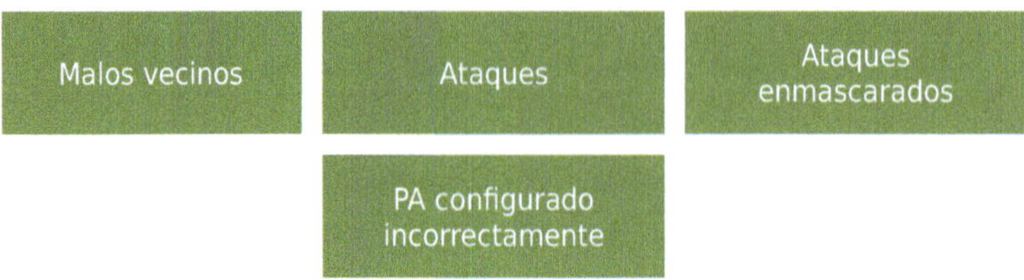

Las medidas de seguridad que deberíamos implementar para obtener un wifi seguro son:

- Asignar el sistema de seguridad más avanzado
- Cambiar la contraseña por defecto
- Cambiar el nombre del wifi o SSID
- Modificar la contraseña para el cambio de la configuración
- Apagar el *router* si nos ausentamos un tiempo
- Habilitar restricciones MAC

Ejercicios de autoevaluación Unidad de Aprendizaje 9

1. **Determina si la siguiente oración es verdadera o falsa: "Por tanto, una vez que se instala un dispositivo *router* en una red, el siguiente paso que deberíamos dar sería la configuración del mismo en cuanto a materia de seguridad se refiere".**

   - Verdadero
   - Falso

2. **Indica cuál de los siguientes conceptos no está asociado con la configuración mínima de seguridad:**

   a. Modificar las credenciales de acceso al *router.*
   b. Asignar una contraseña de acceso a la red.
   c. Facilitar la contraseña de acceso a la red.
   d. Configurar el tipo de cifrado de la red.

3. **Señala cuál de los siguientes conceptos no se relaciona con una configuración avanzada de seguridad:**

   a. Configuración del *firewall.*
   b. Acceso al *router* por http.
   c. Acceso al *router* por https.
   d. Ocultar el SSID de la red.

4. **Determina cuál de los siguientes no es un mecanismo de seguridad relacionado con el wifi:**

   a. RC4
   b. WEP
   c. WEB
   d. WPA

5. Determina si la siguiente oración es verdadera o falsa: "La familia 802.11 consta de una serie de técnicas basadas en la modulación dúplex usadas en el aire que emplean el mismo protocolo básico".

- Verdadero
- Falso

6. Tiene la función de hacer de puente (conecta dos redes con niveles de enlace parecidos o distintos) y realiza las conversiones de tramas oportunas al respecto. Hablamos de:

a. Punto de acceso.
b. Estaciones.
c. Medio.
d. Sistema de distribución.

7. Indica cuál de los siguientes no es un servicio básico de seguridad proporcionado por el estándar 802.11:

a. Autenticación
b. Confidencialidad
c. Integridad
d. Identificación

8. Se corresponde con un mecanismo creado con el fin de facilitar la conexión de dispositivos a nuestra red wifi. Hablamos de:

a. APS
b. PWS
c. WPS
d. PSW

9. Respecto a WEP, WPA implementa...

a. ... un protocolo de control de clave temporal.
b. ... un protocolo de cifrado de clave temporal.
c. ... un protocolo de integridad de clave temporal.
d. ... un protocolo de eliminación de clave temporal.

10. Ordena los siguientes puntos:

- El punto de acceso envía de vuelta un reto en texto claro.
- La estación cliente envía una petición de autenticación al punto de acceso.
- El cliente tiene que cifrar el texto modelo usando la clave WEP ya configurada y volver a enviarlo al punto de acceso en otra petición de autenticación.
- El punto de acceso descifra el texto codificado y lo compara con el texto modelo que había enviado. Dependiendo del valor de esta comparación, el punto de acceso envía una confirmación o una denegación. Después de la autentificación y la asociación, WEP se usa para cifrar los paquetes de datos.

Unidad de aprendizaje 10

Seguridad en continua actualización

Contenido

1. Introducción
2. Herramientas de seguridad
3. La importancia de estar actualizado
4. Resumen

Objetivos

El objetivo general de esta Unidad de Aprendizaje es:

→ Conocer los principales motivos de actualización para mejorar la seguridad.

Los objetivos específicos de esta Unidad de Aprendizaje son:

→ Saber cuáles son las herramientas *software* para aplicar a la seguridad.

→ Reconocer los principales motivos de actualización para mejorar la seguridad.

→ Identificar la importancia de actualizar sistemas operativos y *software*.

1. Introducción

La seguridad informática es un aspecto muy importante que tener en cuenta; sin embargo, a la actualización de sus herramientas de trabajo se les presta muy poca atención. Obviamente, a lo largo de los años, se han ido cambiando las técnicas de trabajo para ser más precisos y exactos.

Hoy en día lo normal es que los propios programas y aplicaciones que hay instaladas en los sistemas operativos nos informen por pantalla de la existencia de algún tipo de actualización, siendo nuestra principal responsabilidad aplicar dicho parche de seguridad. La mayoría de los usuarios no realizan este paso y no saben que ponen en riesgo la seguridad de sus equipos o dispositivos informáticos.

Por ejemplo, usar un sistema operativo *Windows XP* sería una auténtica locura en nuestros días, mucho más si dicho equipo está conectado a internet. Cualquier usuario puede aprovechar una vulnerabilidad de dicho sistema operativo (que son muchas, y se descubren otras nuevas cada mes) y tomar el control del mismo para fines maliciosos.

Es aconsejable aplicar siempre las actualizaciones o parches que los fabricantes del *software* nos brindan, y hacerlo lo más rápido posible para no tener problemas de seguridad en nuestros equipos o dispositivos *software.*

Para el desarrollo del contenido, nos basaremos en CGS, una empresa líder en el sector de seguridad, cuya política interna de empresa tiene un aspecto esencial: cada vez que un sistema operativo saca una actualización o parche, inmediatamente manda correos a sus clientes para que apliquen dicha medida de seguridad.

2. Herramientas de seguridad

En CGS (CiberGestores Seguridad), S. L., el Departamento de Seguridad Informática tiene prohibido usar en sus redes cualquier tipo de *software* que antes no se haya estudiado y evaluado por parte de este departamento. El objetivo es claro: garantizar la seguridad en la red.

En la actualidad, en internet se pueden localizar muchas herramientas relacionadas con la **seguridad informática,** unas de pago y otras gratuitas (no por esta razón unas son mejores que otras, y la elección será una cuestión personal). Es por este motivo que resulta imposible abarcar en esta unidad todas las herramientas disponibles de seguridad en la web, por lo que se tratarán las imprescindibles.

En internet contamos con OSI, Oficina de Seguridad del Internauta, que pone a nuestra disposición cualquier contenido relacionado con la seguridad en la red.

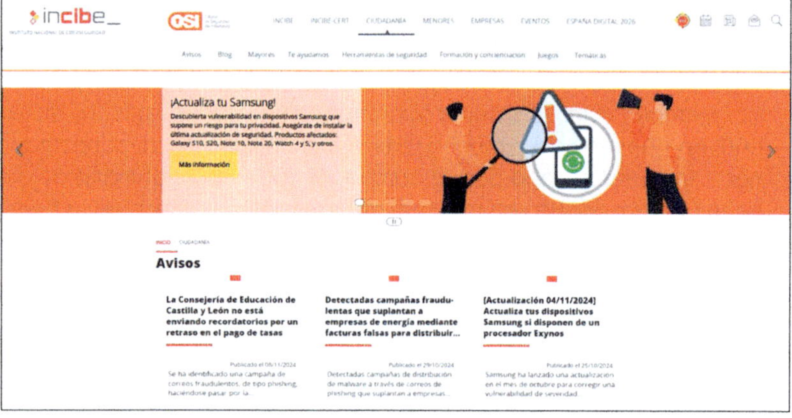

Página principal de OSI

En la web de OSI, a partir de su pantalla principal y pinchando en Recursos y en Herramientas gratuitas, obtenemos la siguiente pantalla:

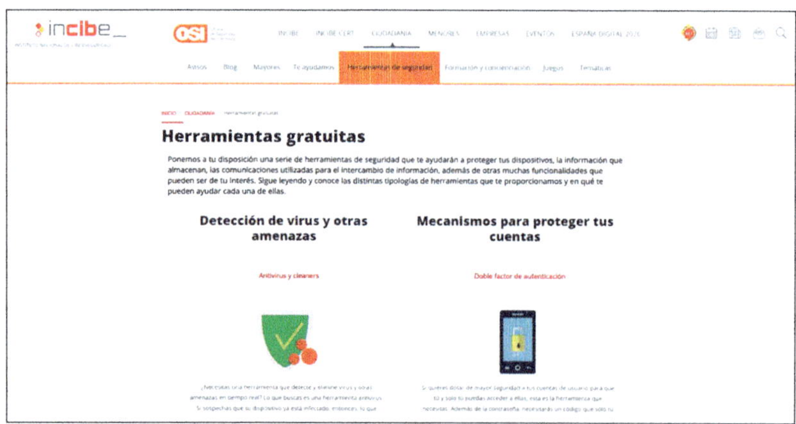

Conjunto de herramientas gratuitas ofrecidas por OSI

Las herramientas se clasifican por:

- Copias de seguridad
- Cifrado de datos y gestión de contraseñas
- Antivirus
- Acceso remoto
- Gestión de tareas
- Privacidad y navegación segura
- Análisis del tráfico de red
- Antirrobo
- Mantenimiento y limpieza
- Análisis *online* y *cleaners*
- Cortafuegos

2.1. Copias de seguridad

Dentro de esta opción se pueden localizar las siguientes aplicaciones:

- ***SyncBack:*** herramienta de escritorio para *Windows* relacionada con las copias de seguridad y sincronización gratuita.

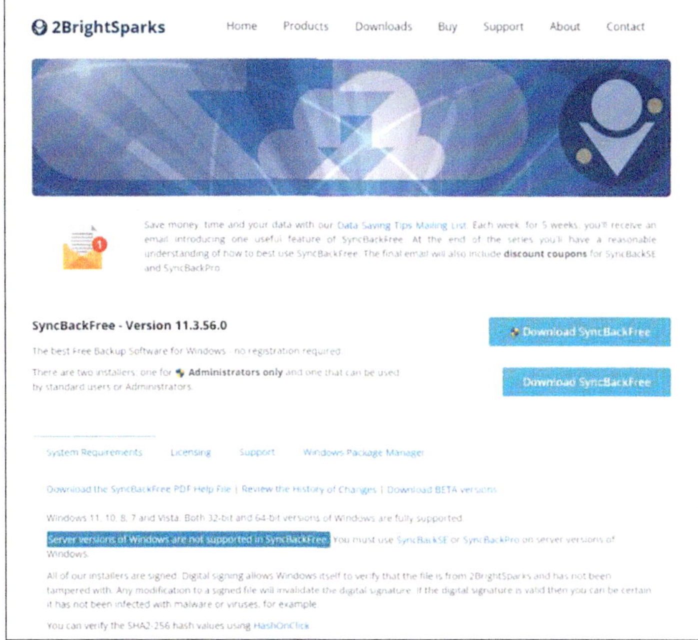

Página principal de SyncBack (© Imagen: 2BrightSparks / 2brightsparks.com)

- ***PureSync:*** herramienta gratuita para realizar sincronizaciones y copias de seguridad de archivos y carpetas; ofrece soporte para NAS y FTP.

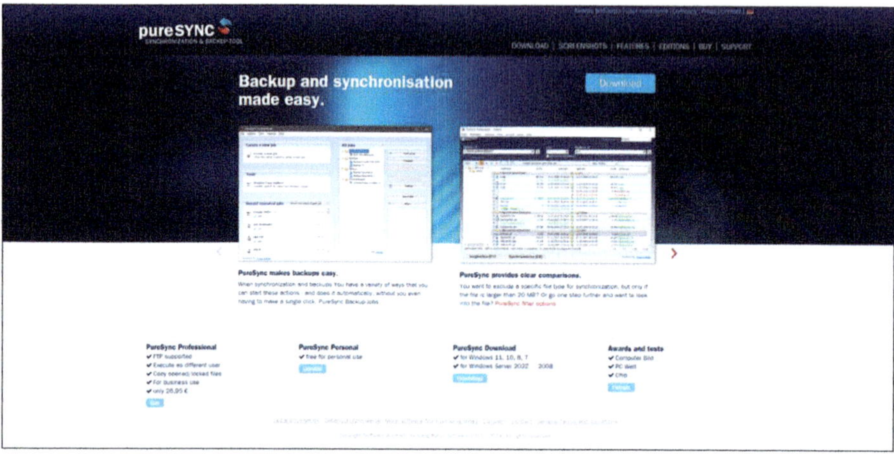

Página principal de PureSync (© Imagen: PureSync / puresync.net)

- ***GenieTimeline:*** herramienta para la realización de copias de seguridad que cuenta con asistente paso a paso y la opción de realizar la programación automática de las copias de seguridad.

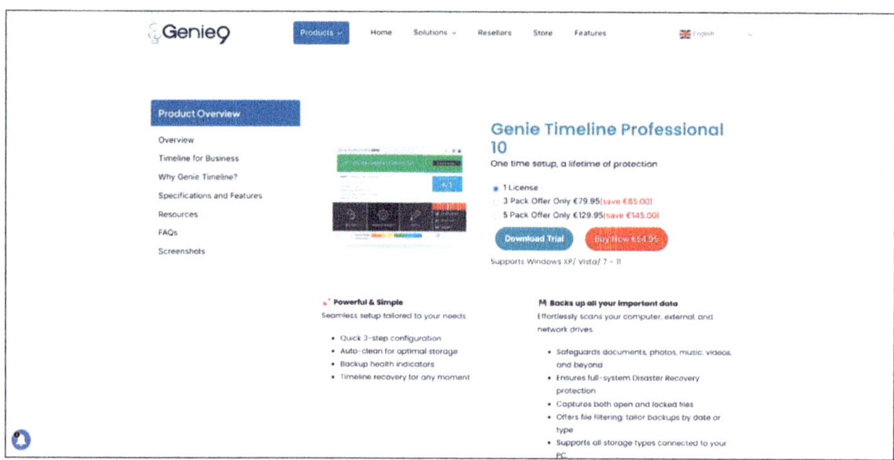

Página principal de GenieTimeline (© Imagen: Zoolz / zoolz.com)

- ***FBackup:*** herramienta destinada a la realización de copias de seguridad que cuenta con una interfaz amigable y sencilla y cuenta con un asistente.

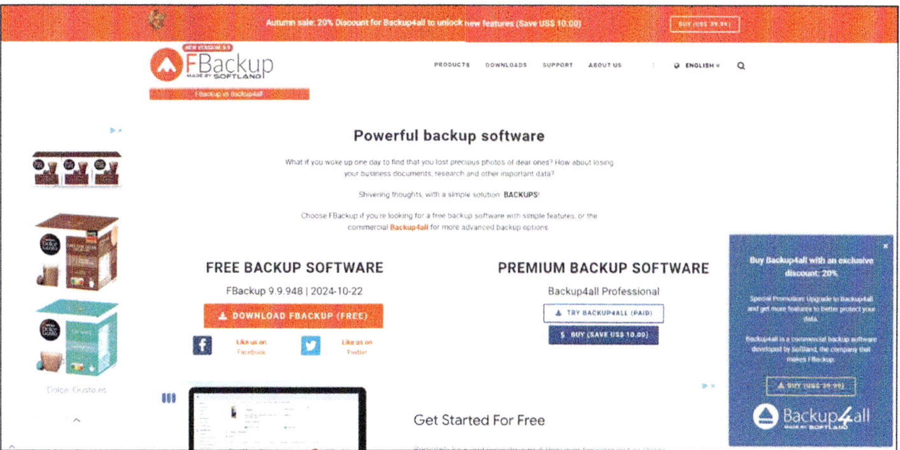

Página principal de FBackup (© Imagen: FBackup / es.fbackup.com)

IMPORTANTE

No se debería dejar de realizar cada X días una copia de seguridad completa de nuestro sistema, de tal forma que, si sufrimos un problema, son mínimos los datos que se perderían.

2.2. Cifrado de datos y gestión de contraseñas

Dentro de esta opción se pueden localizar las siguientes aplicaciones:

- ***PasswordBoss:*** se trata de un gestor de contraseñas que implementa antirrobo con borrado remoto, alertas de seguridad, doble factor de autenticidad...

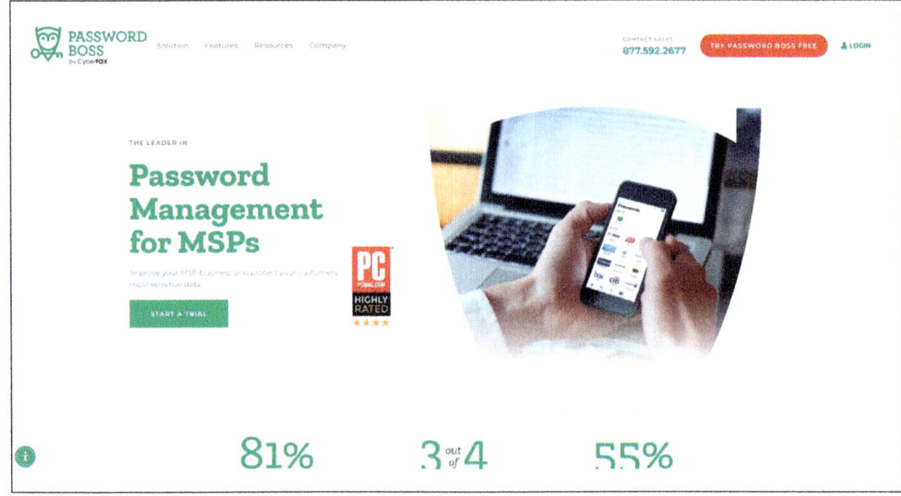

Página principal de PasswordBoss (© Imagen: Password Boss / passwordboss.com)

- ***Keeweb:*** herramienta para gestionar las contraseñas, disponible en versión de escritorio y versión aplicación web *online*. Incluye un generador de contraseñas.

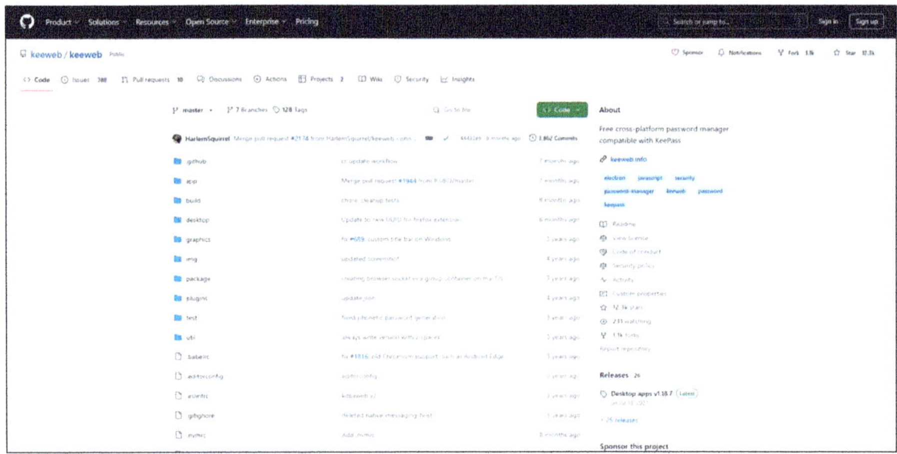

Página principal de Keeweb (© Imagen: Github / github.com)

- ***Dashlane:*** se trata de un administrador de contraseñas que permite el inicio automático de sesión en cualquier sitio web y desde cualquier dispositivo. Integra funciones de billetera digital.

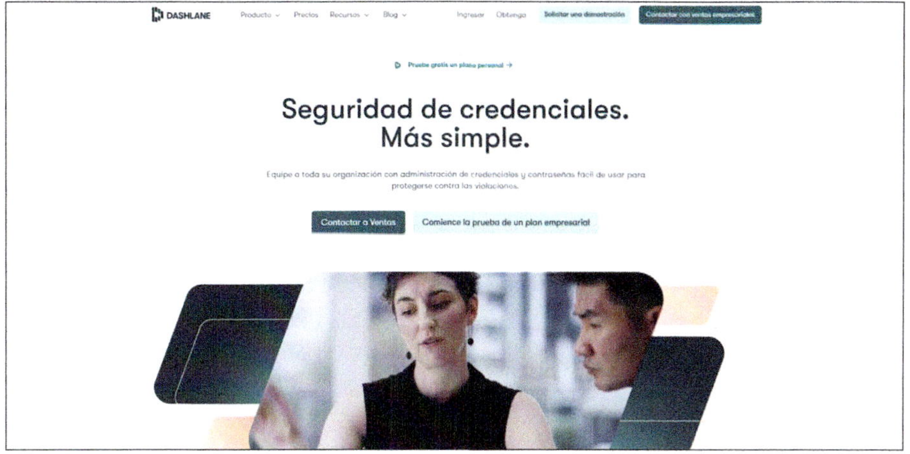

Página principal de Dashlane (© Imagen: Dashlane / dashlane.com)

- **Cifrado de *Windows:*** conocido por *BitLocker,* está desarrollado por *Microsoft* y se encuentra incluido en la versión Vista en adelante. Permite mantener todos los documentos a salvo, incluidas las contraseñas.

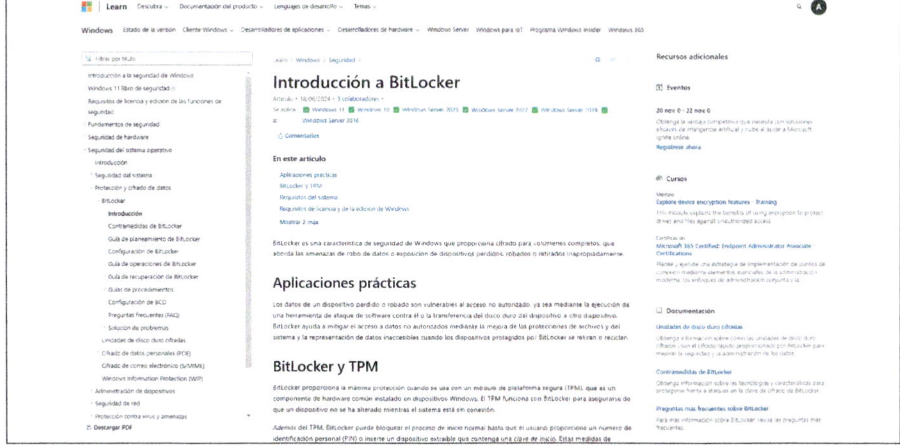

Web oficial de Microsoft de BitLocker (© Imagen: Microsoft / docs.microsoft.com)

2.3. Antivirus

Dentro de esta opción se pueden localizar las siguientes aplicaciones:

- ***Panda Free Antivirus:*** antivirus gratuito desarrollado por *Panda Antivirus* y que se caracteriza por que su base de virus se aloja en la nube.

Página principal de Panda Antivirus (© Imagen: Panda security / pandasecurity.com)

- ***Malwarebytes Mobile Security:*** es un antivirus desarrollado por la empresa *Malwarebytes* y ofrece una solución completa a dispositivos como móviles *Android* o *IOS.*

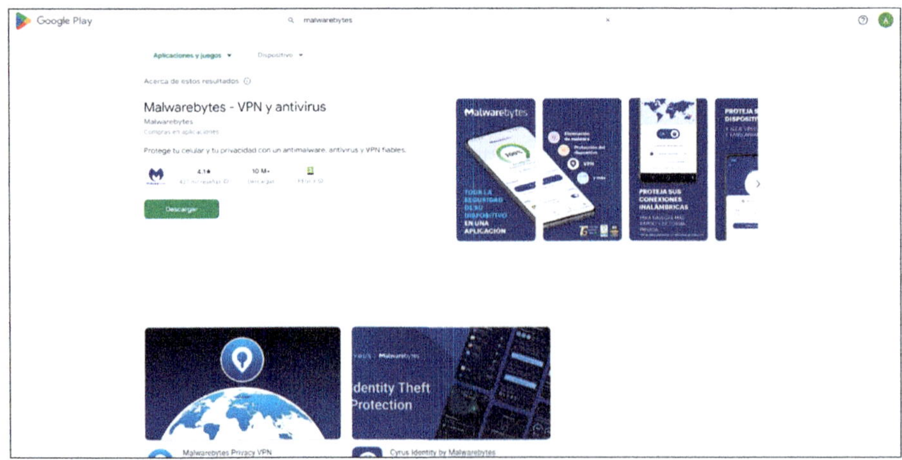

Página principal de Malwarebytes para Android (© Imagen: Google Play / play.google.com/)

- ***Kaspersky Rescue Disk 18:*** solución de antivirus que permite eliminar *malware* sin arrancar el sistema operativo infectado. Se caracteriza por que se distribuye a través de ISO.

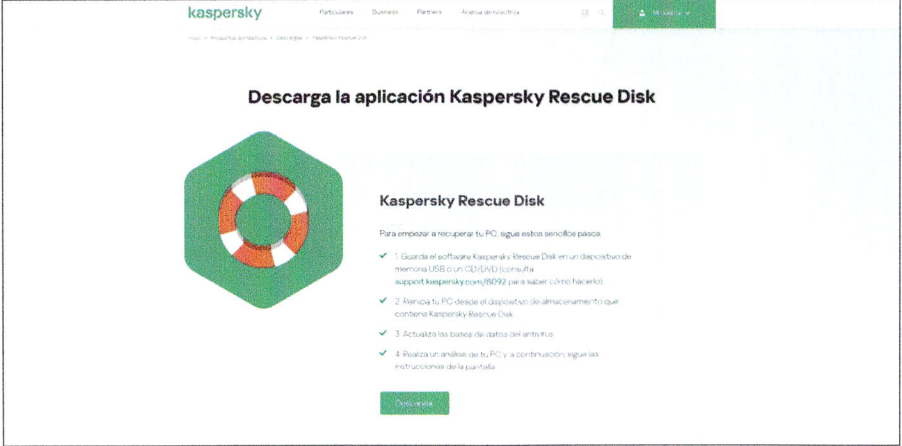

Página principal de Kaspersky (© Imagen: Kaspersky / support.kaspersky.com)

- ***Malwarebytes Anti-Rootkit:*** herramienta diseñada para la detección y eliminación de cualquier amenaza relacionada con los *rootkits*. Es totalmente portable.

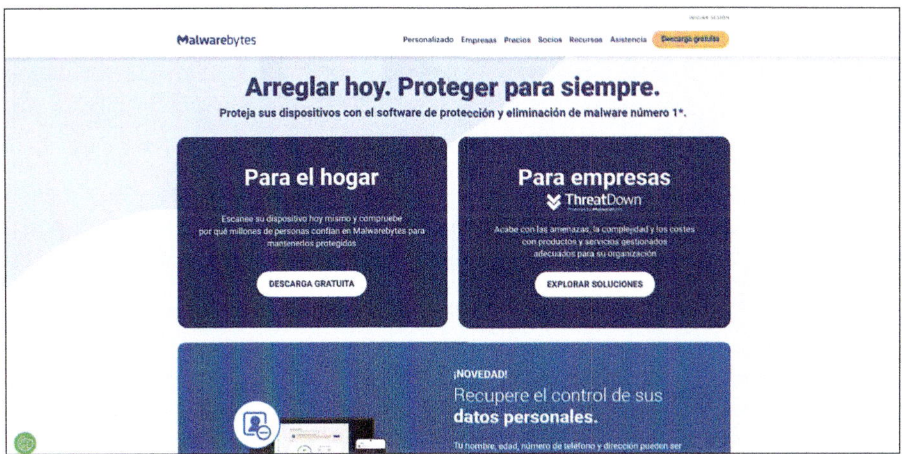

Página de descarga de Malwarebytes Anti-Rootkit (© Imagen: Malwarebytes / es.malwarebytes.com)

SABÍAS QUE...

No es aconsejable tener instalados dos sistemas antivirus, dado que uno se pisaría al otro y lo detectaría como virus; además, el equipo funcionaría de forma mucho más lenta, dado que hay dos antivirus realizando el mismo trabajo al mismo tiempo.

2.4. Acceso remoto

Dentro de esta opción se pueden localizar las siguientes aplicaciones:

- ***Screenleap:*** herramienta usada como servicio para poder compartir la pantalla de un ordenador; para ello es necesario dar los permisos correspondientes.

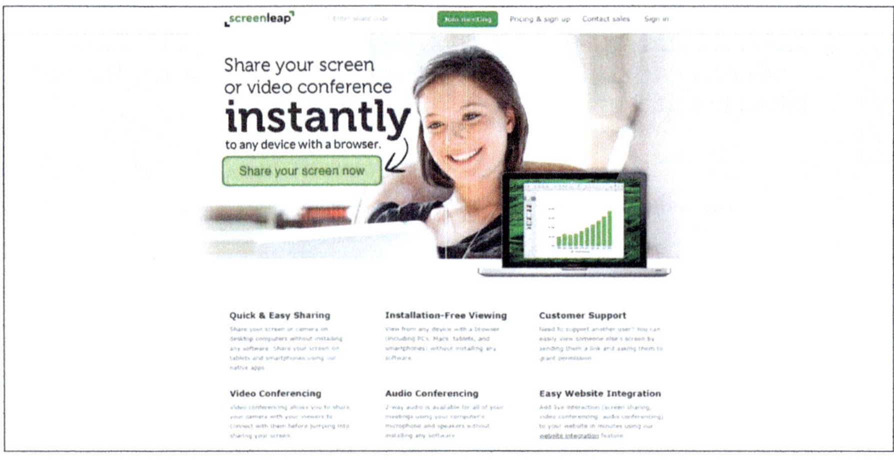

Página de descarga de Screenleap (© Imagen: Screenleap / screenleap.com)

- ***Join me:*** herramienta de acceso remoto que permite crear reuniones con la característica principal de que estas reuniones comparten el mismo escritorio.

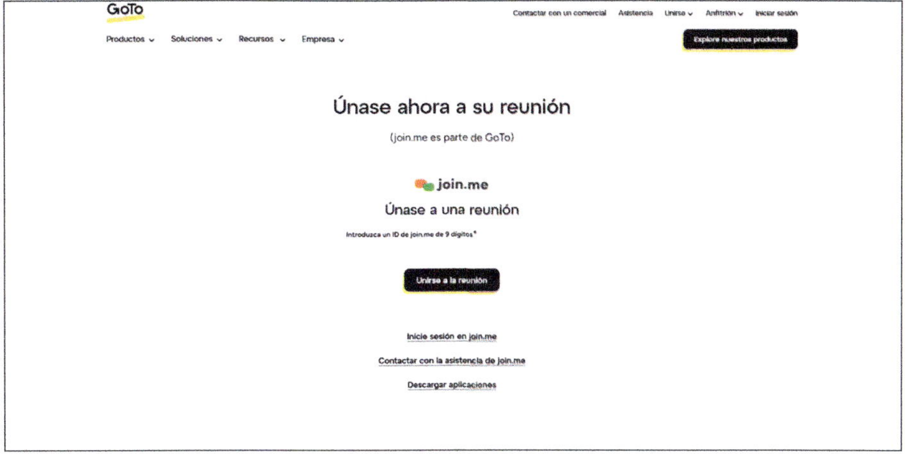

Página de descarga de Join me (© Imagen: Join me / join.me/es)

➲ ***TeamViewer:*** herramienta mediante la cual se puede controlar remotamente cualquier dispositivo a través de internet; permite envío y recepción de ficheros, chat, vídeo, grabación... Para usuarios particulares es totalmente gratis.

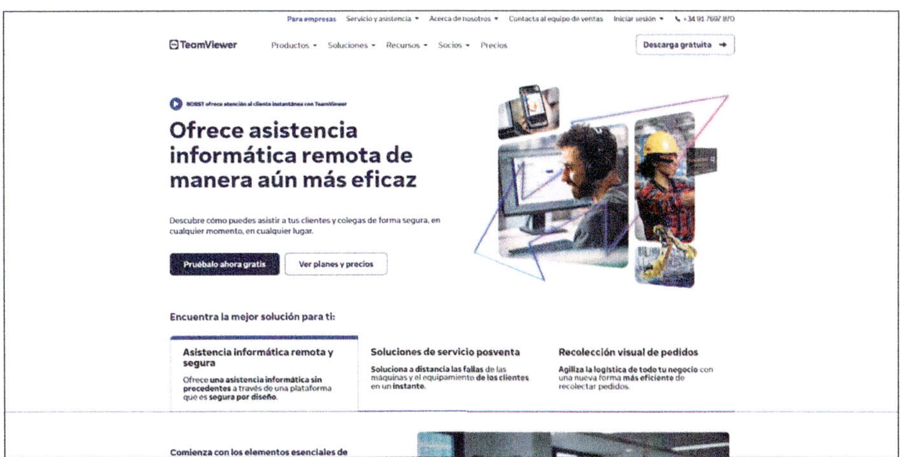

Página de descarga de TeamViewer (© Imagen: TeamViewer / teamviewer.com)

➲ ***Showmypc:*** se trata de una herramienta SaaS para compartir y acceder a escritorio remoto.

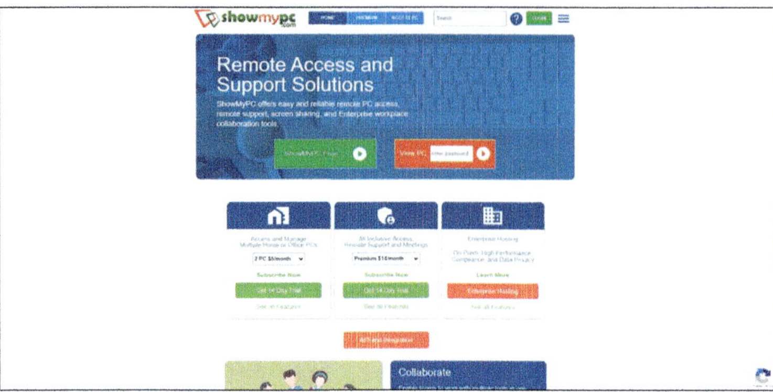

Página de descarga de Showmypc (© Imagen: Showmypc / showmypc.com)

2.5. Gestión de tareas

Dentro de esta opción se pueden localizar las siguientes aplicaciones:

- ***System Status Monitor Pro:*** se corresponde con una aplicación que se puede instalar en iPhone para la monitorización de actividad y gestión del dispositivo.

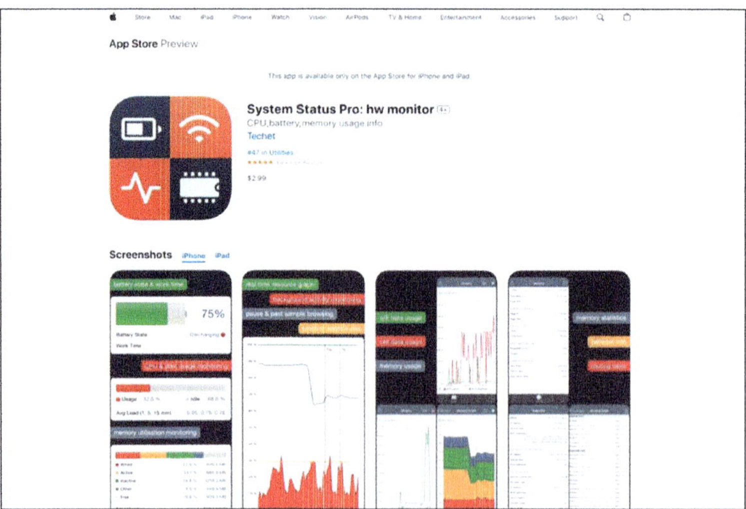

Página de descarga de System Status Monitor Pro (© Imagen: Apple / apps.apple.com)

- ***Process Explorer:*** es una herramienta para sistemas operativos de la familia *Windows* que nos ofrece información sobre los procesos activos en el sistema. Además, se pueden consultar las DLL de dichos procesos.

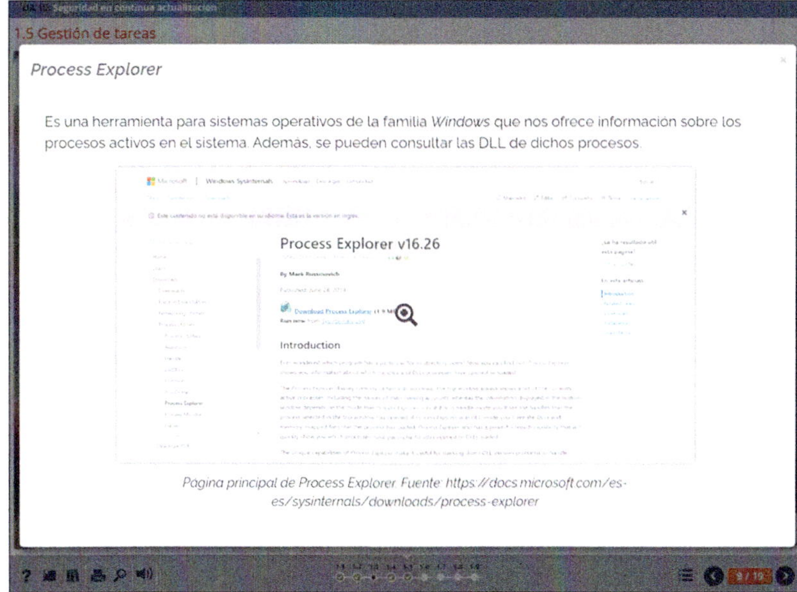

Página de descarga de Process Explorer (© Imagen: Microsoft / docs.microsoft.com)

➲ ***Monitor de actividad:*** se trata de un monitor de actividad que nos ofrece información sobre los procesos y recursos de nuestro equipo MAC.

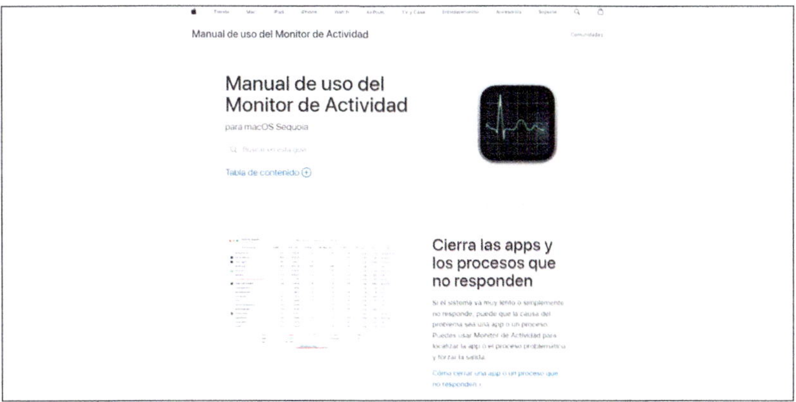

Página de descarga de Monitor de actividad de MAC (© Imagen: Apple / support.apple.com)

➲ **Gestor de tareas de *Windows:*** el administrador de tareas nos permite consultar los programas, procesos y servicios que se están ejecutando en un equipo con un sistema operativo *Windows*. Viene ya incluido en el sistema operativo.

2.6. Privacidad y navegación segura

Dentro de esta opción se pueden localizar las siguientes aplicaciones:

- ***Blur:*** es un complemento que se puede usar en los navegadores web que nos ofrece privacidad de forma gratuita y evita el seguimiento en línea, mejorando por tanto la seguridad en internet.

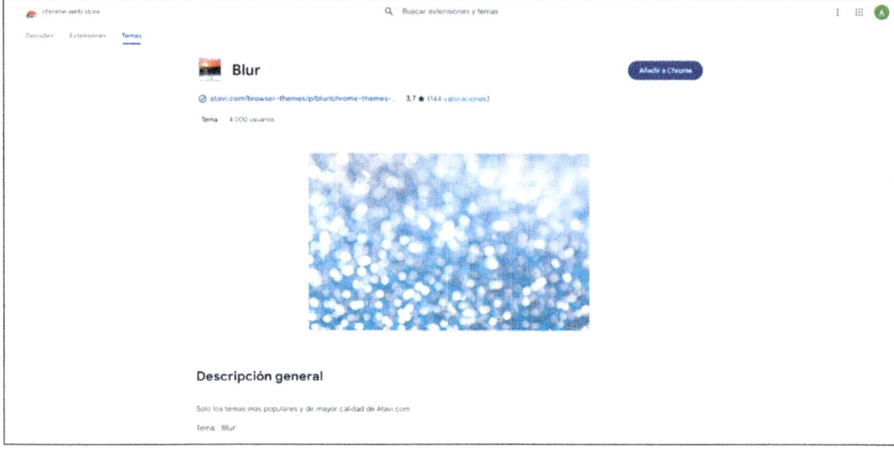

Página principal para la instalación en el navegador Chrome (© Imagen: Chrome / chrome.google.com)

- ***NoScript:*** programa que brinda una protección extra para el navegador *FireFox*. Permite la ejecución de *script* o *plugins* que elijamos previamente.

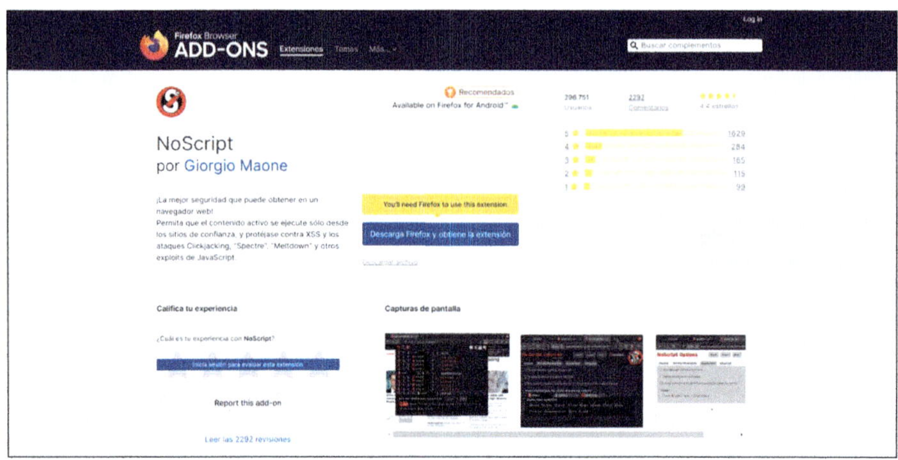

Página principal de descarga de NoScript (© Imagen: Mozilla / addons.mozilla.org)

- ***Orbot Proxy:*** aplicación *proxy* que sirve de base para otras aplicaciones que pueden trabajar anónimamente a través de internet. Diseñada para dispositivos *Android* y el uso de *Tor.*

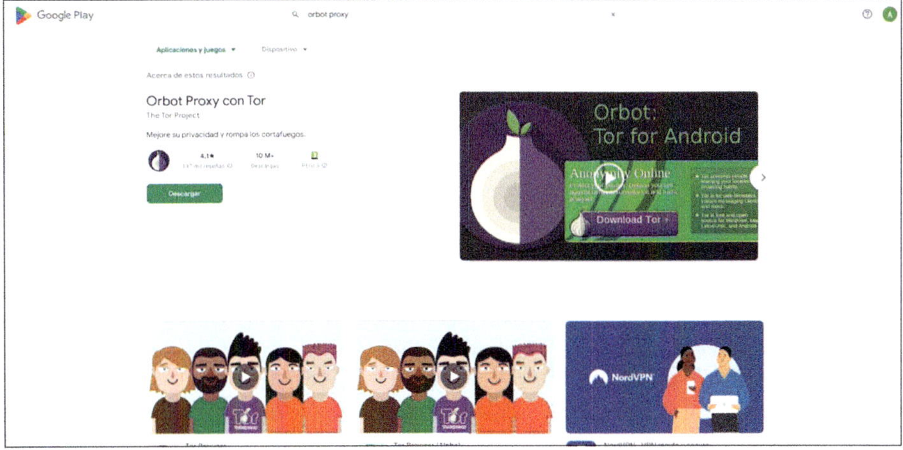

Página principal de descarga de Orbot Proxy (© Imagen: Google Play / play.google.com)

- **Cifrado de *Tor Browser:*** la red *Tor* se caracteriza por proteger la navegación a través de internet mediante el uso de múltiples servidores anónimos distribuidos en una red a lo largo del mundo.

Página principal de descarga de Tor (© Imagen: Tor / torproject.org)

Los navegadores actuales cuentan con algún modo de navegación segura o privada, lo cual es ideal, por ejemplo, para usarlo cuando accedemos a web bancarias, de datos personales o gubernamentales.

2.7. Análisis del tráfico de red

Dentro de esta opción se pueden localizar las siguientes aplicaciones:

- ***Network Inspector:*** herramienta para la monitorización de red para usar en dispositivos MAC. Muestra información de la red como velocidades de subida y bajada, así como el volumen de datos subidos y bajados.

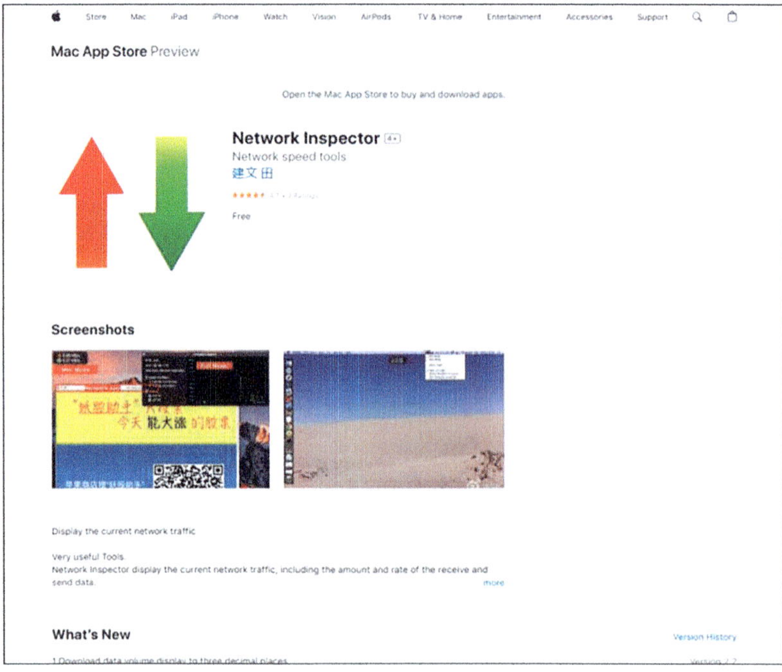

Página principal de descarga de Network Inspector (© Imagen: Apple / apps.apple.com)

- ***IP Scanner:*** se trata de un escaneador de redes para MAC que identifica los dispositivos de red y obtiene información de ellos.

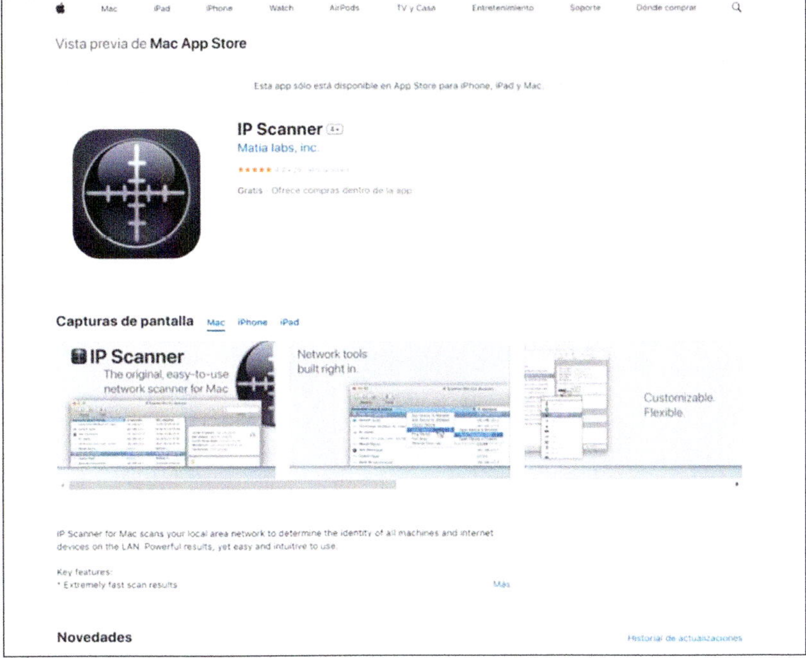

Página principal de descarga de IP Scanner. (© Imagen: Apple / apps.apple.com)

- ***IP Tools:*** aplicación disponible para *Android* e *IOS* que cuenta con varias utilidades en relación a internet, así como a la red de área local.

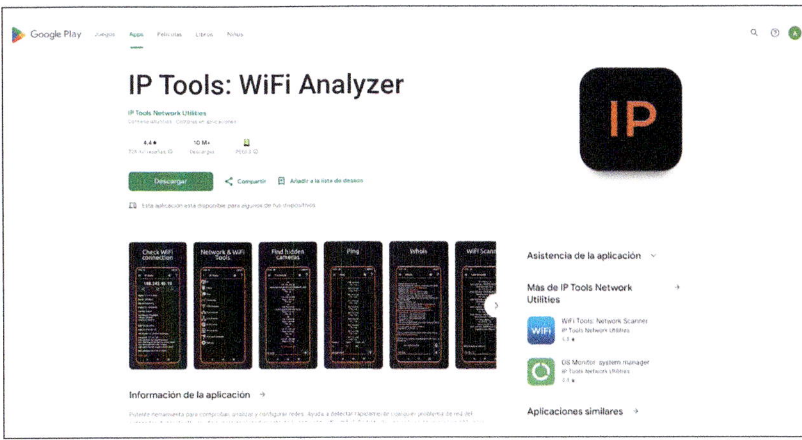

Página principal de descarga para Android de IP Tools (© Imagen: Google Play / play.google.com)

- ***Fing:*** esta herramienta permite el escaneo de redes y la búsqueda de los equipos que estén conectados a la misma, obtener datos de la tarjeta de red e incluso conocer los servicios que están disponibles en cada uno de ellos.

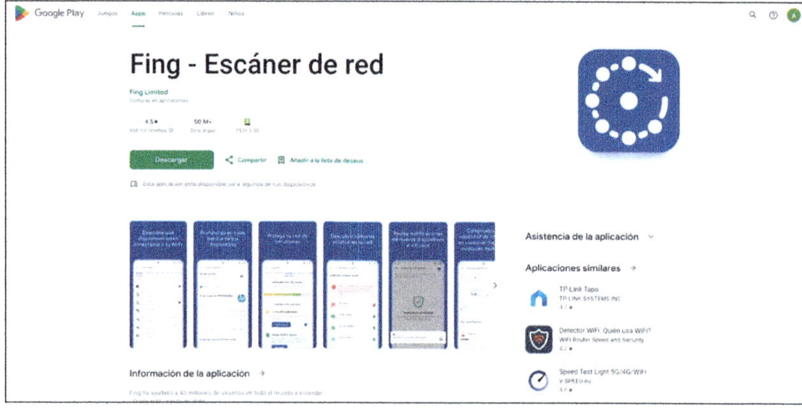

Descarga principal de Fing - Escaner de red para Android (© Imagen: Google Play / play.google.com)

2.8. Antirrobo

Dentro de esta opción se pueden localizar las siguientes aplicaciones:

- ***LockitTight:*** herramienta disponible en *Windows* y *Android* para la monitorización y seguimiento de dispositivos. Cuenta con geolocalización, capturas de pantalla, registro de teclado, histórico de navegación y bloqueo web.

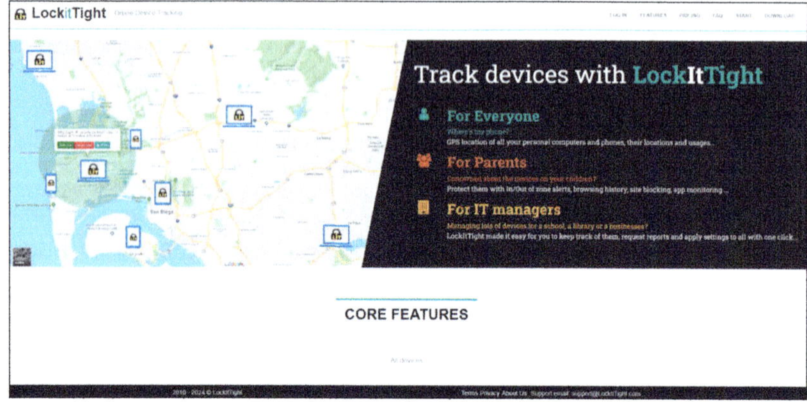

Descarga de LockitTight (© Imagen: LockitTight / lockittight.com)

- **Encontrar mi teléfono:** aplicación disponible para *Android, Apple y Windows,* que permite la localización de dispositivos, detección de actividad, monitorización de audio y vídeo, grabación remota y zumbidos.

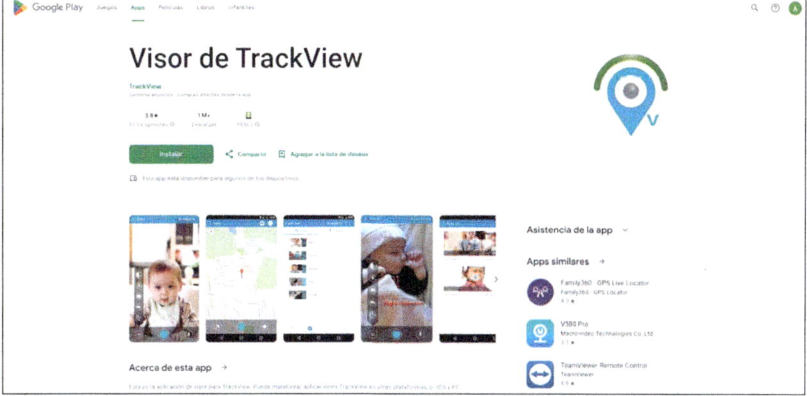

Página principal de descarga para Android de Encontrar mi teléfono (© Imagen: Google Play / play.google.com)

- **Alarma antirrobo:** se trata de una aplicación para dispositivos *Android* con detección de movimiento, detección de cargador, de proximidad y de lejanía para avisar a los usuarios de un posible robo o manipulación no deseada.

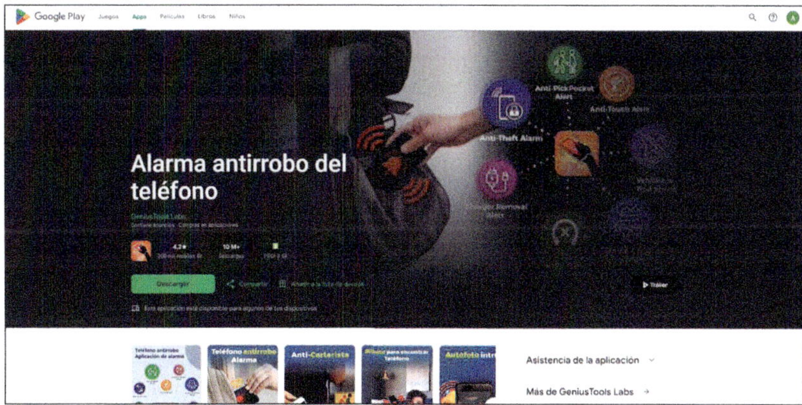

Descarga para Android de Alarma antirrobo (© Imagen: Google Play / play.google.com)

- **Administrador de dispositivos de *Android:*** si perdemos nuestro móvil, como está asociado a una cuenta de *Google,* el administrador de dispositivos *Android* puede ayudarnos a localizarlo, bloquearlo o incluso borrar los datos.

2.9. Mantenimiento y limpieza

Dentro de esta opción se pueden localizar las siguientes aplicaciones:

- ***PhoneClean:*** herramienta de escritorio que sirve para realizar mantenimiento, limpieza y privacidad en los *iPhone* e *iPad.*

Página principal de PhoneClean (© Imagen: iMobie / imobie.com)

- ***Clean Master:*** se trata de un optimizador diseñado para *Android* que ofrece a su vez funciones de limpieza, antivirus, gestor de aplicaciones y optimización del rendimiento.

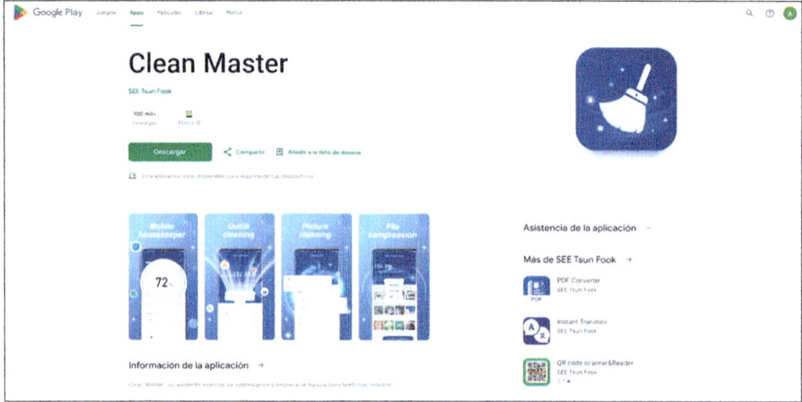

Descarga principal para Clean Master (© Imagen: Google Play / play.google.com)

- **Limpiador + Ahorrador de batería:** se trata de un limpiador para los dispositivos *Android* que proporciona ahorro de batería, permite ganar espacio, potencia y velocidad, así como reducir los datos.

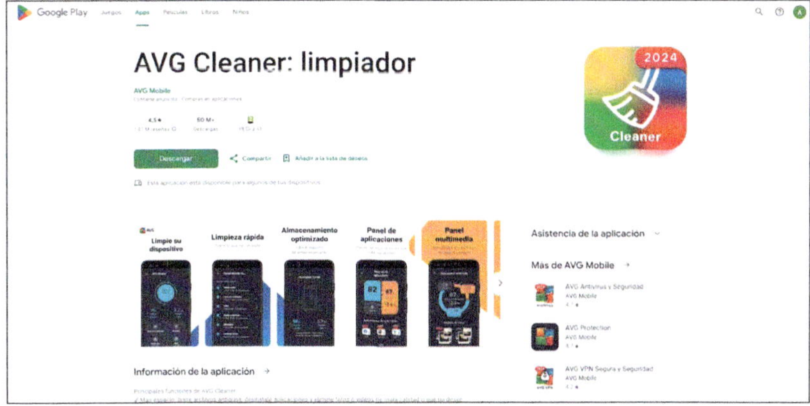

Descarga desde Google Play de AVG Cleaner – Limpiador (© Imagen: Google Play / play.google.com)

- ***All-In-One Toolbox:*** se trata de una aplicación diseñada para *Android* de optimización y limpieza de dicho sistema. Borra contenido innecesario que se localice en la memoria, elimina las tareas y administra los paquetes.

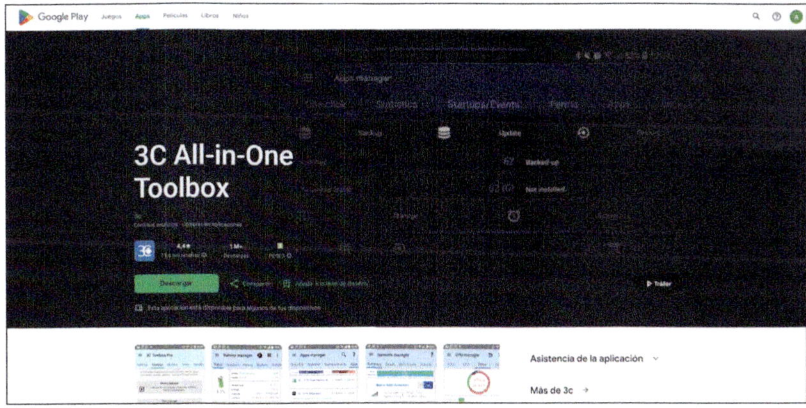

Descarga de la herramienta All-In-One Toolbox (© Imagen: Google Play / play.google.com)

IMPORTANTE

Cada X días es muy recomendable pasar algún tipo de herramienta de mantenimiento y limpieza en nuestros equipos. De esta forma, funcionarán mucho más ágilmente y podremos realizar nuestro trabajo con más comodidad.

2.10. Análisis *online* y *cleaners*

Dentro de esta opción se pueden localizar las siguientes aplicaciones:

- ***VirSCAN:*** es un servicio *online* para poder realizar análisis de archivos que no sean superiores a 20 Mb o bien con menos de 20 archivos el comprimido.

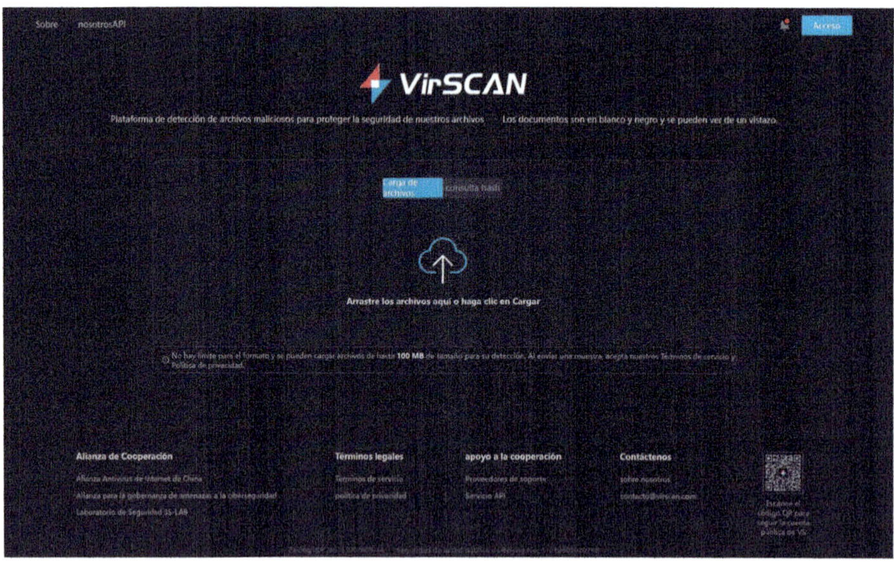

Página principal de virsccan.org (© Imagen: Virsccan / virsccan.org)

- ***Metadefender:*** se trata de una herramienta *online* que permite el análisis de archivos de no más de 140 Mb, usando para ello 43 tipos diferentes de antivirus.

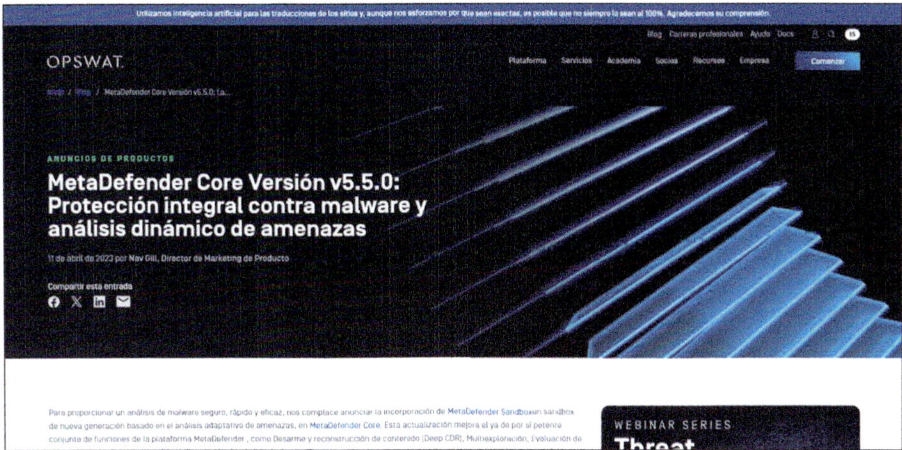

Página principal de Metadefender (© Imagen: Metadefender / metadefender.opswat.com)

- ***Eset Online Scanner:*** se trata de un escáner de *malware* gratuito de la empresa Eset. Disponible para *Windows,* da soporte a varios navegadores.

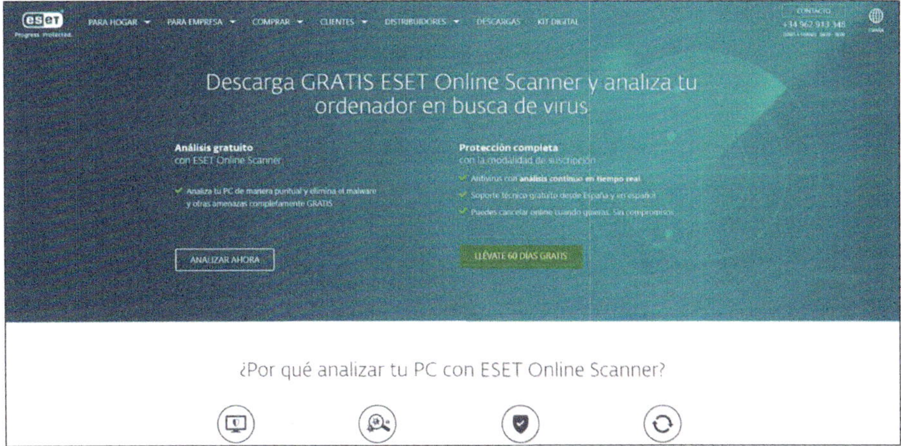

Página principal de Eset Online Scanner (© Imagen: Eset / eset.com)

- ***DR. Web, URLologist:*** se trata de una herramienta *online* para realizar escáner de URL y determinar si son maliciosas o no.

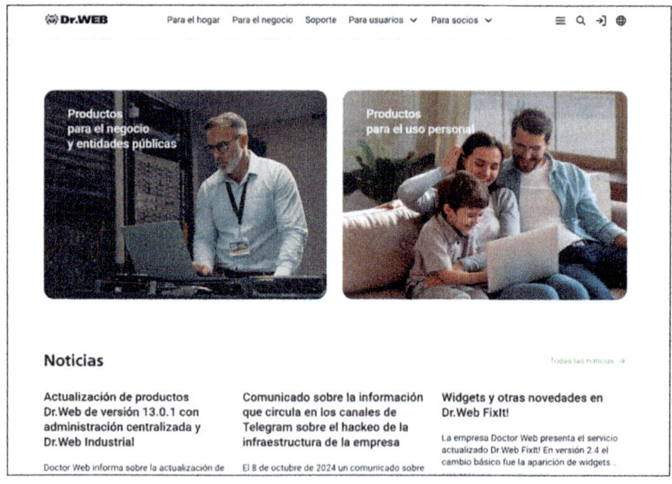

Página principal de Dr. Web Antivirus (© Imagen: Dr. Web / vms.drweb-av.es)

2.11. Cortafuegos

Dentro de esta opción se pueden localizar las siguientes aplicaciones:

- ***TinyWall:*** cortafuegos no intrusivo, ligero y sin avisos en ventanas emergentes. Además, cuenta con una interfaz simple para los sistemas *Windows*.

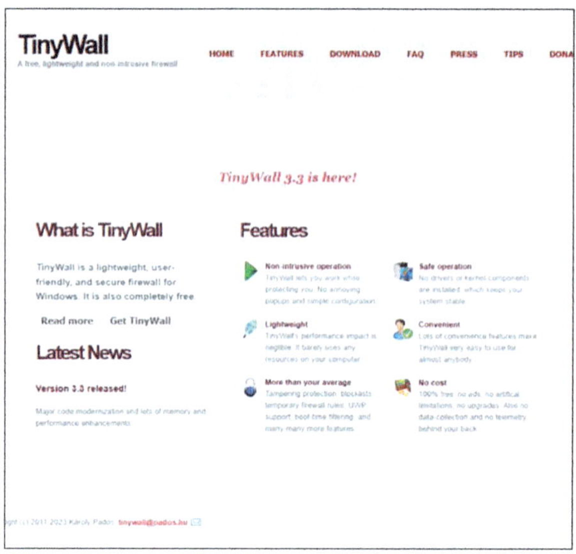

Página principal de TinyWall (© Imagen: TinyWall / tinywall.pados.hu)

- ***PeerBlock:*** herramienta de cortafuegos que bloquea las conexiones entrantes y salientes en función de listas negras.

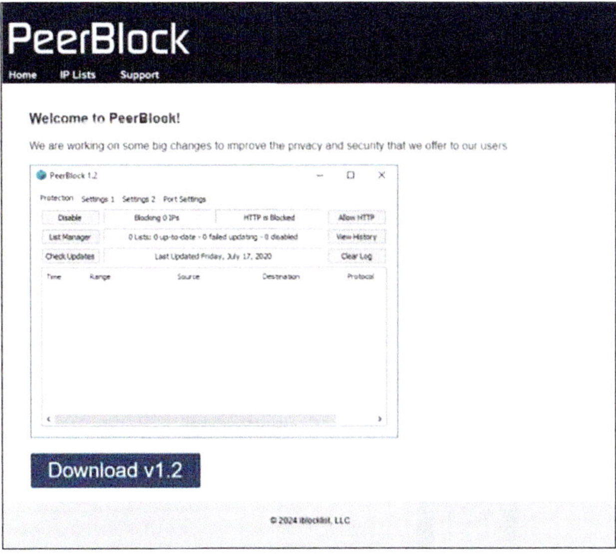

Página principal de PeerBlock (© Imagen: PeerBlock / forums.peerblock.com)

- ***NetGuard:*** es una aplicación que proporciona formas simples y otras más avanzadas de bloqueo de acceso a internet a aplicaciones o direcciones, tanto para la conexión wifi como para datos móviles.

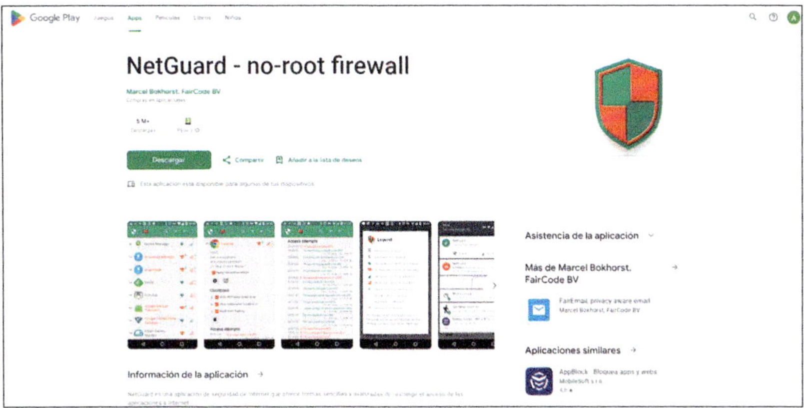

Página principal de NetGuard (© Imagen: Google Play / play.google.com)

- ***Murus Firewall:*** cortafuegos diseñado para MAC con varias configuraciones por defecto que permite la configuración del filtrado de paquetes, gestionar puertos, tarjetas de red y ancho de banda.

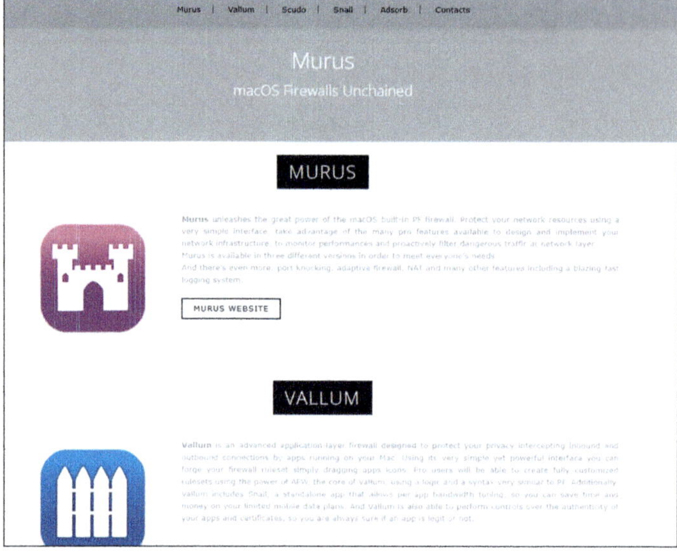

Página principal de Murus (© Imagen: Murusy / murusfirewall.com)

ACTIVIDAD COMPLEMENTARIA

18. Localiza en la web de OSI al menos dos programas o herramientas de cada categoría que no se hayan visto en esta unidad.

APLICACIÓN PRÁCTICA

Nuestra compañera de trabajo María, junto con Óscar (técnico de seguridad), han decidido crear un CD/DVD en el que van a ir alojando todas las herramientas que se alojan en OSI con el fin de tener un medio disponible para ejecutar dichas herramientas eficientemente. Ante este escenario, ¿cuál sería la opción correcta?

Continúa en página siguiente >>

<< Viene de página anterior

a. Es la mejor idea que han podido tener; teniendo los programas a mano, no hay que pararse a buscarlos.
b. De cara a un futuro, habría que mantener y actualizar dichos programas.
c. No es buena idea porque, por el *copyright*, podemos acabar denunciados.
d. Lo mejor es buscar el *software* en internet cuando nos haga falta.

Solución

Imagina que, a día de hoy, creamos el CD/DVD y necesitamos usarlo dentro de un año. En ese escenario, lo más probable es que el *software* que almacenamos esté obsoleto. Recuerda que constantemente salen nuevas amenazas diarias en internet, y tenemos que volver a descargarlo para poder usarlo correctamente.

3. La importancia de estar actualizado

HILO CONDUCTOR

En CGS (CiberGestores Seguridad), S. L., concretamente en su Departamento de Seguridad, cuentan con un encargado que, fuera del horario laboral, se encarga de realizar las actualizaciones de seguridad más importantes para los equipos con el fin de evitar cualquier tipo de vulnerabilidad y, por tanto, posibles ataques informáticos.

Hoy en día, tanto usuarios como empresas deben estar al día en cuanto a **actualizaciones de sus programas, aplicaciones y sistemas operativos** para garantizar la seguridad de los datos. Las actualizaciones no se hacen para tener una nueva versión del programa, sino porque se han descubierto vulnerabilidades en el mismo y hay que solucionarlas.

Los principales sistemas operativos *(Windows, Linux y Apple)* tienen sus propias normas sobre actualización. A modo de ejemplo, se puede citar que *Microsoft* lanza sus parches de seguridad los segundos martes de cada mes, con el objetivo de parchear las vulnerabilidades localizadas y hacer así imposible que sean aprovechadas por un atacante para tomar el control de nuestro equipo.

Son muchos los equipos a los que no se les aplica este tipo de actualizaciones, bien por desconocimiento o por no disponer de tiempo para realizarlas. Esto también se debe a la creencia de que apenas hay riesgos si no actualizamos los sistemas operativos o programas y aplicaciones.

3.1. Actualizaciones en *Windows*

¿Son importantes las actualizaciones de nuestros sistemas operativos? La respuesta es sí, son fundamentales. Son muchos quienes critican la cantidad excesiva de actualizaciones que lanza *Microsoft*. En cualquier caso, hay que aprender a distinguir los distintos tipos de actualizaciones, dado que reciben diferentes nombres:

Actualizaciones importantes

- Son aquellas que directamente trabajan con el desempeño del sistema o en su seguridad.

Actualizaciones recomendadas

- Son aquellas actualizaciones que suponen una mejora en el sistema operativo, aunque no infieren directamente en su desempeño o seguridad. Un ejemplo de este tipo de actualizaciones las encontramos en las actualizaciones de los *drivers* de *Windows*.

Actualizaciones opcionales

- Son actualizaciones que no suponen mejora alguna sobre el sistema y que se relacionan con programas anexos al propio sistema operativo.

RECUERDA

Es fundamental aplicar las actualizaciones o parches en nuestro sistema operativo, pues no aplicar estos parches o actualizaciones implica estar desprotegidos en internet, así como que cualquier usuario con conocimientos avanzados pueda acceder a nuestro equipo.

3.2. Riesgos de seguridad

Como ya se ha comentado, un **gusano** es un *software* o aplicación que se caracteriza por que puede replicarse a sí mismo, causando daños en los sistemas muy variados. Por otro lado, los **troyanos** se corresponden con un *software* malicioso que permite el acceso al sistema de usuarios externos al sistema y, a diferencia de los gusanos, no tienen la capacidad de reproducción (se requiere de una acción por parte del usuario para la instalación en el sistema operativo).

Por ***vulnerabilidad*** se entiende un fallo en un programa o sistema operativo que compromete la seguridad del sistema; generalmente se asocian las vulnerabilidades a errores de programación, que pueden ser aprovechados por terceros para obtener cualquier tipo de beneficio. Cada vez que se descubre una vulnerabilidad, esta es corregida y se publica un parche asociado con la misma para que todos los usuarios puedan subsanar el error.

Un ***exploit*** es un código, método o programa que realiza una acción contra el sistema operativo o un programa que contenga vulnerabilidades; el objetivo es explotarlas para sacar beneficios de ellas.

Se debe anotar que si un programa que tengamos instalado en nuestro dispositivo informático conlleva un error de programación y, por tanto, una vulnerabilidad, el sistema operativo en su totalidad también será vulnerable. Ante este escenario, se pueden dar siempre dos acciones diferentes:

1.ª acción

- Se relaciona directamente con la educación y el uso correcto de la tecnología. Hoy en día, la mayoría del *malware* logra acceder a un sistema porque alguien le "abre las puertas" al mismo. Por ejemplo, esto sucede cuando el usuario descarga y ejecuta un archivo adjunto, que ha sido usado seguramente con técnicas de engaño, y el equipo queda infectado (generalmente suele llevarse a cabo con técnicas de *phishing*).

2.ª acción

- Esta acción tiene la peculiaridad de involucrar al usuario en la toma de conciencia de la importancia de las actualizaciones. Hay que comprobar frecuentemente las actualizaciones del sistema operativo y de los programas que tengamos instalados en él. Las actualizaciones van a permitir solucionar los problemas que se encuentran en el *software* que se usa diariamente en el equipo.

ACTIVIDAD COMPLEMENTARIA

19. Localiza, al menos, una vulnerabilidad relacionada con el sistema operativo de *Windows 10* descubierta en 2024.

TAREA 19

Juan es el propietario de una agencia inmobiliaria que ha abierto sus puertas recientemente en Madrid. Juan ha acudido a nosotros porque no tiene ni idea de informática y nos comenta que su equipo está constantemente actualizándose y que no le deja realizar su trabajo. Nos comenta que está usando *Windows Vista* como sistema operativo y que, con frecuencia, se le abren ventanas con publicidad, curiosamente la publicidad que busca en los navegadores.

Ayuda a Juan explicándole los tipos de actualizaciones que hay en la familia *Windows,* lo que debería hacer respecto al uso de *Windows Vista* y sus posibles consecuencias, y por qué debe usar herramientas *antimalware* para el problema que tiene con la publicidad.

TAREA 20

Imagina que hemos sido contratados como gestores de seguridad informática para una gran empresa. En nuestro primer día de trabajo, nos enseñan cada uno de los departamentos y nos hacen un *tour* guiado por las instalaciones con el fin de que nos vayamos familiarizando con nuestro entorno de trabajo.

Visitando la sede de la empresa, nos hemos dado cuenta de que, al menos, hay diez equipos de usuarios ejecutando *Windows XP.*

Como experto en seguridad, ¿qué opinas al respecto? Justifica razonadamente tu respuesta.

4. Resumen

Las principales herramientas referentes a la seguridad informática se pueden clasificar de la siguiente forma:

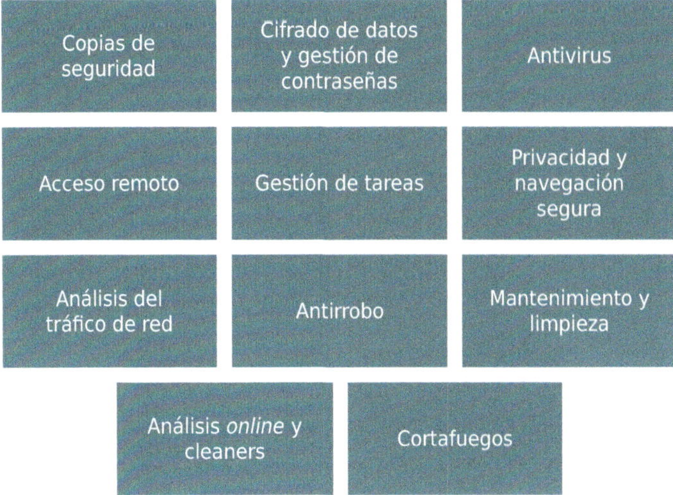

Es importante actualizar tanto el sistema operativo como los programas que aloje dicho sistema operativo. La razón es sencilla: cuando se diseña un sistema operativo, no se tienen en cuenta los posibles ataques futuros ni los problemas de programación que puedan surgir.

Si no somos cautos en actualizar tanto el sistema operativo como las aplicaciones instaladas, dado que estamos conectados a internet, cualquier usuario con las herramientas oportunas puede escanearnos y dar con esas vulnerabilidades que podrá explotar de forma fácil y, por tanto, tomar el control de nuestro equipo o robar información almacenada en él.

Ejercicios de autoevaluación Unidad de Aprendizaje 10

1. Los troyanos no tienen la capacidad de...

a. ... geolocalización.
b. ... reproducción.
c. ... propagación.
d. ... réplica.

2. ¿Cuál de las siguientes opciones se corresponde con un código, método o programa que directamente realiza una acción contra el sistema operativo o un programa que contenga vulnerabilidades?

a. Gusano
b. Virus
c. Vulnerabilidad
d. *Exploit*

3. Determina si la siguiente oración es verdadera o falsa: "Si un programa que tengamos instalado en nuestro dispositivo informático conlleva un error de programación y, por tanto, una vulnerabilidad, el sistema operativo en su totalidad también es vulnerable".

- Verdadero
- Falso

4. Clasifica correctamente los siguientes programas en función de los siguientes parámetros: copias de seguridad, antivirus o gestión de tareas.

a. *SyncBack.*
b. *Genie Timeline.*
c. *IObit Malware Fighter.*
d. *Panda Free Antivirus.*
e. *System Status Monitor Pro.*
f. *Process Explorer.*

5. Clasifica correctamente los siguientes programas en función de los siguientes parámetros: privacidad y navegación segura, mantenimiento y limpieza, análisis del tráfico de red.

a. *Obrot Proxy.*
b. *Blur.*
c. *Clean Master.*
d. *Network Inspector.*
e. *Phone Clean.*
f. *Ip Scanner.*

6. Determina si la siguiente oración es verdadera o falsa: "En la actualidad en internet se pueden localizar herramientas de pago únicamente relacionadas con la seguridad informática".

- Verdadero
- Falso

7. La herramienta *NoScript* se clasifica dentro de:

a. Antivirus.
b. Privacidad y navegación segura.
c. Antirrobo.
d. *Cleaners.*

8. La herramienta *NetGuard* se corresponde con:

a. Cortafuegos.
b. Análisis *online* y *cleaners.*
c. Mantenimiento y limpieza.
d. Antirrobo.

9. ¿Cuál de las siguientes opciones se corresponde con un fallo en un programa o sistema operativo que compromete la seguridad del sistema?

a. Gusano
b. Virus
c. Vulnerabilidad
d. *Exploit*

10. ¿Cuál de las siguientes opciones se refiere a un *software* o aplicación que se caracteriza por que puede replicarse a sí mismo?

a. Gusano
b. Virus
c. Vulnerabilidad
d. *Exploit*

Glosario

Amenazas
Todo elemento o acción capaz de atentar contra la seguridad de la información.

ARP
Protocolo de resolución de direcciones (ARP, del inglés *Address Resolution Protocol*). Es un protocolo de comunicaciones de la capa de red, responsable de encontrar la dirección de *hardware* (Ethernet MAC) que corresponde a una determinada dirección IP.

Autenticación
Procedimiento informático que permite asegurar que un usuario de un sitio web u otro servicio similar es auténtico, es decir, es quien dice ser.

Bluetooth
Especificación tecnológica para redes inalámbricas que permite la transmisión de voz y datos entre distintos dispositivos mediante una radiofrecuencia segura (2,4 GHz). Existen tres clases de *Bluetooth:* clase 1 (con un alcance aproximado de 100 m), clase 2 (10 m) y clase 3 (1 m).

Confidencialidad
Trata de garantizar que solamente los usuarios que pueden tener acceso a los recursos, datos o informaciones son los que realmente pueden tenerlo, y no otros usuarios que no están autorizados.

Criptografía
Ámbito que trata las técnicas de cifrado o codificado de la información destinado principalmente a alterar los mensajes y hacerlos ininteligibles a receptores no autorizados ni deseados.

Dirección MAC
Identificador único asignado por el fabricante a una pieza de *hardware* de red (como una tarjeta inalámbrica o una tarjeta Ethernet). MAC significa

Media Access Control, y cada código tiene la intención de ser único para un dispositivo en particular. Una dirección MAC consiste en seis grupos de dos caracteres, cada uno de ellos separado por dos puntos. 00:1B:44:11:3A:B7 es un ejemplo de dirección MAC.

Disponibilidad

Trata de garantizar que los datos estén disponibles para los usuarios, pero además que estén disponibles cuando el usuario los requiera también.

Exploit

Código, método o programa que directamente realiza una acción contra el sistema operativo o un programa que contenga vulnerabilidades; el objetivo es explotarlas para sacar beneficios de ellas.

Firewall

Dispositivo o programa informático que controla el acceso de un equipo o dispositivo informático a la red y de elementos de la red a los dispositivos u equipos, por motivos de seguridad.

HTTPS

Protocolo de aplicación basado en el protocolo HTTP, destinado a la transferencia segura de datos de hipertexto, es decir, es la versión segura de HTTP.

Integridad

Se garantiza que solamente los usuarios autorizados son capaces de poder modificar los datos o información cuando sea necesario, y no se produce un fraude por otros usuarios que, sin ser autorizados, modifican los datos.

Malware

Serie de códigos maliciosos (como por ejemplo pueden ser los virus y troyanos). El *malware* tiene como característica que usa las herramientas de comunicación de los equipos informáticos a la red internet para poder propagarse, por ejemplo, haciendo uso del correo electrónico. Hay que destacar que el *malware,* una vez que se ha instalado en el equipo informático, funcionará de forma silenciosa buscando la mayor cantidad de vulnerabilidades del sistema donde se encuentra instalado para saber por dónde atacar a dicha máquina.

OSI

Estándar creado o desarrollado para trabajar conjuntamente con la red y que nos ofrece una serie de protocolos que usamos cotidianamente aunque no seamos siempre conscientes de ello.

Overflow

Un desbordamiento de búfer (del inglés *buffer overflow* o *buffer overrun)* es un error de *software* que se produce cuando un programa no controla adecuadamente la cantidad de datos que se copian sobre un área de memoria reservada a tal efecto *(buffer)*. Si dicha cantidad es superior a la capacidad preasignada, los *bytes* sobrantes se almacenan en zonas de memoria adyacentes, sobrescribiendo su contenido original, que probablemente pertenecían a datos o códigos almacenados en la memoria.

Ping

Comando que se utiliza para comprobar si una determinada interfaz de red, de nuestra computadora o de otra, se encuentra activa. El *Ping* envía paquetes al IP o *host* que se le indique, y nos dice cuánto tiempo demoró el paquete en ir y regresar, entre otras pocas informaciones.

Protocolo

Se usa para denominar o designar un conjunto de normas, reglas o pautas que sirven para guiar una conducta o acción.

Puerto

Forma genérica de denominar a una interfaz a través de la cual los diferentes tipos de datos se pueden enviar y recibir. Dicha interfaz puede ser de tipo físico o ser a nivel de *software* (por ejemplo, los puertos que permiten la transmisión de datos entre diferentes ordenadores), en cuyo caso se usa frecuentemente el término puerto lógico.

Rack

Estante metálico cuya finalidad principal es la de alojar equipamiento electrónico, informático y de comunicaciones donde las medidas para la anchura están normalizadas para que sean compatibles con el equipamiento de cualquier marca o fabricante.

Router

Dispositivo de *hardware* que permite la interconexión de ordenadores en red. El *router* o enrutador es un dispositivo que opera en capas de nivel de 3. Así, permite que varias redes u ordenadores se conecten entre sí y, por ejemplo, compartan una misma conexión de internet.

Seguridad activa

Previene o evita la pérdida o robo de los datos a los equipos informáticos (tanto de la parte de *hardware* como de la parte de *software)*. El antivirus, el control de acceso a un servidor, encriptar información, los sistemas de redundancia *hardware*... son claros ejemplos de procesos que pertenecen a la seguridad activa.

Seguridad física

Protege los datos de los sistemas informáticos ante posibles desastres naturales (incendios, terremotos, inundaciones, etc.), así también como de posibles amenazas de robo de datos, problemas eléctricos generados...

Seguridad informática

Área que se encarga de la protección de la integridad y privacidad de la información almacenada o alojada en un sistema informático.

Seguridad lógica

Tiene por misión proteger al *software* que se encuentra instalado en los equipos informáticos, usando para ello antivirus o encriptaciones, así como mecanismos de protección y privacidad.

Seguridad pasiva

Entra en funcionamiento cuando las medidas que se han tomando en la seguridad activa no han surgido el efecto esperado. Por ejemplo, realizar una copia de seguridad es un proceso de seguridad activa, pero si sufrimos la pérdida de esa información y la restauramos de la copia de seguridad es un proceso de seguridad pasiva (lo ideal es no tener que restaurar los datos, pero si, por ejemplo, se rompe el disco duro del equipo no tenemos otro medio posible).

Spam

Se corresponde con correos que no hemos solicitado, que normalmente incluyen publicidad para la captación de nuestra atención y un gran número de destinatarios. A través de estos correos pueden introducirnos en nuestros dispositivos informáticos troyanos, virus, *spyware* o incluso atacarnos para obtener nuestros datos.

Topología de red

Mapa físico o lógico de una red de intercambio de datos, es decir, la forma en la que está diseñada.

Vulnerabilidad

Asociada generalmente a fallos en el *software* de los dispositivos informáticos (tanto a nivel de sistema operativo como a nivel de aplicaciones) que ponen en riesgo la seguridad del dispositivo informático y mucho más si está conectado a una red como internet (red donde hay ordenadores dedicados en exclusiva a localizar las vulnerabilidades de otros equipos para atacarlos).

WPS

Mecanismo creado con el fin de facilitar la conexión de dispositivos a nuestra red wifi. Existen varios métodos, pero el más extendido de todos es el uso de un pin de intercambio. El dispositivo debe pasar un código numérico al *router* y a cambio este le envía los datos de acceso a la red.

Bibliografía

- Amenazas informáticas, de: <https://www.monster.es/orientacion-laboral/articulo/amenazas-informaticas>.

  Artículo desarrollado por la empresa Monster en el cual se tratan las amenazas informáticas, en concreto: vulnerabilidades, *spyware, spam, malware* y *phishing*. Se recomienda su lectura dado que nos ofrece datos sobre cómo podemos descubrirlos en nuestros equipos y qué hacer si estamos infectados.

- Cómo crear una red local en *Windows 11* para compartir archivos entre dispositivos, de: <https://www.xataka.com/basics/como-crear-red-local-windows-11-para-compartir-archivos-dispositivos>.

  Artículo que ofrece una guía detallada para configurar una red local en *Windows 11*, permitiendo compartir carpetas y archivos entre dispositivos conectados a la misma red wifi.

- Guía de seguridad en *Android:* haz que tu móvil sea lo más seguro posible, de: <https://andro4all.com/2019/04/guia-seguridad-android>.

  Artículo desarrollado en Andro4all.com en el que nos va explicando las diferentes configuraciones que podemos establecer en dispositivos *Android* para que estos sean mucho más seguros informáticamente hablando.

- Guía de seguridad en redes: Seguridad en redes wifi: una guía de aproximación para el empresario, de: <https://www.incibe.es/sites/default/files/contenidos/guias/doc/guia-de-seguridad-en-redes-wifi.pdf>.

  PDF que trata la seguridad de las redes wifi desde el punto de vista de empresario, se recomienda su lectura porque se puede ampliar el punto de vista (de usuario a necesidades de empresa) de la seguridad informática.

- Mantenerse seguro en Internet, de: <https://help.ubuntu.com/stable/ubuntu-help/net-security-tips.html.es>.

  Artículo de la documentación de *Ubuntu* ofrece recomendaciones para mantener la seguridad al navegar por Internet. Aunque *Linux* es reconocido por su robustez y seguridad, los usuarios aún pueden ser vulnerables a amenazas como estafas de *phishing*, correos maliciosos, aplicaciones con intenciones maliciosas y accesos no autorizados a la red.

- Pasos para configurar tu red doméstica desde cero, de: <https://www.redeszone.net/tutoriales/redes-cable/configurar-red-domestica-desde-cero/>.

  Artículo que proporciona una guía detallada para configurar una red doméstica desde cero, asegurando una conexión segura y eficiente en el hogar.

- Qué es un *firewall* y cómo funciona. Tipos de *firewall*, de: <https://tecnologia-informatica.com/que-es-firewall-como-funciona-tipos-firewall/>.

  Artículo en el que se explica qué es un *firewall*, cómo es su funcionamiento, los tipos actuales que existen, así como una serie de consejos que tener en cuenta para los sistemas operativos *Windows 7, 8, 10 y 11*.

- ¿Qué es la seguridad informática y cómo implementarla?, de: <https://www.grupocibernos.com/blog/que-es-la-seguridad-informatica-y-como-implementarla>.

  El artículo que ofrece una visión detallada sobre la seguridad informática y proporciona pasos clave para su implementación en entornos empresariales."

- Seguridad *Wifi* y protección de las redes inalámbricas, de: <https://www.kaspersky.es/resource-center/preemptive-safety/protecting-wireless-networks>.

  Artículo que ofrece una serie de recomendaciones para proteger las redes inalámbricas domésticas y garantizar una conexión segura.